U0470175

巴尔干冷战史

[塞] 斯维托扎尔·拉雅克　　[希] 康斯坦蒂娜·E. 博西乌
[希] 艾利尼·卡拉穆齐　　　[希] 埃万特雷斯·哈齐瓦西利乌　　主编

李云霄 ◎ 译
狄安略 ◎ 校

世界知识出版社

First published in English under the title The Balkans in the Cold War
edited by Svetozar Rajak, Konstantina E. Botsiou, Eirini Karamouzi and Evanthis Hatzivassiliou, edition：1
Copyright © The Editor(s) and The Author(s), 2017
This edition has been translated and published under licence from Springer Nature Limited.
Springer Nature Limited takes no responsibility and shall not be made liable for the accuracy of the translation.
Simplified Chinese edition © 2024 by World Affairs Press Co., Ltd.
All rights reserved.

图书在版编目（CIP）数据

巴尔干冷战史／（塞尔）斯维托扎尔·拉雅克等主编；
李云霄译．--北京：世界知识出版社，2024.2

ISBN 978-7-5012-6502-2

Ⅰ.①巴… Ⅱ.①斯… ②李… Ⅲ.①巴尔干半岛—
历史 Ⅳ.①K54

中国版本图书馆 CIP 数据核字（2022）第 001705 号

图字：01-2019-1301 号

责任编辑	狄安略　蒋少荣
责任出版	赵　玥
责任校对	陈可望

书　　名	巴尔干冷战史
	Baergan Lengzhanshi
主　　编	［塞］斯维托扎尔·拉雅克　［希］康斯坦蒂娜·E.博西乌
	［希］艾利尼·卡拉穆齐　［希］埃万特雷斯·哈齐瓦西利乌
译　　者	李云霄
地址邮编	北京市东城区干面胡同 51 号　（100010）
网　　址	www.ishizhi.cn
经　　销	新华书店
印　　刷	北京虎彩文化传播有限公司
开　　本	710 毫米×1000 毫米　1/16　22 印张
字　　数	320 千字
版次印次	2024 年 2 月第一版　2024 年 10 月第二次印刷
书　　号	ISBN 978-7-5012-6502-2
定　　价	78.00 元

* 版权所有　侵权必究

"巴尔干研究译丛"总序

在世界历史的长河中,"巴尔干"并非生僻的词汇,它始终指向那个笼罩着神秘色彩、多民族共生的山地半岛——那个被称为"欧洲火药桶"的、充满了矛盾和纷争的多事之地。20世纪以来,巴尔干的民族主义冲击了帝国的专制统治,引发了世界格局的巨变,奏响了一曲曲民族纷争的悲歌,其间的血雨腥风一直被世人关注,由此衍生出的巴尔干研究更是国际学术界重点探讨的领域之一。然而,限于语言障碍等种种原因,我国巴尔干研究的历史积淀并不深厚,对其历史与现实纠葛的理解也难称真切。

众所周知,在全球化时代,语言文字的多样性是跨文化交流的首要障碍。不同文明间的交流互鉴首先要过语言关,不突破语言文字的屏障就谈不上真正的文化交流。在这个大背景下,如果把语言文字看作是封闭不同文明的院墙,那么翻译就是开启不同文明之门的钥匙。客观地讲,翻译,特别是学术翻译在传递信息、启发民智、解放思想、推动学术研究、促进中外文化交流方面功不可没。虽然现在已经有相当多的学者可以通过直接阅读外文文献开展研究,但相对于世界上众多民族国家及其多样的语言文字来说,个人掌握的语种通常都很有限。因此,对于绝大多数研究者而言,翻译和阅读学术译著至今仍是他们保持与国际学术界思想交流互动的重要手段:前者是了解世界、追踪学术前沿、对话国际同行的最直接、最有效的方式;后者则是突破语言壁垒,通往多元文化世界的必由之路,也是学习了解不同国家历史文化的最经济、最便捷的途径。

事实上，自近代以来，中国的发展与翻译国外著作一直相伴而行。中国知识分子"睁眼看世界"首先是从翻译外国的著作开始的：魏源编写《海国图志》首开翻译借鉴外国资料的先河。其后，中国知识界从未停止翻译引进国外的学术著作和优秀文化成果。例如，1897年创立的商务印书馆从一开始就以"昌明教育、开启民智"为宗旨，重视翻译引进国外优秀的学术著作，历时百余年不辍。其赫赫有名的"汉译世界学术名著丛书"系列自1982年开始出版，截至2019年4月，已推出17辑750种单行本。该套丛书按广义的学科分为哲学、政治·法律·社会学、历史·地理、经济、语言学五类，分别用橘、绿、黄、蓝、赭五色标识，是我国现代出版史上规模最大、最为重要的学术丛书。通过翻译和阅读这些世界学术名著，一代又一代的中国学者开始了解世界、研究世界。再如，20世纪70年代，全国17家出版社联合翻译世界各国历史的著作，在1972—1978年共翻译了171种国别史，其中商务印书馆出版了43种。这套书覆盖全球各个国家，甚至包括文莱[1]、斐济[2]、马耳他[3]等名不见经传的小国。当时的巴尔干半岛诸国，如南斯拉夫[4]、保加利亚[5]、罗马尼亚[6]、匈牙利[7]、阿尔巴尼亚[8]、希腊[9]等尽在其中。与该套国别史同期出版的还有一套国别地

---

[1] ［苏］拉·维·叶法诺娃：《文莱：历史、经济和现状》，中山大学东南亚史研究室译，北京：商务印书馆，1978年。

[2] ［美］J. W. 库尔特：《斐济现代史》，吴江霖、陈一百译，广州：广东人民出版社，1976年。

[3] ［英］布赖恩·布洛伊特：《马耳他简史》，黑龙江大学英语系翻译组译，哈尔滨：黑龙江人民出版社，1975年。

[4] ［英］S. 斯蒂芬·克里索德主编，亨·克·达比等著：《南斯拉夫简史：从古代到1966年》，黑龙江大学英语系翻译组译，哈尔滨：黑龙江人民出版社，1976年。

[5] ［保］科谢夫、赫里斯托夫、安格洛夫：《保加利亚简史》，黑龙江大学英语系翻译组译，哈尔滨：黑龙江人民出版社，1974年。

[6] ［苏］弗·恩·维诺格拉多夫、叶·德·卡尔佩辛科等：《罗马尼亚近现代史》，中国科学院世界历史研究所翻译组译，北京：商务印书馆，1974年。

[7] ［苏］伊斯莱梁、涅仁斯基：《匈牙利现代史》，黑龙江大学俄语系翻译组译，哈尔滨：黑龙江人民出版社，1972年。

[8] ［阿尔巴尼亚］克里斯托·弗拉舍里：《阿尔巴尼亚史纲》，樊集译，北京：生活·读书·新知三联书店，1972年。

[9] ［英］休特利、达比、克劳利、伍德豪斯：《希腊简史：从古代到1964年》，中国科学院世界历史研究所翻译小组译，北京：商务印书馆，1974年。

理系列，到1978年共翻译了72种，其中商务印书馆出版了15种。现在看来，这批史地译丛堪称是我国国别区域研究的开端，只因其由多家出版社参与，没有统一的丛书冠名，故给人的整体印象不深。

　　进入21世纪，随着国力和国际影响力的不断上升，中国与世界的联系也越来越密切，走出国门旅游、求学、经商、访问的中国人越来越多，了解世界的需求呈现暴涨态势。在此期间，各大出版社对译介国外学术成果越来越重视，翻译著作难以计数，各种译丛更是如雨后春笋，层出不穷。比如广西师范大学出版社与学林出版社推出的"理想国译丛"，中信出版集团的"见识丛书""新思文库"，社会科学文献出版社的"甲骨文丛书"，等等，都是近年来比较有影响的翻译系列。而随着2013年"一带一路"倡议的提出，国人对"一带一路"沿线国家历史文化的了解诉求也倍增。以往少人问津的有关巴尔干的译著也开始问世，如《巴尔干两千年：穿越历史的幽灵》①《巴尔干五百年：从拜占庭帝国灭亡到21世纪》②和《黑羊与灰鹰：巴尔干六百年》③等。但总体上讲，目前关于巴尔干地区国家历史文化作品的译介数量不多，特别是严谨的学术著作更少，无法满足学术界加强巴尔干研究的需要。在这种背景下，为更好地推动国内的巴尔干研究，首都师范大学文明区划研究中心与世界知识出版社合作，共同策划推出这套"巴尔干研究译丛"。

　　本丛书计划首批翻译出版十部在国际学术界有重要影响的巴尔干研究力作。其中包括美国著名巴尔干学者玛莉亚·托多洛娃的《想象巴尔干》④、保加利亚学者伊万·伊尔切夫的《巴尔干玫瑰：保加利亚简史》⑤、

---

① ［美］罗伯特·D. 卡普兰：《巴尔干两千年：穿越历史的幽灵》，赵秀福译，北京：北京大学出版社，2018年。
② ［英］马克·马佐尔：《巴尔干五百年：从拜占庭帝国灭亡到21世纪》，刘会梁译，北京：中信出版社，2017年。
③ ［英］丽贝卡·韦斯特：《黑羊与灰鹰：巴尔干六百年》，向洪全、夏娟、陈丹杰译，北京：中信出版社，2019年。
④ Maria Todorova, *Imaging the Balkans*, New York：Oxford University Press, 1997.
⑤ Ivan Ilchev, *The Rose of the Balkans：A Short History of Bulgaria*, Translated from the Bulgarian by Bistra Roushkova, Sofia：Colibri, 2005.

塞尔维亚学者斯维托扎尔·拉雅克和希腊学者康斯坦蒂娜·E. 博西乌等共同主编的《巴尔干冷战史》①、挪威学者塞布丽娜·P. 拉梅特的《三个南斯拉夫：国家建构和合法化》② 等。这些著作都是经国内外一流的巴尔干学者认真推荐、极具代表性的学术佳作。它们的翻译出版对于我国学者开阔视野、追踪前沿、深化巴尔干研究都有重要的意义。

总之，我们希望通过翻译出版"巴尔干研究译丛"，持续不断地引进国际学者有影响的代表性著作，向国内有志于巴尔干研究的学者，特别是青年学者提供一批高水平的权威读本，帮助他们博观约取，后来居上，为提升我国巴尔干研究的水平贡献力量。

仅此初衷，聊表为序。

梁占军
2020 年 3 月 8 日

---

① Svetozar Rajak, Konstantina E. Botsiou, Eirini Karamouzi, Evanthis Hatzivassiliou, eds., *The Balkans in the Cold War*, London: Palgrave Macmillan, 2017.

② Sabrina P. Ramet, *The Three Yugoslavias: State-Building and Legitimation, 1918-2005*, Bloomington and Indianapolis: Indiana University Press, 2006.

致　谢*

　　这本书是编者和从事相关领域研究的各位作者经过三年策划、讨论和交流的结晶，这其中充满了有趣的辩论、个人挑战和团队合作，使我们更加明智、更加自信地理解了从地区视角看待国际现象的含义。

　　本项目是许多学者共同努力的结果。首先，非常感谢各位编者，没有他们的辛勤付出，本书是不可能出版的。我们应该特别感谢他们三年来的耐心与合作。我们要感谢约翰·W. 扬格（John W. Young）教授和艾菲·G. H. 佩达里乌（Effie G. H. Pedaliu）教授，"当今世界中的安全、冲突和合作"系列丛书的编辑们以及帕尔格雷夫·麦克米伦出版公司的珍·麦考尔（Jen McCall）和莫利·贝克（Molly Beck）对终稿的宽容和信任。最后同样重要的是，我们要感谢手稿匿名读者提供的建议和指导。

＊ 本文为原作者致谢，原著2017年出版。

作者简介

约翰·O. 艾尔崔迪斯（John O. Iatrides），南康涅狄格州立大学国际政治名誉教授，作品有《巴尔干三角关系：跨越意识形态联盟的诞生和衰落》（*Balkan Triangle: Birth and Decline of an Alliance Across Ideological Boundaries*）、《雅典起义：希腊共产党的"第二回合"，1944—1945年》（*Revolt in Athens: The Greek Communist "Second Round", 1944-1945*）。

马克·克莱默（Mark Kramer），哈佛大学冷战研究项目主任，哈佛大学戴维斯俄罗斯和欧亚研究中心高级研究员、《冷战研究杂志》和哈佛冷战研究系列丛书主编，代表作有《波兰危机期间苏联的考虑，1980—1981年》（*Soviet Deliberations during the Polish Crisis, 1980-1981*）和《被强加、维持和撕裂的铁幕：冷战与中东欧，1945—1989年》（与维特·斯梅塔纳合编）（*Imposing, Maintaining, and Tearing Open the Iron Curtain: The Cold War and East-Central Europe, 1945-1989*）。

斯维托扎尔·拉雅克（Svetozar Rajak），伦敦政治经济学院国际关系史副教授，《冷战史》杂志编委会成员，作品有《冷战早期的南斯拉夫与苏联关系：和解、友谊与对抗，1953—1957年》（*Yugoslavia and the Soviet Union in the Early Cold War: Reconciliation, Comradeship, Confrontation, 1953-1957*）。

埃万特雷斯·哈齐瓦西利乌（Evanthis Hatzivassiliou），雅典大学战后历史教授，作品有《希腊与冷战：前线国家，1952—1967年》（*Greece and* the Cold War：Frontline State，1952-1967）、《北约①与西方对苏联集团的认知：联盟分析与报告，1951—1969 年》（NATO and Western Perceptions of the Soviet Bloc：Alliance Analysis and Reporting，1951-1969）。

艾谢居尔·塞韦尔（Ayşegül Sever），土耳其伊斯坦布尔马尔马拉大学国际关系学教授，作品有《土耳其与中东关系：基于概念和案例的分析》（Türkiye's Middle East Relations：A Conceptual and Case Based Analysis）（土耳其语）。

卓尔丹·巴埃夫（Jordan Baev），拉科夫斯基国防学院国际史教授、安全问题高级研究员，索非亚大学客座教授。1998 年以来，他一直担任保加利亚军事史协会副主席，以 15 种语言撰写了大约 300 种出版物，其中有 9 部专著和教材。

劳林·克伦普（Laurien Crump），荷兰乌得勒支大学助理教授，作品有《华沙条约组织②再思考：东欧国际关系史，1955—1969 年》（The Warsaw Pact Reconsidered：International Relations in Eastern Europe，1955-69）。

伊沃·巴纳茨（Ivo Banac），耶鲁大学历史学布拉德福德·德菲名誉教授，萨格勒布大学历史学教授，克罗地亚科学和艺术学院的通信会员。主要著作有《南斯拉夫民族问题：起源、历史与政治》（The National Question in Yugoslavia：Origins，History，Politics）、《与斯大林一起反对铁托：南斯拉夫共产党内部情报局派的分裂》（With Stalin against Tito：Cominformist Splits in

---

① 1949 年 4 月 4 日，美国、加拿大、英国、法国、意大利、荷兰、比利时、卢森堡、丹麦、挪威、冰岛、葡萄牙 12 国在华盛顿签署了《北大西洋公约》，该条约于同年 8 月 24 日生效，标志着北约组织正式成立。1952 年，希腊、土耳其加入北约；1955 年，联邦德国加入北约；1982 年，西班牙加入北约。1999 年，匈牙利、波兰、捷克加入北约；2004 年，爱沙尼亚、拉脱维亚、立陶宛、斯洛伐克、斯洛文尼亚、罗马尼亚和保加利亚加入北约；2009 年，克罗地亚、阿尔巴尼亚加入北约；2017 年，黑山加入北约；2020 年，北马其顿加入北约，至此北约成员国已达 30 个。——译者注

② 1954 年 10 月 23 日，美、英、法等西方国家签订了《巴黎协定》，吸收联邦德国加入西欧联盟和北大西洋公约组织。1955 年 5 月 5 日，《巴黎协定》被批准。受此影响，同年 5 月 14 日，苏联、阿尔巴尼亚、保加利亚、匈牙利、民主德国、波兰、罗马尼亚、捷克斯洛伐克 8 国在华沙签署《华沙条约》，标志着华沙条约组织正式成立。阿尔巴尼亚于 1968 年 9 月 13 日宣布退出华沙组织。1990 年 10 月 3 日两德合并后，民主德国退出华沙组织。1991 年 7 月 1 日，华沙条约缔约国在布拉格举行会议，宣布华约组织正式解散。——译者注

Yugoslav Communism），最近一部著作是《克罗地亚与教会：简明克罗地亚天主教现代史》（*The Croats and the Church: A Short History of Croat Catholicism in Modernity*）。

艾菲·G. H. 佩达里乌（Effie G. H. Pedaliu），伦敦政治经济学院国际事务与外交战略研究中心研究员，艺术与人文研究委员会的同行评议学院成员，H-Diplo 评论编辑，代表作为《英国、意大利与冷战的起源》（*Britain, Italy and the Origins of the Cold War*）、《当代地中海世界》（*The Contemporary Mediterranean World*）；主编《英国与全球事务，第二卷：从丘吉尔到布莱尔》（*Britain in Global Affairs, Vol. II, From Churchill to Blair*）；帕尔格雷夫·麦克米伦公司"当今世界中的安全、冲突与合作"系列丛书主编。

艾利尼·卡拉穆齐（Eirini Karamouzi），谢菲尔德大学现代史讲师，代表作为《希腊、欧洲经济共同体与冷战，1974—1979 年：第二次扩大》（*Greece, the EEC and the Cold War, 1974-1979: The Second Enlargement*）。

贝奈戴托·扎卡里亚（Benedetto Zaccaria），意大利欧洲大学研究所阿尔希德·德·加斯佩里研究中心研究助理，代表作为《冷战时期欧洲经济共同体对南斯拉夫政策，1968—1980 年》（*The EEC's Yugoslav Policy in Cold War Europe, 1968-1980*）。

康斯坦蒂娜·E. 博西乌（Konstantina E. Botsiou），希腊伯罗奔尼撒大学现代历史和国际政治学副教授，主要著作有：《希腊走向欧洲之路：从杜鲁门主义到加入欧洲经济共同体，1947—1968 年》（德语）（*Griechenlands Weg nach Europa: von der Truman-Doktrin bis zur Assoziierung mit der Europäischen Wirtschaftsgemeinschaft, 1947-1961*），三卷本《20 世纪的康斯坦丁诺斯·卡拉曼利斯》（*Konstantinos Karamanlis in the 20th Century*）（与 C. 斯沃洛普洛斯和埃万特雷斯·哈齐瓦西利乌共同主编）。

米罗斯拉夫·佩里希奇（Miroslav Perišić），塞尔维亚档案馆馆长，贝尔格莱德塞尔维亚近代史研究所高级研究员，代表作有《从斯大林到萨特：1945—1958 年南斯拉夫知识精英在欧洲大学中的形成》（*From Stalin* to Sartre: *Forming of the Yugoslav Intellectual Elite on European Universities*, *1945-58*)、《萨拉热窝暗杀——回归档案：外交和文化》(*The Sarajevo Assassination: Return to Documents: Diplomacy and Culture*)。

斯皮里宗·斯费塔斯（Spyridon Sfetas），希腊塞萨洛尼基亚里士多德大学巴尔干现代史副教授，著作有《马其顿与巴尔干国家关系，1920—1924 年》(*Makedonien und interbalkanische Beziehungen 1920-1924*)（德语）。

穆罕默德·德谢梅吉（Mehmet Döşemeci），美国巴克内尔大学历史学副教授，代表作为《土耳其的现代性争论：文明、民族主义与欧洲经济共同体》(*Debating Turkish Modernity: Civilization, Nationalism, and the EEC*)。

文安立（Odd Arne Westad），哈佛大学肯尼迪政府管理学院美国—亚洲关系史教授，伦敦政治经济学院国际事务与外交战略研究中心创始主任。主要著作有《全球冷战：美苏对第三世界的干涉与当代世界的形成》(*The Global Cold War: Third World Interventions and the Making of Our Times*)、《躁动的帝国：1750 年之后的中国与世界》(*Restless Empire: China and the World since 1750*)、《企鹅世界历史》(*Penguin History of the World*)；合编三卷本《剑桥冷战史》(*The Cambridge History of the Cold War*)。

导　言

　　巴尔干半岛占据着从欧洲中部到欧洲南部和东南部边界的战略位置，再加上其历史渊源和历史遗留的政治、经济和文化的多层面问题，在第二次世界大战结束前就已经成为即将出现的冷战对抗的温床。虽然新的国际秩序造就了新的挑战，如意识形态困境，但事实是该地区许多在冷战开始之前就存在的问题在冷战结束后的许多情况下仍然存在。与那些旧有模式相反，这些问题不只是民族主义问题，还有其他欧洲国家在19世纪下半叶和20世纪初已经完成的进程的残余。重要的是，它们不仅包括探求民族主义之外的公民身份，还包括战略困境、经济和现代化的迫切问题，而现代化问题是自19世纪以来巴尔干各民族和各国的主要愿望。事实上，巴尔干国家选择加入冷战同盟或南斯拉夫探索不结盟道路，与之相伴的是它们通过以工业化方式推进现代化，努力摆脱长期存在的贫穷、动荡问题和不安全感的雄心。

　　巴尔干半岛处于两个相互竞争的现代性前景之间的断层线上，也具有根深蒂固、得失参半的文化和宗教多样性，这对第二次世界大战后的全球体系形成了挑战。毫不奇怪的是，这将成为现实，尤其是在冷战初期和最后阶段这个体系最脆弱的时候。这使我们不可避免地想到了在冷战期间塑造巴尔干地区的因素的问题。它是冷战本身的体制性因素，还是地区固有的现实和压力？本书认为，这两种因素都发挥了作用，并旨在强调它们之间相互依存的关系。没有人会质疑超级大国霸权、冷战战略困境或意识形态分歧这些至关重要的事实。然而，即使在地区跨国主义和之后的全球化时代，地区压力也同样具有决定性的意义。它们的相关性和不可控性源自小国这一地区行为体的特性，这些国家往往由于全球权力转移而极易受到地区权力平衡变化的影响。这些地区性特征和野心成为冷战期间及冷战前后一直存在的一种因素。

在过去的几十年间，冷战国际史学界超越和扩展了我们将冷战只看作一场两个占主导地位的超级大国之间的对抗的认识。历史学恰恰将关注焦点转向那些因相互依赖而造成国际结构复杂性和全球形势变化的诸多因素，因此出现了冷战史研究的"去中心化"趋势。在许多观点中最引人注意的是要努力理解当地、地区和全球之间的相互关系。本书强调全球冷战及其在地区——即巴尔干地区——的表现形式之间的关系。为实现以上目标，这本书展现了巴尔干地区的一部国际史，这是我们的第二个叙事框架。本书希望利用比较研究、地区互动及其对冷战的更广泛影响，结合当地、国家、地区、欧洲、国际和跨国进行多层次分析。

最后，但也是非常重要的一点，这本书的叙事框架是要在对传统外交史的关注之外来讨论冷战中巴尔干半岛的历史。与对冷战概念的不断扩展和多元化的解释相一致，对巴尔干半岛的地区史研究也已经不再只是关注政治和军事问题，而是也涉及文化和身份认同问题。我们的目的是把这些体现地区复杂性的不同方面纳入讨论范围。本书将围绕五大主题展开：1. 巴尔干地区与冷战秩序的形成；2. 军事同盟与巴尔干地区；3. 巴尔干地区与超级大国的紧张关系；4. 20世纪70—80年代巴尔干地区的困境与"重要他者"：欧洲经济共同体；5. 身份认同、文化与意识形态。本书不是也不可能是冷战时期巴尔干历史的结论性著作。这并不重要，也是不可能的，尤其是因为这意味着终结了未来的研究工作。相反，我们的目标是鼓励这一领域的学者做进一步的研究，并引起学术讨论与学术争鸣，而这将是强烈求知欲的先决条件，其定会推动新的知识和历史见解。

本书共分为五个主题，由十五章再加上结语组成。我们的撰稿者是各自领域的杰出学者、权威人士以及年轻的历史学者，他们都很出色，所讨论的问题填补了现有的冷战期间巴尔干地区的学术研究空白。他们是来自巴尔干地区国家和其他国家的一个国际性团体。本书中，我们希望考察巴尔干现有的史学研究状况，为提出新的研究和创新性解释提供一个平台，并确定今后进一步值得研究和关注的新领域。编者们已尽力确保呈现对冷战期间巴尔干地区历史上争议问题的不同解释。特别重要的是，本书中收录的各章节都是以多边档案研究，特别是冷战结束后巴尔干地区的解密档案为基础的。值得一提的是，那些前社会主义国家的档案在这方面提供了大量的新见解。特别值得注意的是，研究者可以免费查阅这些档案。希腊和土耳其档案的便利性有所不同。获取土耳其档案仍受到限制。就希腊而言，最近在个人档案和官方档案的开放方面有迅速且有希望的进展，希望今后在此方面会有更大进展。

约翰·O. 艾尔崔迪斯讨论了巴尔干事务，主要是希腊内战及其国际并发事件对冷战开始这一关键时期美国遏制政策的影响。杜鲁门主义成为美国在和平时期对东半球进行的第一次大规模中期干预。艾尔崔迪斯指出，国际、地区和希腊形势的结合造成美国对这一地区的政策从相对漠不关心转变成积极干预。这一转变是一个缓慢的长期过程，不只是华盛顿对1947年年初英国警告即将从希腊撤军的最后通牒的匆忙反应。

马克·克莱默借助于来自前共产主义国家和西方国家的出版物和档案资料，对1948年铁托和南斯拉夫分裂后斯大林为使铁托和南斯拉夫屈服所做的努力进行了研究。他深入探究了1951年1月之后苏联及其"卫星国"的大规模军备重整，并认为，这在很大程度上是莫斯科无法采取非军事手段推翻铁托政权统治的结果。斯大林意图在南斯拉夫的苏联集团邻国确立明显的军事优势。这一章进一步暗示，也许只是1953年3月斯大林去世才阻止了苏联集团对南斯拉夫的全面进攻。

斯维托扎尔·拉雅克认为，1948年南斯拉夫和苏联的分裂促成了冷战早期范式的转变。它破坏了苏联集团内部的统一性，并在新生的冷战结构中挑起了变革。在20世纪50年代初的几年里，南斯拉夫这个共产主义国家将自己与西方防御体系绑在一起。此外，南斯拉夫通过在这两个全球意识形态联盟之间寻求建立自己的地位，成为第三世界不结盟运动中的一个领袖，并对冷战两极格局形成挑战。在这种情形下，南斯拉夫是唯一能够超越地区边界采取国际行动的巴尔干国家，这表明了贝尔格莱德渴望发挥全球性作用的雄心。

埃万特雷斯·哈齐瓦西利乌认为，北约专家对南斯拉夫问题的分析还有很多不足之处，主要是因为他们试图用"正统"冷战观念来讨论一个"异端"的共产主义国家。1955年苏南和解后，专家们担心贝尔格莱德可能会回到苏联集团，并终究不能理解铁托需要独立于且被视为独立于西方。他们还从东欧地区的视角来看待南斯拉夫，更确切地说，他们漠视南斯拉夫在不结盟运动中的作用。只有到20世纪60年代中期南斯拉夫的经济改革明显摆脱了斯大林体制以后，北约的分析人士才确信贝尔格莱德是一个真正的共产党"异端"。

艾谢居尔·塞韦尔探讨了冷战中土耳其的特殊地位。土耳其在西方包围苏联的防线上占据了关键位置。然而，1952年土耳其加入北约并没有完全获得安全保障。与其他北约成员国不同，土耳其还是域外地区的邻国，西方希望土耳其主要在中东地区发挥作用。20世纪50年代，安卡拉积极参与如巴尔干条约和巴格达条约等地区联盟。这造成了额外的安全挑战，而关注条约地区和欧洲冷战的北约并不总能应付这些挑战。土耳其仍然是西方联盟中一个暴露在最前线的成员国。

卓尔丹·巴埃夫研究了保加利亚在华沙条约集团内部的立场。他强调核军备方面的分工，以及华约对北约战争计划的看法。他认为，尽管保加利亚忠于莫斯科，但保加利亚对改革华约组织和修订核战略的提议没有获得支持。总体来说，最终的战略规划很少考虑巴尔干国家的观点。决策的高度集中运作是团结的主要动力，同时也是变革的严重阻碍。这也造成了20世纪90年代初华沙条约组织未曾进行根本性改革就与苏联一起解体的结果。

劳林·克伦普通过指出其他地区行为体的不同优先事项，从20世纪60年代初阿尔巴尼亚和罗马尼亚异见者动态变化的角度，考察了华沙条约组织内真正的多边主义的发展。在中苏分裂的压力下，巴尔干地区的挑战缓慢地使华沙条约组织从苏联"传送带"转变成一种较小的盟国为自己谋

导　言

利的工具。更为重要的是，克伦普有力地展现了20世纪60年代上半期华约组织如何变成了真正的讨论平台。

伊沃·巴纳茨描述了1968年苏联对捷克斯洛伐克进行干预后，南斯拉夫与苏联关系的迅速降温。莫斯科指责贝尔格莱德助长了反苏性质的"布拉格之春"。苏联的敌意再一次把严重的安全困境摆在铁托政权面前。南斯拉夫统治精英中改革派和保守派之间不间断的斗争，加上南斯拉夫海外政治移民集团带来的政治影响，加剧了铁托的担忧。面对这些严峻的挑战，铁托政权寻求并得到了美国特别是尼克松总统的支持。与此同时，贝尔格莱德在不损害其不结盟立场的情况下，同苏联打交道时采取了更谨慎的态度，这在勃列日涅夫1971年9月访问南斯拉夫期间表现得特别明显。

艾菲·G.H.佩达里乌探讨了冷战缓和之前，即古巴导弹危机和尼克松政府开启超级大国关系缓和进程之间过渡期中，美国"差别"政策的运用对巴尔干地区的影响，及对巴尔干半岛冷战分水岭两侧的每个国家都产生的重要影响，而这方面的研究相对薄弱。在这个框架中，她研究了美国如何看待"巴尔干缓和"的进程，以及美国对该地区的干涉会在多大程度上限制其地中海政策和遏制南欧变革的企图。

艾利尼·卡拉穆齐评估了欧洲经济共同体在处理1974—1975年南欧危机方面的作用。卡拉穆齐在特别关注希腊向民主过渡的同时，揭示了共同体的扩大政策作为一支稳定的民间力量日益重要的意义。为了实现促进政治稳定的愿望，欧洲经济共同体发现了贸易优惠、财政援助以及成员身份的终极诱饵这样的联合措施，在大西洋世界内以一种互补的方式对该地区施加影响。

贝奈戴托·扎卡里亚采用同样的以欧洲经济共同体为核心的研究方式，分析了欧洲经济共同体与南斯拉夫的关系，并挑战了冷战期间欧洲经济共同体对南斯拉夫采取忽视政策的传统观点。尽管受到了南斯拉夫不结盟现状的制约，但是20世纪70年代双方开展了一系列经济活动，其中包括以巴尔干和地中海的稳定为共同政治理论基础的商业和合作协议。

康斯坦蒂娜·E.博西乌考察了冷战最后20年间巴尔干地区的现代化

15

计划对共产主义的侵蚀。她认为，具有讽刺意味的是，美苏两国关系的缓和与1973年能源危机都促使苏联致力于与美国的长期战略对抗。这导致后来苏联放松对东欧经济和社会规划的控制，也加强了民族共产主义的融合。在社会主义转型尚未完成的巴尔干国家，反改革派的个人专政使得经济增长依赖于西方信贷。南斯拉夫尽管是一个特例，但还是沿着同样的经济发展道路前进，同时铁托在身体衰弱之前一直维持着国内脆弱的政治平衡。事实证明，将中央计划经济与有选择地向西方开放金融和政治领域相结合，是一种艰难而危险的妥协。1979年第二次能源危机之后，南斯拉夫因无法获得西方国家信贷而出现了一场重大债务危机，并很快演变成一场重大政治危机，而这与美国推动核军备竞赛有关。

米罗斯拉夫·佩里希奇洞察了一段鲜为人知的冷战插曲——通过文化自由化，南斯拉夫共产党僵化的斯大林主义意识形态的观念得到了转变。1948年南斯拉夫共产党被开除出苏联领导的"共产党和工人党情报局"，不得不与西方实现关系正常化。贝尔格莱德明白，为了取得成功，它必须改变西方公众眼中南斯拉夫是一个落后的巴尔干国家的刻板印象，表明南斯拉夫的新型社会主义道路是克服斯大林模式的良方。要做到这一点，就必须抛弃斯大林主义对文化和艺术的僵化诠释。从1950年开始，几乎在一夜之间，南斯拉夫解除了对世界文化自由交流的所有现存限制，并开始在西方培养新的知识精英。佩里希奇认为，特别耐人寻味的是，这场独特的文化自由化是由上层发起的。

斯皮里宗·斯费塔斯在他的章节中谈及地区性冷战的多维特征。他讨论了马其顿问题这个历史更久远的争端对缓和时期贝尔格莱德、索非亚和雅典三角关系，特别是对保加利亚和南斯拉夫争端的影响。斯费塔斯指出，历史更久远的民族主义问题往往"隐藏"在冷战更广泛的紧张局势中；反过来，这些地区性问题总是可以被地区国家或大国（美国、苏联，包括中国）用来进一步实现国家或冷战目标。因此，一个地区性争端可能涉及包括安全、认同、认知和区域平衡以及更广泛的冷战考虑在内的一系列问题。

穆罕默德·德谢梅吉探讨了土耳其第二共和国（1961—1980年）出现

的现代化争论。他抛开冷战的角度,从土耳其国内的视角进行研究,以便更好地理解近期的历史。他将土耳其与欧洲经济共同体之间动荡关系的讨论称为"西化大辩论",并认为这对土耳其社会想象及其政治文化的影响远远超过了冷战本身。

  本书展现了巴尔干地区的解释框架在冷战期间是如何变化的。我们希望其能够就冷战的地区性历史以及两极格局对巴尔干政治和社会的影响做进一步的交流。

本书编委会

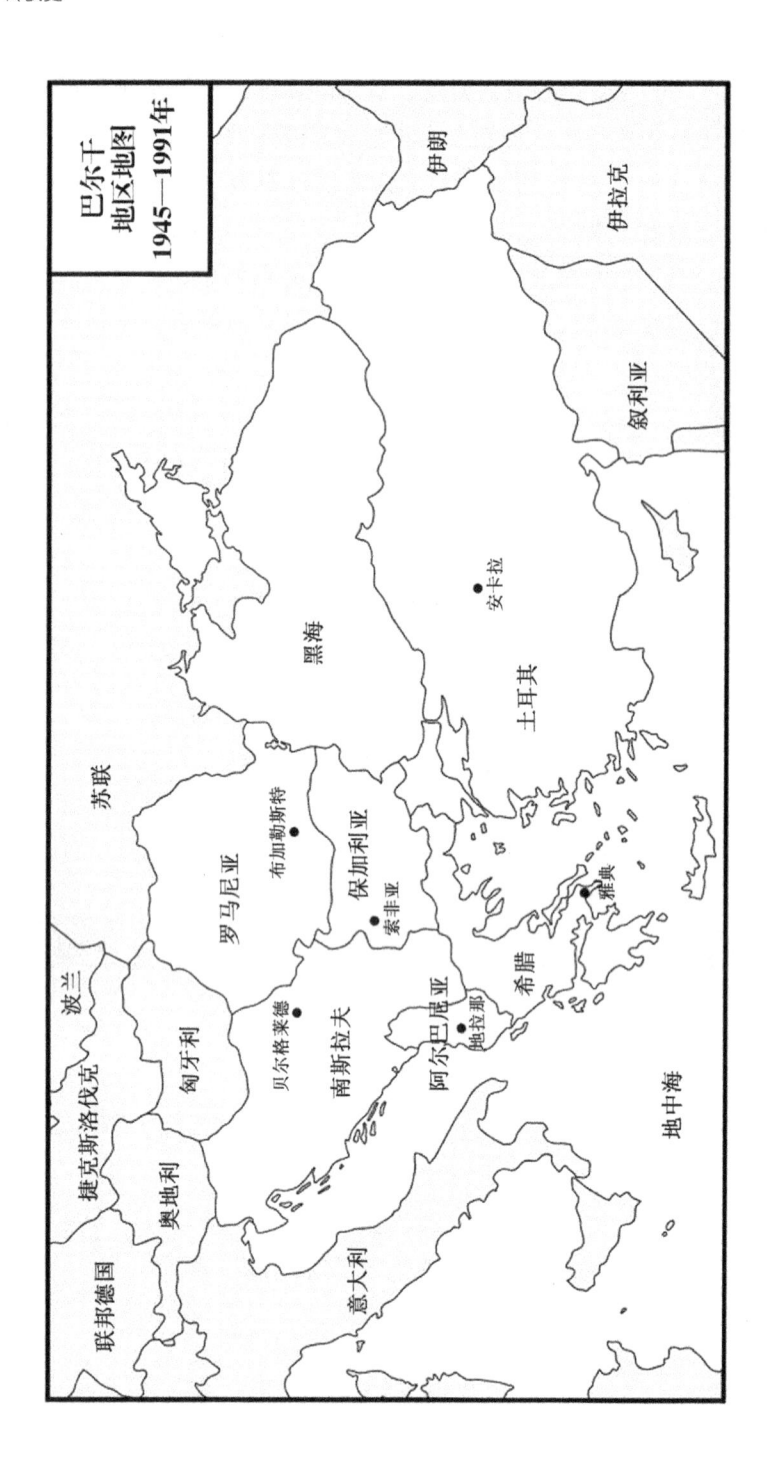

巴尔干地区地图 1945—1991年

目 录

第一编 巴尔干地区与冷战秩序的形成

第一章 希腊与遏制的起源：美国的视角 ………………………… 2

第二章 斯大林、苏南分裂与重新控制苏东国家的努力，1948—1953 年
………………………………………………………………… 25

第三章 从地区角色到全球事业：冷战初期的南斯拉夫 ………… 53

第二编 军事联盟与巴尔干地区

第四章 谜一样的异端：北约政治分析中的南斯拉夫，1951—1972 年
………………………………………………………………… 74

第五章 在全球冷战和地区冷战之间：
20 世纪 50 年代土耳其协调其安全事务的探索 ………… 92

第六章 巴尔干地区的华沙条约组织：保加利亚的视角 ………… 111

第三编 巴尔干地区与超级大国的紧张关系

第七章 巴尔干地区对华约组织的挑战，1960—1964 年 ………… 130

第八章 "不争不吵"："布拉格之春"后南斯拉夫独立自主的代价
………………………………………………………………… 149

1

第九章　美国、巴尔干地区与冷战的缓和，1963—1973 年 …………… 174

第四编　20 世纪 70—80 年代巴尔干地区的困境与"重要的他者"：欧洲经济共同体

第十章　唯一的选择？欧洲经济共同体、南欧
　　　　与 20 世纪 70 年代的希腊危机 ………………………… 194
第十一章　苏联的阴影下：欧洲经济共同体、南斯拉夫
　　　　与 20 世纪 70 年代漫长的冷战 ………………………… 210
第十二章　20 世纪 70—80 年代的巴尔干困境：没有退路的时刻？ … 229

第五编　身份认同、文化与意识形态

第十三章　南斯拉夫：1950 年的文化与意识形态革命 …………… 250
第十四章　地区问题与冷战问题的叠加：
　　　　希腊—保加利亚—南斯拉夫在马其顿问题上的三角关系，
　　　　1963—1980 年 ……………………………………………… 270
第十五章　超越冷战：欧洲经济共同体与土耳其西方化大辩论 … 292

结语　巴尔干地区：冷战的神秘地带 …………………………… 313

主要中外名词对照表 …………………………………………… 321

译后记 …………………………………………………………… 327

第一编
巴尔干地区与冷战秩序的形成

第一章

希腊与遏制的起源：美国的视角

约翰·O. 艾尔崔迪斯

罗斯福时期

第二次世界大战结束之前，华盛顿的决策者们一直认为巴尔干地区对美国无足轻重。这一论断体现在美国在巴尔干地区没有重要的经济和政治利益，并且罗斯福总统认为当务之急是赢得战争和决心避免美国卷入东南欧地区，不考虑在当地进行大规模的军事行动，但他估计英苏之间的传统对抗会再次出现。因此，罗斯福让丘吉尔全权处理巴尔干地区的事务，尤其是希腊问题。[1]

这并非表明美国国务院依然对巴尔干地区发生的事件漠不关心。一位反对英国在巴尔干地区占据主导地位的美国外交官警告说："对英国人的怨恨，对其蛮横对待小国人民的不满，对其能够尽心尽力的不信任以及对其政治意图的怀疑，这些都广泛存在，甚至在今天的巴尔干各国人民心中几乎都是普遍的。"[2] 美国官员对希腊事务特别关注，强烈支持战后应该允许希腊人民在不受外国干涉的情况下，自由决定政治体制，包括在未来建

---

[1] Terry H. Anderson, *The United States, Great Britain, and the Cold War, 1944-1947* (Columbia: University of Missouri Press, 1981), pp. vii-27; Robert Frazier, *Anglo-American Relations with Greece, The Coming of the Cold War, 1942-47* (London: Macmillan, 1991), pp. 1-20; John O. Iatrides, eds., *Ambassador MacVeagh Reports: Greece, 1933-1947* (hereafter *Ambassador MacVeagh Reports*) (Princeton: Princeton University Press, 1980), pp. 583-585.

[2] *Ambassador MacVeagh Reports*, p. 457.

立不受欢迎的君主制。但是这种观点并没有得到他们上级的支持,他们不得不默许伦敦方面处理希腊的战时和解放后的问题。

在英国政府看来,乔治二世国王是英勇的同盟国的合法领导人,恢复其统治将确保希腊远离莫斯科阵营,并安全地站在英国一边。正如丘吉尔在1944年5月提到的,"我们的长期政治和军事目标是保持希腊作为英国的势力范围,并防止苏联控制希腊,否则这将严重损害我们在东地中海的战略地位"。[1] 几周之后,心急如焚的丘吉尔向一位密友惊叹:"上帝啊,难道你看不出苏联人正在像潮水一样席卷欧洲吗?他们入侵了波兰,没有什么办法能阻止他们进军土耳其和希腊!"[2] 他指示外交部草拟一份文件,名为《关于英国与苏联政府对意大利和巴尔干地区的棘手问题,尤其是对希腊问题的立场》。[3] 这份1944年6月7日呈递给内阁的备忘录总结道:"至于希腊,我们现在应该着手建立一个在战后必定会向英国寻求支持以对抗苏联影响的政权。"[4] 9月,由于担心共产党在解放时占领希腊首都,一名英国军官负责指挥主要的抵抗组织,而共产党的抵抗武装——希腊人民解放军(Ellinikos Laikos Apeleftherotikos Stratos,ELAS)则被命令留在雅典地区以外。[5] 当月末,伦敦告知莫斯科其计划派遣军队进入希腊领土,并要求苏联军队不得进入希腊。苏联政府表示同意。[6] 因此,1944年5月开始讨论、10月9日在莫斯科达成的丘吉尔—斯大林"势力范围"协议,确认了在这一地区达成的谅解。该协议规定英苏对希腊(英国占90%)、罗马

---

[1] Christina Goulter-Zervoudakis, "The Politicization of Intelligence: The British Experience in Greece, 1941-1944," *Intelligence and National Security*, 13, no. 1 (1998), p. 183.

[2] Lord Moran, *Churchill: Taken from the Diaries of Lord Moran, The Struggle for Survival, 1940-1945* (Boston: Houghton Mifflin, 1966), p. 174.

[3] Winston S. Churchill, *The Second World War*, Vol. 6 (Boston: Houghton Mifflin, 1953), pp. 72-73; Ioannis Stefanidis, *Substitute for Power: Wartime British Propaganda to the Balkans, 1939-44* (Farnham: Ashgate, 2012), pp. 53-54.

[4] Anthony Eden, *The Memoirs of Anthony Eden* (Boston: Houghton Mifflin, 1960), Vol. 3, pp. 533-534.

[5] 《卡塞塔协议》(Caserta Agreement) 的文本,参见: John O. Iatrides, *Revolt in Athens: The Greek Communist "Second Round", 1944-1945* (Princeton: Princeton University Press, 1972), pp. 311-313。

[6] Washington DC, National Archives and Records Administration (hereafter NARA), RG 59, 868.01/9-2844, Murry to Dun, 30 September 1944.

3

尼亚（苏联占90%）、保加利亚（苏联占75%）以及南斯拉夫和匈牙利（英、苏各占50%）的势力划分。① 作为美国遏制战略的排头兵，丘吉尔曾试图寻求使希腊成为英国势力的前哨。

华盛顿却以不同的眼光看待这些事件。当得知英苏在希腊问题和罗马尼亚问题上达成的协议之后，罗斯福试图对其加以破坏。② 他向丘吉尔抱怨说，没有人征求过美国人的意见，并预言拟议的安排"肯定会导致你们与苏联之间继续存在分歧，以及巴尔干地区被划分成势力范围……"③ 丘吉尔回应称，这一提议仅限于"战时情况下"，否认任何将"巴尔干地区分割成势力范围"的意图，并承诺将随时向罗斯福通报所有事态发展。④ 最终，在没有咨询国务院的情况下，罗斯福同意了表面上为期3个月的英苏协议，并补充说："我希望以后可以避免以如此方式来处理如此重要的事情。"⑤

1944年11月末希腊解放的几周后，希腊首相乔治·帕潘德里欧（George Papandreou）在英国的强力支持下，命令解散战时抵抗组织。当希腊共产党拒绝解除希腊人民解放军的武装，左翼内阁大臣愤而辞职时，联合政府垮台了，首都雅典也爆发了武装冲突。美国官员认为很大程度上是英国的高压干预导致了此次危机。美国驻希腊大使麦克维在给罗斯福的信中写道，"实际上，对（希腊）这个狂热地热爱自由的国家如同它是由土邦组成的英属印度那样的处理方式才是问题所在"，并且麦克维把这些起义者描绘成"一群除了饥肠辘辘和无家可归以外一无所有却全副武装的民主主义者"。⑥ 麦克维认为这是英国和希腊人民解放军之间的冲突，这一观

---

① Churchill, 6: 226-235; Lloyd C. Gardner, *Spheres of Influence* (Chicago: Ivan R. Dee, 1993), pp. 183-206.

② Roosevelt Library, Hyde Park, N.Y., Roosevelt Papers, 051 Balkans, file "Spheres of Influence", 5/19-6/30/44.

③ US Department of State, *Foreign Relations of the United States* (hereafter *FRUS*), 1944, V (The Near East, South Asia and Africa. The Far East), Roosevelt to Churchill, 11 June 1944, pp. 117-118.

④ Churchill, 6: 73.

⑤ *FRUS*, 1944, V, Roosevelt to Churchill, 22 June 1944, pp. 125-127; Gardner, pp. 183-201.

⑥ *Ambassador MacVeagh Reports*, pp. 660-661.

点在美国国务院得到广泛认可。①

重要的是，丘吉尔与斯大林在巴尔干问题上达成了协议。停留在保加利亚境内的苏军无视了希腊共产党发出的占领希腊领土的迫切恳求。② 斯大林在莫斯科对保加利亚领导人格奥尔基·季米特洛夫说，希腊人发动起义"已经显得很愚蠢了……"③ 而英国和美国"绝不会容忍一个'红色'希腊威胁到它们与中东地区的重要通道"。④ 尽管如此，我们可以大胆假设，只要不使他卷入与伦敦和华盛顿的直接对抗，斯大林会乐见战后共产主义在希腊取得胜利。⑤

1945年3月，在主要由英国军队在雅典地区击败并解除希腊人民解放军的武装后，罗斯福向丘吉尔建议派遣一个美英苏"特别代表团"，"通过非政治性的共同行动来迅速发展希腊的生产力"。当丘吉尔反对苏联参与其中，并反而建议由英美两国来执行时，罗斯福认为这个想法是"一个错误"，因为可能会被视为违背了《雅尔塔协定》中关于"三国在被解放地区采取联合行动"的条款。罗斯福希望避免"任何会削弱我们尊重他们（苏联）方面的这些决定所做努力的有效性的事情"。⑥ 如前所述，如果罗斯福预料到会与苏联发生公开摩擦，那么他决心至少在打败日本之前避免

---

① NARA, RG 59, 868.00/12-2444, MacVeagh tele. 183, 24 December 1944; 868.00/12-2644, "The Situation in Greece", 22 December 1944.

② Basil Kondis and Spyridon Sfetas, eds., *Emfylios Polemos*: *Eggrafa apo ta Yougoslavika kai Voulgarika Archeia* (The Civil War: Documents from the Yugoslav and Bulgarian Archives) (Thessaloniki: Paratiritis, 1999), pp. 19-20; Gregoris Farakos, *B Pangosmios Polemos*: *Sheseis KKE kai diethnous kommounistikou kentrou* (Second World War: The Relations of the KKE and the International Communist Centre) (Athens: Ellinika Grammata, 2004), pp. 122-141.

③ Ivo Banac, *The Diary of Georgi Dimitrov* (New Haven: Yale University Press, 2003), pp. 352-353.

④ Vladislav Zubok and Constantine Pleshakov, *Inside the Kremlin's Cold War*: *From Stalin to Khrushchev* (Cambridge, MA: Harvard University Press, 1996), pp. 56-57.

⑤ Jonathan Haslam, *Russia's Cold War*: *From the October Revolution to the Fall of the Wall* (New Haven: Yale University Press, 2011), pp. 80-82.

⑥ FRUS, 1945, Ⅷ (The Near East and Africa), Roosevelt to Churchill, 21 March 1945, pp. 203-208; John O. Iatrides, "Utopian Dream or Lost Opportunity? A Tripartite Commission to Rehabilitate Postwar Greece," *Journal of Modern Hellenism*, 29 (2012-2013), pp. 91-115.

发生这样的事情。[1]

杜鲁门时期

随着罗斯福的去世和日本的投降,以及战后时期的问题开始显现,美国的外交政策机构就像一艘没有经验丰富的船长掌舵的强大战舰。哈里·杜鲁门总统对那些战时协定一直不明就里,他并未做好在世界事务方面发表自己主张的准备——而此刻正是战前的权力平衡被打破和美国的切身利益要求华盛顿主导塑造世界新秩序的时候。特别令人担忧的是,斯大林明显决心巩固在中东欧、中东和亚洲地区的战时成果,在广阔的战线上向西方发起挑战。由于美国的欧洲盟友在战争中遭受重创,杜鲁门政府感到有必要做出坚定和果断的回应。[2]

总统的首席外交政策顾问和战后初期美国外交政策的缔造者迪安·艾奇逊是一位杰出且个性强势的国际法学家,并且他是罗斯福当政时期华盛顿政府部门中的资深人士。[3] 艾奇逊有时通过采取夸张和"危机外交"的方式来重振国务院的雄风,并试图唤醒国会和全国人民认识到国际现实的挑战,特别是在与苏联打交道时。[4]

杜鲁门政府在忙于解决更大问题的同时,仍继续关注希腊的事态变化。在共产党在雅典领导的起义失败后,右翼极端分子开始迫害希腊人民

---

[1] Haslam, pp. 24-25.

[2] Herbert Feis, *From Trust to Terror: The Onset of the Cold War, 1945-1950* (New York: Norton, 1970), Lynn Etheridge Davis, *The Cold War Begins: Soviet-American Conflict Over Eastern Europe* (Princeton: Princeton University Press, 1974), pp. 13-35. 关于苏联在占领中东欧地区时的暴行,美国官员是完全清楚的,参见: Ann Applebaum, *Iron Curtain: The Crushing of Eastern Europe, 1944-1956* (New York: Doubleday, 2012), pp. 3-22。

[3] Dean Acheson, *Present at the Creation: My Years in the State Department* (New York: Norton, 1969); Robert L. Beisner, *Dean Acheson: A Life in the Cold War* (Oxford: Oxford University Press, 2006); James Chase, *Acheson: The Secretary of State Who Created the American World* (New York: Simon & Schuster, 1998); Gaddis Smith, *Dean Acheson* (New York: Cooper Square Publishers, 1972).

[4] Stanley Hoffmann, *Gulliver's Troubles or the Setting of American Foreign Policy* (New York: McGraw-Hill, 1968), pp. 293-300.

解放军退役军人和左翼同情者。1945年4月，麦克维在汇报不断发生的政治暴力事件时承认，希腊当局已经表现出其没有能力维持秩序。6月，在与希腊共产党领袖尼科斯·扎哈里亚德斯（Nikos Zahariades）谈话后，麦克维写道，这位访客的"通情达理"透露出该党的方向已从暴力对抗转向一种"公开限定在政治方面而与其对手和平共处的长期政策，其在强调'反法西斯'和'民主'的同时，不断地在劳工运动、公共服务、武装部队，甚至在农民中进行破坏，以期尽可能最大限度地利用时局变化出现的各种机会……"①

在另一份报告中，麦克维承认无法断定莫斯科对希腊共产党的影响力，但他总结道："为了保持希腊左翼这口锅继续欢快地沸腾着，苏联人除了用满怀同情心的报刊和电台火上浇油和让当地的共产党满怀希望地继续期待更加明确的援助，可能也觉得没有必要做更多的事情。"②

虽然美国驻希腊的官员对继续保持被动观察者的角色感到满意，但英国当局对他们在这个陷入困境的国家中所承担的负担越来越担心。1945年年底，帝国总参谋长阿兰·布鲁克（Alan Brooke）爵士和地中海战区盟军最高司令威廉·摩根（William D. Morgan）中将访问希腊，审查英国在该国的角色。之后，摩根告诉一位美国外交官，希腊的安全形势变得"比以往任何时候都更加危急"，在他看来，"英国不可能独自应对"。摩根在强调希腊的共产党邻国的"威胁"时，总结说，"除非美国决定在希腊发挥更积极的作用，否则英国应该完全撤出希腊，并承担所造成的损失……如果美国不能向希腊派军，或许可以在那里部署大量的空军"。摩根打算敦促克莱门特·艾德礼（Clement Attlee）首相在他即将访问华盛顿期间与杜鲁门讨论希腊问题。③

摩根将军对希腊局势的分析中几乎没有华盛顿所不知道的内容。预料到了艾德礼的到访，美国战争部长罗伯特·帕特森（Robert P. Patterson）

---

① NARA, RG 59, 868.00/6-2245, MacVeagh to State Department, 22 June 1945.
② NARA, RG 59, 868.00/7-445, MacVeagh to State Department, 4 July 1945.
③ FRUS, 1945, Ⅷ, Kirk to State Department, 2 November 1945, pp. 251-252.

试图阻止美国在希腊的任何军事介入。帕特森承认,"只有英国军队的存在……才阻止了再次爆发内战"。但是,他认为,"希腊的问题更可能是内部问题,而不是外部问题",并且,"目前在希腊的英国部队足以执行当前的任务,即在建立稳定的政府的同时维持内部秩序"。因此,鉴于美国在其他地方的军事承诺和部队复员的压力,帕特森建议"美国不应在希腊承担任何军事义务"。① 美国国务卿詹姆斯·贝尔纳斯(James Byrnes)同意帕特森的看法,他建议总统说,美国的军事合作"无助于解决希腊目前的问题"。贝尔纳斯承认"一个混乱的希腊永远是在诱惑其北方邻国采取侵略行动……并且也会对国际和平与安全构成严重威胁",因此他建议美国和英国提供贷款和技术顾问"使希腊走上经济复苏之路",而不是提供军事援助。杜鲁门未加评论就批准了这项建议。②

虽然美国和英国官员原则上同意合作来解决希腊的经济问题,但在实际操作中,他们的优先事项和优先解决方案仍有很大分歧。美国官员认为,联合国善后救济总署(United Nations Relief and Rehabilitation Administration, UNRRA)分配的资源份额最大,应该提供救济援助,并担任希腊政府的主要外交顾问,但实际上联合国善后救济总署巴尔干代表团控制在英国手里。此外,他们希望希腊政府进行重大改革,包括稳定货币和物价、改革税收及削减政府支出。英国官员为建立稳定、有效的希腊政府所做的努力,每次都因不断升级的政治暴力遭到破坏,因此他们准备采取更严厉的措施。1945年11月中旬,英国外交部外务次官赫克托尔·麦克尼尔(Hector McNeil)提议向雅典派遣一个代表团监督希腊的经济复苏和重建,美国将受邀参加代表团,条件是希腊政府同意"授予所有必要的权力实施和执行代表团制订的计划"。在麦克维看来,麦克尼尔的提议表明,"英国打算控制希腊的经济生活,其程度甚至超过了德国占领期间……"希腊首相帕纳约蒂斯·卡内洛普洛斯(Panayiotis Kanellopoulos)"相当尴尬地"向麦

---

① NARA, RG 59, 868.00/11-1045, Patterson to Byrnes, 10 November 1945.
② NARA, RG 59, 868.00/11-1045, Memo for the President, "The Situation in Greece", 10 November 1945.

克维透露，麦克尼尔的提议对"希腊人来说是一个非常敏感的问题"，因为他们"担心将外国人置于希腊政府部门中，并赋予其英国所设想的那种权力，会带来灾难性的政治影响"。尽管卡内洛普洛斯难以接受麦克尼尔的提议，但他还是选择了一个英美专家小组向希腊当局提供建议。卡内洛普洛斯强调，"作为一个临时政府"，他的内阁"无权……承诺在（预期的）选举基础上建立一个未来的希腊政府"。①

1946年1月11日，为了对希腊危机发出警报，美国和英国驻雅典大使向各自政府发出一份联合电报，警告说：

> 如果此刻我们不能依靠想象和谅解处理希腊问题，我们就会认为目前的民主政府肯定会倒台，并且其很可能被一个极右翼政权接替，而这个政权在适当的时候必定会产生一个共产主义专政政权……

这两位外交官敦促采取"一种广泛、慷慨和富有政治家风度的办法，免除那些不能也不会偿还的债务，并明确保证将提供实际认为必要的任何物质或财政援助"。他们总结道："希腊需要的是这样一项计划：1. 使希腊确信其经济生活在今年之后仍继续；2. 杜绝希腊人奢侈和无能的恶习以免破坏该计划。"他们最后做了一个极差的预测："……我们认为，我们有责任提醒您，希腊不仅在今后一段时间内将成为重大政治问题的根源之一，而且很可能将遭受流血暴力和饥荒。"②

在英国与美国继续讨论希腊国内问题的同时，一个意外的事件似乎凸显了这些问题在国际层面上的意义。1946年2月1日，苏联驻联合国代表安德烈·维辛斯基（Andrei Vyshinsky）指责英国军队在希腊的存在是外国干涉内政的行为，威胁该地区的和平与安全。维辛斯基敦促安理会要求英

---

① *FRUS*, 1945, Ⅷ, Henderson to Byrnes, 10 November 1945; MacVeagh to State Department, 16 and 17 November 1945; Byrnes to MacVeagh, 16 November 1945, pp. 263-265, 268-271.

② *FRUS*, 1946, Ⅶ (The Near East and Africa), MacVeagh to State Department, 11 January 1946, pp. 91-92 and footnote 14. 没有证据表明这两位大使的信息引起了伦敦或华盛顿的回应。

国立即从希腊撤军。在激烈的交锋中，英国外交大臣欧内斯特·贝文（Ernest Bevin）为英国在希腊扮演的角色进行辩护，并反诉苏联的宣传鼓动了希腊共产党采取暴力活动。由于安理会无法就此事达成任何协议，维辛斯基提议派一个委员会"去调查情况，不管委员会说什么，我们都会遵守，甚至会撤回抗议信"。当贝文拒绝了这个提议后，维辛斯基让步了："我们想和你保持友好关系，我们必须想办法。"最后，在美国代表在幕后运作下，安理会结束这件事的讨论。①

1946年3月31日的希腊大选为新政府提供了合法性，西方观察员宣布选举"总体上是自由公正的"。② 然而，结果却存在严重缺陷。以希腊共产党为首的左翼人士弃权，导致以康斯坦丁·察尔扎里斯（Constantine Tsaldaris）——华盛顿认为他是希腊最无能和最平凡无奇的政治家之一——为首的右翼民粹主义政党取得完全胜利。察尔扎里斯政府对左派采取严厉措施而容忍右翼极端分子，进一步加剧了两极分化和暴力对抗。希腊要求以牺牲该国的北方邻国为代价的边界调整激怒了美国和英国官员，他们希望避免恶化与莫斯科本已棘手的关系，并警告察尔扎里斯不要追求"华而不实的计划"。6月，当察尔扎里斯强烈表示希望前往华盛顿亲自向美国官员介绍他的政策时，美国驻雅典临时代办打趣说，这位首相急于让美国人相信，他并非"毫无人性"。③

美国官员对暴力升级的担忧是有根据的。在选举当夜，一支武装团伙

---

① *FRUS*, 1946, Ⅶ, MacVeagh to State Department, 22 January 1946; Winant (London) to State Department, 22 January 1946; Stettinius to State Department, 2 February 1946; Memorandum of conversation, 3 February 1946; Stettinius report, undated, pp. 99-112.

② *FRUS*, 1946, Ⅶ, Memorandum (Matthews) to the Full Committee, 11 April 1946, pp. 135-139.

③ *FRUS*, 1946, Ⅶ, Hickerson (State-War-Navy Coordinating Committee) to State Department, 22 April and 11 May 1946, and Rankin (Athens) to State Department, 18 June 1946, pp. 145, 161, 170-171. 关于察尔扎里斯的领导能力，参见：Konstantina E. Botsiou, "Mia 'Pyrreios' Niki: E Diavrosi tou Laikou Kommatos meso tou Emfyliou," (A Pyrrhic Victory: The Erosion of the People's Party Through the Civil War) in Vasilis K. Gounaris, Stathis N. Kalyvas and Ioannis D. Stefanidis, eds., *Anorthodoxoi Polemoi: Makedonia, Emfylios, Kypros* (Irregular Wars: Macedonia, the Civil War, Cyprus) (Athens: Pataki, 2010), pp. 332-359.

攻占了奥林匹斯山麓的小村庄利托胡拉诺（Litohoro）的警察局，这实际上标志着内战的开始。7月初，战时希腊人民解放军中经验丰富的老兵、共产党领导人马科斯·瓦菲亚德斯（Markos Vafiades）开始指挥残留的游击队，组建了核心力量，即所谓的"希腊民主军"（Democratic Army of Greece）。[1] 邻国政府对希腊共产党游击队的支持是公开的秘密。8月，麦克维报告说，奥林匹斯山地区的共产党武装大约有4000人，正在发生激烈的战斗，希腊的政策是宣布希腊共产党非法并根除希腊的共产主义。在麦克维看来，察尔扎里斯政府中的"支持者和反对者几乎势均力敌"。[2]

美苏关系的恶化很大程度上导致杜鲁门政府逐渐放弃了对不断升级的希腊危机原本消极的态度。杜鲁门和他的顾问们对苏联在东欧国家的强硬做法和其他问题上的顽固态度感到难以接受和震惊，选择与莫斯科对抗。[3] 1945年4月，杜鲁门向苏联外交部长莫洛托夫（V. M. Molotov）提出严厉谴责，要求苏联尊重《雅尔塔协定》中关于波兰问题的条款。后来，杜鲁门总统把自己的话形容为"正中要害"，而莫洛托夫抱怨说，以前从未有人敢这样对他说话。[4] 杜鲁门大声说道："权力是苏联人唯一能理解的东西。"[5] 5月初，美国停止在欧洲战场（但不包括远东战场）向苏联提供租借物资，这表明华盛顿对莫斯科越来越感到不耐烦。[6] 英美强烈抗议苏联拒绝结束对伊朗北部的战时占领，因此在联合国形成严重的外交危机，最终迫使莫斯科撤军。5个月后的1946年8月，苏联为了海峡问题试图强行

---

[1] Nikos Marantzidis, *Demokratikos Stratos Elladas*, *1946-1949* (The Democratic Army of Greece) (Athens: Alexandria, 2010); John O. Iatrides, "Revolution or Self-Defense? Communist Goals, Strategy and Tactics in the Greek Civil War," *Journal of Cold War Studies*, 7, No. 3 (2005), pp. 3-33.

[2] FRUS, 1946, Ⅶ, MacVeagh to State Department, 3 August 1946, p. 186.

[3] Applebaum, pp. 3-43. 有关美苏冲突起因主要观点的概述，参见：Thomas T. Hammond, "The Great Debate over the Origins of the Cold War," in Thomas T. Hammond, eds., *Witnesses to the Origins of the Cold War* (Seattle: University of Washington Press, 1982), pp. 3-26。

[4] Harry S. Truman, *Year of Decision*, *1945* (London: Hodder & Stoughton, 1955), p. 85; George C. Herring, Jr., *Aid to Russia*, *1941-46* (New York: Columbia University Press, 1973), pp. 197-199.

[5] Seyom Brown, *The Faces of Power* (New York: Columbia University Press, 1968), pp. 31-45.

[6] Herring, pp. 179-237; Thomas G. Paterson, *Soviet-American Confrontation* (Baltimore: Johns Hopkins University Press, 1973), pp. 22-24.

在土耳其扶持一个新政权,这使伦敦和华盛顿担心莫斯科有意直接进入地中海东部,甚至可能在那里永久停留。在英国和美国的大力支持下,安卡拉顶住了苏联的压力,当年年底压力终于得到缓解。① 1946年5月,德国美占区当局停止了向苏占区支付战争赔款,并指责莫斯科和巴黎未能就德国问题达成协议。

美苏双方公开发表的好战言论,加剧了交流中的火药味和外交冲突。1946年2月初,斯大林宣布了一项新的大规模工业和军事发展的五年计划,旨在"保证我们的国家不会发生任何不测事件"。这位苏联掌权者宣称和平"在当今资本主义世界经济发展的背景下是不可能存在的",并且社会主义和资本主义之间的战争是不可避免的。对华盛顿的一些人来说,斯大林的演讲相当于"第三次世界大战的战争宣言"。② 国务卿贝尔纳斯公开谈到大国之间日益加深的不信任感和紧张关系,宣布美国政府准备预防侵略战争,并强调军事力量在追求国家目标方面的重要性,这显然是对斯大林讲话的反应。③ 一星期后,丘吉尔在杜鲁门的陪同下,在密苏里州的富尔顿市(Fulton)满怀焦虑地谈及一道"铁幕"已经降临到东欧,使其与西方世界分隔开来,并呼吁英美联盟对抗苏联的扩张主义。

就在一年前,参谋长联席会议的一项关于新世界秩序下美国军事需求的研究指出,由于未来美国、英国和苏联的合作得不到保证,美国必须拥有在"没有其他国家直接或实质援助"的情况下确保自己安全的权力。此外,"当一个潜在的敌人明显针对我们部署侵略部队时,政府应就这个问题迅速做出政治决定,同时做好一切准备,在必要时率先发动攻击"。④ 一年多后,美国国务院在评论中表示关注参联会的研究,称其"过分强调了

---

① Bruce R. Kuniholm, *The Origins of the Cold War in the Near East*: *Great Power Conflict and Diplomacy in Iran*, *Türkiye*, *and Greece* (Princeton: Princeton University Press, 1980), pp. 303-378; Ekavi Athanassopoulou, *Türkiye*: *Anglo-American Security Interests 1945-1952* (London: Frank Cass, 1999), pp. 47-50.

② Walter Millis, eds., *The Forrestal Diaries* (London: Cassell, 1952), pp. 140-141.

③ Paterson, pp. 34-35.

④ *FRUS*, 1946, Ⅰ (General: the United Nations), Memorandum by the Joint Chiefs of Staff, 27 March 1946, pp. 1160-1165.

英国、俄罗斯和美国之间和平关系的破裂……"①

尽管国务院对战胜国之间的持续合作持乐观态度,但华盛顿的一些官员确实把斯大林1946年2月9日的讲话解读为对西方怀有敌意的声明。美国驻莫斯科大使馆临时代办乔治·凯南(George F. Kennan)——一位职业外交官和受人尊敬的苏联专家——很快就有力地证实了这一解释。凯南在2月22日致国务院的电报——现在闻名于世的"长电报"中分析了斯大林的"好战",这被认为是"对战后苏联行为最具影响力的唯一解释,有力地强化了美国国内日益严重的以邪恶的眼光来解读莫斯科的行为的倾向"。② 1947年7月,凯南通过其在《外交》杂志上发表的《苏联行为的根源》一文阐述了他的观点,并建议美国参与"对苏联的扩张倾向所进行的耐心、坚定与警觉的遏制……以及在一系列不断变化的地理和政治问题上巧妙地进行反制,以应对苏联政策的转变和调度……"③

凯南的分析将美苏关系的紧张局势完全归咎于莫斯科,而这种观点在美国政府内外部并非没有受到严厉的批评。④ 尽管如此,它被广泛作为决策者根据情况需要来制定具体政策的长期的合理依据。一项关于与莫斯科关系的新研究(凯南在其中发挥了重要作用)得出的结论是,华盛顿应该向莫斯科明确表示,"我们的力量将足以击退任何进攻,足以在战争开始

---

① FRUS, 1946, Ⅰ, Memorandum Prepared for the Secretary's Staff Committee, 16 November 1945, pp. 1125-1128.

② John Lewis Gaddis, *The Long Peace: Inquiries into the History of the Cold War* (New York: Oxford University Press, 1987), p. 39.

③ 凯南相信,最终遏制将导致苏联政权瓦解或逐步软化。"长电报"的长文本和《外交》杂志上文章的原文,参见: Thomas H. Etzold and John Lewis Gaddis, *Containment: Documents on American Policy and Strategy, 1945-1950* (New York: Columbia University Press, 1978), pp. 50-63, 84-90。关于凯南对这些内容的反思,参见他的回忆录: *Memoirs, 1925-1950*, Ⅰ (Boston: Little, Brown, 1967), pp. 171-297, 354-367。关于凯南对美苏关系的影响的精辟分析,参见: John Lewis Gaddis, *George F. Kennan: An American Life* (New York: Penguin, 2011);关于遏制政策的概述,参见: John O. Iatrides, "Containment," *Encyclopedia of U.S. Foreign Relations* (Oxford: Oxford University Press, 1997), 1: 343-349。关于凯南和希腊内战,参见: John O. Iatrides, "Kennan, Containment and the Greek Test Case," *World Policy Journal*, 23, No. 3 (2005), pp. 126-145。

④ Acheson, pp. 214-215; Walter Lippmann, *The Cold War: A Study of US Foreign Policy* (New York: Harper, 1947); Ronald Steel, *Walter Lippmann and the American Century* (Boston: Little, Brown, 1980), pp. 444-445.

时决定性地击败苏联……"杜鲁门发现自己委托完成的这份报告"非常有价值",但认为它太过敏感而无法在总统办公室外传阅:"如果它被泄露了,会掀掉白宫的屋顶,也会掀掉克里姆林宫的屋顶。"①

凯南这位遏制战略的主要设计师并没有将希腊,甚至没有将巴尔干和中东欧纳入考察范围内。在雅尔塔会议召开时,凯南认为欧洲应该划分"势力范围——我们远离苏联人的势力范围,苏联人远离我们的……"从而放弃欧洲大陆东部地区,交由莫斯科控制。② 而两年后,凯南不赞成杜鲁门主义的主张,认为其太过好战。③ 他原则上支持援助希腊,但不支持援助土耳其。他曾开玩笑地建议派遣"三艘两侧都涂有'援助希腊'白色字样的船,并且……用散热水箱上喷涂着好莱坞金发女郎的美国吉普车将第一批小麦运到雅典"。④ 1948 年希腊内战高潮时期,凯南强烈反对国务院的其他官员派遣作战部队到希腊的主张。最后,国务卿马歇尔支持了凯南的意见。⑤

正如最初设想的那样,遏制战略旨在阻止苏联对西欧和中东地区的入侵。然而对艾奇逊及其顾问来说,在苏联统治东欧以及对伊朗和土耳其施压之后,希腊内战似乎与凯南所称的莫斯科试图填补的权力"角落和缝隙"相吻合。正如一位著名的历史学家所说,艾奇逊"将各个点连接起来了"。⑥

---

① Clark Clifford, *Counsel to the President: A Memoir* (New York: Random House, 1991), pp. 109-129. 报告的结尾部分,参见:Etzold and Gaddis, *Containment*, pp. 64-71。关于"泄露"的文本,参见:Arthur Krock, *Memoirs: Sixty Years on the Firing Line* (New York: Funk & Wagnalls, 1968), pp. 419-482。

② Gaddis, *Kennan*, p. 189.

③ Joseph M. Jones, *The Fifteen Weeks* (New York: Viking Press, 1955), pp. 154-155.

④ Nicholas Thompson, *The Hawk and the Dove: Paul Nitze, George Kennan, and the History of the Cold War* (New York: Henry Holt, 2009), p. 63.

⑤ Gaddis, *Kennan*, p. 295.

⑥ Gaddis, *Kennan*, p. 254.

希腊：一桶逐渐腐烂的苹果

在乌克兰在联合国安理会申诉希腊当局在英国军队支持下的行动对巴尔干地区的和平与安全造成威胁后，华盛顿对希腊政府无能且非民主的做法几乎毫不掩饰的鄙视在1946年9月突然发生了变化。此外，还有对希腊与阿尔巴尼亚、南斯拉夫和保加利亚边境上所发生的暴力事件的指控。虽然最终安理会再次决定搁置此事，① 但这一激烈的争论促使美国战争部委托起草一份关于"美国在希腊的安全利益"的文件。

该文件断言，希腊正在受到"一股得到苏联及其'卫星国'支持的、明显组织有序的共产党少数武装分子"的攻击，同时强调这场冲突对美国利益的重要性：

> 希腊对美国安全的战略意义在于，希腊独自在巴尔干地区作为苏联和地中海之间的一道屏障，与土耳其在更远的东方的地位相似……如果希腊落入苏联阵营的话，那么所有那些在政治上对西方的支持靠不太住和反对苏联共产主义的地区必定会受到最不利的影响。

该文件强调了"现在世界上正在进行的意识形态斗争绝不能成为苏联和美国之间，或者苏联与美英之间的斗争；其必须仍然是苏联和非苏联世界之间的斗争"的重要性。根据军方分析人士的说法：

---

① *FRUS*, 1946, Ⅶ, Memorandum of telephone conversations, 27 August 1946; Acheson to Johnson, 28 August 1946; Clayton to Johnson, 5 September 1946; Memorandum of conversation, 5 and 7 September 1946; Clayton to MacVeagh, 7 September 1946; Report on the Observation of the Greek Plebiscite, 7 September 1946; Memorandum of conversation, 9 September 1946; MacVeagh to State Department, 11 September 1946; Clayton to Byrnes, 12 September 1946; Clayton to Johnson, 12 September 1946; Memorandum of conversation, 13 September 1946; Clayton to Johnson, 14 September 1946; Memorandum of telephone conversations, 18 September 1946; Johnson to State Department, 19 September 1946, pp. 194-221.

美国在向那些位于苏联外围的盟友提供直接支持方面处于劣势。美国是否有能力以军事力量支持希腊政府，这是一个不需要进行考虑的问题；然而，毫无疑问的是，苏联正在向那些企图颠覆政府的分子提供直接军事援助。

尽管希腊受到的外来威胁削弱了美国的经济和政治支持的效力，但"现在就提供和给予援助，以免将来情况变得比现在更不利"是势在必行的。最后，"美国应该向全世界表明，我们希望看到希腊保持独立并决定自己的事务，这不亚于我们对土耳其立场的坚定程度"。① 简而言之，被描述为苏联集团的工具的希腊共产党起义，对美国的安全利益构成了威胁，因此美国需要采取紧急和强有力的对策。值得注意的是，五角大楼的这份文件几乎忽视了英国在支持希腊抵御国内外共产主义势力方面的作用。

这一次，华盛顿的外交官们并不反感军方的策划者先行提出有关战略重要性问题的建议。9月25日，国务院的高层官员们同意"最好以书面形式拟订我们认为受当前局势影响最严重的土耳其、希腊和伊朗三个中近东国家的新政策纲要"。拟议的政策包括"政治和经济以及主要与军事援助相关的考虑"。② 因此，希腊共产党的起义与苏联对伊朗和土耳其的直接压力联系在一起，改变了华盛顿对希腊危机的认识。希腊内战不再被视为国内或严格意义上的地区性事件，而被视为苏联扩张主义的一部分。关于该地区危言耸听的猜测不绝于耳，更强化了这种新看法。1947年1月初，美国驻莫斯科大使警告说，土耳其和伊朗将再次成为苏联施压的目标，苏联意图"不受约束地进入地中海和阿拉伯世界……"③ 几天后，美国驻安卡拉大使馆敦促直接向土耳其提供军事援助，而不是像过去那样通过英国来

---

① NARA, RG 59, 868.00/9-646, attachment "US Security Interests in Greece".

② FRUS, 1946, Ⅶ, Jacobs (Tirana) to State Department, 21 September 1946, pp. 223-225.

③ FRUS, 1947, Ⅴ, (The Near East and Africa), Smith (Moscow) to State Department, 8 January 1947, pp. 2-3.

第一章 希腊与遏制的起源：美国的视角

提供。①

在雅典，麦克维放弃了此前将希腊动乱归咎于国内纠纷的观点，转而报告说，希腊共产党受到莫斯科的秘密控制，巴尔干地区"压倒性"的敌对势力"陈兵希腊边境"。因此，"不可避免地得出的结论是，苏联政府归根结底必须"承担希腊"继续发生冲突的责任"。②麦克维受上级突然关注希腊事务的鼓舞，不失时机地向希腊官员就如何改善其国外形象提供建议。因此，当希腊国王的政治顾问询问让一个臭名昭著的右翼政客担任国防部长是否合适时，麦克维反驳称，"遏制马夫罗米哈利斯③的行动并不像消除他的主张那样重要，并且如果希腊政府希望其在美国人的眼中看上去是民主的"，那么他就应该被彻底排除在内阁之外。④

现在美国官员担心的是，察尔扎里斯政府的无能和镇压方式可能妨碍他们说服国会批准向希腊提供重要援助。因此，麦克维收到指示，向雅典表明，"美国公众舆论在很长一段时间内不会支持美国扩大对希腊政府的支持，而希腊政府本身并没有得到希腊民众的普遍支持"。华盛顿担心"……政治力量似乎已经从中间自由派团体转移到右翼或左翼极权主义分子手中"。要想建立民众基础广泛的政治"核心"，

> 需要那些有远见、能克制和有爱国情怀的负责任的希腊领导人来结成政治联盟，其中包括那些足够开明的左翼、自由派和那些坚决拒绝与共产主义者进一步打交道或合作的中间派团体以及愿意忠诚地与一切中间和左派团体合作的反共右翼团体。应该把不愿意与希腊左翼反共团体合作的右翼团体视为不值得纳入这一联盟的反动派，而把准备与共产党人合作的团体视为不忠实、受腐蚀或政治上不成熟的团体，这些团体的存在几乎可以肯定就是

---

① *FRUS*, 1947, Ⅴ, Wilson (Ankara) to State Department, 17 January 1947, pp. 7-8.
② *FRUS*, 1946, Ⅶ, MacVeagh to State Department, 30 September 1946, pp. 226-227.
③ 佩特罗斯·马夫罗米哈利斯（Petros Mavromichalis），当时的极右翼执政党人民党（Populist Party）的成员之一。——译者注
④ NARA, RG 59, 868.00/11-446, MacVeagh to State Department, 4 November 1946.

17

为了在这种联盟的队伍中制造不信任……

美国国务院建议希腊前摄政王达马斯金诺斯（Damaskinos）大主教可以暂时担任这种进步和广泛的"忠诚联盟"的临时负责人。① 因此，华盛顿在正式决定进行干预的几个月前，就在不失时机地影响希腊政府的组成和议程。

另外，尽管美国官员越来越担心希腊的脆弱性，但不愿表现得过于独断。正如11月8日艾奇逊对麦克维解释的那样，"……我们担心，一旦我们向希腊提供武器和军事装备，就会让人产生一种印象，即我们正在对苏联及其巴尔干傀儡国采取挑衅政策，并鼓励巴尔干地区爆发公开冲突"。为了解决华盛顿面临的困境，麦克维接到指示后对雅典解释说，既然英国军队在希腊，而且过去英国一直向希腊提供武器和军事装备，那么希腊人最好继续从英国而不是美国获得这些援助。②

这种谨慎且原本实用的安排并未能解决当地的现实问题，特别是英国明显无法向希腊安全部队提供援助。1946年11月30日，英国驻雅典的官员称局势"每天都在恶化"，并推测"共产党在首都的起义可能在12月初（1944年雅典起义周年纪念日）爆发"。③ 几天后，英国陆军元帅蒙哥马利（Montgomery）告诉麦克维，他将敦促希腊政府将其整个军队转变为反游击军队，并在春季攻势中"完全铲除希腊的匪患"。他补充说："这是可以做到的，如果不成功，就会失去希腊……"④ 12月16日，麦克维报告说："我认为尽早充分武装希腊军队的重要性不可能被夸大。"由于担心英国在希腊的努力可能"太少而且太晚"，他敦促国务院尽快确定英国是否可以"为希腊提供维护希腊独立和领土完整所必需的武器"。他在另一份报告中说，"希腊的财政状况达到了灾难性的地步"。⑤

---

① *FRUS*, 1947, Ⅴ, Marshall to Embassy Athens, 21 January 1947, pp. 9-11.
② *FRUS*, 1946, Ⅶ, Acheson to MacVeagh, 8 November 1946, pp. 262-263.
③ NARA, RG 59, 868.00/11-3046, MacVeagh to State Department, 30 November 1946.
④ NARA, RG 59, 868.00/12-346, MacVeagh to State Department, 3 December 1946.
⑤ NARA, RG 59, 868.00/12-1646, MacVeagh to State Department, 16 December 1946.

第一章 希腊与遏制的起源：美国的视角

在华盛顿，政府机构的运转步履不停，但进展缓慢。虽然一个经济代表团准备前往雅典，但其并没有紧迫性的任务，它只是为了"考虑希腊政府在多大程度上可以通过有效利用希腊的资源来进行重建和发展，以及在多大程度上可能需要外国援助"。象征意义上更为重要的事件是，向希腊空军迅速交付美国 8 架 C-47 运输机的行动很快得到了授权，而这种机型是英国无法提供的。① 1947 年 2 月，麦克维向华盛顿转交了希腊总参谋部的一份报告，报告中详细介绍了在邻国共产党政府的支持下，希腊北部地区所进行的大规模游击活动。据称，起义者的作战目标是为"争取苏联的军事和政治干预"创造条件。尽管驻希腊大使麦克维认为这份报告显得"完全客观"，但他还是对"共产党在希腊制造的无政府状态必然需要'苏联的直接干预'，只要苏联控制下的希腊邻国的军队可用于此目的"表示怀疑。②

转交给美国驻希腊大使馆的危言耸听的报告得到了美国其他驻希腊官员的附和。2 月 17 日，联合国巴尔干调查委员会代表马克·埃思里奇（Mark Ethridge）报告称，起义军正在扩大其行动，希腊军队的士气降到了"最低点"，政府"因为无能逐渐失去民心"。该委员会的法国代表认为，"如果希腊因缺乏英国和美国的支持落入苏联阵营"，巴黎将"无法承受这一压力"。其他代表则声称，"在阿塞拜疆和土耳其遭到断然拒绝后，苏联人发现希腊令人惊讶的软弱……而且这件事已经不再是对希腊的试探，现在已经成为一场全面的杀戮攻势"。③ 新抵达的经济代表团团长保罗·波特（Paul A. Porter）用最凄凉的词语报道了他的初步印象：

> 这里确实不是西方概念中的国家。相反，我们有一个松散的由个人主义政治家组成的统治集团，有些人比另一些人更糟糕，他们专注于内部权力斗争，导致完全没有时间制定经济政策，甚

---

① *FRUS*, 1946, Ⅶ, Acheson to MacVeagh, 12 December 1946, pp. 278-279.
② *FRUS*, 1947, Ⅴ, MacVeagh to State Department, 7 February 1947, pp. 15-16.
③ *FRUS*, 1947, Ⅴ, Ethridge to State Department, 17 February 1947, pp. 23-24.《路易斯维尔时报》(*The Louisville Times*) 的出版商埃思里奇 1947 年写了一个名为《希腊阻止俄罗斯统治整个欧洲的计划》的小册子。

19

至没有承担制定政策的能力……行政部门就是一部令人沮丧的闹剧。我对这个政府……有效地实施所需的广泛改革……的能力持怀疑态度，这个政府……只是右派和保守派组成的联盟……我相信美方人员在希腊提供日常指导是必要的……

波特没有提到英国在雅典的角色。① 2月18日，美国国务院对来自雅典的一系列严重警告做出反应，指示麦克维咨询波特和埃思里奇，并立即报告"局势的严重性，以及如果希腊可能立即崩溃，美国和英国还有多少时间可以采取补救行动"。②

麦克维毫不含糊地迅速做出回应：

我们认为这里的局势十分危急，美国和英国在可能的范围内采取任何补救措施时不应再浪费时间，哪怕只是临时性的措施。不可能说清楚会有多快崩溃，但我们认为，不将之看作迫在眉睫的事情是非常危险的。

麦克维补充道：

如果只考虑经济和财政因素的话，以希腊目前的状况看，可能几个月的时间它就会完全崩溃。然而，由于收入不足、对日益猖獗的盗匪活动的担心、对政府缺乏信心以及国际共产主义者的利用，文官和军队以及普通民众的士气都在下降，也使得这种崩溃可能来得更加快速。

麦克维及其助手建议，"对付这种爆炸性局势的最好办法"是，采取

---

① *FRUS*, 1947, V, Porter to Clayton, 17 February 1947, pp. 17-22. 麦克维提醒国务院，波特"本质上是钟情于'新政'的……在某些方面有些幼稚"。麦克维特别担心波特打算直接向总统表达他在希腊的印象。NARA, RG 59, 868.00/3-647, MacVeagh to Henderson, 6 March 1947.

② *FRUS*, 1947, V, Marshall to Embassy Athens, 18 February 1947, p. 25.

行动减轻"人们对通货膨胀……日益增长的恐惧,减轻对日益增加的苦难的恐惧……"同时,也要向"包括苏联在内的所有国家"表明,"我们坚决不允许外国侵犯希腊的独立和完整,无论是从外部还是从内部"。①

在收到麦克维的电报后,美国国务院终于开始加紧工作。国务院高级官员洛伊·亨德森(Loy W. Henderson)和约翰·希克森(John D. Hickerson)准备了一份关于"希腊危机及其即将崩溃的可能性"的备忘录,并递交给艾奇逊。当时艾奇逊正与国务卿马歇尔在国外,便指示亨德森起草一份简报呈递杜鲁门总统和内阁。英国大使馆打电话要求立即约见,并向美国递交了两份正式照会,宣布英国对希腊和土耳其的援助将于3月31日停止,这加剧了美国的紧迫感。鉴于英国的决定虽然突然但并非完全出乎意料,艾奇逊指示亨德森修订他的简报,并打电话给杜鲁门和马歇尔,告诉他们最新的进展。②艾奇逊随后通知了战争部长和海军部长,并要求他们准备讨论在希腊实施紧急行动的建议。根据艾奇逊的说法,亨德森询问"我们是仍然拟订有关做出决策的文件还是有关执行决策的文件时,我说是后者;在这种情况下,只能有一种决策。于是,我们为我们的敌人的混乱干了一两杯马提尼鸡尾酒"。③

随后,杜鲁门、马歇尔、内阁和国会领导人参加的高级会议对推动事态发展起到了重要的作用。但是,一旦总统批准了艾奇逊2月25日的备忘录和建议,政府就会采取行动。2月27日,在杜鲁门和国会高级领导人参加的白宫会议中,平时沉默寡言的马歇尔夸大其词地说道:"世界已经达到了有史以来前所未有的时刻……"④艾奇逊的话同样具有启示性。他宣称,莫斯科对土耳其、伊朗和希腊的压力

> 已经使巴尔干地区到了这样一个地步,即苏联十分可能的突

---

① *FRUS*, 1947, V, MacVeagh to State Department, 20 February 1947, pp. 28-29.
② 关于英国终止援助希腊和土耳其的决定,参见: Robert Frazier, "Did Britain Start the Cold War? Bevin and the Truman Doctrine," *The Historical Journal*, 27, No. 3 (1984), pp. 715-727.
③ Acheson, pp. 217-218.
④ *FRUS*, 1947, V, Marshall to Embassy Athens, 27 February 1947, pp. 66-67.

破一旦得逞，三大洲都将容易遭到苏联的渗透。就像桶里的一个烂苹果会导致其他苹果一个接一个地腐烂，希腊的陷落会感染伊朗及其以东的所有国家。它还会通过小亚细亚和埃及来感染非洲，以及通过早已受到西欧最强大的共产党威胁的意大利和法国来感染欧洲。苏联正在以最少的代价进行着历史上最大的一次豪赌……我们，而且只有我们才有能力去戳穿这个把戏……

在杜鲁门的注视下，与会者中没有人提问或提出反对意见。①

1947年3月12日，杜鲁门向国会提交了一份平淡而有力，而且大胆的政府政策倡议。杜鲁门表示世界被划分为两个截然不同的意识形态阵营，一个以自由与民主为基础，另一个以专制和压迫为基础，随后又宣称美国决心支持"那些抵抗少数武装分子或外来势力的征服企图的自由的人民"，并帮助他们"以自己的方式决定自己的命运"。对于这份倡议的具体目的，杜鲁门警告说："如果我们不能在这个命运攸关的时刻帮助希腊和土耳其，那么将会对东西方产生深远的影响。"为了实施政策，杜鲁门要求国会向希腊和土耳其提供4亿美元的援助，由美国人直接监督。②

遏制政策与希腊：回顾

遏制战略对希腊、土耳其和巴尔干地区产生了深远的影响。在数百名文职和军事顾问的密切监督下，美国的各种大规模援助导致希腊共产党的起义被镇压，并使希腊走上了复苏的道路。美国的干涉主义压力迫使察尔扎里斯的右翼人民党与中间派自由党分享权力，后者的领导人是担任首相的塞米斯托克利斯·索富利斯（Themistocles Sofoulis）。美国的援助提高了土耳其的军事实力，加强了其抵抗莫斯科扩张压力的决心，并使其成为该地区华盛顿最喜欢的盟友。1948年苏南分裂之后，共产主

---

① Acheson, p. 219.
② Jones, pp. 269-281.

义南斯拉夫得到了华盛顿的援助,而贝尔格莱德同意不再卷入希腊内战。① 美国确保希腊和土耳其加入北约,从而改善了希土双边关系,加强了其防务合作,并将西方联盟的边界扩展到黑海、近东和东地中海。英美的调解促进了雅典与贝尔格莱德之间的和解,并在安卡拉的参与下,为巴尔干条约的签订铺平了道路。虽然这个巴尔干地区联盟最终实际上胎死腹中,希腊—土耳其的斗争也很快使北约的巴尔干侧翼陷入瘫痪,但遏制在一定程度上给该地区带来了稳定和安全。②

遏制战略最初是专门为希腊和土耳其设计的,但很快就通过欧洲复兴计划(马歇尔计划)得到了扩展。马歇尔计划务实地确定了目标,即重建遭受战争重创的西欧经济体,从而使它们免受社会动荡和共产主义"病毒"的侵害。随后的《北大西洋公约》是一个集体防御的盾牌,承诺保护成员免受苏联的侵略。希腊、西欧和中东国家的成功似乎证明了这一新战略的有效性。随着时间的推移,朝鲜半岛和印度支那的军事冲突使得该政策被实施于亚洲的共产主义力量,数量越来越多的美国作战部队参加了大部分的战斗。在苏联解体之前,遏制始终是美国外交政策和军事战略的基石。

回顾这段历史,莫斯科卷入希腊内战是间接的、矛盾的,并且最终是无效的。③ 正如前面所论述的那样,华盛顿决定干预希腊内战,主要是因为对该地区其他地方的紧张局势日益感到担忧,而苏联一直是其中的主谋。尽管如此,美国的政策制定者们确实相信,希腊共产党的起义得到了

---

① Beatrice Heuser, *"Western Containment" Policies in the Cold War: The Yugoslav Case, 1948-53* (London: Routledge, 1989), pp. 88-98.

② John O. Iatrides, *Balkan Triangle: Birth and Decline of an Alliance across Ideological Boundaries* (The Hague: Mouton, 1968).

③ Haslam, pp. 80-84, 90-104; Peter J. Stavrakis, *Moscow and Greek Communism, 1944-1949* (Ithaca: Cornell University Press, 1989); Farakos, *Sheseis KKE kai diethnous kommounistikou kentrou*; Marantzidis, *Demokratikos Stratos*; Nikos Marantzidis and Kostas Tsivos, *O ellinikos emfylios kai to diethnes commounistiko systima* (The Greek Civil War and the International Communist System) (Athens: Alexandria, 2012); Iatrides, "Revolution or Self-Defense"; Thanasis D. Sfikas, "War and Peace in the Strategy of the Communist Party of Greece, 1945-1949," *Journal of Cold War Studies*, 3, No. 3 (Fall 2001), pp. 5-30.

斯大林的支持，而希腊共产党的失败会削弱苏联的势力在一个战略地区的影响力。为了实现他们的目标，他们提出了早期版本的"多米诺骨牌理论"，在此过程中夸大了希腊共产党的胜利对西欧、近东和非洲可能带来的影响。特别具有误导性的是他们自称担心英国为了保住在希腊摇摇欲坠的影响力，可能与莫斯科达成协议，其中可能包括建立军事联盟。①

美国对希腊狂热的关注是短暂的。20世纪50年代中期希腊成为大西洋联盟的一员后，艾森豪威尔政府削减了对希腊的直接经济援助，并且在雅典与安卡拉的争端不断恶化时拒绝提供支持，希腊因此出现了强烈的且被证明是长期的反美情绪。巴尔干地区不再是东西方冲突的中心舞台。

希腊可能不是美国启动遏制战略的理想跳板。② 然而，美国的行动在镇压起义中起到了至关重要的作用，因为起义者的胜利肯定会增强苏联在该地区的影响力和机会。美国的行动使希腊留在西方阵营内，巩固了土耳其作为海峡守护者的地位，使得铁托政权能够在莫斯科的怒火中存续下来，并阻止苏联在爱琴海和东地中海建立影响力。最后，遏制战略尽管存在诸多缺陷，但其在希腊的运用被证明是一项合理的投资。

---

① *FRUS*, 1947, V, Report of the Committee Appointed to Study Immediate Aid to Greece and Türkiye (undated), pp. 47-52.
② 关于杜鲁门主义在冷战中的影响，可以参见：John Lewis Gaddis, "Reconsiderations: The Cold War: Was the Truman Doctrine A Real Turning Point?" *Foreign Affairs*, 52 (1974), pp. 386-402。

第二章

斯大林、苏南分裂与重新控制苏东国家的努力，1948—1953年

马克·克莱默

1948年6月召开的共产党和工人党情报局会议是苏联集团内的重要标志性事件。[①] 共产党和工人党情报局是莫斯科为了团结东欧国家共产党（包括法国共产党和意大利共产党）于1947年9月倡议成立的组织，处于苏联共产党单独领导下。南斯拉夫这个战后苏联曾经最坚定的盟友，在这次会议上被公开谴责并开除出了共产党和工人党情报局。苏联和南斯拉夫之间的紧张关系已在暗地里发展了数月，最终于1948年3月到达顶点。苏南分裂源于大量的分歧、国内的政治变化、苏联领袖约瑟夫·斯大林与南斯拉夫共产党领袖铁托之间的性格冲突。1990年以后苏联集团国家解密的重要档案显示，在1948年年中时，两国间的敌意甚至比西方分析家之前设想的要浓厚得多。这些档案证据也说明，在1953年斯大林去世之前，他重新控制南斯拉夫的决心从未减少分毫。

本章利用大量前共产党国家和西方国家已出版的史料和原始档案来

[①] 1947年9月22—27日，苏联、南斯拉夫、波兰、罗马尼亚、保加利亚、匈牙利、捷克斯洛伐克、法国、意大利等9个国家的共产党和工人党代表在波兰举行了情报局成立会议。1948年6月，欧洲9国共产党和工人党在布加勒斯特召开了情报局第三次会议。在南共缺席的情况下，此次会议通过了《关于南斯拉夫共产党情况的决议》，宣布南斯拉夫共产党彻底"背离了苏联和人民民主国家"，"背弃了马克思列宁主义和科学"，并将南共开除出了情报局。——译者注

重新评估苏南冲突，尤其关注斯大林将南斯拉夫重新纳入苏联控制下的努力。① 本章将首先简要回顾一下苏联与南斯拉夫分裂的主要原因，然后探讨斯大林是怎样试图迫使铁托就范的。虽然这位苏联领导人在两年多的

---

① 这些国家的解密档案材料，包括利奥尼德·吉比安斯基（Leonid Gibianskii）收集的重要材料，很好地阐释了苏联与南斯拉夫分裂的起源和演变。可参见：Leonid Gibianskii, "The Origins of the Soviet-Yugoslav Split," in Norman Naimark and Leonid Gibiankii, eds., *The Establishment of Communist Regimes in Eastern Europe* (Boulder, CO: Westview Press, 1997), pp. 291 – 312; Jeronim Perović, "The Tito-Stalin Split: A Reassessment in Light of New Evidence," *Journal of Cold War Studies*, 9, No. 2 (2007), pp. 32–63; L. Ya. Gibianskii, "Ot 'nerushimoi druzhby' k besposhchadnoi bor'be: Model' 'sotsialisticheskogo lagerya' i sovetsko-yugoslavskii konikt," (From "indestructible friendship" to merciless struggle: The model of the "socialist camp" and the Soviet-Yugoslav conflict) in L. Ya Gibianskii, eds., *U istokov "sotsialisticheskogo sodruzhestva": SSSR i vostochnoevropeiskie strany v 1944- 1949 gg.* (At the sources of the "Socialist Community": The USSR and the East European Countries in 1944-1949) (Moscow: Nauka, 1995), pp. 137–163; 吉比安斯基、埃德姆斯基（A. B. Edemskii）和阿尼克耶夫（A. S. Anikeev）撰写了极有价值的章节，参见：K. V. Nikiforov et al., eds., *Yugoslaviya v XX veke: Ocherki politicheskoi istorii* (Yugoslavia in the 20th Century: contours of political history) Part Ⅳ (Moscow: Indrik, 2011), pp. 523–659。至于更有见地、更深入的研究，参见：A. S. Anikeev, *Kak Tito ot Stalina ushel: Yugoslaviya, SSSR i SShA v nachal'nyi period "kholodnoi voiny"* (How Tito broke with Stalin: Yugoslavia, the USSR, and the USA in the opening phase of the "Cold War") (Moscow: Institut slavyanovedeniya RAN, 2002), esp. 86–206。关于利用新近可用的文件集的良好范例可分别参见："Sekretnaya sovetsko-yugoslavskaya perepiska 1948 goda," (Secret Soviet-Yugoslav correspondence from 1948) *Voprosy istorii* (Moscow), nos. 4–5, 6–7, and 10–11 (1992), pp. 119–136, 158–172, and 154–169。大量的相关文件参见：T. V. Volokitina et al., eds., *Vostochnaya Evropa v dokumentakh rossiiskikh arkhivov, 1944–1953* (Eastern Europe in the Documents of Russian Archives, 1944–1953), 2 vols. (Novosibirsk: Sibir'skii khronograf, 1997 and 1999); T. V. Volokitina et al., eds., *Sovetskii faktor v Vostochnoi Evrope, 1944-1953: Dokumenty* (The Soviet Factor in Eastern Europe, 1944-1953), 2 vols. (Moscow: ROSSPEN, 1999 and 2002)。20世纪90年代初解密的材料在当时许多文章中都有广泛讨论，如：I. Bukharkin, "Konflikt, ktorogo ne dolzhno bylo byt" (iz istorii sovetsko-yugoslavskiikh otnoshenii) ["The conflict that did not have to be" (from the history of Soviet-Yugoslav relations)] *Vestnik Ministerstva inostrannykh del SSSR* (Moscow) 6, 31 March 1990, pp. 53-57; L. Ya. Gibianskii, "U nachala konflikta: Balkanskii uzel," ("At the start of the conflict: The Balkan knot") *Rabochii klass i sovremennyi mir* (Moscow), No. 2 (1990), pp. 171-185; I. V. Bukharkin and L. Ya. Gibianskii, "Pervye shagi konflikta," ("The first stages of the Conflict") *Rabochii klass i sovremennyi mir* (Moscow), No. 5 (1990), pp. 152-163; L. Ya. Gibianskii, "Vyzov v Moskvu" ("Summons to Moscow") *Politicheskie issledovaniya* (Moscow), No. 1 (1991), pp. 195-207; 吉比安斯基的相关系列文章参见："K istorii sovetsko-yugoslavskogo konflikta 1948-1953 gg." ("On the history of the Soviet-Yugoslav conflict, 1948-1953") in *Sovetskoe slavyanovedenie* (Moscow), No. 3 (1991), pp. 32-47 and No. 4 (1991), pp. 12-24; *Slavyanovedenie* (Moscow), No. 1 (1992), pp. 68-82 and No. 3 (1992), pp. 35-51。

第二章　斯大林、苏南分裂与重新控制苏东国家的努力，1948—1953 年

时间里尝试通过非军事手段重新控制南斯拉夫，但是在他生命最后的两年时间里，他转而坚定地选择了军事手段。本章通过探讨 1948 年至 1953 年斯大林的政策变化，揭示了他在处理南斯拉夫问题时所采取的多种手段以及他如何设法阻止了在苏联集团内部出现任何更广泛的不利影响。

苏南分裂的起源

战后初期，莫斯科与贝尔格莱德之间最严重的分歧出现在巴尔干政策上，尤其是南斯拉夫与共产党邻国的关系上。[1] 1946 年 5—6 月，斯大林对铁托与阿尔巴尼亚的联合和与保加利亚建立南斯拉夫主导下的联邦越来越感到担忧，而后者显然导致了斯大林与铁托最终的正面交锋。[2] 起初斯大林自己提出了建立南斯拉夫—保加利亚联邦的主张，但是当南斯拉夫和保加利亚都难以决定性地推进此事时，斯大林转而仅赞成签署一项保加利亚—南斯拉夫互助条约，最终为南斯拉夫合并整个皮林马其顿地区（即保加利亚南部的布拉格耶夫格勒州）提供了便利。[3] 在保加利亚领导人打算在

---

[1] 关于这一问题更有见地的讨论，可参见：L. Ya. Gibianskii, "Ideya balkanskogo ob'edineniya i plany ee osushchestvleniya v 40-e gody XX veka," ("The idea of a Balkan Union and the plans for implementing it in the 1940s") *Voprosy istorii* (Moscow), No. 11 (2001)：38−56。也可参见：Leonid Gibianskii, "Federative Projects of the Balkan Countries and the USSR Policy during Second World War and at the Beginning of the Cold War," in Vojislav G. Pavlović, eds., *The Balkans in the Cold War* (Belgrade：Institute for Balkan Studies, 2011), pp. 63−81。

[2] Arkhiv Prezidental Rossiiskoi Federatsii (APRF), Fond (F.) 558, Opis' (Op.) 1, Delo (D.) 397, Listy (Ll.) 107−110, "Zapis' besedy generalissimus I. V. Stalina s marshalom Tito" ("Transcript of Generalissimo I. V. Stalin's Discussion with Marshal Tito") (Secret), 27 May 1946. 这些会谈的南斯拉夫文字记录来自于 Arhiv Josipa Broza Tita (AJBT), F. Kabinet Maršala Jugoslavije (KMJ), I-1/7, Ll. 6−11, 发表在 Istorichesbiĭ arkhiv (uoscow), No. 2 (1994), pp. 20−28。吉比安斯基还对此做了极有价值的注释。以上两份文字记录稿的内容在很大程度上并不重合，而是可以相互补充。关于莫斯科对巴尔干问题的关注，更多内容可参见发给斯大林和外交部长莫洛托夫的数十份绝密电报和报告，Arkhiv vneshnei politiki Rossiiskoi Federatsii (AVPRF), F. 0144, Op. 30, Papka (Pa.) 118, D. 10。

[3] 20 世纪 90 年代初以来，保加利亚和马其顿开始出现关于这一事件的分析性著作和解密文件，但几乎所有这些著作都充斥着片面解读，且档案来源单一。解释和报道破坏了几乎所有这些研究。更加公正客观的研究可参见：Petar Dragišić, *Jugoslovensko-bugarski odnosi 1944-1949* (Yugoslav-Bulgarian Relations, 1944-1949) (Belgrade：Institut za noviju istoriju Srbije, 2007), pp. 176−192。

这个具体问题上逐步推进，而铁托严厉批评了缺乏进展之后，斯大林显然对铁托在巴尔干地区的野心变得更加忧虑不安。

虽然斯大林与铁托的关系在1946年春末两人会面时还没有变得紧张，但是第二年两人关系就急剧恶化。在有关保加利亚和阿尔巴尼亚的事务上，铁托不与莫斯科协商、不等苏联的明确同意就采取进一步措施，这使斯大林尤为恼火。在没有得到斯大林允许的情况下，1947年8月南斯拉夫与保加利亚签订了双边条约，随后斯大林给铁托发了一封密电，声称这个条约是"错误的""不成熟的"，要求废除此条约。①（在签约之前没有获得莫斯科的赞成，保加利亚共产党领导人季米特洛夫至少应该和铁托一样承担责任，但是斯大林将主要责任推到了南斯拉夫身上。）其他苏联官员提醒斯大林及其高级顾问，铁托"建立巴尔干国家联邦的计划被严重误导了"。②

尽管莫斯科持反对意见，南斯拉夫仍然打算联合阿尔巴尼亚，这导致1948年的前几个月里苏南两国关系进一步紧张。③ 在斯大林的压力下，1948年1月铁托做出承诺，不再向阿尔巴尼亚派遣一个师的军队（尽管南斯拉夫暂时这样安排，但其在1947年夏就已向阿尔巴尼亚派遣了一个空军团和一些军事顾问，以使该国为"对抗希腊君主制法西斯分子"做好准备）。但是，这种让步并没有平息斯大林的怒火。铁托仍试图更加严密地控制阿尔巴尼亚共产党，1948年年初的阿尔巴尼亚共产党中央委员会全体

---

① AJBT-KMJ, Ⅰ-2/17, L. 70, "Shifrtelegramma" No. 37-443-506 (Strictly Secret), from Stalin to Tito, 12 August 1948.

② Rossiiskii Gosudarstvennyi Arkhiv Sotsial'no-Politicheskoi Istorii (RGASPI), F. 17, Op. 128, D. 1165, Ll. 59-62, "Kratkaya zapis' besedy Sekretarya TsK VKP (b) tovarishcha Suslova M. A. s general'nym sekretarem kompartii Vengrii tov. Rakoshi, sostoyavshayasya 19 fevralya 1948 g." [Brief Transcript of VKP (b) Secretary Comrade M. A. Suslov's Discussion with the General Secretary of the Hungarian Communist Party Comrade Rakosi on 19 February 1948], Notes from Conversation (Secret), transcribed by L. Baranov, 21 February 1948.

③ 可参见非常有价值的苏联外交部解密档案汇编"Stranitsy istorii：Konflikt, kotorogo ne dolzhno bylo byt" (iz istorii sovetsko-yugoslavskikh otnohenii) ["Pages of history：The conflict that did not have to be" (from the history of Soviet-Yugoslav relations)] *Vestnik Ministerstva inostrannykh del SSSR* (Moscow), No. 6, 31 March 1990, pp. 57-63, esp. 57 and 59.

第二章 斯大林、苏南分裂与重新控制苏东国家的努力，1948—1953 年

会议导致亲南派官员"在南斯拉夫的指示下"接管了该党就是证据，引起了莫斯科的惊慌。① 1948 年 2 月，苏联外交部长莫洛托夫警告铁托，除非南斯拉夫遵循所有行动前请示莫斯科的"正规程序"，否则"我们两国关系"中"严重的意见分歧"就会一直存在。② 对遵循这些"正规程序"的担心与两国在巴尔干事务上的大量歧见至少同样显著。

战后初期，苏联与南斯拉夫也出现了其他一些严重的争论点。尤其是铁托比斯大林更愿意向"灰色地带"国家的共产党游击队提供军事和经济援助，特别是 20 世纪 40 年代陷入激烈内战的希腊。③ 甚至在苏南分裂公开化之前，苏联高层官员就曾私下警告南斯拉夫领导人，对希腊的激进立场会"增加美英军事干预的可能性"。④ 另外，在其他问题上，铁托有时也对他所认为的苏联对西方过于和解的政策抱有疑虑——从之后的事态发展来看，这颇具讽刺意味。1948 年 5 月，匈牙利和保加利亚领导人在与苏联官员的私下谈话中，对他们称之为铁托日益严重的"反苏观点和反苏情绪"

---

① RGASPI, F.17, Op.128, D.1160, Ll.6-7, "Informatsiya o vos'mom plenume TsK Kompartii Albanii" ("Information on the Eighth Plenum of the Albanian Communist Party's Central Committee") Memorandum (Secret) to the VKP (b) Secretariat, from N. Puklov and P. Manchkha, 15 May 1948.

② "Iz telegrammy V. M. Molotova A. I. Lavrent'evu dlya peredachi I. Broz Tito 31 yanvarya 1948" and "Iz telegrammy V. M. Molotova A. I. Lavrent'evu dlya peredachi I. Broz Tito 1 fevralya 1948 g" ("From V. M. Molotov's Telegram to A. I. Lavrent'ev for Transmission to J. Broz Tito", 31 January 1948 and 1 February 1948). 这两份文件分别发表在非常有价值的苏联外交部解密档案汇编"Stranitsy istorii: Konflikt, kotorogo ne dolzhno bylo byt", 57 and 59。

③ 关于南斯拉夫、苏联和保加利亚在希腊内战中的作用，有价值的分析可参见：Peter Stavrakis, *Moscow and Greek Communism, 1944-1949* (Ithaca, NY: Cornell University Press, 1989); Jordan Baev, *O emfylios polemos sten Ellada: Dietheis diastaseis* (The civil war in Greece: international dimensions) (Athens: Filistor, 1996); Vladislav Zubok and Constantine Pleshakov, *Inside the Kremlin's Cold War: From Stalin to Khrushchev* (Cambridge, MA: Harvard University Press, 1996), pp. 56-57; Artiom Ulunian, "The Soviet Union and the Greek Question, 1946-53: Problems and Appraisals," in Francesca Gori and Silvio Pons, eds., *The Soviet Union and Europe in the Cold War, 1943-53* (London: Macmillan, 1996), pp. 140-158. 关于苏联领导人比较谨慎的立场的许多例子可参见：RGASPI, F.17, Op.128, D.1019, Ll.35-6, "Beseda tov. Zhdanova s Zakhariadisom" ("Comrade Zhdanov's Discussion with Zahariadis"), 22 May 1947 (Top Secret)。

④ "Kratkaya zapis' besedy Sekretarya TsK VKP (b) tovarishcha Suslova M. A. s general'nym sekretarem kompartii Vengrii tov. Rakoshi, sostoyavshayasya 19 fevralya 1948 g." (参见第 28 页脚注②), Ll. 59-62.

表示担忧，并且指责南斯拉夫领导人"怀有敌意"及是"彻底的托洛茨基分子"。①

然而，双方的分歧虽然或许很重要，但远不足以引发他们产生这样一场激烈、代价高昂的分裂。最重要的是，南斯拉夫共产党在1948年年初以前一直无条件支持斯大林和苏联共产党②［1952年10月以前简写为"VKP（b）"，之后更名为"KPSS"或者苏联共产党（CPSU）］。事实上，南斯拉夫在几乎所有问题上始终不渝的忠诚——发自内心的而不是单单被迫的——明显是斯大林决定使贝尔格莱德屈服的重要背后因素之一，苏联希望以此作为其他东欧国家在所有问题上坚定服从莫斯科的范例。③

苏联重新控制的最初努力

斯大林决定与南斯拉夫分道扬镳，不但没有显示出苏联的实力，反而反映了苏联在经济、政治和军事上的强制性权力的有限性。苏联及其东欧盟国对南斯拉夫进行了经济制裁，还采取了广泛的政治措施破坏铁托政权的稳定并力图促成其崩溃。这种经济压力不仅是双边的，还是多边的。当1948年年末斯大林决定成立一个多边经济机构以便将苏联和东欧的经济更紧密地联系在一起时，其中一个主要目标就是对南斯拉夫采取更加

---

① 可参见：RGASPI, F.17, Op.128, D.1165, Ll.95-99, "Kratkaya zapis' besedy sekretarya TsK VKP（b）tovarishcha Suslova M. A. s chlenom Politbyuro Vengerskoi kompartii T. Revai, nakhodivshimsya v Moskve proezdom iz Stokgol'ma, gde on byl na XIV s'ezde kompartii Shvetsiya v kachestve gostya"［"Brief Transcript of VKP（b）CC Secretary Comrade M. A. Suslov's Discussion with Hungarian Communist Party Politburo Member Comrade Revai in Moscow on the Way Back from Stockholm, where He Was a Guest at the 14th Congress of the Communist Party of Sweden"］, Memorandum（Top Secret）from L. S. Baranov to the VKP（b）Secretariat, 21 May 1948。

② 苏联共产党的前身是1898年建立的俄国社会民主工党，1918年改称俄国共产党（布尔什维克），简称俄共（布）；1925年改称全联盟共产党（布尔什维克），简称联共（布）；1952年改称苏联共产党，简称苏共。——译者注

③ 对这一点很好的说明，可参见："Stranitsy istorii: Konflikt, kotorogo ne dolzhno bylo byt", pp.57-63. 另可参见："Krupnoe porazhenie Stalina-Sovetsko-yugoslavskii konflikt 1948-1953 godov: prichiny, posledstviya, uroki,"（"Stalin's huge defeat-the Soviet-Yugoslav conflict, 1948-1953: reasons, consequences, lessons"）*Moskovskie novosti*（Moscow）, No.27, 2 July 1989, pp.8-9。

第二章　斯大林、苏南分裂与重新控制苏东国家的努力，1948—1953年

严厉的"（惩罚性的）协调经济行动"。① 这个新苏联—东欧经济组织于1949年1月5—7日在莫斯科举行的秘密会议上正式成立，定名为经济互助委员会（Council for Mutual Economic Assistance，CMEA），其部分目的是帮助个别成员国应对"因大幅减少与……南斯拉夫贸易"而在经济上可能遭遇到的不利后果——这是保加利亚代表团在经互会成立大会上提出的关切内容。②

1949年1月的会议上，东欧集团代表还一致同意采取其他"联合措施"向南斯拉夫的经济施加更大的压力。③ 此后几年间，经互会国家（尤其是南斯拉夫的邻国）不断升级与南斯拉夫的贸易战，并且从两个方面加强了制裁措施。苏联停止向南斯拉夫供应重要的工业原材料、机械设备和零部件，同时通过采取有效的禁运措施，强行取消了与南斯拉夫几乎所有

---

① RGASPI, F. 17, Op. 162, D. 39, Ll. 149, 199-200, "Vypiska iz osobogo protokola No. 66: Reshenie Politbyuro TsK VKP (b) 'Ob ekonomicheskikh otnosheniyakh mezhdu SSSR i stranami narodnoi demokratii'," ["Extract from Special Protocol No. 66: Decision of the VKP (b) CC Politburo 'On Economic Relations between the USSR and the Countries of People's Democracy'"] No. 66 (Strictly Secret-Special Dossier), 23 December 1948, with the attachment "O tesnom sotrudnichestve mezhdu SSSR i stranami narodnoi demokratii" ("On Close Cooperation between the USSR and the Countries of People's Democracy").

② Narodni Archiv České Republiky (NAČR), F. 100/35, Svazek (Sv.), Archivni jednotka (A. j.) 1101, Ll. 3, 4, "Zapis o schuzce zastupcu šesti stran u Molotova v Kremlu dne 5. letna 1949 09. hod. Večerni" ("Transcript of the Meeting of Officials from Six Countries with Molotov in the Kremlin, on 5 January 1949 at 9: 00 PM") (Secret), 5 January 1949.

③ 1949年1月5—7日三天秘密会议的手写和机打记录以及有标记的决议草案，可参见：RGASPI, F. 82, Op. 2, D. 1072, Ll. 7 - 15, 19 - 25, 33 - 43, 48 - 54; and Tsentralen Durzhaven Arkhiv (TsDA), F. 1-B, Op. 5, arkhivna edinitsa (a. e.) 30, Ll. 18-33。会议达成的完整协议可参见：Rossiiskii Gosudarstvennyi Arkhiv Ekonomiki (RGAE), F. 561, Op. 13, D. 3, Ll. 42-55, 亦可参见：TsDA, F. 1-B, Op. 5, a. e. 30, Ll. 4-17。更加有价值的会议文件可参见："Zapisy z ustavjuicich schuzi Rady vzajemne hospodarš ke pomoci a z jednani delegaci s J. V. Stalinem, 1949, 5-8, Ledna," ("Minutes of the Founding Meeting of the Council for Mutual Economic Assistance and of the Delegation's Session with J. V. Stalin, 5-8 January 1949") in Karel Kaplan, *Československo v RVHP, 1949-1956* (Czechoslovakia in CMEA, 1949-1956) (Prague: Ustav pro soudobe dějiny AV ČR, 1995), pp. 213-236。

31

的农业贸易。① 但是，这些不断增加的经济压力最终没有取得任何效果，反而在许多方面适得其反。南斯拉夫转而向西方和第三世界国家寻求经济援助和开展贸易（包括能源的供应、原材料、零部件），并且铁托成功地拒绝了莫斯科强迫南斯拉夫全额偿还战后最初几年内苏联提供的价值数亿卢布的援助的企图。②

苏联试图鼓动南斯拉夫政府内、党内和军队内的亲莫斯科派发动政变推翻铁托政权，但这位南斯拉夫领导人在这些亲莫斯科派可能对他不利之前就将其在这些机构中清除了，苏联的企图由此落空。③ 苏联和东欧国家与南斯拉夫断绝了外交关系，废除了几年前刚与南斯拉夫签署的双边友好合作互助条约，并不断向南斯拉夫播放指控铁托是"法西斯分子""罪犯""社会主义事业的叛徒"的广播来对其进行狂轰滥炸。那些在1948年曾经支持苏联并在苏联（或另一苏联集团国家）避难的前南斯拉夫游击队指挥官，被征召去播报攻击铁托在游击队运动中的作用的报道，并将其描述成秘密为"法西斯军队占领我们祖国服务"的"叛国者"。④ 这些报道的目的是破坏战后铁托政权合法性的主要内容。阿尔巴尼亚、匈牙利和苏联的其他广播电台则呼吁南斯拉夫境内的马其顿人和其他少数民族"奋起反抗

---

① RGASPI, F.17, Op.132, D.631, Ll.25-29, "Dokladnaya zapiska: Ob ekonomicheskom i vnutripoliticheskom polozhenii v Yugoslavii" ("Memorandum: On the Economic and Internal Political Situation in Yugoslavia"), Memorandum (Secret) from the Soviet embassy in Belgrade to the Soviet Foreign Ministry, 3 April 1951.

② APRF, F.3, Op.66, D.910, Ll.167-174, "Tovarishchu Stalinu I.V." ("To Comrade I.V. Stalin"), Memorandum No.12-s (Top Secret) from A.A. Gromyko, M.A. Men'shikov, A.M. Vasilevskii, A.G. Zverev, and B.P. Beshev to Stalin, 18 December 1950, 附件是苏共中央委员会的决议草案和给南斯拉夫政府的照会草稿，另见于：T.V. Volokitina et al. eds., *Sovetskii faktor v Vostochnoi Evrope, 1944-1953*, 2: 429-433。

③ Harry S. Truman Library (HSTL), President's Secretary's Papers, Intelligence File, 1946-53, Central Intelligence Reports File, 1946-53, Box 213, National Intelligence Estimates, CIA, "National Intelligence Estimate: Probable Developments in Yugoslavia and the Likelihood of Attack upon Yugoslavia, through 1952", NIE-29/2 (Top Secret), 4 January 1952, p.3.

④ RGASPI, F.17, Op.137, D.629, Ll.147-60, "TsK VKP (b) tov. Grigor'yanu V.G." ["To the VKP (b) Central Committee, to Comrade V.G. Grigoryan"], Memorandum No.6/3 (Secret) from D. Kraminov of the Soviet Committee of Radio Broadcasting to V.G. Grigor'yan, head of the VKP (b) Foreign Policy Commission, 13 October 1951, 后附了广播的文稿。

第二章 斯大林、苏南分裂与重新控制苏东国家的努力,1948—1953年

压迫政权";报道(诬)称,南斯拉夫境内和军队中已经爆发了大规模的暴力骚乱。① 这些广播的目的是打击南斯拉夫人民的士气,并加剧各族群间的社会混乱,但实际上产生了相反的效果,使得南斯拉夫整个国家更加紧密地团结在铁托身后。

当斯大林试图通过隐蔽行动瓦解南斯拉夫政府和推翻铁托政权时,他也没有取得任何成功。苏联国家安全和对外情报部门多次策划秘密暗杀铁托,包括迟至1953年的几次阴谋。其中涉及一位名叫约瑟夫·格里古勒维奇(Josif Grigulevich)的臭名昭著的特工兼杀手,其伪装成波多黎各驻罗马和贝尔格莱德的高级外交官。格里古勒维奇(代号"麦克斯")设想在与这位南斯拉夫领导人的一次私人会面中释放致命细菌,或者在使馆接待时用隐藏在暗处的消音手枪击毙铁托。② 但是格里古勒维奇没有遇到合适的机会,这部分是因为铁托一开始就对这些暗杀非常警惕。其他的暗杀阴谋包括一些早在1948年夏就策划的阴谋,都打算利用保加利亚、罗马尼亚、匈牙利和阿尔巴尼亚的情报人员按照苏联的命令采取行动,但这些阴

---

① RGASPI, F. 17, Op. 137, D. 629, L. 6, "TsK VKP (b) tov. Grigor'yanu V. G." ["To the VKP (b) Central Committee, to Comrade V. G. Grigoryan"], Memorandum No. 222-s (Secret) from I. Pozdnyak, deputy chairman of the Soviet Committee on Radio Information, to V. G. Girigor'yan, head of the VKP (b) Foreign Policy Commission, 3 April 1951. 另可参见: HSTL, President's Secretary's Papers, Intelligence File, 1946-53, Central Intelligence File, 1946-53, Box 211, Memoranda 1950-52, CIA, "Memorandum: Analysis of Soviet and Satellite Propaganda Directed to or about Yugoslavia", 00-F-125 (Top Secret), 1 September 1950, pp. 1-6。

② 关于格里古勒维奇离奇阴谋的描述,请参见伊格纳特耶夫的手写版备忘录: S. D. Ignat'ev, chief of the State Security Ministry, to Stalin, in APRF, F. 3, Op. 24, D. 463, Ll. 148-149。该备忘录的全文转录于 Dmitrii Volkogonov, "Nesostoyavsheesya pokushenie: Kak sovetskii agent Maks gotovilsya k terroristicheskomu aktu protiv Tito," ("An assassination that did not happen: how the Soviet agent 'Max' prepared for a terrorist act against Tito") *Izvestiya* (Moscow), 11 June 1993, 7。这是第一篇提及该阴谋的文章。已故的斯大林时期苏联对外情报局隐蔽行动部门负责人苏多普拉托夫的书中对此做了更充分的讨论。Pavel Sudoplatov, *Spestoperatsii: Lubyanka, Kreml', 1930-1950 gody* (Special Operations: Lubyanka, the Kremlin, 1930-1950) (Moscow: Olma-Press, 1998), pp. 528-532。其他暗杀铁托的阴谋,可参见: Marko Lopušina, *KGB protiv Jugoslavije* (The KGB against Yugoslavia) (Belgrade: Evro, 2001), pp. 69-75; Christopher Andrew and Vasili Mitrokhin, *The Sword and the Shield: The Mitrokhin Archive and the Secret History of the KGB* (New York: Basic Books, 1999), pp. 355-358;以及第一手观察评论,参见: Khrushchev, *Vremya, lyudi, vlast'* (Time, People, the Regime) 3: 119。

谋也都化为乌有。

除了直接针对铁托本人的隐蔽行动,苏联和东欧国家的情报机构还煽动了大量的破坏者和颠覆分子进入南斯拉夫,以制造社会混乱、扰乱经济活动并挑起民众反抗铁托政府。[①] 苏联集团的官员还将大量的南斯拉夫各民族语言的报纸和传单偷运到南斯拉夫,其敦促"所有真正的共产党员"来"揭露和驱逐铁托—兰科维奇集团"。[②] 但是最后,所有这些秘密计划都不可行,或者被牢牢掌控在铁托手中的南斯拉夫国家安全部队挫败了。

苏联对南斯拉夫的军事选项

对南斯拉夫的政治与经济压力以及隐蔽行动没有达到预期效果,给斯大林留下了采取大规模军事行动这一没有吸引力且他最终没有打算采取的方式。斯大林对发动对南斯拉夫的入侵持犹豫态度显然有很多原因,包括苏联军队将遭遇南斯拉夫顽强抵抗的可能性、在苏联军队已经超负荷的情况下部署大量士兵的负担、穿越保加利亚山区进入南斯拉夫的运输和后勤

[①] 参见:TsDA, F. 1-B, Op. 5, a. e. 55, Ll. 15-20, "Protokol za zasedanieto na plenuma na TsK na BKP, sustoyal se na 16 i 17 yanuari 1950 godina"("Protocol of the Session of the Bulgarian Communist Party Central Committee's Plenum on 16-17 January 1950"), 16-17 January 1950(Top Secret);和 TsDA, F. 214b, Op. 1, a. e. 71, Ll. 66-117, "Stenogramma ot suveshchanie na aktivistite na sofi iskata organizatsiya na BRP (k) po makedonskiya vupros"("Stenogram of the Conclave of Activists of the Sofia Organization of the Bulgarian Workers' Party on the Macedonian Question"), 9 October 1948 (Secret)。另参见:HSTL, President's Secretary's Papers, Intelligence File, 1946-53, Central Intelligence Reports File, 1946-53, Box 213, National Intelligence Estimates, CIA, "National Intelligence Estimate: Probability of an Invasion of Yugoslavia in 1951," NIE-29 (Top Secret), 20 March 1951, p. 3。东欧国家的安全部队还试图摧毁其本国所谓的间谍和颠覆分子团伙,并使其"调转向前",这样就可以成为对抗南斯拉夫的双重间谍。可参见:TsDA, F. 1-B, Op. 7, a. e. 1560, Ll. 1-4, "Predlozhenie otnosno: Realiziranata v D. S.—G. Dzhumaya razrabotka 'Izmennik',"("A Proposal in regard to the State Security's Efforts to Turn G. Jumai into a 'Traitor'") 10 February 1949 (Strictly Confidential)。

[②] RGASPI, F. 82, Op. 2, D. 1379, Ll. 106-110, "Informatsiya ob organizatsii nelegal'nogo rasprostraneniya na territorii Yugoslavii izdanii yugoslavskikh politemigrantov,"("Information about Efforts to Organize the Secret Distribution of Publications of Yugoslav Political Émigreés on Yugoslav Territory") Memorandum No. 61ss (Top Secret) from V. G. Grigor'yan to V. M. Molotov, 22 August 1951.

第二章　斯大林、苏南分裂与重新控制苏东国家的努力，1948—1953 年

问题、与西方发生战争的可能性（这种担忧在美国及其欧洲盟友开始加强与南斯拉夫的政治、经济甚至军事关系后变得更为严重）以及对铁托政权可以通过非军事方式被推翻的坚信。① 如果南斯拉夫毗邻苏联或者位于东欧地区的中心而不是边缘地带，斯大林或许很早就派遣军队了。曾经参加了苏联高层审议对南斯拉夫政策的所有会议的赫鲁晓夫后来说，他完全相信，"如果苏联与南斯拉夫有共同的边界，那么斯大林将会进行军事干涉"。②

最初的军队配置

正如赫鲁晓夫所暗示的，如果斯大林去世得再晚些，的确可以想象他最终会命令苏联军队占领南斯拉夫。有足够的证据表明，斯大林在生命的最后两年时间里一直在努力加强在欧洲发动一场决定性军事行动的能力，目标可能是南斯拉夫。首先，1948 年至 1950 年中期，苏联及其东欧盟国

---

① 1949—1950 年担任匈牙利陆军司令的贝拉·基拉利（Béla Király）将军后来声称，美国对 1950 年 6 月爆发的朝鲜战争做出强烈回应，是导致斯大林放弃入侵南斯拉夫计划的主要原因。参见：Béla Király, "The Aborted Soviet Military Plans against Tito's Yugoslavia," in Wayne S. Vucinich, eds., *At the Brink of War and Peace: The Tito-Stalin Split in a Historic Perspective* (New York: Brooklyn College Press, 1984), pp. 273-288. 对于美国卷入朝鲜战争对斯大林计划的**短期**影响，基拉利的说法可能是正确的。但解密材料显示，在中国参战和美国军事行动陷入困境后，斯大林受到了鼓舞。在 1951 年 1 月莫斯科召开的一次绝密会议上，斯大林宣称，美国未能击败中国和朝鲜，表明"美国没有准备好发动第三次世界大战，甚至没有能力打一场小规模战争"。斯大林在会议上的发言的解密记录稿，转引自 C. Cristescu, "Strict Secret de importanță deosebită—Ianuarie 1951: Stalin decide înarmarea României" ("Of Top-Secret Importance—January 1951: Stalin Decides to Arm Romania"), *Magazin istoric* (Bucharest), 29, No. 10 (1995), pp. 15-23. 苏联和东欧国家为可能入侵南斯拉夫进行军事准备的具体证据，进一步证明基拉利的观点是错误的。朝鲜战争爆发前，苏联和东欧国家武装干涉南斯拉夫的准备是最小限度的，而 1951—1952 年当朝鲜战事最为激烈之时，苏联集团国家进行了大规模的军事建设，而这本来是要在入侵南斯拉夫时发挥巨大作用的。

② Khrushchev, *Vremya, lyudi, vlast'*, 3: 118.

只是对关于南斯拉夫的军事突发事件做了有限的准备。① 已经解密的美国情报文件显示，1950年1月之前，南斯拉夫毗邻的四个苏联集团国家（阿尔巴尼亚、保加利亚、匈牙利和罗马尼亚）的军队总数为28个师、34.6万人，与南斯拉夫军队的32个师、32.5万人相比，规模不相上下。② 即使匈牙利、保加利亚和罗马尼亚已经装备了大量的苏式武器装备，但是这28个师的东欧国家军队还未达到高水准的战备状态。这些文件还说明，苏联此时只有象征性数量的军队驻扎在保加利亚和阿尔巴尼亚，只有4—6个地面师（数量为6万—9万人）驻扎在罗马尼亚和匈牙利，大概装备了1000辆主战坦克。③ 此外，实际上只有第二近卫机械师这仅有的一个苏联部队驻扎在靠近南斯拉夫的边境地区，该师在1949年中期从罗马尼亚移防到匈

---

① 可参见：HSTL, President's Secretary's Papers, Intelligence File, 1946-53, Central Intelligence Reports File, 1946-53, Box 215, ORE, CIA, "Estimate of the Yugoslav Regime's Ability to Resist Soviet Pressure During 1949", ORE 44-9 (Top Secret), 20 June 1949; HSTL, President's Secretary's Papers, Intelligence File, 1946-53, Central Intelligence Reports File, 1946-53, Box 215, ORE, CIA, "The Possibility of Direct Soviet Military Action during 1949", ORE 46-9 (Top Secret), 3 May 1949, p. 4; Laszlo Ritter, "War on Tito's Yugoslavia? The Hungarian Army in Early Cold War Soviet Strategy", Working Paper of the Parallel History Project on NATO and the Warsaw Pact, February 2005。贝拉·基拉利所谓苏联准备在1948—1950年入侵南斯拉夫的说法，被拉斯洛·里特巧妙地指出了错误。但里特令人印象深刻的分析包含了一些重要的不足之处。第一，他把重点放在了基拉利的叙述上，以至于他没有对斯大林生命最后两年发生的关键变化给予应有的重视。第二，里特提到苏联集团的计划和准备是为了"反击"南斯拉夫（以及可能与南斯拉夫一起攻击苏联阵营的西方国家），但他没有意识到，"反攻"计划和准备同样适用于入侵南斯拉夫。这些准备工作本身丝毫不是"防御性"的。第三，里特只关注了匈牙利，并没有讨论罗马尼亚和保加利亚正在进行的军队建设和备战工作。在苏联集团入侵南斯拉夫的所有可能的行动中，这两个国家（尤其是后者）都将扮演比匈牙利重要得多的角色。

② CIA, "NIE: Probable Developments in Yugoslavia and the Likelihood of Attack upon Yugoslavia, through 1952", pp. 4-5。

③ 这些数据来源于HSTL, President's Secretary's Papers, Intelligence File, 1946-53, Central Intelligence Reports File, 1946-53, Box 219, Special Evaluation Reports, CIA, "Possibility of Direct Military Action in the Balkans by Soviet Satellites", Special Evaluation No. 40 (Top Secret), 29 July 1950, p. 2; Dwight D. Eisenhower Library, White House: National Security Council Staff: Papers, 1948-61, Executive Secretary's Subject File Series, Box 1, Miscellaneous File, "National Intelligence Estimate: Probable Developments in the European Satellites Through Mid-1956", NIE 12-54 (Top Secret), 24 August 1954, p. 19, esp. "Appendix, Table 1: Soviet Forces Estimated to Be Stationed in the Satellites July 1954"。

牙利。①

到 1950 年年初，东欧集团国家针对南斯拉夫部署的军队足以应付相对有限的紧急事件（如边境入侵等），但是他们恰恰缺少的是面对南斯拉夫的顽强抵抗时取得决定性军事胜利所需要的军队数量和质量。美国中情局（CIA）在 1950 年 5 月总结道，除非东欧国家的现有军队得到苏联更大程度的支援，否则其在现有兵力水平上将"很难发动进攻性作战"。中情局估计，入侵南斯拉夫可能需要"至少苏联 25—30 个师以及空军和装甲部队的压倒性支持"。中情局猜测，如果没有做到这些中的任何一点，"都可能导致漫长的僵局"。②

1951 年 1 月东方集团秘密会议

然而，尽管苏联和东欧国家为可能入侵南斯拉夫所做的军事准备起初并不多，但在斯大林生命的最后两年中，原本可以动员来对付南斯拉夫的东欧集团军队规模急剧增加。这种转变始于 1950 年年末，其在斯大林召集东欧国家共产党领导人和国防部长于 1951 年 1 月 9—12 日在莫斯科举行会议后达到了狂热的地步。这次会议没有提前通知，并且是在完全保密的情况下举行的，后来也完全没有公开披露任何信息。参加此次会议的有斯大林及其主要政治和军事助手（莫洛托夫、格奥尔基·马林科夫、拉夫连季·贝利亚、军事部部长亚历山大·华西列夫斯基元帅、总参谋长谢尔盖·什捷缅科），以及作为"代表"被派往南斯拉夫周边国家的苏联主要军事顾问。

在俄罗斯档案中，这个为期四天的秘密会议的速记记录尚未全部解密，但一些直到最近才被披露的东欧国家参会者的详细笔记表明，斯大林

---

① London, The National Archives (hereinafter TNA), FO 371/87865, "Review of the Military Situation in Hungary: The Likelihood of an Immediate Offensive against Yugoslavia Discounted", Memorandum (Secret) from G. A. Wallinger, British ambassador to Hungary, to the Foreign Office, 11 August 1950.

② HSTL, President's Secretary's Papers, Intelligence File, 1946-53, Central Intelligence Reports File, 1946-53, Box 216, ORE/1950, CIA, "Evaluation of Soviet-Yugoslav Relations (1950)", ORE 8-50 (Top Secret), 11 May 1950, p. 5.

利用会议要求所有东欧国家大幅扩充军队,包括那些会卷入与南斯拉夫战争的国家的军队。① 1950年年初之后,斯大林在与保加利亚和罗马尼亚高级官员的讨论中,一直强调大幅增加军队数量的必要性。在1951年1月的会议上,斯大林将这一要求扩展到整个苏联集团,并且为大幅扩军制定了更为紧迫的时间表——一份适合发动击溃战的时间表。②

---

① 罗马尼亚国防部长埃米尔·博德·纳拉什(Emil Bodnăraş)和匈牙利共产党领导人拉科西·马加什(Mátyás Rákosi)所做的记录最为全面。两人都记录了斯大林的讲话,并提供了许多会议记录的其他细节。博德·纳拉什的记录在20世纪90年代解密,并在一份罗马尼亚历史杂志上发表。参见:Cristescu, "Strict Secret de importanţă deosebită", pp. 15-23。拉科西的详细记录明显根据的是1956年他随身带去莫斯科的同期笔记,其可以从他的回忆里找到,Visszaemlékezések (Recollections) (Budapest: Napvilag Kiado, 1997), 2: 860-866, esp. 860-862。卡雷尔·卡普兰(Karel Kaplan)在著作中披露了捷克斯洛伐克国防部长阿列冽谢·切皮奇卡(Alexej Čepička)的一份更简短的记录,参见: Dans les archives du comité central: Trente ans de secrets du bloc soviétique (Paris: Ed. Albin Michel, 1978), pp. 164-166。还可以参见爱德华·奥哈布(Edward Ochab)的简短但有趣的回顾性评论,可参见: Teresa Torańska, Oni (Them) (London: Aneks, 1985), pp. 46-47。虽然1951年时奥哈布并不是波兰统一工人党的领导人,但他代替据称生病的该党领袖博莱斯瓦夫·贝鲁特(Bolesław Bierut)参加了这次会议。因为斯大林还没有决定好在允许东德部署正规军问题上走多远,所以东德的官员没有参加这次会议。阿尔巴尼亚也没有出席这次会议,但斯大林和其他几位苏联高级官员于1951年4月初在莫斯科会见了阿尔巴尼亚共产党领导人恩维尔·霍查(Enver Hoxha)以及阿尔巴尼亚总参谋长贝基尔·巴卢库(Bekir Baluku)将军,双方讨论了加强阿尔巴尼亚武装部队的必要性,特别是为阿方配备更多坦克和战斗机的必要性。关于会议的简要记录,可参见: APRF, F. 558, Op. 1, D. 249, Ll. 90-7, "Zapis' besedy I. V. Stalina s E. Khodzei, 2 aprelya 1951 g." ("Notes of I. V. Stalin's Discussion with E. Hoxha, 2 April 1951"), Memorandum of Conversation (Top Secret), 2 April 1951, 另见于 Vostochnaya Evropa v dokumentakh rossiiskikh arkhivov, 2: 504-509。霍查的回忆录中对这次会议的描述与文字记录出奇地吻合, With Stalin: Memoirs, 2nd ed. (Tirana: 8 Nentori Publishing House, 1981), pp. 201-219。根据文字记录稿,霍查告诉斯大林,阿尔巴尼亚军队已经有15万—17.5万人,另有21.8万预备役部队,但是与美国情报部门的预计相比,即使把阿尔巴尼亚安全部队计算在内,这些数据也要高很多。可参见: The 1949 Soviet-Albanian agreement on defense cooperation, "Marreveshje midis Ministrise se forcave te Armatosura te BRSS dhe Ministrise Mbrojtjes Kombetare te RPSH mbi dhenien ndihme materiale Ushtrise Shqiptare" ("Agreement between the USSR Ministry of the Armed Forces and the Albanian Ministry of National Defense on the Provision of Material Assistance to the Albanian People's Army"), Doc. Nr. A-163/11 (Top Secret), 19 September 1949, in Arkivi Qendror i Forcave te Armatosura (Tirana), Fondi 100/1, Bobina 17, V. 1949, D 158。

② 对于早前的要求,可参见: "Protokol za zasedanieto na plenuma na TsK na BKP, sustoyal se na 16 i 17 yanuari 1950 godina" (参见第34页脚注①), L. 18。斯大林在1950年最后几个月向匈牙利当局提出了同样的"建议"。参见: APRF, F. 558, Op. 1, D. 293, Ll. 80-82, "Tovarishchu Stalinu Iosifu Vissarionovichu ("To Comrade I. V. Stalin"), 31 October 1950 (Top Secret), letter from Matyas Rakosi to Stalin。

第二章　斯大林、苏南分裂与重新控制苏东国家的努力，1948—1953年

1月9日在会议开幕式上，斯大林宣布，"（东欧国家）只有羸弱的军队是不正常的现象"。他已经从苏联军方和情报人员那里得知，东欧国家的军队糟糕透顶。1月9日，东欧国家各国国防部长每人提交了一份现状报告，表明他们国家的军队"目前无法满足战争的需要"，这一评估得到了生动的证实。① 斯大林警告他的客人，"这种情况必须尽快改变"。他声称，"最多两到三年内"，东欧国家必须建立一支总数至少有300万人的"强大的现代化军队"。这些军队中有超过120万人将在和平时期完全处于"战备"状态，在收到通知后很短的时间内准备参战。② 在东欧的另外185万—200万人的预备役部队将接受训练、装备武器，以便在紧急情况下迅速动员。③

斯大林在会议上的直白言论清晰地表明，他相信欧洲在不久的将来会爆发大规模的军事冲突，并且他想确保苏联和东欧国家的军队能够取得决定性的胜利。为了达成这一目标，他不能带有一丝侥幸心理。他对美国"连在朝鲜的小规模战争都打不好"和美军"在未来两至三年内在亚洲陷入困境"感到非常满意。他告诉其他与会者，"这一非常有利的条件"将正好给东方集团国家充足的时间来完成其大规模军队增编。④

虽然斯大林对欧洲即将爆发战争的评论可能与朝鲜战争爆发后美国开始增加欧洲驻军有关（美国增加驻军主要是因为美国官员担心斯大林可能利用朝鲜战争转移"入侵西欧"的注意力），但是这可能并不是他发出严重警告的主要原因。首先，在1951年1月的会议召开时，美国在欧洲的军事部署才刚刚开始。而直至1951年相当晚的时候，特别是在1952年，美国在欧洲的兵力才有了更大的增长。⑤ 此外，会议记录显示，斯大林对美国在朝鲜战场陷入困境感到高兴，并且他似乎一点都不畏惧美国的军事实力。因此，虽

---

① Cristescu, "Strict Secret de importanță deosebită", p. 18.
② Ibid., pp. 17-18.
③ Ibid., p. 19. 这些数据是苏联国防部长亚历山大·华西列夫斯基元帅要求的，并得到了斯大林的赞成。这些数据来自博德纳拉什转录的文件。考虑到会议上没有明确提出阿尔巴尼亚的预期兵力，笔者对这些数据稍微做了调整。
④ Cristescu, "Strict Secret de importanță deosebită", p. 20.
⑤ Hubert Zimmermann, "The Improbable Permanence of a Commitment: America's Troop Presence in Europe during the Cold War," *Journal of Cold War Studies*, 11, No. 1 (2009), pp. 3-27, esp. 4.

然与北约成员国的战争无疑是此时他盘算的关键部分,但是他似乎还考虑了其他的军事意外事件,包括推翻铁托政权和将南斯拉夫重新纳入社会主义集团的大规模行动。

起初,大多数东欧国家官员对斯大林派给他们的繁重任务是猝不及防的。波兰国防部长康斯坦丁·罗科索夫斯基(Konstanty Rokossowski)元帅坚称,为波兰设定的兵力水平在"1956年年底以前"是不可能实现的。他说,波兰认为在斯大林所提议的短时间内完成这样庞大规模的部署"非常困难"。① 保加利亚共产党领导人维尔科·契尔文科夫对自己国家达到预期兵力的能力同样持保留意见。斯大林回复称,"如果罗科索夫斯基(和契尔文科夫)可以保证到1956年年底不会爆发战争,那么就可以采取(缩减规模的计划),但是如果不能提供这样的保证,就应该更为明智地继续进行"战争部署。这次指责使东欧领导人明白,斯大林根本不打算在军队的扩充和现代化方面跟他们讨价还价。虽然许多东欧人对他们国家在预期的部署速度和规模上承受的压力依然感到不安,但他们清楚自己别无选择,只能服从斯大林的要求。②

最终实施的苏东军事部署

会议结束后不久,东欧各国政府就开始着手实施计划,以实现这位苏联最高统帅为他们设立的雄心勃勃的目标数字。苏联总参谋长同时对自己的军力进行了一番战争部署。苏联军队的兵力在二战结束后骤减,到1948年,士兵人数从战时顶峰时期的近1220万减少到仅剩290万。在斯大林执政的最后两年时间里,苏联军队的规模几乎翻了一番,到1953年3月,兵

---

① Rákosi, *Visszaemlékezések*, 2: 861.

② Ibid., pp. 862-863, 865. 另参见: Cristescu, "Strict Secret de importanță deosebită", pp. 17-20.

第二章 斯大林、苏南分裂与重新控制苏东国家的努力，1948—1953年

力达到了560万人——这在和平时期是惊人的增长速度。① 这些新编的军队许多都装备了最新式的武器，它们几乎都被部署在苏联最西部的地区，其中包括那些本来被指派应对南斯拉夫可能的紧急事件的数十万作战部队。此时，准备就绪的苏联预备部队的数量也急剧增加，以至于苏联总参谋长能够在战争动员的三十天内征召上千万人的作战部队。②

苏联军队的大幅集结伴随着其战备水平的突然攀升。1951年4月末，苏联军事部（当时称国防部）在发布的新指导方针中要求各级指挥官严格执行纪律，否则就会受到严厉惩罚。③ 根据苏共中央书记处的指示，负责监督苏军作战部队纪律与政治准备的苏军总政治部在1951年春季和夏季进行了彻底的改组，纠正高级军官团中的"训练不足和违反纪律的行

---

① "Spravka-doklad G. K. Zhukova o sokrashchenii vooruzhenykh sil" （"G. K. Zhukov's Summary Memorandum on the Reduction of the Armed Forces"）, Report to the CPSU Presidium (Top Secret), 12 August 1955; "Zapiska G. Zhukova i V. Sokolovskogo v TsK KPSS" （"Memorandum from G. Zhukov and V. Sokolovskii to the CPSU Central Committee"）, Report to the CPSU Presidium (Top Secret), 9 February 1956, 分别参见：*Voennye arkhivy Rossii* (Moscow), No. 1 (1993), pp. 280–281, 283–288。

② Brussels, NATO Archives, (hereinafter NATO), C8-D4, MC 33, "Estimate of the Relative Strength and Capabilities of NATO and Soviet Bloc Forces at Present and in the Immediate Future" (Top Secret-Cosmic), 23 November 1951.

③ Rossiiskii Gosudarstvennyi Arkhiv Noveishei Istorii, F. 2, Op. 1, D. 261, Ll. 27 – 30ob, "Prikaz Voennogo Ministra Soyuza SSSR No. 0085," （"Directive of the USSR Minister of War No. 0085"） Military Directive (Top Secretive) issued by Military Minister Marshal Aleksandr Vasilevskii, 30 April 1951. 第29页所附的一份记录中表明，华西列夫斯基的指令是两天前由俄共（布）政治局和苏联部长会议授权的，旨在对"苏军政治机构的指导思想进行深远的变革"。另参见："Pomoshchniku Sekretarya TsK VKP (b) tov. Shuiskomu G. T.", from G. Gromov, head of the VKP (b) Administrative Department, 15 March 1952. 该文件报告了1951年4月28日通过的关于苏联部长会议第1404-704s号指令的实施情况。

41

为"并朝着"最大程度的备战"迈进。① 1951年9月初,苏联国防部长亚历山大·华西列夫斯基元帅与苏军总政治部主任费多尔·库兹涅佐夫(Fedor Kuznetsov)上将发布了新的指令,其大大加强了纪律条例的执行,包括为战时需要而做出的适当变更。② 苏联武装部队在和平时期的庞大规模和扩军的速度是空前的,尤其是当时国家还没有完全从二战的创伤中恢复过来。1951—1953年苏联陆军和空军的大规模扩张使其能够对南斯拉夫(和其他紧急事件)做出军事部署,而这在1948—1950年是难以实现的。

同样,东欧国家紧急扩充军队的效果几乎立竿见影。到1952年1月,南斯拉夫四个东欧邻国的总兵力已增至38个师、59万人,几乎是南斯拉夫军队规模的两倍,后者在1950年以后几乎未曾增加。③ 在斯大林生命的最后一年里,东欧国家的军队数量仍在以惊人的速度增加,大致实现了120万名士兵的预定目标。此外,保加利亚和罗马尼亚军队(以及较小规模的匈牙利和阿尔巴尼亚军队)所配备武器的性能都有了大幅提升,因为

---

① RGASPI, F. 17, Op. 136, D. 218, Ll. 109-112, "Spravka o nedostatkakh v rabote zamestitelya po politchasti nachal'nika Glavnogo Upravleniya VOSO Genshtaba polkovnika Mikhina A. S., vskrytykh proverkoi rabotnikami politupravleniya v yanvare-fevrale 1951 goda" ["Memorandum about Shortcomings in the Work, Memorandum No. 203609s (Top Secret) from M. Zakharov, head of the Personnel Directorate of the Soviet Army's Main Political Directorate, to the head of the VKP (b) Administrative Department, 25 May 1951"]. 另外可参见执行情况的后续报告, RGASPI, F. 17, Op. 136, D. 218, Ll. 198-201, "TsK VKP (b) tovarishchu Malenkovu G. M." ["To the VKP (b) Central Committee, to Comrade G. M. Malenkov"], Memorandum No. 18656/s (Top Secret) from Marshal A. Vasilevskii and Colonel-General F. Kuznetsov to Georgii Malenkov, 15 November 1951 [第196—197页所附的马林科夫的记录表明,他向俄共(布)其他高级官员,如苏斯洛夫(Mikhail Suslov)、赫鲁晓夫、波诺马连科(Pantaleimon Ponomarenko)分发了这份备忘录] RGASPI, F. 17, Op. 136, D. 218, Ll. 202-205, "Secretaryu TsK VKP (b) tov. Malenkovu G. M." ["To VKP (b) CC Secretary Comrade G. M. Malenkov"], Memorandum (Top Secret) from G. Gromov, head of the VKP (b) Administrative Department, 6 March 1952。

② RGASPI, F. 17, Op. 136, D. 218, Ll. 161-4ob, "O politicheskikh zanyatiyakh s soldatami i serzhantami" ("On Political Tasks with Soldiers and Sergeants"), No. 022 (Secret) from Marshal A. Vasilevskii and Colonel-General F. Kuznetsov, 5 September 1951; RGASPI, F. 17, Op. 136, D. 218, Ll. 165-169, "O marksistko-leninskoi podgotovke ofitserov Sovetskoi Armii" ("On the Marxist-Leninist Training of Soviet Army Officers"), No. 023 (Secret), from Marshal A. Vasilevskii and Colonel-General F. Kuznetsov, 5 September 1951.

③ CIA, "NIE: Probable Developments in Yugoslavia and the Likelihood of Attack upon Yugoslavia, through 1952", p. 5.

第二章 斯大林、苏南分裂与重新控制苏东国家的努力，1948—1953 年

这些国家接收了主要武器供应方苏联和捷克斯洛伐克提供的新式战斗机、主战坦克、短程导弹和重型火炮。1951—1953 年，捷克斯洛伐克先进的武器制造工厂根据斯大林的直接命令进入了战备状态。正如捷克军事历史学者因迪赫·马德里（Jindřich Madry）指出的那样，在斯大林生命的最后两年时间里，"捷克斯洛伐克兵工厂开到了最大马力，以应付那场被视为'不可避免的战争'"。①

与周边东欧四国军队配备的武器在数量和质量上的突飞猛进相比，南斯拉夫类似的扩充是难以匹敌的。相反，以前的供应方（苏联）不再向南斯拉夫提供任何武器、零部件、弹药和保障设备，再加上现存武器存在故障、难以维修或更新换代，因此南斯拉夫面临着严峻的形势。虽然在 1951 年年中以后，南斯拉夫已开始从美国和其他西方国家接收少量轻型武器和相关军事设备，但是这些装备很难弥补苏式武器、通信设备和零部件的损耗。② 1952 年年初，美国情报分析人员报告称，南斯拉夫军队深受（装备）薄弱的困扰，包括"（它们的）大部分武器数量不足和老化"，"缺少零部件和适合的弹药"，"严重缺乏重型武器，尤其是反坦克炮、高射炮和装甲车"，以及"（南斯拉夫）总参谋部在联合作战的战术和技术方面经验不足"。③ 因此，即使苏联和东欧国家的军队正在进行快速扩充并为

---

① Jindřich Madry, "Obdobi zbrojeni a pře zbrojovani: Uzlove body komunistickeho rozhodovani o Československu po Stalinovi" ("Phases of Armament and Rearmament: Nodes of Communist Decision-Making vis-à-vis Czechoslovakia after Stalin"), *Soudobé dějiny* (Prague) 1, No. 4 - 5 (1994): 623 - 639.

② 当时美国报纸报道了西方国家向南斯拉夫提供军事物资的某些方面，尽管并不总是准确的。可参见 "US Arms Delivered to Yugoslavia for Defense of Her Independence," *New York Times*, 20 June 1951, pp. 1, 7。关于这一问题的更多内容，参见：Anikeev, *Kak Tito ot Stalina ushel*, pp. 189-203; Lorraine M. Lees, *Keeping Yugoslavia Afloat: The United States, Yugoslavia, and the Cold War* (University Park, PA: Pennsylvania State University Press, 1997), pp. 81 - 119, esp. 98 - 111; Franklin Lindsay, *Beacons in the Night: With the OSS and Tito's Partisans in Wartime Yugoslavia* (Stanford, CA: Stanford University Press, 1993), pp. 334 - 336; and Beatrice Heuser, *Western Containment Policies in the Cold War: The Yugoslav Case, 1948-53* (New York: Routledge, 1989), pp. 117-124, 155-172, esp. 160-164。

③ CIA, "NIE: Probable Developments in Yugoslavia and the Likelihood of Attack upon Yugoslavia, through 1952", p. 4.

43

在中欧和巴尔干地区进行全面军事对抗做准备,南斯拉夫军队也在减少,且越来越难以满足作战的需要。

苏联军事计划中的南斯拉夫与北约

虽然苏联集团的扩军表面上的目的是阻击,或是有必要的话,击退外来的进攻(可能是北约的攻击),但是苏联军事规划者认为,针对南斯拉夫的大规模军事行动将成为对北约发动任何战争的重要部分。① 因此,这两个偶然事件无法真正分开。斯大林本人也同意这种观点,其中部分原因是他在1950年年底至1951年收到了高度机密的情报报告,内容是美国"正在向南斯拉夫施压,以加快其正式加入北约"。② 这些说法是错误的——当时美国决策者对与南斯拉夫进行更加全面的军事合作仍然最多是模棱两可的态度——但是苏联对外情报部门在给斯大林的一份备忘录中仍坚持认为,美国政府一直努力将南斯拉夫纳入北约,以组成反苏阵线。1951年1月会议后的这些形势变化,如1951年春末美英开始向南斯拉夫提供武器,以及1951年年底美国与南斯拉夫建立了情报合作关系,无疑使斯大林更加相信南斯拉夫不久将加入北约。③

斯大林的这一想法因1951年年初南斯拉夫、希腊和土耳其就建立巴尔

---

① NAČR, Archiv Ústředního výboru Komunistické strany Československa (Archiv ÚV KSČ), F.100/24, Sv. 47, A. j. 1338, "O deyatel'nosti organov Severo-atlanticheskogo Soyuza v svyazi s sozdaniem atlanticheskoi armii i remilitarizatsiei zapadnoi Germaniei" ("On the Activity of the Organs of the North Atlantic Alliance in Connection with the Creation of an Atlantic Army and the Remilitarization of West Germany"), Intelligence Memorandum (Top Secret), forwarded by the VKP (b) Politburo to the leaders of the East European countries, February 1951. 非常感谢奥尔德日赫·特马(Oldrich Tůma)向我提供这份备忘录的复印件。沃伊特赫·马斯特尼(Vojtech Mastny)在对北约早期对苏联和东欧集团的回应的一流分析中引用了这份文件,参见:"NATO in the Beholder's Eye: Soviet Perceptions and Policies, 1949-56", CWIHP Working Paper No. 35 (Washington, DC: Cold War International History Project, 2002)。

② Russian Foreign Intelligence Service, *Ocherki istorii rossiiskoi vneshnei razvedki* (*Contours of the history of the Russian Foreign Intelligence Service*) (Moscow: Mezhdunarodnye otnosheniy, 2003), 5: 316.

③ 关于西方国家向南斯拉夫提供武器援助,可参见第43页脚注①。关于西方国家与南斯拉夫的情报合作,参见:Coleman Mehta, "The CIA Confronts the Tito-Stalin Split, 1948-1951," *Journal of Cold War Studies*, 13, No. 1 (2011), pp. 101-145。

第二章　斯大林、苏南分裂与重新控制苏东国家的努力，1948—1953 年

干条约组织进行多边接触而进一步强化。虽然希腊和土耳其当时并非北约成员国（它们于1951年9月被北约批准加入，并于次年2月正式加入），但众所周知，它们加入北约只是时间问题。1951 年到 1952 年年初，苏联对外情报官员多次提醒斯大林，美国有意将"南斯拉夫变成进攻苏联和人民民主国家的军事滩头"。① 这些情报（错误地）声称，美国是拟议的巴尔干条约的主要拥护者，该条约据称将在土耳其和希腊的协助下，会"将南斯拉夫纳入北约"。事实上，希腊和土耳其率先推动了与南斯拉夫签订巴尔干条约，其中土耳其的作用更小一些。② 美国决策者远非这一想法的支持者，其显然对这一条约可能强加给美国的责任感到担心，美国已经在朝鲜战场派遣了近20万军队，因此其不想在巴尔干地区承担大量新的集体防务责任而分散力量。③

尽管如此，即使苏联情报人员歪曲了美国的立场，重要的是斯大林仍越来越有理由怀疑南斯拉夫将最终被纳入北约。在他看来，即使南斯拉夫没有成为北约的正式成员，贝尔格莱德与北约关系更加紧密的前景仍将给苏联在巴尔干的军事计划造成严重的麻烦。斯大林在一定程度上想要用一切必要手段将南斯拉夫重新纳入苏联的势力范围，他有在美国计划帮助南斯拉夫加入北约之前采取行动的动机。

---

① *Ocherki istorii rossiiskoi vneshnei razvedki*, p.317. 另参见："Tovarishchu Stalinu I. V.", Memorandum (Top Secret) to Stalin from V. Zorin, head of Soviet foreign intelligence, 5 June 1952, transcribed in *Ocherki istorii rossiiskoi vneshnei razvedki*, pp. 658-660。

② Miljan Milkić, "Pregovori o političkoj i vojnoj Saradnji FNRJ i Kraljevine Grčke do potpisvanja Ankarskog ugovora," ("Negotiations on political and military cooperation between the SFRY and the Kingdom of Greece leading to the signing of the Ankara Agreement") in Dragan Bogetić et al., eds., *Balkanski Pakt 1953/1954: Zbornik Radova* (The Balkan Pact: A collection of essays) (Belgrade: Institut za Strategijska Istraživanja Odeljenje za Vojnu Istoriju, 2008), pp. 111-129. 巴尔干国家出版了大量关于最终促成巴尔干条约的提议和谈判的解密文件集，参见：Milan Terzić et al. eds., *Balkanski Pakt 1953/1954: Zbornik Dokumenata* (The Balkan Pact, 1953/1954: a collection of documents) (Belgrade: Vojnoistorijski Institut, 2005)。

③ David R. Stone, "The Balkan Pact and American Policy," *East European Quarterly*, 28, No. 3 (1994), pp. 393-405。

具体的军事准备

如果斯大林最终决定要发动入侵南斯拉夫的战争，苏联和东欧在中欧所做的大规模"反击"敌军的准备就可以很容易地调整为入侵南斯拉夫。作为1951年1月后的扩军的组成部分，苏联向每个东欧国家都提供了数十架图-2高速轰炸机，这将在打击南斯拉夫的联合军事行动中发挥至关重要的作用。[1] 斯大林在1951年1月的会议上向其他东欧国家领导人强调，"你们需要有一支轰炸机部队执行攻击作战，起初每个国家至少要有一个师"。[2] 为了进一步增强东欧国家的攻击能力，苏联提供了大量的伊尔-10对地攻击机以供空降突击部队使用，以使它们可以作为先锋部队占领南斯拉夫的战略要地，包括贝尔格莱德周边的防御工事。[3]

此外，在苏联的帮助下，南斯拉夫周边的四个东欧集团国家在1951—1952年进行了军事演习，预想进行"前沿部署"和"大规模进攻"，以包围和摧毁南斯拉夫境内的敌军。匈牙利军队在演习时具体负责"占领贝尔格莱德地区"和南斯拉夫的其他战略要地。[4] 虽然这被描述为一项背景是反击敌方占领者的任务，但显然它将构成苏联与东欧国家联合入侵并占领南斯拉夫的任何战役的组成部分。罗马尼亚和保加利亚军队也在其预计进

---

[1] "Appendix, Table 3: Estimated Satellite Air Forces, July 1954", in CIA, "NIE: Probable Developments in the European Satellites Through Mid-1956", p. 19. 保加利亚接收了供3个师使用的120架图-2轰炸机，匈牙利和罗马尼亚各接收了供1个师使用的40架图-2轰炸机。

[2] Cristescu, "Strict Secret de importanţă deosebită", p. 20.

[3] Nicolae Balotescu et al., *I storia aviati ei romane*, (History of Romanian Aviation) (Bucharest: Editura Ştiintifi că şi enciclopedică), 1984, pp. 375, 380-381.

[4] 关于1951年5月8—12日匈牙利军队的作战演习指导方针，参见：Hadtortenelmi Leveltar, Magyar Nephadsereg iratai (HL MN), 1951/T/24/2 örzesi egyseg (ö. e.), oldalak (ol.) 207-226, "Terkepgyakorlat terve" ("Military Exercise Plan"), Report No. 02609 (Top Secret) from Endre Matekovits, 7 May 1951, 可以分成四个部分： "Feladat tisztazasa" ("Clarification of the Task") "Vazlat a front feladatarol" ("Outline of the Task at the Front") "Kovetkeztetesek" ("Conclusions") "Tajekoztato jelentes" ("Informational Report")，另有一份规划地图；本文件由拉斯洛·里特提供，特此致谢。

第二章　斯大林、苏南分裂与重新控制苏东国家的努力，1948—1953年

入南斯拉夫的路线附近进行了类似的演习。① 1951年6月，罗马尼亚政府为了配合其军方的备战，将沿着南斯拉夫边界的巴纳特—奥尔特尼亚（Banat-Oltenia）地区的4万多名居民强行驱逐到环境恶劣的巴拉甘草原（Bărăgan Steppe）。② 这次大规模驱逐行动是在莫斯科领导人的密切协调下进行的，目的是除掉那些可能对罗马尼亚军队打击"南斯拉夫国家反动派"构成障碍的"敌对分子"和"铁托分子同情者"。③

罗马尼亚军队随后在已清理的地区加紧演习，模拟跨境进入南斯拉夫的大规模攻势。通过学习如何"在地面和空中困难条件下组织和指挥大规模攻击行动"，如何"在优势兵力和装备条件下集中兵力瓦解敌军的防御"，以及如何"为了最佳进攻结构分配兵力"，东欧国家的高级军官掌握了未来入侵南斯拉夫所需的知识。④

苏联和东欧国家的快速扩军和军事演习的经验表明，从1952年年中至斯大林去世，同南斯拉夫对峙的苏联集团军队给铁托政权造成了严重的军事威胁。1951年年底北约情报分析人员报告，即使没有苏联的帮助，东欧

---

① Mircea Chiritoiu, *Ître David şi Goliath: România şi Iugoslavia în balanta Războiului Rece* (Between David and Goliath: Romania and Yugoslavia in the Cold War balance) (Iaşi: Demiurg, 2005), pp. 132, 135, 138-141. See also Gheorge Vartic, "1951-1953: Ani fierbinti din istoria Războiului Rece in relatarea generalului (r) Ion Eremia, opozant al regimului stalinist din Romania" ("Hot Years in the History of the Cold War in regard to General Ion Eremia, an Opponent of the Stalinist Regime in Romania") in *Geopolitică şi istorie militară în perioada Războiului Rece* (Geopolitical and military history during the Cold War) (Bucharest: Editura Academiei de Inalte Studii Militare, 2003), pp. 84-85.

② Silviu Sarafolean, eds., *Deportati în Bărăgan, 1951-1956* (The Bărăgan deportations, 1951-1956) (Timişoara: Editura Mirton, 2001), esp. the 39-page introductory essays; Rafael Mirciov, *Lagărul deportării: Pagini din lagărul Bărăganului, 1951-1956* (The deportation camps: pages from the Bărăgan camp) (Timişoara: Editura Mirton, 2001); and Chiritoiu, *Ître David şi Goliath*, pp. 247-248. 萨拉福莱安主编的那本书里有惊人的细节，第590页有那些被驱逐人员的名单。

③ AVPRF, F.0125, Op. 39, P.198, D.76, Ll. 234-235, "Zapis' besedy s A. Pauker," ("Notes of the Discussion with A. Pauker"), Memorandum No. 70-k (Secret) from S. Kavtaradze, Soviet ambassador in Romania, to Soviet Foreign Minister A. Vyshinskii, 1 March 1951; and AVPRF, F.0125, Op. 39, P.190, Ll. 33-6, "Zapis' besedy s A. Pauker" ("Notes of the Discussion with A. Pauker"), Memorandum No. 166-k (Secret) from S. Kavtaradze, Soviet ambassador in Romania, to Soviet Foreign Minister, A. Vyshinskii, 11 July 1951.

④ "Feladat tisztázása", ol. 210.

国家军队也正在拥有对南斯拉夫的"重要的进攻能力"。① 20 世纪 50 年代初，许多高度机密的美国情报评估密切关注着苏联与南斯拉夫的四个共产主义邻国的军事发展，并警告说，"对南斯拉夫可能的侵略正在打下基础"，并且苏联和东欧全面进攻"南斯拉夫的可能性应该被认为非常大"。② 虽然美国情报分析人员认为，这种攻击在短期内"不太可能"，但早在 1951 年 3 月他们就得出结论说，如果苏联和东欧国家的军队对南斯拉夫发动一场联合攻势，它们就能够占领南斯拉夫，摧毁南斯拉夫军队，并随着时间的推移，镇压所有的游击抵抗运动：

> 南斯拉夫周边的（苏联）"卫星国"不断扩军（军队、储备、更新设备、油料储备的增加、军事工业换代升级等）使此前"卫星国"与南斯拉夫之间的军力平衡发生了逆转，已经使"卫星国"有能力在未加警告的情况下对南斯拉夫发动大规模攻击……苏联与"卫星国"的联合部队或许能够成功侵入南斯拉夫，打败正规军的抵抗，并最终使游击运动失效。③

在 1951 年 1 月的会议之后，东方集团国家军队的急剧扩张进一步加强了这一判断。毫无疑问，东欧国家掌握了军事优势。

诚然，苏联集团入侵南斯拉夫的**能力**不断增强，并不一定意味着有入侵的**意图**。1952 年，美国情报部门认为，苏联集团在年末前"不太可能"对南斯拉夫发动全面军事进攻。1951—1952 年，西方情报机构的评估指

---

① NATO, MC 33, "Estimate of the Relative Strength and Capabilities of NATO and Soviet Bloc Forces", p. 22.

② 参见：HSTL, President's Secretary's Papers, Intelligence File, 1946-53, Central Intelligence Reports File, 1946-53, Box 213 National Intelligence Estimates, CIA, "NIE: Probable Developments in Yugoslavia and the Likelihood of Attack upon Yugoslavia, through 1952"; CIA, "NIE: Probability of an Invasion of Yugoslavia in 1951"; CIA, "National Intelligence Estimate: Review of the Conclusions of NIE-29 'Probability of an Invasion of Yugoslavia in 1951'", NIE-29/1 (Top Secret), 4 May 1951。另参见：CIA, "National Intelligence Estimate: Soviet Capabilities and Intentions", NIE-3 (Top Secret), 15 November 1950, pp. 17-18。

③ CIA, "NIE: Probability of an Invasion of Yugoslavia in 1951", pp. 5-6.

出,苏联和东欧国家准备入侵南斯拉夫的多重迹象"未必表明苏联近期有对南斯拉夫发动进攻的意图",这些迹象包括南斯拉夫临近的东欧四国"军队作战能力的迅速增强";"南斯拉夫的东欧邻国疏散了重要边境地区的大部分居民";"为了使攻击南斯拉夫合理化",苏联和东欧国家毫不松懈地进行"宣传(和)心理准备";南斯拉夫的四个东欧邻国增加了义务兵役的登记;"(东欧国家)军队在南斯拉夫边境沿线经常集结";日益频发的边境事件,再加上"共产党情报局内部传出即将对南斯拉夫发动进攻的谣言"。[1] 美国情报分析人员指出,这些行动或许只是强制性外交的一种紧急形式,或许是苏联集团为在欧洲进行东西方战争的更大行动的组成部分,而不是专门针对南斯拉夫的行动。分析人员还推测,如果苏联真正打算入侵并占领南斯拉夫,它只能等到1953年年底"保加利亚、罗马尼亚和匈牙利军队……完成整编并达到最大的效用",以及1954年中期阿尔巴尼亚军队达到类似的状态。[2] 1953年3月,斯大林恰在东欧国家军队完全实现整编之前去世。

因此,尽管斯大林直到临终前都在监督东方集团国家军队的大规模扩张,从而为入侵南斯拉夫"打下基础"(无论这是否是扩军的主要目的),但难以说清如果他多活几年,实际上可能做什么。[3] 尽管苏联集团做了广泛的军事准备,并且莫斯科努力挑起南斯拉夫对苏联和东欧集团国家迫在眉睫的攻击的强烈恐惧,但目前可利用的证据表明,在单纯的威胁不能奏效的情况下,斯大林从未下定决心是否采用这样或那样的方式对南斯拉夫发动进攻。

苏联集团的重新巩固

苏联实际上没有发动全面入侵,但它至少暂时不得不忍受东欧集团的

---

[1] 引证来源参见:第36页脚注①、③;第37页脚注②;第47页脚注④。
[2] CIA, "NIE: Probable Developments in Yugoslavia and the Likelihood of Attack upon Yugoslavia, through 1952", p. 5.
[3] CIA, "NIE: Probability of an Invasion of Yugoslavia in 1951", p. 5.

裂痕和相对于巴尔干地区和亚得里亚海来说在南斯拉夫的战略缺失。莫斯科其他的潜在风险也迫在眉睫。南斯拉夫的持续反抗"铁托主义"可能在其他东欧国家扩散并"传染"这些国家,从而导致苏联集团的分裂,甚至是崩溃。为了防止再发生背离事件和加强苏联对东欧地区的控制,斯大林指示当地共产党进行了新一轮的清洗和政治审判,并清除任何可能想要效仿铁托的人。①

1949—1954年这次席卷东欧的政治清洗与之前1944—1948年的镇压行动有着本质上的区别。之前的镇压行动主要是针对非共产党人士,但是1949—1954年政治清洗的目标大部分集中在共产党员,包括许多积极参加之前镇压行动的高级官员。对共产党领导人"作秀式"的审判不仅是为了清除任何渴望从莫斯科得到某种程度自治的人,而且是为了在社会中灌输一种普遍的恐惧感,从而增加"敌人"正在搞"颠覆"这一官方宣传解释的可信性。

这两大目标都有助于东方集团国家的战争动员。在共产党统治集团中突然发现所谓的铁托主义分子和西方"间谍",这引发了一种战争恐慌,并加剧了一种谁也不能真正信任的想法,即使这些人似乎坚定地忠于共产党政权和苏联。20世纪30年代末,面对迫在眉睫的战争,为了确保国内

---

① Kevin McDermott and Matthew Stibbe, eds., *Stalinist Terror in Eastern Europe: Elite Purges and Mass Repression* (New York: Manchester University Press, 2011); Lyubomir Ognyanov, eds., *Borbi i chistki v BKP (1948-1953): Dokumenti i materiali* [Struggles and purges in the Bulgarian Communist Party (1948-1953): documents and materials] (Sofia: Glavno Upravlenie na Arkhivite pri Ministerskiya Suvet, 2001); Mito Isusov, *Stalin i Bulgariya* (Sofia: Universitetsko Izdatelstvo Sv. Kliment Okhridski, 1991), pp. 171-218; George H. Hodos, *Show Trials: Stalinist Purges in Eastern Europe, 1948-1954* (New York: Praeger, 1987); Wolfgang Maderthaner, Hans Schafranek, and Berthold Unfried, eds., "*Ich habe den Tod verdient*": *Schauprozesse und politische Verfolgung im Mittle-und Osteuropa 1945-1956* (Vienna: Verlag fur Gesellschaftskritik, 1991); Adam B. Ulam, *Titoism and the Cominform* (Cambridge, MA: Harvard University Press, 1952), pp. 145-202. 另参见:Vladimir Zelenin, "Sovetsko-yugoslavskii konflikt 1948-ogo goda i Repressii v Vostochnoi Evrope," ("The Soviet-Yugoslav conflict of 1948 and the repressions in Eastern Europe") *Novoe vremya* (Moscow), No. 31 (1989), pp. 34-35. 毫无疑问,斯大林及其助手直接监督了东欧的清洗行动,尤其是那些最引人注目的"作秀式"审判。相关文件可参见:*Vostochnaya Evropa*, Vol. 2; *Sovetskii faktor v Vostochnoi Evrope*, Vol. 2。

第二章 斯大林、苏南分裂与重新控制苏东国家的努力，1948—1953 年

的安全，斯大林曾经在苏联使用过同样的方式。① 到 1951 年年初，他再次认为大规模的武装冲突不久将爆发，因此他将苏联的办法搬到了东欧国家，以便它们可以清除它们中间的"铁托第五纵队"。

在苏联国内，反对潜在的"第五纵队"和战争动员引发了一场激烈的反犹运动和对高层进行政治清洗（目标为莫洛托夫、米高扬、贝利亚等）的准备，以及在苏联西部地区的平叛行动。在某种程度上，所有这些政策都是东欧国家在苏联的监督下所采取的。同样地，20 世纪 40 年代中期到末期，对波兰、保加利亚、罗马尼亚和其他国家反共游击队的军事行动也是直接以苏联西部加盟共和国的有力平叛行动为基础，并与之配合进行的。②

20 世纪 50 年代初，随着东方集团的巴尔干国家为大规模对外军事行动做准备，它们沿着与南斯拉夫的边界进行了大规模的驱逐行动，并每年逮捕数万人。仅罗马尼亚一国，1950 年秘密警察就逮捕了 6635 人，1951 年为 19235 人，1952 年为 24826 人。③ 驱逐和逮捕行动的目的不仅是为了确保战略要地地区没有"铁托分子同情者"和其他"人民公敌"，也是为了预先消除所有内部分裂的可能性。这些政策与其他政策一样，都是密切地仿效苏联的做法，并且通常受到苏联国家安全部门官员的直接监督，这些官员曾经在波罗的海沿岸共和国和乌克兰西部地区组织大规模的驱逐和逮捕行动。虽然罗马尼亚的驱逐规模要比任何其他国家都大，但是与南斯拉夫相邻的所有东方集团国家都采用了类似的基本方法。

---

① Oleg V. Khlevniuk, *Master of the House: Stalin and His Inner Circle*, trans. Nora Seligman Fvorov (New Haven, CT: Yale University Press, 2009).

② 可参见：Nedyalka Grozeva et al., eds., *Goryanite: Sbornik dokumenti*, Vol.1: 1944-1949 (Guerrillas: A collection of documents) (Sofia: Glavno Upravlenie na Arkhivite pri Ministerskiya Suvet, 2001), esp. doc. nos. 99, 103, 131, 147。

③ Consiliul National pentru Studierea Arhivelor Securităţii, Dosar, 9572, Vol.61, Foaie 1, "Dinamica arestărilor efectuate de către organele Securităţii Statului in anii 1950-31. Ⅲ. 1968" ("Pattern of Arrests Carried Out by the State Security Organs from 1950 through 31 March 1968"), Statistical Report (Top Secret) to the director of the Securitate, 17 April 1968. 另参见：Vladimir Tismaneanu, *Stalinism for All Seasons: A Political History of Romanian Communism* (Berkeley, CA: University of California Press, 2003), pp.19-24。

斯大林阻止南斯拉夫的溢出效应和建立反铁托统一战线的努力已经基本达到了预想的效果。斯大林在世期间，苏联在东欧国家的影响力没有受到任何进一步的威胁。从20世纪40年代末至50年代初，所有东方集团国家都开始实行快速工业化和强制集体化计划，虽然引起了巨大的社会动荡，但也实现了短时间内经济的快速增长。经互会体系的确立保证了这种增长可以服务于斯大林自己的目标。① 20世纪50年代初，东欧国家军队的快速扩张要求将更多的资源投入军事工业和重工业，而几乎没有资源留给消费品生产。然而，由于苏联集团的普通公民在很大程度上被排除在政治领域之外，也被禁止参加任何形式的政治抗议活动，他们不得不长期忍受生活水平的急剧下降以及物质和精神上的许多其他困难。

从这个意义上说，共产党集团中尚未出现"活力"与"凝聚力"之间的冲突。② 斯大林能够依靠苏联军队的存在，由苏联国家安全部门监督的严密编制的国家安全部队网络，苏联特工对东欧国家的军队和政府的全面渗透，实行大规模清洗和政治恐怖活动，以及复活的德国军国主义的共同威胁，来确保屈从于莫斯科的政权保持其主导地位，免受任何可能的威胁。到20世纪50年代，斯大林在东欧地区已经建立了他的继任者难以望其项背的控制权。

---

① 参见：Kaplan, *Československo v RVHP*。
② 在"活力"和"凝聚力"之间进行权衡的概念很好地体现在布朗的著作中，参见：James F. Brown, *Relations Between the Soviet Union and Its East European Allies: A Survey*, R-1742-PR (Santa Monica, CA: RAND Corporation, 1975)。

第三章

从地区角色到全球事业：
冷战初期的南斯拉夫

斯维托扎尔·拉雅克

导 言

1945年，南斯拉夫将自己确定为社会主义性质的国家，它的合法性来自在其具有超凡魅力的领袖铁托的领导下进行的最成功的反纳粹抵抗运动和解放战争时期本土自发的社会变革。在第二次世界大战后新的世界现实中，社会主义和自由资本主义这两种社会制度之间出现了意识形态上的对抗。南斯拉夫坚决地与其意识形态榜样——斯大林领导下的苏联结成盟友。但是不出三年，铁托与南斯拉夫领导层就反抗了莫斯科的指导，为冷战的第一次范式转变奠定了基础。1948年的苏南分裂模糊并最终挑战了冷战的断层线。本章深入探讨了南斯拉夫及其领导人铁托在冷战初期的政策如何推动了影响冷战格局的形势和结构的范式转变。它将关注地缘战略的影响，即1948年的苏南分裂、分裂后南斯拉夫的军事调整以及旨在挑战冷战两极格局的不结盟运动（Non-Aligned Movement, NAM）的诞生。南斯拉夫通过在国际体系中发挥与其实力不相称的能动性，成为唯一怀有发挥全球作用雄心的巴尔干地区国家。南斯拉夫领导人将其视为捍卫国家独立与安全的手段。

1948年的苏南冲突

根据铁托传记的作者弗拉迪米尔·德迪耶尔（Vladimir Dedijer）的说法，在1947年下半年，这位南斯拉夫领导人收到了有关"斯大林准备对南斯拉夫和铁托个人发动全面攻击"的秘密警告。消息的来源是二战前铁托在共产国际时值得信赖的朋友，但是铁托从未透露到底是谁。1948年2月初，异常担忧和疲倦的铁托向德迪耶尔透露，他得到了罗马尼亚全国移除他肖像的消息。① 对于曾经见证1938年斯大林在莫斯科进行大清洗的铁托而言，这些迹象是不祥的，足以说服他避免参加2月10日在莫斯科举行的会议，当时斯大林突然召集他和保加利亚领导人季米特洛夫到此开会。铁托派遣了副手爱德华·卡德尔（Edvard Kardelj）代替他参会。在克里姆林宫开会时，斯大林指责保加利亚和南斯拉夫在外交政策上忽视与莫斯科的磋商。他特别提到了巴尔干联邦、据称在阿尔巴尼亚部署了南斯拉夫人民军的两个师以及索非亚与贝尔格莱德不断向希腊共产党提供援助等问题。第二天夜里两点，卡德尔被突然叫醒，被迫到莫洛托夫的办公室签订一份正式协议，协议强行要求南斯拉夫就所有外交政策问题与莫斯科进行磋商。②

卡德尔回国几天后，2月22日莫斯科方面通知贝尔格莱德，在莫斯科进行的已经停滞了一个多月的苏南贸易谈判无限期推迟。3月18日和19日，莫斯科接连通知铁托，宣布从南斯拉夫撤出所有苏联军事和文职顾问。③ 铁托立即致函莫洛托夫，辩称所谓的撤出专家的原因是南斯拉夫不愿合作，只不过是恶意捏造。④ 3月27日，莫斯科在斯大林和莫洛托夫联

---

① Vladimir Dedijer, *Novi prilozi za biografiju Josipa Broza Tita* (The New Supplements to the Biography of Josip Broz Tito) (Belgrade: Izdavacka organizacija "Rad", 1984), 3: 258-259.

② Vladimir Dedijer, *Dokumenti 1948* (Belgrade: Rad, 1979), Meeting between Stalin and Yugoslav and Bulgarina Party delegations, Moscow, 10 February 1948, pp. 168-187.

③ Ibid., Government of the USSR to the Government of Yugoslavia, Moscow, 19 March 1948, pp. 196-197.

④ Ibid., Tito to Molotov, 20 March 1948, pp. 198-199.

合署名的一封信中做出了回应。莫斯科回复得如此迅速,表明他们事先就准备好了回信。除了其他方面的内容,这封信还指责南斯拉夫领导人对苏联发表了诽谤性的言论,并通过放弃阶级斗争的原则和党的领导作用来否定马克思列宁主义。[①] 4月8日,匈牙利劳动人民党中央委员会的一项决议支持了莫斯科的指控。这让铁托坚信斯大林发动了一场针对他和南斯拉夫共产党的运动。[②]

4月12日,南斯拉夫共产党中央委员会的闭门会议批准了铁托起草的回信,回信首先声明"无论一个人多么热爱第一个社会主义国家苏联,但是必须同样热爱自己的国家"。它进一步表明苏联的指责是"荒谬和错误的",并指责苏联情报机构招募南斯拉夫官员,南斯拉夫领导人认为这种做法不符合"社会主义兄弟关系"。[③] 在接下来的两个月里,莫斯科和贝尔格莱德在绝对保密的情况下相互指控、反控和否认指控。正如预期的那样,在4月份,所有东欧共产党都致函贝尔格莱德,赞同斯大林对南斯拉夫的指控。

1948年6月28日,随着共产党和工人党情报局布加勒斯特会议结束时公布的一项决议,莫斯科和贝尔格莱德之间的对抗变得公开化。该决议宣布将南斯拉夫共产党开除出该组织,指责铁托和南斯拉夫领导人实施反对苏联和苏共的政策并放弃了马克思列宁主义。决议公开呼吁"南斯拉夫共产党的健康力量"以"信仰国际主义的新领导"取代铁托及其最亲密的

[①] Vladimir Dedijer, *Dokumenti 1948*, Letter from the All-Union Communist Party (bolsheviks) [VKP (b)] Central Committee (CC), signed by J. V. Stalin and V. M. Molotov to the Communist Party of Yugoslavia (CPY) Central Committee (CC), 27 March 1948, pp. 201-206.

[②] Ibid., Report on the letter from A. A. Zhdanov with the Resolution of the Hungarian CP, 16 April 1948, p. 252.

[③] Ibid., Report on the Meeting of the Central Committee of the Yugoslav CP, 12 April 1948, Belgrade/Letter of the CPY CC, signed by Tito and Kardelj, to VKP (b) CC and J. V. Stalin and V. M. Molotov, 13 April 1948, pp. 225-249.

伙伴。① 作为回应，铁托和南斯拉夫政府于7月底召开了南斯拉夫共产党第五次全国代表大会来动员全党，这是1940年以来第一次召开全国党代会。会议"赞同南共中央委员会所采取的立场"，并宣布共产党和工人党情报局的指责是"编造的、错误的、不公正的"。② 南斯拉夫和苏联冲突的断层线就这样划分了。③

苏南关系的破裂与南斯拉夫共产党及领导人被开除出情报局令铁幕两侧的政治家和公众感到震惊。1945—1948年，南斯拉夫政府被视为莫斯科最激进、最忠诚的东欧盟友。1947年9月共产党和工人党情报局成立会议上，斯大林指定南斯拉夫共产党代表率先对法国和意大利共产党进行"批评"，贝尔格莱德也被选为新成立的共产党组织的总部所在地。在此期间，铁托政权忠实地执行其激进的信条，盲目地在南斯拉夫复制苏联的制度。

莫斯科与贝尔格莱德的决裂是彻底的。苏联和东欧人民民主国家立即向南斯拉夫施加了前所未有的压力。在情报局决议通过的几天时间内，莫斯科及其"卫星国"纷纷撕毁了与南斯拉夫已有的经济、军事或文化合作方面的协议。④ 1948年年底，苏联和东欧人民民主国家在经济上对这个第二次世界大战期间遭受了最严重破坏和生命损失的欧洲国家施加了全面的封锁。⑤ 更糟糕的是，1945—1948年，南斯拉夫领导层实行的是完全依赖

---

① *Dokumenti o spoljnoj politici SFRJ：1945-1950* (Documents on the Foreign Policy of SFRJ：1945-1950) (Beograd：Savezni sekretarijat za inostrane poslove/Institut za medjunarodnu politiku i privredu/Jugoslavenski pregled, 1984), The Resolution of the Information Bureau on the situation in the CPY, Bucharest, 28 June 1948, pp. 621-627.

② *Dokumenti o spoljnoj…* (1948), Resolution of the Fifth Congress of the CPY on relations with the Information Bureau, pp. 266-267.

③ 关于苏南冲突的更多细节，可参见：Svetozar Rajak, *Yugoslavia and the Soviet Union in the Early Cold War：Reconciliation, Comradeship, Confrontation, 1953 - 1957* (New York, Abingdon：Routledge, 2011)。

④ *Dokumenti o spoljnoj…* (1948), Note of the Government of FNRJ (Federal People's Republic of Yugoslavia) to the Government of Peoples Republic of Albania regarding unilateral cancellation of economic contracts, agreements, and conventions, 2 July 1948, pp. 189-193.

⑤ *Jugoslavija, 1945-1964：Statistički pregled* (Yugoslavia, 1945-1964：Statistical Review), (Beograd：Savezni zavod za statistiku SFRJ, 1965), pp. 174-178.

苏联援助的经济政策。① 莫斯科及其盟友还对贝尔格莱德发动了一场激烈的宣传战。② 这些"卫星国"政府掀起了前所未有的清洗"铁托主义分子"的浪潮。1948—1955 年，东欧人民民主国家对党和国家领导层进行了 40 次高调的审判。同样地，成千上万的基层共产党员、知识分子和普通公民也因莫须有的指控受到审判，并因此被拘禁或处决。③ 此时，对南斯拉夫领导层的最大威胁是苏联和"卫星国"可能发动的军事入侵。南斯拉夫每天都遭到邻近"卫星国"武装部队的军事挑衅和渗透。1948—1953 年，有记录的边境事件为 7877 起，其中 142 起为"实质性的"武装冲突。这种情况在斯大林去世后还持续了两年时间，直到 1955 年苏联与南斯拉夫关系实现正常化。④

大多数历史学家都指责铁托的"民族共产主义"或他在外交政策上的冒险主义，即南斯拉夫在阿尔巴尼亚部署军队，以及铁托与保加利亚建立巴尔干联邦的计划导致苏联与南斯拉夫分裂。所谓南斯拉夫未经苏联同意就要在阿尔巴尼亚部署一个师的部队，事实上指的是贝尔格莱德原则上同意考虑阿尔巴尼亚提出的提供军事援助，以抵抗希腊政府军可能发动的袭击的请求。1948 年 2 月莫斯科会议召开时，提到的这个师仍在南斯拉夫的马其顿进行整编，而且铁托打算在发布任何实际部署命令之前通知莫斯科。⑤ 被情报局开除后，南斯拉夫领导层确信为了证实日后对铁托的指控，莫斯科一手设计了霍查希望南斯拉夫提供军事援助的请求。⑥ 同样，组建巴尔干联邦问题也是揣测性的指控，因为它从未接近实施。1947 年 8 月，当铁托和季米特洛夫在南斯拉夫会晤结束时以及几个月后在保加利亚举行

---

① *Dokumenti o spoljnoj...* (1948), Speech by President J. B. Tito at the Fourth (extraordinary) session of the Federal Assembly of FNRJ on the economic development of Yugoslavia in 1948, Belgrade, 27 December 1948, pp. 488-490.

② Ibid., Statement by the Federal Assembly of the FNRJ on the propaganda campaign by the Information Bureau, Belgrade, 30 September 1948, pp. 373-376.

③ AJB Tita (Archives of J. B. Tito), KPR, Ⅰ-3-a, SSSR.

④ Vladimir Dedijer, *Novi Prilozi...*, 3: 461-462.

⑤ Ibid., p. 291.

⑥ Vladimir Dedijer, *Dokumenti 1948...*, p. 177.

的会议上，两人正式确认了这一想法尚不成熟。斯大林在1948年2月关于这一问题的莫斯科会议上对季米特洛夫和卡德尔的非难以及指责二人不服从莫斯科，只能解释为编造一个反对铁托的理由。不然，当斯大林在会议结束时坚持要求立即建立联邦时，怎么解释他彻底转变了立场？① 最后但同样重要的是，史料明确证明，铁托只是在同斯大林决裂后才走上他"自己的社会主义道路的"。

笔者认为，根据现有证据，南斯拉夫与苏联的分裂是斯大林计划建立一个铁板一块的共产主义"阵营"的一部分。反对铁托的具体情况以及1948年3月27日斯大林和莫洛托夫的信中的一系列指控是根据苏共中央委员会对外政策部的备忘录起草，并于3月18日提交给苏联领导层的。4月5日，正是这一部门提交了一份针对波兰工人党及其领导人瓦迪斯瓦夫·哥穆尔卡（Władysław Gomułka）的类似指控的备忘录。这两份备忘录"显然是根据苏联领导层的命令准备的"。② 这并非偶然，因为对铁托的抨击恰逢1948年2月在捷克斯洛伐克发生的政变。所有这些似乎都是斯大林在1947年秋季之后巩固对东欧控制的一种战略。③ 借口"内部的敌人"对铁托进行抨击，使整个东欧的清洗行动合法化，这确保了斯大林对东欧政党和领导层的控制，就像1938年的大清洗巩固了他在苏联内部的绝对权威一样。在1955年7月的苏共中央委员会全体会议上，苏联部长会议主席尼古拉·布尔加宁（Nikolai Bulganin）证实，斯大林捏造了那些指控铁托的"罪行"，这一说法得到了苏联共产党领导人赫鲁晓夫的附和。④

1948年的苏南分裂以及随后出现的"南斯拉夫的社会主义道路"破坏

---

① Vladimir Dedijer, *Dokumenti 1948...*, pp. 179-182.

② 这份苏联档案转引自：Leonid Gibianskii, "The Soviet-Yugoslav Split and the Cominform," in Norman Naimark and Leonid Gibianskii, eds., *The Establishment of Communist Regimes in Eastern Europe, 1944-1949* (Boulder, CO and Oxford: Westview Press, 1997), pp. 299, 302。

③ 更多关于斯大林动机的细节内容，可参见：Vladimir O. Pechatnov, "The Soviet Union and the World, 1944-1953," in Melvyn P. Leffler and Odd Arne Westad, eds., *The Cambridge History of the Cold War* (Cambridge: Cambridge University Press, 2010), 1: 90-111。

④ Russian State Archive of Contemporary History (РГАНИ), Фонд 2, Опись 1, Ролик 6228, Дело 158, 90-100, Plenum of the CC CPSU, 4-12 July 1955; Bulganin's address, Transcript of 9 July 1955, evening session.

了斯大林主义在意识形态上的统一性。它们挑战了斯大林的权威，并造成了 1917 年 10 月后国际共产主义运动史上的第一次分裂。然而，1948 年的分裂的确帮助斯大林实现了他的目标。在与南斯拉夫决裂并将铁托开除出共产党和工人党情报局之后，莫斯科"卫星国"的"苏联化"进程以及克里姆林宫无可争议的主导地位确实更容易地实现了。然而，从长远来看，1948 年的苏南对抗对苏联集团产生了破坏性的影响，削弱了国际共产主义运动的势头。对苏联而言，这一事件对冷战初期局势的影响主要是消极的。

南斯拉夫的军事重组

1948 年的苏南分裂造成的战略后果是南斯拉夫重新调整了与西方的军事关系。毫无疑问，思维已经意识形态化的南斯拉夫领导层必须经过一段时间的认真反思，才能思索并勇敢地跳出僵化的意识形态思维模式，转变为实用主义模式。推动这一转变的是越来越多对南斯拉夫政权本身的存在构成明显和现实的危险的威胁。第一个预兆是 1949 年 8 月苏联发出照会，威胁要对贝尔格莱德使用"其他手段"。随后是在与南斯拉夫接壤的东欧人民民主国家中，对其高级领导人进行了高调的审判，如 10 月 15 日匈牙利外交部长拉伊克·拉斯洛（László Rajk）和 12 月 17 日保加利亚部长会议主席特莱伊乔·科斯托夫（Traicho Kostov）经短时间审判就被处决。在 8 月份的苏联照会之后，南斯拉夫政府立即开始为游击战做准备，以抵抗苏联可能的入侵。南斯拉夫建造了秘密基地和地下弹药掩体，其内陆地区的工业厂房开始转入战时生产。到 1950 年，南斯拉夫国内生产总值的 22% 用于国防目的，这对于在苏联实施封锁后已经陷入困境的经济来说是一种惊人的牺牲。[1]

真正让南斯拉夫领导人感到震惊的是，1950 年 10 月 25 日中国人民志愿军越过鸭绿江，开始参加朝鲜战争。在不久后的 11 月 29 日，共产党和

---

[1] Vladimir Dedijer, *Novi Prilozi*..., 3: 434.

工人党情报局在第二次会议上发表了对南斯拉夫不利的决议，题为"掌控在凶手和间谍手中的南斯拉夫共产党"，其公开号召南斯拉夫人民"清除"铁托和他的"法西斯集团"。[1] 一周之内，南斯拉夫领导层决定做一件不可思议的事情——向美国寻求军事援助。[2] 1950年12月，铁托的亲信兼由战时的游击队的指挥官变身外交官的弗拉基米尔·韦莱比特（Vladimir Velebit）受命在华盛顿就取得美国军事援助进行秘密会谈。[3] 美国政府的积极回应促成了南斯拉夫人民军总参谋长科查·波波维奇（Koča Popović）将军在六个月后，也就是于1951年6月正式访问了华盛顿。[4] 1951年11月14日，南斯拉夫与美国在贝尔格莱德正式签署了军事援助协议。根据该协议第五条，南斯拉夫接纳了一些美国军事人员。[5] 在接下来的几年里，从南斯拉夫人民军总参谋部到独立连队中的美国军事顾问总数达到数千人。南斯拉夫废除了军队的政治委员制度，以示与其意识形态传统彻底决裂。[6] 1950—1955年，南斯拉夫获得了大约15亿美元的西方援助，其中一半是军事援助。[7] 虽然美国提供了大部分的军事装备，但其中也有一些来自英国和法国。因此，美国、英国、法国成立了一个三国委员会，定期与南斯拉夫总参谋部开会讨论武器需求和交付问题，并协调南斯拉夫与北约

---

[1] Arhiv Jugoslavie（AJ），507，Ⅲ/53，CPY Politburo meeting, 4 December 1950; The Second Cominform Resolution, "The Yugoslav Communist Party in the hands of murderers and spies," Matra, Hungary, 29 November 1949, in *Dokumenti o spoljnojpolitici...*（*1949*），pp. 494-496.

[2] AJ, 507, Ⅲ/53; CPY Politburo meeting, 4 December 1950.

[3] Mira Šuvar, *Vladimir Velebit: Svjedok historije*（Vladimir Velebit: Witness to History）（Zagreb: Razlog d. o. o., 2001），pp. 176-177; also, Vladimir Dedijer, *Novi Prilozi...*, 3: 436.

[4] Vladimir Dedijer, *Novi Prilozi...*, 3: 435.

[5] Military Assistance Agreement Between the United States and Yugoslavia, 14 November 1951. http://avalon.law.yale.edu/20th_century/yugo001.asp，访问时间：2015年12月15日。

[6] Vladimir Dedijer, *Novi Prilozi...*, 3: 435. 关于美国和西方国家对南斯拉夫军事援助的更多细节，参见：Beatrice Heuser, *Western "Containment" Policies in the Cold War: The Yugoslav Case, 1948-53*（London, New York: Routledge, 1989）; Lorraine M. Lees, *Keeping Tito Afloat: The United States, Yugoslavia, and the Cold War*（University Park, PA: Pennsylvania State University Press, 1997）。

[7] AJ, ACK SKJ, 507/Ⅸ, 119/Ⅰ-56, Transcript of Yugoslav-Soviet talks in Belgrade, 27, 28 May and 2 June 1955.

第三章　从地区角色到全球事业：冷战初期的南斯拉夫

的防务计划。南斯拉夫，这个曾经斯大林最坚定的盟友，成了北约东南欧防御体系的重要组成部分。

1952年11月16—20日，以美国托马斯·T. 汉迪（Thomas T. Handy）将军为首的三国军事代表团与南斯拉夫总参谋部在贝尔格莱德举行的会议是具有非凡意义的。会议期间，南斯拉夫坚持要求从汉迪将军那里得到美国的安全保证。值得注意的是，这是汉迪将军在会议开始时关于一旦苏联发动袭击，一场发生在欧洲的"局部"战争是可接受的言论引起的。① 南斯拉夫人与西方进行军事合作的一个关键前提是他们坚信，迄今为止，阻止了斯大林入侵南斯拉夫的是美国和西方的联合威慑。此外，似乎一段时间以来，南斯拉夫情报部门不断收到有关邻近苏联的"卫星国"迅速重新武装和扩充军队兵员以及在南斯拉夫边境处的军事演习频率增加的情报。②

令贝尔格莱德感到沮丧的是，11月份与三国代表团的会晤没有结果，这促使南斯拉夫立即重新评估其防务战略。就在会议召开一年前，南斯拉夫人还对希腊提出的改善关系和共同安全协议的倡议充耳不闻。然而，就在汉迪将军离开贝尔格莱德一天之后，南斯拉夫国防部官员告知希腊驻贝尔格莱德的军事武官，"已为实质性的发展做好了准备"。③ 12月20日，土耳其军事代表团访问贝尔格莱德时发现，南斯拉夫渴望讨论希腊—土耳其—南斯拉夫三方军事联盟。几天后，访问希腊的南斯拉夫军队高级代表团提出了同样的建议。④ 随后，南斯拉夫发动了前所未有的外交攻势。在1953年1月底的两周内，土耳其外交部长福阿德·柯普吕律（Fuad Köprülü）和希腊外交部长斯特凡诺斯·斯特凡诺普洛斯（Stephanos

---

① The National Archives (TNA), FO 371/102168 and WY1022/94, Report on Yugoslav Defence talks—UK Military Attaché in Belgrade (Colonel G. R. G. Bird) to the War Office, 22 November 1952.
② 关于苏联集团重整军备的问题，参见本书中马克·克莱默撰写的第二章《斯大林、苏南分裂与重新控制苏东国家的努力，1948—1953年》。
③ FRUS, 1952-1954, Ⅷ, Allen (Belgrade) to State Department, 24 November 1952, p. 597.
④ Ibid., Peurifoy (Athens) to State Department, 31 December 1952, pp. 600-602.

61

Stephanopoulos）受邀前往贝尔格莱德与铁托就广泛议题进行会谈。① 两周后，即2月17—20日，希腊、土耳其和南斯拉夫的防务官员在安卡拉会晤。在整个过程中，南斯拉夫不遗余力地加速建立巴尔干军事联盟。② 防务专家会议在安卡拉结束的同一天，即2月26日，三国外交部长在雅典举行会议并签署了友好援助条约草案。两天后，这一条约在安卡拉正式签署。③ 该协议实质上是一份意向声明，随后将进行进一步谈判，以便签署正式的军事协定。

但是，就在这一年的夏天和初秋，三方的后续会谈却陷入停滞。一方面，美国不愿接受将《北大西洋公约》第五条款④间接扩展到南斯拉夫，因为南斯拉夫是未来与两个北约成员国土耳其和希腊签署巴尔干条约的成员国。该条款规定该组织有义务在其任何成员受到攻击时提供援助。事实上，通过与北约建立间接联系而获得美国的安全保证，同时不属于该联盟的正式成员，正是南斯拉夫突然热衷于巴尔干条约的背后原因。⑤ 另一方面，由于10月初意大利与南斯拉夫在的里雅斯特问题上爆发危机，意大利对美国施加了强大的压力，要求在解决的里雅斯特问题之后才能同意希土两国签署协议。1953年12月，英国和美国以及间接参与其中的意大利为

---

① Yugoslav Foreign Ministry Archives（SMIP）, SPA, 1953, F Ⅱ/ Turska Ⅰ-48, Official talks between President Tito and the Turkish Foreign Minister, Fuad Köprülü, 23 January 1953. SMIP, SPA, 1953, F Ⅱ/ Turska Ⅰ-48, Official talks between President Tito and the Greek Foreign Minister, Stephanos Stephanopoulos, 6 February 1953.

② *FRUS*, 1952-1954, Ⅷ, Peurifoy（Athens）to State Department, 26 February 1953, pp. 625-626.

③ 在文献和历史研究中，该条约也被称为《安卡拉条约》《安卡拉协定》或《安卡拉协议》。本书中使用《安卡拉协议》一词。

④ 《北大西洋公约》第五条规定："各缔约国同意对于欧洲或北美之一个或数个缔约国之武装攻击，应视为对缔约国全体之攻击。因此，缔约国同意如果此种武装攻击发生，每一缔约国按照联合国宪章第五十一条所承认之单独或集体自卫权利之行使，应单独并会同其他缔约国采取视为必要之行动，包括武力之使用，协助被攻击之一国或数国以恢复并维持北大西洋区域之安全。此等武装攻击及因此而采取之一切措施，均应立即呈报联合国安全理事会，在安全理事会采取恢复并维持国际和平及安全之必要措施时，此项措施即终止。"世界知识出版社编：《国际条约集（1948—1949）》，北京：世界知识出版社，1959年，第195页。——译者注

⑤ SMIP, SPA, 1953, F Ⅱ/ Turska Ⅰ-48, Official talks between President Tito and the Turkish Foreign Minister, Fuad Köprülü, 23 January 1953.

第三章 从地区角色到全球事业：冷战初期的南斯拉夫

一方与另一方南斯拉夫真正开始了关于的里雅斯特的谈判。到次年初夏，谈判取得了实质性进展，确保消除了意大利和美国对签署巴尔干军事联盟的反对意见。第五条款适用范围的模糊不清也被搁置了。因此，土耳其、希腊和南斯拉夫于1954年8月9日在南斯拉夫的布莱德（Bled）正式签署了《巴尔干条约》。

《巴尔干条约》的签署是冷战史上一个真正特殊的事件。这是意识形态对立的三国——信仰共产主义的南斯拉夫和北约组织的两个成员国希腊与土耳其之间的军事联盟，同时得到了全球反共联盟领袖美国的协助。颇有讽刺意味的是，通过《巴尔干条约》和北约的关联，美国间接同意在苏联可能的袭击威胁下向南斯拉夫共产主义政权提供安全保障。虽然《巴尔干条约》从未正式终止，但它被证明是短命的。由于种种原因，到1955年年末，它实际上已经淡出了人们的视野。1955年，苏南关系正常化进程加速，消除了促使南斯拉夫与希腊和土耳其以及寻求间接与北约建立军事联盟的安全顾虑。此外，南斯拉夫不结盟的新外交政策走向也与其和北约相关联的军事同盟的成员资格不协调。最后，1955年9月6—7日，伊斯坦布尔迫害希腊裔少数民族的事件将希土两国关系拖向了最低点，此后由于反复出现的塞浦路斯问题，希土关系从未真正恢复如初。

1948年的苏南冲突具有重要的地缘战略意义。苏联入侵南斯拉夫肯定会升级为两大军事联盟之间的对抗，这种可能性在1955年之前仍然存在。铁托正确地推测出，如果斯大林确信可能引发与西方的战争，其将不会考虑进攻南斯拉夫。1950—1955年，南斯拉夫通过计划协调、大规模的美国武器交付和其他军事援助，有效地加入了北约的防务体系。贝尔格莱德的军事调整使北约修改了对其东南侧翼的防御战略。然而，铁托一直拒绝西方让南斯拉夫正式加入北约的企图。一方面，铁托担心这会破坏与苏联关系的正常化和独立于两大集团的可能性。另一方面，他担心部署在南斯拉夫的北约军队可能使西方国家有机会推翻他的政权。

对冷战两极格局的挑战

可以说，1948年苏南分裂的一个最重要的长期影响是南斯拉夫在创建第三世界运动——不结盟运动中所起的作用，这挑战了冷战的两极格局。铁托与印度总理贾瓦哈拉尔·尼赫鲁（Jawaharlal Nehru）和埃及总统贾迈勒·阿卜杜勒·纳赛尔（Gamal Abdel Nasser）一起，在将消极的中立主义思想转变为第三世界国家的普遍运动方面发挥了重要作用，并希望在全球事务中发挥积极作用。苏南分裂发生十三年后，贝尔格莱德主办了亚洲、非洲和拉丁美洲25个"不承诺"（un-committed）国家的元首或政府首脑参加的首届不结盟国家会议。①

在1948年情报局的决议之后，苏联及其盟国施加的国际孤立是对南斯拉夫独立地位最大的威胁之一。② 在冷战的最初几年，一个失去其意识形态"阵营"保护的国家将不可避免地成为另一阵营的牺牲品，这被认为是一个无法逃避的事实。因此，在苏南1948年分裂后的一年里，铁托不愿寻求西方支持，而是希望与斯大林和解。南斯拉夫继续在国际上支持苏联，使自己在受到莫斯科的压力时变得更加脆弱。贝尔格莱德对1949年8月苏联的威胁照会以及9月对拉伊克的审判和处决感到恐惧，终于放弃了这种"自我毁灭"的立场。11月12日，南斯拉夫在第四届联合国大会上公开指责苏联及其盟国屯兵于南斯拉夫边境。③ 这对铁托来说没有回头路。与此同时，南斯拉夫领导层确信，西方永远不会与自己这个社会主义政权和解，而目前的友好关系只是权宜之计。在驳斥了己方意识形态集团内的霸权之后，南斯拉夫承受着巨大的风险，因此其决心与另一个集团（打交道

---

① "不承诺"（un-committed）和"不参与"（non-engaged）这两个词会交替使用的，就像当时的情况一样。直到贝尔格莱德会议之后，"不结盟"（non-aligned）一词才受到关注；在1976年的科伦坡会议上，它成为该运动的正式名称。

② AJ, ACK SKJ, 507/Ⅸ119/Ⅱ/7, Transcript of the Third Plenum of the CPY CC, Belgrade, 29–30 December 1949.

③ Trove digitalized newspapers, National Library of Australia, http://trove.nla.gov.au/ndp/del/article/35776949，登录时间：2015年12月15日。

时）避免冒同样的风险。铁托得到了一个教训，那就是永远不要只依赖于一个集团。1949年12月，南共中央委员会同意，南斯拉夫今后应该"（利用）世界现有的对抗形势，确保政权的生存并进一步巩固政权"。① 次年，南斯拉夫成功地当选为联合国安理会非常任理事国。在第五届联合国大会上，卡德尔在讲话中首次宣布贝尔格莱德不对两大集团承担义务："南斯拉夫人民不能接受这样一种假设，即人类今天只有一种选择——受一个集团或另一个集团支配。我们相信还有另一条道路。"②

铁托和他的助手们明白，他们需要盟友才能保持对两大集团不承担义务。在遭到坚决支持北大西洋联盟的西欧社会民主党的回绝之后，南斯拉夫转向了新近独立的亚洲国家，特别是印度和缅甸。正如铁托后来承认的那样，当时南斯拉夫"对这些国家的了解非常有限"。③ 最初吸引南斯拉夫注意到亚洲的是意识形态上的接近。贝尔格莱德注意到，社会党在缅甸、印度和印度尼西亚等许多亚洲国家的政治生活中发挥了突出作用。1953年1月，一个备受瞩目的南斯拉夫实况调查团被派往亚洲。它参加了在缅甸仰光举行的亚洲社会党会议（Asian Socialist Conference, ASC），并在回国途中访问了印度。1950年，南斯拉夫开始向亚洲派出其最优秀的外交官。事实证明，他们的见解和信息是非常宝贵的。正如1955年年初铁托从印度和缅甸回来后接受采访时所承认的那样，"当我们着手在（两个集团之间）寻求妥协的时候，如果不是这些亚洲国家，我们首先还能转而去找谁呢？"④

铁托特别希望加强与印度的联系并与尼赫鲁建立关系。1950—1951

---

① AJ, ACK SKJ, 507/IX, II-7, Transcript of the Third Plenum of the CPY CC, 29-30 December 1949.

② 1950年9月20—28日，卡德尔在联合国第五届大会上的讲话，参见: Leo Mates, *Nesvrstanost: Teorija i savremena praksa* (Non-Alignment: The Theory and Current Practice) (Belgrade: Institut za medjunarodnu politiku i privredu, 1970), p. 216。

③ AJ, 837, II-5-b-1, Speech by the President of the Republic in the Federal People's Assembly, 7 March 1955.

④ AJ, 837, IV-1-b, Tito's interview and conversation with Albert Hosiaux, the Editor in Chief of "Le Peuple" magazine, 14 April 1955.

年，南斯拉夫和印度在联合国讨论中多次采取了类似的立场。南斯拉夫外交部在铁托首次访问新德里之前撰写的关于印度外交政策的报告中指出了印度特别吸引南斯拉夫的几个方面，即由于其众多的人口、地缘战略上的地位以及丰富的历史文化遗产，印度有望在世界，特别是在亚洲发挥重要作用。① 在首次访问印度期间的一次秘密谈话中，铁托承认，"除非有一个大国加入，否则小国南斯拉夫怎么才能够做到（争取在两大集团之外获得独立地位）？这就是我们寻找盟友的原因。这就是这次访问的目的"。② 南斯拉夫外交部的报告还指出，印度的外交政策成就和国际威望"远远超过了其目前的经济和军事实力"。③ 这证实了南斯拉夫新外交政策战略背后的两个关键前提：一个小国可以突破其经济与军事资源和能力的限制在全球事务中发挥作用；国际地位可以使其避免成为两个超级大国的牺牲品。

然而，只要苏联军事入侵的威胁仍然存在，贝尔格莱德就无法继续不承担义务并放弃西方的保护盾牌。④ 1954年秋，当赫鲁晓夫提出的与贝尔格莱德关系正常化的秘密倡议被证明是真实的时候，所有这一切都变了。⑤ 早些时候签署的《巴尔干条约》，10月与意大利结束了的里雅斯特问题的长期争执，以及与苏联关系正常化都为南斯拉夫创造了有利和稳定的安全环境，这种情况是1945年以来首次出现。这促成南斯拉夫领导人铁托于1954年12月开始前往亚洲的长途之行。其中最重要的是印度的尼赫鲁和埃及的纳赛尔，铁托与他们建立了真挚的友谊、信任和共同的政治世界观。在接下来的七年里，铁托和南斯拉夫的外交将为建立不结盟运动做出重要贡献。这其中至关重要的是，铁托多次长途前往亚洲和非洲，在此期

---

① AJBT, KPR, Ⅰ-2/4-1, Report entitled "India", prepared by the Yugoslav Foreign Ministry ahead of Tito's first trip to New Delhi, November 1954.

② AJBT, KPR, Ⅰ-2/4-2, Memorandum of a conversation between the President and the Yugoslav journalists, 2 January 1955.

③ AJBT, KPR, Ⅰ-2/4-1; Report entitled "India", prepared by the Yugoslav Foreign Ministry ahead of Tito's first trip to New Delhi, November 1954.

④ AJ, 837, Ⅱ-5-b-1; Speech by the President of the Republic (Tito) in the Yugoslav Federal People's Assembly, 7 March 1955.

⑤ 关于1954年夏季和秋季赫鲁晓夫和铁托之间秘密通信的更多内容，可参见：Rajak, *Yugoslavia and the Soviet Union in the Early Cold War*。

间，他帮助制定和促进了不对两大集团承担义务的指导原则，还结识并动员了许多第三世界领导人支持这一理念。

1954年11月30日，铁托乘坐"海鸥"号游艇出发，历时两个半月的时间前往印度和缅甸，这是他第一次到访第三世界。在铁托从印度返回通过苏伊士运河时，他第一次见到了纳赛尔。至此，此次访问最重要的成就是铁托和尼赫鲁在两周时间里进行的一系列会谈。12月21日，铁托在印度国会发表演讲，阐述了南斯拉夫的"不参与"理念。他将国家和民族不平等、大国干涉其他国家和人民的事务、世界被划分成利益范围和集团以及殖民主义称为对全球稳定的四大威胁。铁托还强调"不承诺"国家需要采取全球性而非区域性的行动；"不参与"意味着与任何一个集团保持同等距离；通过"不参与"国家之间的经贸合作，可以实现快速的工业化和从旧殖民主义宗主国手中获得解放。① 12月22日，铁托和尼赫鲁在正式会谈结束后签署了联合声明，其规定，"与集团'不结盟'的政策……并不代表'中立'或'中立主义'，也不代表像这个词有时暗示的那样消极。它代表着一种积极、主动和建设性的政策"。两位领导人驳斥了有关他们打算组建"第三集团"的荒谬指控。最重要的是，铁托和尼赫鲁表示希望"他们所宣称的国家间关系的原则将获得更广泛、更普遍的实施"。② 铁托首次访问印度的一个深远影响是与尼赫鲁建立了融洽和牢固的关系。六个月后，尼赫鲁回访了南斯拉夫。

第一次访问亚洲期间，铁托认识到新解放的亚洲国家具有巨大的政治潜力。与尼赫鲁的友谊和共同的政治认识帮助铁托实现了将南斯拉夫与一个拥有巨大影响力和全球声望的亚洲国家联合的战略目标。访问期间，铁托通过将行动主义注入亚洲传统和平主义所催生的中立主义概念，为"不参与"的概念化做出了重要贡献。最后同样重要的是，他首次访问亚洲距离万隆亚非会议召开不到四个月的时间。"不参与"确实帮助铁托将南斯

---

① AJBT, KPR, Ⅰ-2/4-1, 876-880, Speech by President J. B. Tito to the Indian Parliament, 21 December 1954.

② AJBT, KPR, Ⅰ-2/4-2, The Joint Statement by the President of the Federal People's Republic of Yugoslavia and the Prime Minister of India, New Delhi, 22 December 1954.

拉夫这个欧洲国家加入了亚非国家的倡议，也有助于该群体进入全球政治舞台的抱负。在铁托从亚洲回国后，美国中央情报局准确地预测了南斯拉夫外交政策的长期战略："（铁托）将继续认为，从灵活的立场出发，可以更好地实现他的利益，在这种立场下，南斯拉夫可以在两大集团中获益，而对任何一方都只承担最低程度的义务。"①

由于第一次访问的成功和认识到个人交往的重要性，铁托试图尽可能多地利用洲际出访和在国内的机会会见第三世界的领导人。1955年12月，他访问了埃塞俄比亚和埃及。南斯拉夫通过这次访问熟悉了非洲和阿拉伯世界的情况，特别是对埃及的访问巩固了铁托和纳赛尔之间的友谊。然而，1956年7月，铁托、尼赫鲁和纳赛尔在南斯拉夫的布里奥尼岛（Brioni）上举行了为期两天的会议，这次会议在通往不结盟之路上具有里程碑的意义。这次三方会议明确谴责"世界被划分为两大军事集团"。更重要的是，三位领导人宣布愿意为第三世界的新倡议树立榜样并发挥领导作用。他们承诺继续保持联系和"交换意见"，并邀请其他国家加入。② 布里奥尼宣言首次明确表达了对两个集团不承担义务的积极姿态。

为了保持布里奥尼会议所创造的动力，铁托随后接待了数十名第三世界领导人，并于1958年12月开始了他最雄心勃勃的访问之旅。在为期三个月的行程中，他访问了缅甸、斯里兰卡、埃塞俄比亚、印度、印度尼西亚、苏丹和阿拉伯联合共和国（UAR）七个亚非国家。此时，铁托凭借着弱国和欠发达国家支持者的形象在每个受访国家都受到了热烈的欢迎，并被它们的领导人看作真正的朋友和榜样。③ 在这次访问期间，这位南斯拉夫领导人打算并且在很大程度上成功地将志同道合的第三世界领导人变成了一个具有共同身份和亲密关系的团体，这反过来又使他们能够在国际事

---

① National Intelligence Estimates (NIE) 31/2-55, "Yugoslavia's International Position", 17 September 1955, *From National Communism to National Disintegration*: *US Intelligence Estimative Products on Yugoslavia, 1948-1990* (Washington, DC: Woodrow Wilson International Center for Scholars and the National Intelligence Council, 2006).

② 《联合宣言》的内容，参见：*Borba*, 20 July 1956。

③ AJ, 837, I-2/11, Tito's report on his trip to Asia and Africa before the Federal Executive Council, Belgrade, 17 March 1959.

务上发挥更加突出的作用。另一方面，南斯拉夫渴望鼓励将对亚非万隆会议的认同转变为一项全球倡议，在这一倡议中，它作为一个欧洲国家可以发挥卓越的作用。在铁托出访期间，苏联集团发动了新一轮激烈批判南斯拉夫的运动，旨在在国际上，特别是在第三世界中孤立南斯拉夫。贝尔格莱德认为，通过在第三世界的积极行动来加强其国际地位将保障其"不承诺"国家的地位，并成功地抵制东方集团新一轮孤立南斯拉夫的努力。

铁托在与东道国的正式会谈中以及在他访问结束时发布的公报中重申了对团结"不承诺国家"的基本原则的共同承诺——尊重主权和领土完整、不干涉他国内政、互不侵犯和所有民族和种族平等。铁托特别渴望重申和平共处原则，他认为这对于在"不承诺国家"之间建立信任和加强它们之间的联系至关重要。铁托与和他会面的领导人共同努力，就国际事务达成共同的看法，从而促成了"不承诺国家"在全球问题上的共同立场。他还成功地指出，不承诺不是消极的中立主义，而是积极参与解决全球危机。至关重要的是，铁托成功地给东道国留下了深刻的印象，即真正的"不承诺"包括与两个集团保持距离，苏联像西方列强一样倾向于对小国施加政治统治和经济剥削。正如一位英国外交官当时评论的那样：

> 我们认为（南斯拉夫的影响力）可能特别有用，因为它旨在向他们的亚洲朋友表明苏联共产主义的真正本质……如果这种想法是南斯拉夫人提出的，则比来自西方人的想法更有可能在亚洲人的心中留下印象。①

1958—1959年铁托在亚非地区的巡回访问提升了他作为世界杰出人物的形象，并有助于第三世界国家重新认识他们在国际事务中可以发挥的作用。

在1960年9月的第十五届联合国大会上，不承诺国家的新行动主义得

---

① TNA FO 371/145114, FCO Southern Department to Chancery, UK Delegation to NATO, 7 March 1959.

到了认可。5月，巴黎四大国首脑会议不欢而散和刚果危机的持续恶化严重加剧了冷战的紧张局势。这威胁到了非洲非殖民化和独立运动的迅猛势头。在本届联合国大会上，17个非洲前殖民地国家加入了联合国，它们几乎无一例外地宣布对大国集团不承担义务。非洲国家加纳的领导人克瓦米·恩克鲁玛（Kwame Nkrumah）成为该主张的重要支持者。这个"不承诺国家"的联盟宣布它们的意图是加强联合国大会对大国拥有否决权的安理会的作用，并促进它们自身在国际舞台上的影响力。在苏加诺和恩克鲁玛的帮助下，铁托—尼赫鲁—纳赛尔轴心将第三世界的领导人团结在他们身边。这次动员为联合国内部注入了一股新的力量。

第三世界领导人在第十五届联合国大会上表现出的活力和共同使命感为25个不参与大国集团的国家的元首和政府首脑于1961年9月在贝尔格莱德召开首次会议奠定了基础。这次会议通过了若干文件：《不结盟国家的国家和政府首脑宣言》《关于战争的危险和呼吁和平的声明》。各国领导人还向美国总统肯尼迪和苏联总理赫鲁晓夫发出了同样的信件。会议讨论了世界上所有相关问题，尽管与会者之间表达了一些分歧，但仍设法就已通过的文件达成协议。尽管两大集团在很大程度上忽视了这次会议，并指责会议对它们有偏见，但贝尔格莱德会议使不结盟国家成为国际事务中的一支重要力量，并为它们今后更密切的联系铺平了道路。

虽然贝尔格莱德会议是不结盟国家未来制度化的真正里程碑，但不结盟运动的命运绝不是一帆风顺的。中苏分裂和古巴导弹危机成为对这一新生运动的严峻考验。1964年在开罗召开的第二次会议安排步履维艰，直到最后一刻都还未确定是否举行。第三次不结盟会议于1970年在赞比亚卢萨卡举行，距离上次开罗会议已有整整六年。1964年尼赫鲁去世，而1967年六日战争失败后，纳赛尔在阿拉伯世界和不结盟国家中的声望和地位只剩下过去的光辉形象的一抹残影。到20世纪60年代末，不结盟运动创始人的三位一体结构已不复存在。在不结盟运动在整个20世纪70年代所面临的进一步挑战中，不仅是1973年石油危机和超级大国（尤其是苏联）重新尝试将不结盟运动纳入其轨道，只剩下铁托肩负着领导者的重任。不结盟运动的一些重要成员，尤其是古巴、越南，以及阿尔及利亚（在一段有限的时间内）都非常热衷于听从莫斯科的指挥。与此同时，不结盟运动内部也在努力建立能够加强其凝聚力和有效性的机构。1973 年在阿尔及尔召开的第四次会议上，成立了协调局，其任务是协调两次会议之间（现在每三年一次）不结盟运动的活动。

20 世纪 70 年代，作为不结盟运动唯一健在的创始人，铁托经常被迫依靠他的影响力来抵制将不结盟运动与苏联集团联系起来的企图。尽管铁托当时已经是耄耋之年且身体虚弱，但他仍然参加了 1976 年在科伦坡举行的第五次会议和 1979 年 9 月在哈瓦那举行的第六次会议，仅仅八个月后，他就去世了。在哈瓦那会议上铁托对不结盟运动做出了最后但至关重要的贡献。铁托利用他所有的权威，设法说服绝大多数出席的代表抵制卡斯特罗将不结盟运动向莫斯科靠拢的企图。在铁托最后一次参与不结盟运动时，成功捍卫了该运动的真正精神。在 1961 年贝尔格莱德会议之后的二十年间，不结盟运动——这一在 1976 年科伦坡会议上才正式采用该名称的运动，已经发展到 91 个成员国，成为除联合国以外成员国数量最多的国家组织。直到 20 世纪 80 年代中期，不结盟运动在其鼎盛时期始终为国际关系的民主化和第三世界小国和不发达国家的代表权进行极有说服力的斗争。不结盟运动成功地使对于世界上"沉默的"大多数国家至关重要的问题被列入了国际议程中，这些问题包括非殖民化、对和平的威胁、裁军、建立联合国贸易与发展会议、促进新的国际经济秩序、建立世界信息和传播新秩序和南南合作。

结　语

尽管在历史学上可能被低估，但由于诸多原因，南斯拉夫对冷战初期的动态变化起到了不成比例的影响。1948 年，南斯拉夫领导层决定抵抗莫斯科的压力，这破坏了一个公认的事实，即苏联集团是铁板一块的庞然大物。抵抗莫斯科无休止的经济、政治和宣传压力以及不断的入侵威胁，成为关系着铁托政权生死存亡的斗争，这促使其向西方寻求经济援助，特别是军事援助。由于南斯拉夫与西方之间在意识形态上互不相容，这种反常的关系代表了冷战之初的一种范式转变。南斯拉夫被驱逐出苏联集团，迫使其领导层为巩固其社会主义国家的身份和合法性寻求新的根基。铁托和他的同志们开创了一种社会主义模式，其不仅不符合现有的斯大林主义模式，而且也对其形成了挑战。尽管（在社会主义阵营中）共产党在政治上仍然占据垄断地位，但所谓的"南斯拉夫的社会主义道路"确实提供了一种更民主的社会主义模式，其基础是社会所有制而不是国家所有制，以及通过南斯拉夫的理论创新——自我管理体制而实现的工人的参与。从长远来看，南斯拉夫的这个替代方案将首先在东欧，也在国际共产主义运动中对苏联的意识形态霸权产生破坏作用。此外，南斯拉夫的范例对许多寻求快速工业化和社会主义经济模式却没有苏联指导的第三世界国家具有吸引力。

南斯拉夫被驱逐出一个集团，使其对将自己的命运与另一个集团捆绑在一起的想法深恶痛绝。在1948年之后的几年内，一旦苏联攻击的危险减弱，南斯拉夫就着手创造一种不向任何一个集团做出承诺的独特立场。铁托和他的政府意识到，如果南斯拉夫仍旧形单影只的话，从长远来看，这种立场是站不住脚的，因此他们积极地寻找盟友。在这个过程中，他与印度的尼赫鲁和埃及的纳赛尔建立了独特的融洽关系，并就全球事务达成了一致意见。这三位领导人成为不结盟运动这一第三世界国家在国际事务中寻求发言权的广泛集会的创始人，后来又有印度尼西亚的苏加诺和加纳的恩克鲁玛加入。铁托的积极行动和个人外交对不结盟运动的这一目标起到了重要的作用。不结盟运动对僵化的冷战两极体制产生了持久的挑战。在1948年与莫斯科分裂后，南斯拉夫是唯一一个有雄心要通过其国际活动，发挥全球作用的巴尔干国家。

第二编

军事联盟与巴尔干地区

第四章

谜一样的异端：
北约政治分析中的南斯拉夫，
1951—1972年

埃万特雷斯·哈齐瓦西利乌

20世纪50年代初，朝鲜战争陷入僵局，这表明了冷战长期存在的可能性，而政治和经济活力可以在冷战中发挥与军事实力同样重要的作用。因此，北大西洋联盟在继续强调军事层面的同时，开始监视苏联和东欧的政治和社会状况。这些报告成为北约理事会（North Atlantic Council，NAC）一年两次部长级会议的背景材料。[①] 本章将集中讨论北约各委员会和工作组关于南斯拉夫在冷战中的独特立场的调查结果，探讨北约的政治分析，而不是军方的评估。可以看出，分析人士大多将南斯拉夫这个关键国家视为东欧的一个地区性大国，而忽视了它作为不结盟运动领导者的潜力。尽管苏联与南斯拉夫分道扬镳，但北约仍对南斯拉夫持相对怀疑和保留的态度，尤其是在1955年南斯拉夫与苏联和解之后。直到20世纪60年代中期，在南斯拉夫进行了令人印象深刻的经济改革之后，北约的专家们才确信南斯拉夫代表了一种真正的"异端"，而西方可以对其加以利用。

[①] Evanthis Hatzivassiliou, *NATO and Western Perceptions of the Soviet Bloc: Alliance Analysis and Reporting, 1951-1969* (London: Routledge, 2014).

第四章　谜一样的异端：北约政治分析中的南斯拉夫，1951—1972 年

为了正确看待北约对南斯拉夫的分析，有必要提出一些初步的意见。北约关于东欧的报告中有一个虽然没有明说但很明确的假设：联盟专家对波兰、捷克斯洛伐克和匈牙利——我们现在称之为中东欧国家——更感兴趣，而不是巴尔干国家。在这些"北方卫星国"中，民众以信奉天主教和反俄情绪著称，并且共产党的统治缔造了不受欢迎的政权，是红军强加并提供支持的政权。此外，这些国家曾是欧洲主要大国（德意志帝国和奥匈帝国）的一部分，并且在很大程度上迷恋西方社会，很有可能对苏联持有异议。最后但同样重要的是，它们在欧洲冷战中占据了至关重要的战略地位：它们紧临北约的中央战线，而波兰也是连接苏联和其关键"卫星国"东德的重要纽带。实际上，巴尔干地区被视为一个边缘地带，其战略重要性要小得多。东南欧共产主义国家在经济上也很落后。此外，在这一地区，苏联得到了一定程度的支持：南部斯拉夫各族主要是东正教徒，传统上是亲俄的，而共产主义在保加利亚和南斯拉夫都是一股受民众欢迎的政治力量。因此，在北约的分析中，共产党统治的巴尔干地区是一个相对次要的地区，因此对其期望值较低。南斯拉夫只是这一规则的一个例外，因为它在 1948 年之后同莫斯科发生了冲突，并且事实上它在地理上扩展到了中欧的关键地区。

过高的期待及其幻灭，1951—1956 年

苏南冲突是一件复杂的事情。即使在 1948 年之后，南斯拉夫仍然是一个社会主义国家，而铁托仍然是一个信仰坚定的共产主义者："铁托独立

的概念是与斯大林发生冲突的结果，而不是原因。"① 因此，出现了一个既是共产主义也是"异端"的特殊政权。虽然第二个特征并没有否定第一个特征，但西方列强因此帮助铁托生存了下去。②

1951年年初，苏联对南斯拉夫的意图让西方感到紧张不安。③ 因此，南斯拉夫成为北约内部政治协商的发展进程中第一个受到审查的东欧国家。值得注意的是，在北约讨论之前，美国告知其盟国"铁托不可能重返克里姆林宫的怀抱，所有现有的证据表明，苏南分裂是不可更改的、无可挽回的"。在美国人眼中，南斯拉夫占据着战略位置，而铁托政权的崩溃将可能对整个欧洲造成不利影响；因此，南斯拉夫政权应该得到援助。虽然美国人预见到苏联不会进攻南斯拉夫，但他们并不准备排除这种可能。④

关于南斯拉夫的讨论是在北约理事会代表，即成员国的最高级外交代表（1952年改为常驻代表）一级进行的。成员国一致认为，南斯拉夫与莫斯科的关系破裂已经变得无法弥合，而苏联"卫星国"的重新武装对贝尔

---

① Svetozar Rajak, *Yugoslavia and the Soviet Union in the Early Cold War: Reconciliation, Comradeship, Confrontation, 1953-1957* (London: Routledge, 2011), pp. 8-27, 63-65. 另参见：Leonid Gibianskii, "The Soviet-Yugoslav Split and the Cominform," in Norman Naimark and Leonid Gibiankii, eds., *The Establishment of Communist Regimes in Eastern Europe, 1944-1949* (Boulder, CO: Westview Press, 1997), pp. 291-312; Jeronim Perovic, "The Tito-Stalin Split: a Reassessment in Light of New Evidence," *Journal of Cold War Studies*, 9, No. 2 (2007), pp. 32-63; Svetozar Rajak, "The Cold War in the Balkans, 1945-1956," in Melvyn P. Leffler and Odd Arne Westad, eds., *The Cambridge History of the Cold War* (Cambridge: Cambridge University Press, 2010), 1: 198-220; Vojislav G. Pavlovic, "Stalinism without Stalin: The Soviet Origins of Tito's Yugoslavia, 1937-1948," in Vojislav G. Pavlovic, eds., *The Balkans in the Cold War* (Belgrade: Institute for Balkan Studies, 2011), pp. 11-42; Pregan Bogetic, "Conflict with the Cominform and Shaping of a New Yugoslav Foreign Policy Orientation," in Vojislav G. Pavlovic, eds., *The Balkans in the Cold War*, pp. 221-231.

② H. W. Brands, *The Specter of Neutralism: The United States and the Emergence of the Third World, 1947-1960* (New York: Columbia University Press, 1989), pp. 144-180; Beatrice Heuser, *Western "Containment" Policies in the Cold War: The Yugoslav Case, 1948-53* (London: Routledge, 1989), pp. 20-42, 86-88.

③ 另可参见：TNA, FO 371/95470/6 and 16, Burrows (Washington) to Cheetham (FO), 10 February, and Kelly (Moscow) to FO, 16 February 1951; FO 371/95471/29, Peake (Belgrade) to FO, 26 February 1951. 关于西方国家的担忧，另参见：Heuser, *Western "Containment" Policies*, pp. 152-156。

④ NARA, RG 59, Box 3432, 740.5/1-2651, Acheson to London, 17 January 1951, and 740.5/1-1751, Acheson to London, 26 January 1951.

第四章 谜一样的异端：北约政治分析中的南斯拉夫，1951—1972年

格莱德造成了军事压力。因此，西方应该在经济上甚至军事上帮助铁托政权，废除武器和战略原材料出口的壁垒。① 这些评估是西方向贝尔格莱德提供军事援助的更广泛的政策演变的一部分。事实上，美国国务院设法强调，北约关于向南斯拉夫提供援助的建议也将有助于确保美国国会默许提供这种援助。② 1951年夏天，美国甚至建议与英国、法国和意大利就北约应对苏联入侵南斯拉夫的问题进行非正式讨论。③ 1952年年初，第一份关于苏联外交政策的综合性北约文件提交给了北约理事会里斯本会议，文件中将推翻铁托（虽然未必通过入侵的方式）视为苏联的主要目标之一。④

1953年以后，北约对"苏联政策意向"的审查变得更加精细，一年两次制定有关报告，并且由成员国外交官组成的一个专家工作组负责起草。然而，在这个时期，东欧只在这些报告中占了内容很小的一部分。斯大林去世后，这些报告的重点是苏联政权的转变、"和平攻势"以及阻止德国重新武装的努力。东欧国家被视为安全地处在苏联的控制之下，几乎没有产生异议的可能性。报告很少提到南斯拉夫：北约专家满足地指出，苏联集团不太可能试图入侵该国。1954—1955年，分析人员虽然发现苏联倾向于改善与贝尔格莱德的关系，但对此并未有什么不适。⑤ 北约专家最初的信心是建立在南斯拉夫对西方援助的依赖，以及南斯拉夫—希腊—土耳其的和解的基础上，后者还促成了1953—1954年三国的《巴尔干条约》。⑥ 南斯拉夫甚至被视为非常间接地接近于北约组织，甚至有传言说它有可能

---

① NATO, D-D (51) 29 (final), "Exchange of Views on Yugoslavia", 14 February 1951. 另参见：D-D (51) 174, "Economic Assistance to Yugoslavia", 7 July 1951。
② NARA, RG 59, Box 3433, 740.5/3-2151, Acheson to London, 21 March 1951.
③ NARA, RG 59, Box 3435A, 740.5/6-151, Acheson to London, 1 June 1951.
④ NATO, C9-D/1, "Soviet Foreign Policy", 6 February 1952.
⑤ 参见：the reports "Trends of Soviet Policy", NATO, CM (52) 116, 1 December 1952; CM (53) 164, 5 December 1953; CM (54) 33, 15 April 1954; CM (54) 116, 9 December 1954; CM (55) 46, 29 April 1955。
⑥ John O. Iatrides, *Balkan Triangle: Birth and Decline of an Alliance across Ideological Boundaries* (The Hague: Mouton, 1968).

77

加入北约，主要是通过希腊和土耳其。① 当然，这是夸大其词（意大利必然会因的里雅斯特争端做出反应），但这也进一步表明，铁托不会屈服于莫斯科的压力或要价。在同一时期，北约军事规划人员对南斯拉夫保卫卢布尔雅那峡谷很感兴趣，那里扼守着进入意大利北部平原的要道。②

因此，北约专家认为，南斯拉夫别无选择，只能以某种方式与西方绑在一起（或依赖西方）。然而，铁托仍然是一个共产主义者，他渴望在世界事务中发挥更具革命性的作用，也渴望回应莫斯科的试探。这些对于提高他的合法性，防止单方面依赖西方和避免苏联入侵的危险都是必要的。由于北约分析人员低估了贝尔格莱德特殊政权的这些结构性需求，事实证明他们无法预见到铁托准备接触莫斯科，最终1955年5月尼基塔·赫鲁晓夫对贝尔格莱德的访问令他们大跌眼镜。③

赫鲁晓夫的访问引起了北约的关注，但没有引起警觉：有人强调，苏联领导人"未能"将南斯拉夫"重新带回苏联阵营"，尽管他们愿意访问贝尔格莱德是有信心控制"卫星国"的标志；"社会主义的多条道路"的想法也会影响到"卫星国"和中国。苏联与南斯拉夫的和解也被视为一种促进西欧人民阵线的策略，并勾勒出一幅苏联宽容的图景，这幅图景可以帮助克里姆林宫树立自己对欧洲安全的看法。应该指出的是，专家们再次关注的是苏联的动机，而不是南斯拉夫的。④ 然而，1955年秋天，铁托向希腊国王保罗一世和美国国务卿杜勒斯保证，南斯拉夫将保持其独立立场，似乎证实了这种温和的初步评估。⑤

---

① TNA, FO/371/102503/1 and 2, minute (Petrie), 22 January 1952, and Scott-Fox (Ankara) to Lord Hood, 5 February 1952.

② Dionysios Chourchoulis, *The Southern Flank of NATO, 1951 – 1959: Military Strategy or Political Stabilization* (Lanham, MD: Lexington Books, 2014), pp. 48, 77-78.

③ Rajak, *Yugoslavia and the Soviet Union*, pp. 109-126; Pierre Maurer, *La réconciliation soviéto-yougoslave, 1954 – 1958: illusions et désillusions de Tito* (Fribourg: Delval, 1991), pp. 61 – 121; Geoffrey Swain, *Tito: A Biography* (London: I. B. Tauris, 2011), pp. 116-117.

④ NATO, CM (55) 62, "Trends and Implications of Soviet policy", 4 July 1955.

⑤ Brands, *The Specter of Neutralism*, pp. 202-205; Rajak, *Yugoslavia and the Soviet Union*, pp. 141-143; Evanthis Hatzivassiliou, *Greece and the Cold War: Frontline State, 1952-1967* (London: Routledge, 2006), p. 51.

第四章　谜一样的异端：北约政治分析中的南斯拉夫，1951—1972年

然而，北约专家不久就开始对南斯拉夫的政策有所保留。在赫鲁晓夫访问贝尔格莱德之后，南斯拉夫似乎急于"冻结"《巴尔干条约》的军事职能（其在希腊和土耳其关于塞浦路斯的争端发生时也深受打击），与莫斯科达成了经济协议，同时认为在紧张局势得到缓和的时代，北约应该改变其性质，并且在很大程度上支持苏联对裁军的看法。① 此外，苏共二十大将北约分析人士的注意力转向了另一条阵线。波兰和匈牙利的动荡在一个比巴尔干更重要的东欧地区打开了新局面。

1956年9月，一份关于"东欧的解冻"的长篇文件称，南斯拉夫被描述为"现在或多或少回到了共产主义阵营"。显然，铁托当年6月访问莫斯科以及9月与赫鲁晓夫的再次会面对北约分析人员产生了非常令人不安的影响。尽管克里姆林宫与铁托的和解被视为帮助波兰的哥穆尔卡复出的一个因素，但专家们指出，铁托"从来不是一个自由民主主义者"，并提醒各国政府，铁托与斯大林分道扬镳之前曾经是"'卫星国'领导人中最激烈的'左派分子'"；铁托无法诱使东欧从莫斯科获得更大程度的独立。② 正如我们已知道的，具有讽刺意味的是，北约专家认为，铁托正在回归苏联集团，此时恰逢他正在积极抵制苏联的这种压力。③ 在苏联入侵匈牙利之后，北约的相关报告指出了南斯拉夫人的恐慌，以及铁托在普拉（pula）的讲话和贝尔格莱德对"社会主义国家之间的平等"的坚持，而这种平等是克里姆林宫本质上无法接受的概念。然而，他们强调双方似乎都小心翼翼，以避免再次出现类似1948年的争论。④ 有趣的是，与此同时，美国对南斯拉夫的态度也大相径庭：华盛顿认为铁托急于将他的"异端"出口到东欧，并试图积极地帮助他。⑤

---

① NATO, CM (56) 10, "Analysis of the Trends of Soviet policy", 8 February 1956; TNA, FO/371/124307/1, Belgrade Embassy to FO, 28 April 1956.
② NATO, CM (56) 110, "The Thaw in Eastern Europe", 24 September 1956.
③ Rajak, *Yugoslavia and the Soviet Union*, pp. 151-159, 168-172.
④ NATO, CM (56) 133, "Trends and Implications of Soviet Policy", 3 December 1956.
⑤ 主要参见：Zbigniew Brzezinski, *The Soviet Bloc: Unity and Conflict* (Cambridge, MA: Harvard University Press, 1960), pp. 195-204; Brands, *The Specter of Neutralism*, pp. 205-211; Robert B. Rakove, *Kennedy, Johnson and the Nonaligned World* (Cambridge: Cambridge University Press, 2013).

对南斯拉夫的疑虑,1957—1964 年

1957 年,北约非军事机构进行了重组,标志着北约内部政治磋商的扩大。新成立的政治顾问委员会由各国代表团的外交官组成,负责定期起草关于东欧的独立报告,其中包括关于南斯拉夫的一节。但是,这些报告对南斯拉夫的分析还有很多不足之处。北约分析人士严格按照东欧的地理环境来看待这个国家,低估了南斯拉夫 20 世纪 50 年代中期以来日益明显的雄心壮志,即在一个中立的国际组织中发挥主导作用。[①] 因此,北约政治顾问委员会的顾问们在例会上跟踪铁托在 1958—1959 年对第三世界国家的巡回访问,[②] 但在其半年一次的报告中又继续将南斯拉夫视为严格意义上的东欧国家。此外,北约的分析在很大程度上忽视了南斯拉夫政权在东西两个世界之间维持"中间"地位的需要:任何被认为南斯拉夫"亲苏联"的举动都本能地受到了对贝尔格莱德正在回归苏联怀抱的怀疑。即使在东欧的背景下,1957—1959 年北约专家的希望也主要寄托在哥穆尔卡领导下的波兰身上,当时波兰被视为具有最大反苏潜力的地区国家;专家们甚至暗示波兰已经获得了"半独立"的地位,而这只是西方一厢情愿的看法。[③] 显然,一旦出现波兰实现更大独立的前景,即使是很渺茫,南斯拉夫在北约的评估中也会立即变得不那么重要。

1957 年以后,北约对南斯拉夫的分析在很大程度上是自相矛盾的。在苏联与南斯拉夫关系起伏动荡的时间里,北约政治顾问委员会的顾问们似乎无法对南斯拉夫达成明确的看法。1957 年 4 月,他们指出,莫斯科不可能向铁托屈服,因为这将"破坏整个苏联集团的结构"。然而,1957 年 8

[①] Rajak, *Yugoslavia and the Soviet Union*, 98-107; Robert Niebuhr, "Nonalignment as Yugoslavia's Answer to Bloc Politics," *Journal of Cold War Studies* 13, No. 1 (2011), pp. 146-179.

[②] Svetozar Rajak, " 'Companions in Misfortune': From Passive Neutralism to Active Un-commitment—The Critical Role of Yugoslavia," in Sandra Bott, Jussi M. Hanhimäi, Janick Marina Schaufelbuehl, and Marco Wyss, eds., *Neutrality and Neutralism in the Global Cold War: Between or Within the Blocs?* (London: Routledge, 2016), pp. 72-89.

[③] Hatzivassiliou, *NATO and Western Perceptions*, pp. 94-95.

第四章 谜一样的异端：北约政治分析中的南斯拉夫，1951—1972 年

月铁托与赫鲁晓夫在布加勒斯特的会晤以及南斯拉夫承认东德（"这是一项铁托与莫斯科更紧密地联系一起的惊人证据"）引起了北约专家的强烈关注。① 1958 年 1 月，荷兰代表团指出了如下问题：南斯拉夫对东德的承认，"实际上停止了的意识形态论战和苏联集团对南斯拉夫的攻击"，恢复苏联经济贷款的协议以及"南斯拉夫在某些情况下会积极支持苏联的外交政策"，并呼吁重新审查北约的政策，包括向贝尔格莱德提供武器的政策。②

然而，这种对贝尔格莱德的看法太过悲观，遭到了其他成员国的反对。美国代表插话指出，南斯拉夫仍在走自己的独立道路："我们认为，根据南斯拉夫目前的局势，北约成员国的态度似乎没有理由因此进行重大的改变，特别是在贸易或军售方面。"尽管美国向贝尔格莱德表达了对其与莫斯科和解的不满，但国务院明白贝尔格莱德必须支持苏联的某些国际政策。最重要的事情是南斯拉夫拒绝接受苏联至上的概念："这种异端的持续存在表明南斯拉夫仍然是世界共产主义运动中的一股破坏性力量。"至于苏联的贷款，美国代表继续说，它们被延长了多年，并且不确定是否最终会给予贷款；南斯拉夫需要获得西方武器，正好可以避免在这一敏感领域依赖苏联集团。③ 英国常驻代表弗兰克·罗伯茨（Frank Roberts）爵士也驳斥了荷兰方面的保留意见："如果每次南斯拉夫政府做出有利于东方或西方的姿态时，北约理事会都要重新审视北约对南斯拉夫的政策，那么我们可能应该每隔六周左右就要这样做一次。"④ 在北约理事会相关的讨论中，英国、意大利、法国、加拿大、希腊和美国拒绝了荷兰人的强硬路线，并同意严密监视南斯拉夫的政策。⑤

---

① NATO, CM (57) 57, "The Satellites", 12 April 1957; CM (57) 138, "Situation in Eastern Europe", 28 November 1957.

② NATO, CM (58) 10, Note by the Netherlands Delegation, 22 January 1958.

③ NARA, RG 59, Box 3147, 740.5/11-1457, Dulles to Paris, 14 November 1957; Box 3150, 740.5/1-2958, Dulles to Paris, 29 January 1958. 关于美国的政策，可参见：Brands, *The Specter of Neutralism*, pp. 213-215.

④ TNA, FO/371/136837/2, Roberts (NATO) to FO, 19 February 1958.

⑤ TNA, FO/371/136837/1 and /2, Addis to Cheetham (NATO), 4 February, and Roberts to FO, 19 February 1958.

81

然而，这种监视仍然没有定论。北约政治顾问委员会的顾问们指出了一个重要的矛盾之处：虽然南斯拉夫与莫斯科的意识形态分歧依然存在，但其在重大国际问题上仍采取亲苏的立场。1958—1959 年，专家们多次表达了他们的不安，因为他们认为在许多问题上，南斯拉夫与苏联的政策"一致"或"接近"，例如德国问题和裁军问题。① 北约专家试图在职权范围内寻找（南斯拉夫在）冷战中的"明确"立场。但这正是他们不会从铁托那里得到的，因为他既是一个共产主义者又是一个"异端"的领导人，他需要玩一场微妙的平衡游戏。换句话说，铁托需要独立于西方，而且要表现得独立于西方。

1958 年苏联与南斯拉夫之间的第二次争端也导致北约专家迟疑不决。南斯拉夫拒绝加入 12 国共产党和工人党于 1957 年签署的《莫斯科宣言》（宣言确认了苏联的优势地位），苏联自 1957 年秋季以来再次发起的反对"修正主义"的运动，以及莫斯科和贝尔格莱德之间就 1958 年的南斯拉夫共产党纲领（坚持社会主义国家关系"平等"）发生公开争吵，表明贝尔格莱德与苏联集团之间仍存在分歧。② 北约专家指出了如下的问题：在南斯拉夫共产党纲领公布后，保加利亚在马其顿问题上再次表达了与贝尔格莱德的分歧，阿尔巴尼亚提出了南斯拉夫境内阿尔巴尼亚少数民族问题；赫鲁晓夫未邀请南斯拉夫共产党参加苏共二十一大；1959 年年初，南斯拉夫成为经互会观察员国的要求被驳回。此外，克里姆林宫现在取消了对南斯拉夫铝业的信贷，这一决定甚至可能损害苏联在发展中国家中的形象，因为它破坏了苏联关于莫斯科提供援助"不附带政治条件"的说法。专家们表示，"赫鲁晓夫愿意面对这一可预见到的风险的事实，表明了他对铁托的'异端邪说'的忧虑"。在对纳吉·伊姆雷（Imre Nagy）的处决被解释为"对南斯拉夫人的挑战以及对苏联集团中任何潜在的持不同政见分子的严重警告"之后，1958 年 12 月，北约政治顾问委员会的顾问们将南斯

---

① 关于东欧形势的报告，参见：Eastern Europe in NATO, CM (58) 70, 23 April 1958; CM (58) 145, 8 December 1958; CM (59) 31, 20 March 1959; CM (59) 97, 26 November 1959。

② Maurer, *La réconciliation soviéto-yougoslave*, pp. 208-214; Swain, *Tito*, pp. 129-134; Rajak, *Yugoslavia and the Soviet Union*, pp. 202-205.

第四章 谜一样的异端：北约政治分析中的南斯拉夫，1951—1972 年

拉夫定义为"共产党大国，但不是'卫星国'"。1959 年年底，北约的报告指出了苏联与南斯拉夫关系的不稳定。它也表明，北约分析人士对哥穆尔卡幻想破灭的转折点发生在 1959 年春天，当时这位波兰领导人明确支持莫斯科并谴责南斯拉夫的"修正主义"。这表明，对铁托的态度毕竟是（是否）反对苏联政策的真正标志。① 1961 年，美国在给北约政治顾问委员会的报告中承认了这一点，尽管是以间接的方式，但报告强调，莫斯科接受"社会主义的多条道路"助长了 1955—1956 年的东欧动荡，而 1958 年"南斯拉夫的第二次背离"降低了赫鲁晓夫对东欧的容忍度。② 然而，提到的"第二次背离"（不仅仅是第二次争端）也以贝尔格莱德在 1958 年以前已接近回归苏联集团为前提，这是一个很有争议的观点。

我们可以对 20 世纪 50 年代末北约内部关于南斯拉夫问题的分歧做出解释。尽管英国和美国对铁托的政策感到不安，但它们一再告诫其盟友，南斯拉夫保持了独立地位，并指出南斯拉夫与莫斯科联盟只能以铁托不愿付出的代价来达成。③ 现有的文献指出，那段时间美国对铁托的态度"出乎意料地宽容"。④ 此外，从 1956 年起，希腊与南斯拉夫建立了一种"特殊"但非正式的关系，希腊一再敦促西方对南斯拉夫的立场表示理解。正如 1959 年 7 月雅典向土耳其指出的那样，"南斯拉夫走钢丝不是因为缺乏诚意，而是努力平衡相互冲突的压力"。⑤ 就它们而言，南斯拉夫显然非常重视与希腊的关系：虽然与另一个巴尔干国家（北约成员国）的和解使贝尔格莱德与西方建立了间接的防务联系，但原则上这并没有破坏"保护"巴尔干免受超级大国操纵的中立主义话语。因此，主要是那些在巴尔干地

---

① 关于东欧局势的报告，参见 NATO, CM（58）70, 23 April 1958; CM（58）145, 8 December 1958; CM（59）31, 20 March 1959; CM（59）97, 26 November 1959。

② NATO, AC/119-WP（61）2, US Note, "The Mechanism of Soviet Control in the Satellites," 14 January 1961.

③ NARA, RG 59, Box 3152, 740.5/4-2458, Dulles to Paris, 24 April 1958; and Box 3153, 740.5/7-1058, Dulles to Paris, 10 July 1958. 另参见：TNA, FO/371/145541/1, Garvey（Belgrade）to Ross（FO）, 5 August 1959。

④ Brands, *The Specter of Neutralism*, p.143.

⑤ 转引自 Hatzivassiliou, *Greece and the Cold War*, p.112。

83

区缺乏强大影响力的北约成员国对南斯拉夫持保留意见,如荷兰和因南斯拉夫承认东德政体而苦恼的西德。然而,较大的国家或北约的南翼国家对这些问题的解释却截然不同,因为它们显然同贝尔格莱德有更密切的接触。

20世纪60年代前半期,北约专家仍对南斯拉夫的"亲苏"外交政策感到困惑。专家们指出,唯一令人振奋的是南斯拉夫和莫斯科在与东德单独签署和平条约的问题上存在分歧。他们批评1961年南斯拉夫在成立不结盟运动的贝尔格莱德会议上采取了相当亲苏的姿态,同时经常表示铁托在第三世界的政策基本上是反西方的,特别是在刚果危机期间。然而,与此同时,他们意识到,铁托在不结盟运动中的作用使他不愿意"回到社会主义阵营,因为这会使其失去大部分的国际听众"。在1961年北约内部关于东西方关系的讨论中,对贝尔格莱德的保留意见是显而易见的:尽管南斯拉夫希望与西方建立商业关系,他们与希腊的关系较好,对东西方越顶达成协议感到担忧,但他们在殖民问题上对西方的批评被认为是非常令人尴尬的;大多数北约成员国虽然同意应与贝尔格莱德保持接触,但"加上了不要走得太远的告诫"。1962年,苏联最高苏维埃主席团主席勃列日涅夫(Leonid Brezhnev)访问了贝尔格莱德,次年,铁托回访了莫斯科。这些被解释为克里姆林宫企图利用不结盟运动实现自己的目的,不仅是为了遏制中国在第三世界的影响力,而且还表明"意识形态分歧可以回避但无法解决"。[①] 20世纪60年代前半期,南斯拉夫仍然保持着一种特立独行但本质上是亲苏的政策,这种政策并不容易适应冷战分裂的传统格局。

在军事联盟中,这会产生进一步的后果。1963年北约军事当局在对长期威胁的评估中认为,如果发生第三次世界大战,贝尔格莱德可能会支持

---

① 参见:the reports "The Situation in Eastern Europe and the Soviet-Occupied Zone of Germany", NATO, CM (60) 41, 22 April 1960; CM (61) 29, 14 April 1961; CM (61) 118, 27 November 1961; CM (62) 111, 30 November 1962; CM (63) 27, 6 May 1963; CM (63) 99, 28 November 1963. 另参见:NATO, PO/61/142, Spaak to Permanent Representatives, 9 February 1961; PO/61/425, summary of replies, 12 April 1961; 关于各国代表团在贝尔格莱德会议上的贡献,参见:NATO, AC/119-WP (61) 37. 另参见:Rakove, *Kennedy, Johnson and the Nonaligned World*, pp. 69-82, 181-184。

莫斯科。希腊立即驳斥了这一判断（也得到了法国的支持），其强调南斯拉夫在和平时期的一些重大问题上倾向于支持克里姆林宫，但在发生战争时则不会这样做。① 这再次表明希腊人与南斯拉夫享有"特殊关系"，并往往倾向于在北约机构中代表南斯拉夫说话。② 然而，更重要的是，尽管美国国会对援助南斯拉夫感到不安，但美国在北约中仍然坚持认为，不结盟排除了铁托回到苏联集团的可能性。③ 美国的态度再次与其他成员国的保留意见保持了平衡。

欢迎"南斯拉夫的实验"，1965—1972年

20世纪60年代中期，北约分析中出现了新的格局。专家们开始发现，苏联遇到了严重的经济问题，并且持续的中苏论战促成东欧"民族社会主义道路"的显著趋势。④ 在这种情况下，北约对南斯拉夫的态度发生了重大变化。这不是因为南斯拉夫外交政策的任何变化，而是因为它在1965年进行了影响深远的经济改革。⑤ 这些激进的改革使北约专家相信南斯拉夫事务正在发生重大变化。

1966年，北约经济顾问委员会的苏联经济政策小组委员会对南斯拉夫"经济实验"的性质进行了讨论。相关报告指出，南斯拉夫是"欧洲最不发达国家之一，与保加利亚和罗马尼亚相当"，但它在20世纪50年代后半期实现了快速增长，同时在大胆寻求一条"与苏联不同的社会主义新道路"，包括工人的自我管理制度。然而，到20世纪60年代初，南斯拉夫经济出现了严重困难，原因是农业收成欠佳，定价不切实际（共产主义经济长期存在的问题）以及工人委员会不切实际地提高工资。1965年7月，贝

---

① TNA, FO 371/173387/4, UK delegation to FO, Paris, 20 February 1963.
② 据称，1962年希腊和南斯拉夫因马其顿问题爆发危机期间，雅典特别注意不让南斯拉夫感到惊慌。在南斯拉夫与希腊共同的边界举行军事演习之前，希腊要求北约理事会给予特别许可以通知贝尔格莱德。参见：Hatzivassiliou, *Greece and the Cold War*, p. 115。
③ NARA, RG 59, Central Files 1963, NATO 3-1, Box 4230, Ball to Paris, 8 April 1963.
④ Hatzivassiliou, *NATO and Western Perceptions*, pp. 133-145.
⑤ 另参见：Swain, *Tito*, pp. 136-147。

尔格莱德开始了一项新的改革,"鉴于其范围和影响,一些人认为这是一场革命"。改革涉及取消原材料的"政治"定价、让银行在投资分配方面发挥更大作用、改革税收制度以及第纳尔的贬值。虽然生活成本急剧上涨、失业率上升,但是"为了西方的利益,现在南斯拉夫实行的经济改革应该取得成功"。南斯拉夫的"'工业化民主'的实验"可以鼓励东欧国家朝着同一方向前进。[①] 北约专家不认为贝尔格莱德在走一条稳健的经济道路,或者在走政治自由化的道路。他们指出,西方不得不支持这一努力,以建立"一个与官僚主义模式形成鲜明对比的新的共产主义类型"。[②] 换句话说,铁托现在正在做一些在北约专家的欧洲冷战视角中有意义的事情。

这一基本观点影响了对南斯拉夫国际政策的评估。此前专家们一直坚持认为贝尔格莱德在许多国际问题上更接近苏联,但现在强调铁托维持了他在东西方之间的"平衡"立场。北约政治顾问委员会的顾问们注意到了贝尔格莱德的警告,即在赫鲁晓夫下台后,莫斯科和北京之间可能达成"无原则的妥协"。然而,北约分析人士似乎并未对铁托与克里姆林宫新领导层之间的关系更加顺畅的迹象感到震惊。他们强调这对双方都有好处。贝尔格莱德正在通过莫斯科对其共产主义身份的认可来获得更多的合法性,并从与苏联集团的经济交往中受益;与此同时,莫斯科不仅在东欧而且在第三世界国家中都需要南斯拉夫的支持来对抗中国。1964 年,南斯拉夫开始与经互会建立联系,自 1948 年以来首次受邀参加了苏共二十三大,并对美国的越南政策提出了警告。与此同时,南斯拉夫也在与西方发展贸易,并加入了关贸总协定(General Agreement on Tariffs and Trade,GATT)。虽然北约顾问委员会的政治顾问们注意到了 1966 年亚历山大·兰科维奇

[①] NATO, CM (66) 41, "The Yugoslav Economic Experiment", 10 May 1966. 另参见:AC/89-D/51 (revised), "Review of the Yugoslav Experiment", 15 March 1966。至于该文件在北约理事会的讨论,参见:NARA, RG 59, Central Files 1964 – 6, Box 3272, NATO 3, Cleveland to State Department, 25 May 1966。

[②] Reports, "The Situation in Eastern Europe and the Soviet Occupied Zone of Germany", NATO, CM (65) 35, 3 May 1965; CM (66) 128, 2 December 1966.

第四章　谜一样的异端：北约政治分析中的南斯拉夫，1951—1972年

(Aleksandar Ranković) 的下台以及塞—克族分歧的爆发，但他们似乎急于强调该国保持了"更加明显的不结盟态度"，并且走上了西方可以接受的道路。① 仍有人存在怀疑：1966 年 1 月，大西洋政策顾问小组甚至提出了这样一个问题：是否"南斯拉夫对西方比对东方更有用的时间已经成为过去"？② 然而，这不是主流观点。

在苏联入侵捷克斯洛伐克和宣布勃列日涅夫主义之后，③ 苏联对"最严重的污染源"贝尔格莱德的意图使北约专家感到担忧。④ 他们还向苏联谴责南斯拉夫的"经济修正主义"，同时，对保加利亚和南斯拉夫再次因马其顿问题发生了激烈的争论（索非亚与贝尔格莱德的这一争端的反复出现总是伴随着南斯拉夫与苏联关系的紧张局势升级）感到担忧。⑤ 作为北约应急计划的一部分，1968 年秋天和 1969 年春天，北约经济顾问研究了苏联集团进行制裁时南斯拉夫的脆弱性。有关报告指出，南斯拉夫正面临发展经济的问题，正试图纠正前些年的僵化问题。此外，南斯拉夫的工业机械主要来自苏联集团，其大部分贸易都是直接与经互会国家进行。因此，苏联集团的经济制裁可能会使贝尔格莱德陷入困境，在这种情况下，

---

① 参见：the reports "The Situation in Eastern Europe and the Soviet-Occupied Zone of Germany", NATO, CM (64) 124, 3 December 1964; CM (65) 35, 3 May 1965; CM (66) 38, 6 May 1965; CM (66) 128, 2 December 1966; CM (67) 61, 21 November 1967。

② NATO, CM (66) 1, "Atlantic Policy Advisory Group", 5 January 1966.

③ 1964 年勃列日涅夫在苏联上台后，对外奉行霸权主义政策。1968 年 8 月，苏联以捷克斯洛伐克改革脱离了社会主义轨道为由，纠集东德、匈牙利、波兰、保加利亚四国入侵捷克斯洛伐克，扼杀了"布拉格之春"。为了给自己的侵略行为辩护，1968 年 11 月，勃列日涅夫在波兰统一工人党第五次代表大会上声称：当一个国家的社会主义事业遭到危险，对整个社会主义大家庭的安全构成威胁的时候，这就不再仅仅是那个国家人民的问题，而变成所有社会主义国家关心的问题，就有必要提供军事援助，采取军事行动。这就是"勃列日涅夫主义"，又称"有限主权论"。勃列日涅夫的目的在于以此作为苏联对其他社会主义国家推行控制、干涉政策的"理论依据"，将社会主义大家庭纳入苏联与美国争夺世界霸权的战略轨道。一些社会主义国家曾经对勃列日涅夫主义进行批评和谴责。1988 年戈尔巴乔夫上台后，提出"新思维"，摒弃了勃列日涅夫主义。——译者注

④ NATO, CM (68) 56, "Trends in the Soviet Union and Eastern Europe and their Policy Implications", 5 November 1968.

⑤ NATO, CM (69) 13, "Trends in the Soviet Union and Eastern Europe and their Policy Implications", 26 March 1969.

西方国家应该通过提供包括信贷在内的援助来做出回应，不要顾及该国已经背上了沉重的债务。如果这样做的话，苏联的经济制裁会再次像1948年那样，无法使南斯拉夫就范。①

1969年3月下旬，关于可能的苏联入侵或政治/军事压力的应急研究达到了高潮。当时北约高级政治委员会提交了一份文件，涵盖从地中海到芬兰（包括南斯拉夫）的所有国家。北约高级政治委员会坚持认为，勃列日涅夫主义使战略格局严重复杂化，因为"社会主义国家"（保卫社会主义国家可能使入侵合法化）的概念含糊不清。然而，南斯拉夫（对苏联来说）是一个困难的目标。虽然克里姆林宫将其视为一个叛逆的社会主义国家，但苏联过去的压力已被证明是无效的，并且"铁托通过在不结盟世界中获得认同，大大增加了苏联人对他采取任何行动所要付出的政治代价"。此外，占领南斯拉夫内陆山区将是一项艰难的行动，并且西方将会做出强烈反应，这恰好是因为苏联的行为会对地中海和北约的南翼产生严重影响。因此，北约高级政治委员会设想了西方在南斯拉夫问题上的强大威慑作用，但是只设想了"及时和适当的预防性外交"。② 支持南斯拉夫的国际地位也于1969年春季被确定下来，这成为北约成员国在缓和道路上的指导方针之一。③ 1969年9月，苏联外交部长安德烈·葛罗米柯（Andrei Gromyko）访问了贝尔格莱德，两国重申了1955年《贝尔格莱德宣言》的原则，其中包括不干涉内政的原则。根据北约专家的说法，这加强了铁托的国际地位，但这是一种"不稳定的休战"，而不是"真正的和解"。④

在接下来的几年里，北约专家反复强调南斯拉夫已经安全地脱离了苏

---

① "Vulnerability and Economic Problems of Yugoslavia"（two reports, the latter also dealing with Romania and Albania）, NATO, CM (68) 66, 8 November 1968; CM (69) 14, 14 March 1969. 另参见：AC/89-D/63, "Review of the Economic Situation in Yugoslavia", 23 April 1969。

② NATO, CM (69) 16, "Further Developments in Eastern Europe: Contingency Studies. Analysis of the Soviet Threat in Europe and the Mediterranean and Its Implications", 26 March 1969, pp. 5-14.

③ NATO, CM (69) 18 (final), "The State of East-West Relations and Its Implications for the Alliance", 5 May 1969.

④ NATO, CM (69) 51, "Trends in the Soviet Union and Eastern Europe and Their Policy Implications", 18 November 1969.

第四章　谜一样的异端：北约政治分析中的南斯拉夫，1951—1972 年

联的轨道。南斯拉夫在不结盟运动中的主导作用、尼克松在 1970 年对南斯拉夫的访问以及保加利亚和南斯拉夫在马其顿问题上的争端（其再次反映了南斯拉夫与苏联关系的不确定性），这些都被认为是贝尔格莱德与莫斯科保持距离的证据。1971 年 9 月勃列日涅夫对贝尔格莱德的非正式访问并没有引起北约专家太多的关注。1973 年年中，有人明确指出，南斯拉夫与克里姆林宫的经济往来并未能使其转向莫斯科。①

相反，北约专家的注意力这时集中在新的不确定的领域：经济问题、铁托的继任者以及南斯拉夫内部的制度平衡。1970 年 11 月的报告提出了铁托继任者的前景问题。专家们预计南斯拉夫的政府体制将朝着集体结构的方向进行重组，并指出这对于防止出现继承权争夺很重要，因为继承权争夺可能会给苏联援引勃列日涅夫主义和入侵南斯拉夫的借口。实际上，1971 年夏季的宪法改革被北约专家们解释成试图为后铁托时代的集体领导做好准备：包括经济权在内的各种权力从南联邦转移到了各共和国。北约专家指出，集体领导将成为"政策形成的主导力量"，但在南联邦和各共和国之间达成新的平衡仍需要时间。1971 年的宪法改革加强了各联邦共和国的权力，这导致了"排他主义倾向的加剧"，而当时经济问题还未得到解决（第纳尔在那一年两次贬值）。专家们对南斯拉夫的前景表示强烈怀疑。1971—1972 年的东欧国家报告指出，铁托清洗克罗地亚和塞尔维亚共产党是试图审查排他主义，并使共产党成为该国的主要统一力量。然而，专家们还指出了分权体制和党的集中管理之间的矛盾。1974 年年初，北约专家指出，铁托的权力过渡可能会很顺利，而他的继任者将试图保持他们在东西方之间不承诺的立场："应该谨慎看待他们这样做的能力，但不要

---

① Reports "Trends in the Soviet Union and Eastern Europe and Their Policy Implications", NATO, CM（70）13, 6 May 1970; CM（70）52, 23 November 1970; CM（71）75, 29 November 1971; CM（73）52, 2 June 1973.

悲观"。[1]

结 论

本章讲述的是一个"小插曲",也就是北约分析人士对南斯拉夫的看法,他们往往关注苏联经济、社会和政策的主要议题。北约非军事机构没有就南斯拉夫发表特别报告:该国仅在其他相关主题中被提到。

北约对南斯拉夫的分析仍然存在很大问题。应该指出的是,当时许多国家的外交官都同意北约的报告。这意味着这些文件代表了这些作者之间最低程度的共识,并且在认识上不太可能出现突破。与此同时,一些北约国家,例如美国、英国、法国或南翼国家与南斯拉夫关系密切,比其他成员国更了解南斯拉夫的特殊需求,而北约其他成员国有时无法理解对贝尔格莱德施加的压力。尽管如此,主要问题仍然是北约的分析试图通过冷战的"正统"观点来理解这个"异端"国家。虽然铁托与莫斯科有所争吵,但他仍然是一名共产主义者,需要不断证明其政权的革命性。北约专家们总是怀疑这位共产党领袖会本能地倾向于回归苏联集团。他们也常常没有意识到,他们自己把冷战的"正统"观念理解为两种僵化的世界观之间的冲突,而南斯拉夫对此并不认同。事实上,南斯拉夫的主张恰恰相反,即存在"第三条道路"这样的事情。在很多情况下,铁托被视为不能或不愿意"相托付"。但是,这并不仅限于南斯拉夫的情况。从其分析职权范围来看,北约倾向于遵循甚至重现冷战的主流分歧。他们在分析苏联或苏联集团时,相对是成功的。然而,在评估那些挑战冷战分裂的第三世界或不结盟国家时,他们又倾向于透过冷战的"棱镜"来解读它们。[2] 因此在很

---

[1] Reports "Trends in the Soviet Union and Eastern Europe and Their Policy Implications", NATO, CM (71) 75, 29 November 1971; CM (72) 33, 17 May 1972; CM (72) 69, 17 November 1972; CM (74) 32, 17 July 1974. 另参见: CM (71) 63, "The Situation in Yugoslavia", 29 October 1971; CM (72) 5, "Developments in Yugoslavia, August-December 1971", 7 February 1972; CM (72) 6, "Yugoslavia: Economic Problems and Prospects", 8 February 1972。

[2] 大多数内容可参见: Odd Arne Westad, *The Global Cold War: Third World Interventions and the Making of Our Times* (Cambridge: Cambridge University Press, 2007), pp. 110-157。

第四章　谜一样的异端：北约政治分析中的南斯拉夫，1951—1972 年

大程度上，第三世界或南斯拉夫的观点没有出现在北约分析人士的"雷达"上。北约的分析的这一缺陷必须同另外两个相互关联的层面联系起来看待。

首先，北约专家将南斯拉夫作为一个区域性的东欧大国来监测，并将其列入东欧国家报告。因此，他们往往忽视南斯拉夫成为不结盟运动领导者的雄心，这是其革命身份的一个重要方面，因而也是铁托派"异端邪说"合法性的一个重要方面，特别是在 1955 年以后。最近的研究表明，苏联与南斯拉夫的和解促使贝尔格莱德奉行中立的政策。① 然而，北约分析人士对这两个概念都感到不安。他们认为，贝尔格莱德对其自身国际地位抱有过高的看法。直到 20 世纪 60 年代中期，他们才开始理解南斯拉夫的中立主义/全球雄心，而这种情况只发生在南斯拉夫"相托付"之后；只有在南斯拉夫出现经济改革这样的"有形"冷战现实之后，北约分析人士才在东欧范围内赋予南斯拉夫某种重要性。

其次，涉及北约专家对东欧的认知。与苏联集团中较为"重要"的中欧部分相比，北约专家本能地倾向于低估东南欧的重要性。当然，专家们关于波兰的反苏潜力（从长远来看是显而易见的）或巴尔干国家经济相对落后的看法是正确的。甚至像布热津斯基（Zbigniew Brzezinski）这样的顶尖专家（尽管与北约的分析人士相比，他对南斯拉夫的态度要均衡得多）也提到了一个被他称为"哥穆尔卡主义"的概念，这既表明了他对波兰的希望，也揭示了与波兰更相关的铁托主义概念在多大程度上影响了西方的预期。西方专家一直希望在"更重要的"东中欧地区找到一个铁托式的人物。② 与此同时，西方专家对巴尔干共产主义社会的描述总是包含几乎毫不掩饰的贬损意味，认为它们不太有能力策划变革。南斯拉夫的行动清楚地表明，这并非完全正确。然而，在北约的分析中，这仍然是一个"次要"的话题，并且可能在西方对冷战的总体认知中也是如此。

---

① Rajak, *Yugoslavia and the Soviet Union*, p. 5.
② Brzezinski, *The Soviet Bloc*, p. 333.

第五章

在全球冷战和地区冷战之间：20世纪50年代土耳其协调其安全事务的探索

艾谢居尔·塞韦尔

1956年12月，北约理事会通过了《三智者①关于改组联盟的报告》，该报告做了大胆的评论：

> 北约不应忘记，其成员国的影响和利益不局限于条约所涵盖的区域，而且大西洋共同体的共同利益可能受到"条约"区域以外事件的严重影响。因此，在努力改善彼此关系并加强和深化自身团结的同时，还应考虑到整个国际社会的广泛利益，关注其他领域的政策协调。②

---

① 1956年5月，北约理事会召开会议，决定成立由加拿大外长皮尔逊（Lester B. Pearson）、意大利外长马蒂诺（Gaetano Martino）、挪威外交大臣朗格（Halvard M. Lange）组成的三人委员会，其职责是就北约政治协商制度问题向理事会提交报告。此三人由于有丰富的行政经验，熟悉国际事务，又被尊称为"三智者"。——译者注

② 参见：NATO, CM (56) 126, Letter of Transmittal of the Report of the Committee of Three, 17 November 1956, p. 28。这一声明是在苏伊士运河事件发生后发表的，旨在提醒北约以避免进一步陷入困境。然而，它的措辞很好地代表了安卡拉为协调北约总体安全关切与周边国家安全关切的一贯努力。另参见：James M. Thomson, "The Southern Flank and Out-of-Area Operations," *The RUSI Journal*, 128, No. 4 (1983), pp. 11-16。

第五章 在全球冷战和地区冷战之间：20世纪50年代土耳其协调其安全事务的探索

甚至在此全面声明之前，"对协调关系的关注"就超出了北约地区，早已成为可以阐明土耳其门德雷斯（Adnan Menderes）政府（1950—1960年）安全观的座右铭。

自土耳其加入北约以来，关于北约国家领土以外地区的内部联盟关系一直是它的主要关注点。第二次世界大战后不久，土耳其的地理位置使其成为西方与苏联、巴尔干、东地中海和中东地区的多重防御领域的交汇之处。土耳其在巴尔干和中东地区的区域防务活动，是其在1952年与北约结盟的延伸。

在加入北约之后，安卡拉意识到其在北约南翼的作用与在巴尔干和中东地区的区域防御作用之间存在着密切的联系。一些著作研究了土耳其在区域条约中各个方面的作用。至于联盟内部关系，本章仅限于详细阐述土耳其在区域条约与北约之间的相互作用。土耳其既非相关条约中唯一的北约成员国，也不是唯一将区域和全球之间的联系视为关键的北约国家。然而，在这两种情形中，土耳其可能都是这种联系最持久的捍卫者，并且在协调其作为北约总体战略中的盟友以及在巴尔干和中东的区域安全角色方面也承受着严峻挑战。北约盟国的优先事项和认知在任何地区都不是完全一致的。因此，土耳其在巴尔干地区的区域行动以及安卡拉对北约在中东这个"地区外"问题上的早期反应，可以作为案例说明区域和全球安全事务之间的互助所涉及的挑战。作为唯一与中东有着漫长边界的北约成员国，土耳其特别承担了一项使命，就是坚持把中东防务问题提交北约理事会，并一贯捍卫北约与《巴格达条约》[①]之间的密切联系。

冷战早期的地区主义与土耳其的安全议题

20世纪50年代，土耳其的安全议题专注于典型的冷战问题，即在北

---

① 《巴格达条约》是中东地区性的军事同盟条约。全称《伊拉克和土耳其间互助合作公约》。该条约1955年2月24日签订于伊拉克首都巴格达，同年4月15日生效。英国、巴基斯坦和伊朗分别于同年4月5日、9月23日和11月3日加入该条约。——译者注

约领导下建立强大的反苏防御机制，以及在周边地区发挥其过度扩张的区域安全作用和管控盟国内部围绕塞浦路斯问题出现的紧张局势的必要性。这创造了一个值得探究的复杂的关系和优先事项的网络。土耳其的区域作用及其在北约的作用是相互交织的，因此二者具有广泛的互补性。尽管区域角色主要是自愿承担的，但土耳其的北约盟国，特别是美国强烈地鼓励这些区域角色。安卡拉与北约的结盟使其处于邻国冷战两极格局的中心。在这方面，安卡拉为了联盟的共同利益，甚至冒着忽略其自身区域问题——乃至是与希腊之间的塞浦路斯问题的风险。

在冷战政治中，东西方集团之间的权力平衡主导着地区安全环境，并制约着地区大国。这种情况在冷战初期表现得最为明显。尽管这些地区大国目前被认为是各自地区的关键角色，并且"在全球权力格局中占据一定的等级地位"，但20世纪50年代全球和地区权力等级制度之间的平衡对地区大国来说是非常不利的。[①] 所有区域组织都被视为两个集团之间当时权力斗争的延伸。[②] 有鉴于此，土耳其的首要任务是通过北约融入冷战安全体系，然后满足北约的区域安全需求。

面对苏联提出的割让土耳其海峡的基地和安纳托利亚东部的一些地区，以及修改关于土耳其海峡的《蒙特勒公约》的要求，1949年以后的历届土耳其政府都在努力争取加入北约。安卡拉希望成为北约的一部分，这带有理想和战略上的考虑。土耳其人认为"北约是美国的延伸"，并认为他们的北约成员国身份是对抗苏联安全挑战的保护盾。此外，他们认为这是通过"联盟制度化"在更大范围内与美国合作的良机。[③] 这种愿望最终随着1952年土耳其加入北约而得以实现。1951年5月，美国参谋长联席会议已经清楚地认识到，土耳其可以通过牵制大量苏联军队以及改善对地

[①] Detlef Nolte, "How to compare Regional Powers: Analytical Concepts and Research Topics," *Review of International Studies*, 36, No.4 (2010), pp.881-901, especially 889.

[②] Björn Hettne, "The New Regionalism Revisited," in Fredrick Söerbsum et al., eds., *Theories of New Regionalism* (Basingstoke: Palgrave Macmillan, 2003), p.23.

[③] Şuhnaz Yılmaz, "Türkiye's Quest for NATO Membership: The Institutionalization of the Turkish-American Alliance," *Southeast European and Black Sea Studies*, 12, No.4 (2012), pp.481-495.

中海和中东的防御,在保护西方在欧洲南部侧翼方面发挥重要作用。① 除了寻求军事安全,土耳其人还认为,大西洋联盟接受土耳其是对其西方国家的身份认可,并承认其成为欧洲的平等伙伴。正如埃贝特(Gülnur Aybet)所描述的那样,"这本质上是一种基于集体防御合法性的西方国家身份,是在军事安全框架内构建的"。②

到1952年,由于北约成员国的身份加强了土耳其的民族自尊,门德雷斯政府对积极外交政策的过度热情以及西方盟友的鼓励,使得安卡拉成为区域安全体系政治中非常有影响力的角色。土耳其加入北约非但没有使区域条约成为与西方联盟融合的垫脚石,反而给它带来了严格的地区义务。这些对在周边地区的多重安全角色的预期促成了土耳其与其他国家在广阔地区的重要合作,但也成为土耳其、其西方盟国和该地区的国家之间分歧的根源。无论土耳其卷入哪个区域,地区大国和土耳其自己都非常看重土耳其的北约成员国身份。安卡拉一直在寻求实现北约与地区协定之间的密切联系,因为它认为两者是互补的。因此,当意大利因为与南斯拉夫在的里雅斯特问题上存在争议而反对《巴尔干条约》,而英美在苏伊士运河问题的分歧对《巴格达条约》产生了负面影响的时候,安卡拉对所有这些问题对西方安全的影响感到最为震惊。

战后时期,土耳其对中东或巴尔干地区的态度表现出冷战地区主义的典型特征。超级大国之间的权力平衡主导了地区安全问题。像土耳其这样的地区大国在地区政治中的自由度要低得多。区域合作特别注重军事安全方面的考虑,并在中东司令部、《巴尔干条约》和《巴格达条约》等安全倡议中付诸实施。当时,"高度政治化的国家现实主义"是安卡拉参与任何区域合作行动的背后驱动力,而不是自发性的或地区参与者驱动的区域主义。

与此同时,安卡拉在该地区的利益——无论是通过推动《巴尔干条

---

① Melwyn Leflerr, "Strategy, Diplomacy and the Cold War: The United States, Türkiye and NATO, 1945-1952," *The Journal of American History*, 71, No. 4 (1985), pp. 807-825.

② Gülnur Aybet, "NATO's New Missions," *Perceptions*, 4, No. 1 (1991), pp. 19-36.

约》还是《巴格达条约》——都不仅仅是承载民族界定的理想,而是还涉及对西方的战略期望,尤其是获得美国的军事和经济援助的期望。正是安卡拉对战后世界基于安全而非其地区身份的看法,导致它自进入共和时代以来首次采取了这种区域性举措。在加入大西洋联盟后,土耳其认为巴尔干和中东地区迟早会成为冷战的战场。有鉴于此,只要其北约同盟继续存在,土耳其就准备成为冷战区域主义的一部分。

因此,安卡拉在推动《巴尔干条约》和《巴格达条约》方面发挥了积极作用。在这两个案例中,安卡拉都赞成未来北约与区域条约的签署国之间建立非常密切的有机联系。尽管这不是一个过分的期望,但它有时在北约盟国之间引起担忧和分歧。安卡拉还认为这些条约是北约和土耳其之间潜在的牢固联系,并期望这些条约能在北约的巴尔干地区(土耳其和希腊)和中东地区的盟友(土耳其、英国和美国)之间形成一条额外的纽带。

协调土耳其安全承诺的第一次考验

20世纪50年代初期,安卡拉对苏联在巴尔干地区的扩张感到非常震惊。但是,该地区在土耳其外交政策考量中并非处于中心地位。安卡拉上次对与巴尔干地区的合作感兴趣是在1934年,当时南斯拉夫、希腊、土耳其和罗马尼亚签署了《巴尔干公约》,对抗那个时期的修正主义大国。

与希腊和南斯拉夫不同,二战期间土耳其没有被占领或出现政权更迭。从这个意义上讲,由于土耳其没有参加第二次世界大战,它是该地区的局外人。此外,它在巴尔干半岛的狭小领土东色雷斯没有遇到任何争端。因此,它早期对南斯拉夫脱离苏联的兴趣,并不是出于自身眼前的安全考虑,而是对一个苏联势力占主导地位的接壤地区的泛泛关切。在1948年6月28日南斯拉夫被共产党和工人党情报局开除之后,安卡拉及其盟国,特别是美国,认为贝尔格莱德和莫斯科之间的裂痕是削弱共产党集团

第五章　在全球冷战和地区冷战之间：20世纪50年代土耳其协调其安全事务的探索

的一致性进而削弱苏联阵营的良机。① 在朝鲜战争之前，土耳其对西方防务可能的贡献受到普遍赞赏，这涉及的是中东和东地中海地区，而不是东南欧地区。当土耳其作为北约盟军东南欧司令部的成员参与欧洲防务时，这种情况发生了变化。

同时，土耳其在加入北约之后，就开始认真努力地将南斯拉夫纳入西方阵营。作为北约的两个巴尔干成员国，希腊和土耳其举行了会谈，试图协调其防务计划并加强在巴尔干地区的军事地位。早在1949年，美国、英国和法国就已通过提供经济和军事援助表达了对铁托政权的支持。1949年年底，美国人得到结论，铁托的政治独立是西方的重要资产。人们认为，苏联成功推翻铁托政权将有可能破坏该地区的力量平衡，危及希腊和意大利的地位。雅典和安卡拉在理想上希望缔结一项希腊—土耳其—南斯拉夫三方防务条约，将南斯拉夫与北约的南翼联系起来。在考虑将南斯拉夫纳入该联盟时，保加利亚是一个至关重要的问题。由于其地理位置，保加利亚可能威胁到这三个国家。此外，保加利亚是苏联最可靠的盟友，其军队在该地区"装备比较精良，训练有素"。② 希腊、土耳其和南斯拉夫都与保加利亚接壤。四个国家都驻扎着大量军队来保卫其边界，都想知道一旦发生紧急事件，对方将如何行动。③

与希腊和南斯拉夫相比，尽管土耳其因非法过境和侵犯边境而受到的威胁是微不足道的，但威胁已经开始稳步增加。出乎意料的是，战后土耳其在巴尔干地区遇到的最严重挑战并不是以保加利亚采取军事威胁的形式出现的，而是来自保加利亚挑衅性地利用土耳其少数民族问题。1950年8月，保加利亚宣布决定将居住在保加利亚的大量土耳其人驱逐到土耳其。保加利亚政府向土耳其驻索非亚大使馆递送了一份备忘录，要求土耳其在

---

① M. Faruk Gürtunca, "Yugoslavia: İlk Komünist Çözünmesi," ("The First Communist Dissolution") *Ayn Tarihi* (The Monthly Record of the Press Department of the Prime Ministry), No. 175 (June 1948).

② Dionysios Chourchoulis, "A Nominal Defence? NATO Threat Perception and Responses in the Balkan Area, 1951-67," *Cold War History*, 12, No. 4 (2012), pp. 637-657.

③ Hamilton Fish Armstrong, "Eisenhower's Right Flank," *Foreign Affairs*, 29, No. 4 (1951), pp. 651-663.

三个月内接纳在保加利亚的 25 万名土耳其人。① 保加利亚的这个要求使当时新当选的门德雷斯政府陷于困境。虽然难民危机最终在 1950 年 12 月得到解决，但土耳其仍然不得不接受 51951 名保加利亚土耳其人。② 这一事态发展是第一起引起土耳其注意来自保加利亚的潜在风险的事件。

南斯拉夫与北约盟国关系的日益改善也促使土耳其与南斯拉夫建立更密切的关系。希腊与南斯拉夫关系的迅速改善也影响了安卡拉。鉴于同南斯拉夫有严重领土和民族争端的希腊愿意同贝尔格莱德合作，这一转变促使土耳其进一步发展同南斯拉夫的关系。

希腊和土耳其在将南斯拉夫引入西方阵营方面的合作，是这两个北约的地区成员国之间冷战伙伴关系的重要标志。希腊与土耳其的关系在 20 世纪 50 年代初韦尼泽洛斯—阿塔图尔克③时期之后，第二次达到了最佳状态。战后，根据杜鲁门主义和马歇尔计划，土耳其和希腊被纳入了美国的援助计划。土耳其的阿德南·门德雷斯和希腊的亚历山德罗斯·帕帕戈斯元帅（Alexandros Papagos）（1952—1955 年在任）两个亲西方的政府推进了双边关系，并进一步加强了与西方的合作。在此背景下，双方准备为了巴尔干地区的安全而发起与南斯拉夫的伙伴关系运动。1953 年 1 月，土耳其外交部长福阿德·柯普吕律表示，现在是接纳南斯拉夫加入北约的时候了，最好是直接加入。他还表示，"如果（南斯拉夫）不能直接加入北约，应该通过建立一个类似于欧洲防务共同体与北约相互保障的三国单独联盟来寻求替代解决方案"。④ 在这个问题上，柯普吕律在访问贝尔格莱德之前，要求美国人就南斯拉夫问题给予直接指导。1952 年 12 月，美国国务

---

① Oral Sander, *Balkan Gelişmeleri ve Türkiye* (1945-1965) (Balkan Developments and Türkiye) (Ankara: Ankara Üniversitesi Siyasal Bilgiler Fakültesi, 1969), p. 72.

② Ibid.

③ 埃莱夫塞里奥斯·韦尼泽洛斯（Eleftherios Venizelos, 1864-1936），希腊政治家、外交家，曾经七次出任希腊首相与总理。在任期间，他积极推动了希腊与巴尔干邻国关系的改善，包括希腊与土耳其在 1930 年签署的友好条约及希、罗、土、南四国在 1934 年签署的《巴尔干公约》。穆斯塔法·凯末尔·阿塔图尔克（Mustafa Kemal Atatürk, 1881-1938），土耳其革命家、改革家，土耳其共和国的缔造者。——译者注

④ *FRUS*, 1952-1954, Ⅷ, McGhee (Ankara) to State Department, 6 January 1953, p. 604.

第五章 在全球冷战和地区冷战之间：20世纪50年代土耳其协调其安全事务的探索

院指示驻土大使告诉土耳其人：

> 我们目前无法就南斯拉夫依附于北约的问题或与北约建立互补的三方或四方防务安排发表任何明确的意见。我们认为，目前不应该做出任何武力或政治承诺，这可能与希腊和土耳其目前对北约的责任不一致。尽管如此，我们仍然非常希望土耳其和南斯拉夫之间在临时军事计划的基础上继续进行会谈。①

这不是安卡拉期望得到的回复。柯普吕律随后抱怨说，他与西方的主要困难之一就是其对南斯拉夫的"散漫"接洽。②

显然，土耳其急于与南斯拉夫达成一项军事条约。然而，在没有得到美国或北约全力支持的情况下，南斯拉夫、希腊和土耳其三个国家最初未能达成具有约束力的军事协议。它们必须更加耐心地获得盟友的充分认可。美国政府很清楚，土耳其和希腊希望与南斯拉夫进行更积极的军事合作，这对它们自己的安全至关重要。"这些国家之间的密切政治联系，将为希腊和土耳其创造一个与北约提供的安全保证相类似的额外因素，因为它们与西欧相对隔绝，在发生战争时获得援助的可能性较小。"③ 然而，美国并不希望因希腊和土耳其的北约成员国身份使北约有义务为了南斯拉夫参加战争。④ 此外，美国不想让意大利因的里雅斯特问题感到不安。因此，这两个巴尔干国家寻求具有约束力的安全条约的做法并未立即得到支持。为了打消美国的疑虑，土耳其外交部长柯普吕律建议成立非正式的他所谓的东南欧防御组织（Southeast Europe Defence Organization），成员包括希腊、土耳其和南斯拉夫，以及美国、英国、法国和意大利。与此同时，希

---

① *FRUS*, 1952-1954, Ⅷ, McGhee (Ankara) to State Department, 6 January 1953, p.608.
② Ibid., p.605.
③ *FRUS*, 1952-1954, Ⅷ, McGhee to State Department, 6 February 1953, p.618.
④ David R. Stone, "The Balkan Pact and American Policy," *East European Quarterly* 28, No.3 (1994), pp.393-405; Evanthis Hatzivassiliou, *Greece and the Cold War: Frontline State, 1952-1967* (London: Routledge, 2006), pp.36-42.

99

腊和土耳其都准备暂时忽略新出现的塞浦路斯危机。在这个时刻,联盟内部的争端被忽视了,而北约在这方面起了威慑作用。① 同时,继续达成条约的一个重要障碍是意大利的反对。土耳其与意大利建立了非常密切的关系,以影响其对《巴尔干条约》持积极态度。安卡拉非常关注意大利对的里雅斯特问题的担忧,并为解决这一问题做出了认真的努力。在《巴尔干条约》的谈判中,土耳其从未忽视意大利的担忧。土耳其方面与意大利领导人进行了重要的互访。1952年12月柯普吕律访问了罗马,但土耳其的努力都没有成效。安卡拉有时对意大利的态度感到沮丧,认为意大利对《巴尔干条约》的反对"基本上是在讨价还价,以确保在的里雅斯特问题上获得有利于意大利的解决方案"。②

与南斯拉夫的友好条约是土耳其和希腊暂时可以实现的最大成果。1953年1月28日拜访铁托期间,柯普吕律提议希腊、土耳其和南斯拉夫签订三国友好条约。在土耳其大国民议会的演讲中,柯普吕律强调另外两方对发起这一条约同样热情。③ 然而,美国和其他西方主要盟国已经明确表示,临时军事计划应作为一项与计划中的友好条约分离并相区别的事项,继续在三方的基础上进行。因此,1953年2月28日,土耳其、南斯拉夫和希腊在安卡拉签署了一项友好合作条约(即《安卡拉协议》)。

条约签署后不久,试图将其转变为军事联盟的势头便大增。1954年4月20日,铁托访问土耳其期间,双方同意建立一个军事联盟。土耳其最后一次尝试劝说意大利加入它们,但没有取得任何进展。1954年8月9日,三国签署的所谓《布莱德条约》或《巴尔干条约》中第十条规定,"本条约之规定不影响也不应被解释为以任何方式影响希腊和土耳其在1949年4

---

① Evanthis Hatzivassiliou, "Revisiting NATO's Stabilizing Role in South-eastern Europe: The Cold War Experience and the Longue Durée," *Southeast European and Black Sea Studies*, 12, No. 4 (2012), pp. 515-531.

② *FRUS*, 1952-1954, Ⅷ, McGhee to State Department, 6 February 1953, p. 618. 1954年5月31日,美国、英国和南斯拉夫签署协议解决了的里雅斯特问题。

③ *TBMM Tutanak Dergisi* (Records of the Turkish Grand National Assembly), 1950-1954, Dönem Ⅸ, Cilt 20/2, 23 February 1953, col. 825.

第五章 在全球冷战和地区冷战之间：20 世纪 50 年代土耳其协调其安全事务的探索

月 4 日的《北大西洋公约》中的权利和义务"，① 此时美国对"军事联盟条约"的限制变得愈加明显。三个巴尔干国家最终同意，对其中一个或多个国家任何部分领土进行的任何武装侵略都将被视为对所有国家的侵略行为。这就是土耳其一直在寻求的共同军事承诺。就在协议签署之前，土耳其驻北约代表团已明确表示："该条约与北约的条约完全相同，所采用的形式是尽可能按照北大西洋公约的形式……土耳其和希腊……已经完成了北约理事会暗中布置给他们的任务。"② 因此，现在轮到了北约来协调这两个条约。土耳其代表团的信函还指出，"对北约地区的一个国家——从逻辑上来说难以排除南斯拉夫——的武装侵略无法保持局部化"，因此北约和未来的巴尔干联盟事实上是互补的。③

由于南斯拉夫和苏联之间出乎意料地实现了快速和解，这种协调最终变成了一厢情愿。在《安卡拉协议》之后，尽管南斯拉夫敦促建立军事联盟，但后斯大林时期苏联的和平举措已经取得了进展。就在三国签署军事条约之前，赫鲁晓夫于 1954 年 7 月向铁托发出了一封密信。当 8 月 11 日铁托回信时，贝尔格莱德与莫斯科之间自 1948 年两国关系破裂以来的首次交流就此完成了。这次信件往来为 1955 年 5 月赫鲁晓夫历史性地访问贝尔格莱德奠定了基础。从这次意见交换来看，《巴尔干条约》注定要失败。④ 与此同时，1955 年希腊与土耳其之间出现的塞浦路斯问题也使该条约遭到废弃。该条约虽然短命，但依然是"意识形态对手之间唯一的正式军事同盟"。⑤ 即使北约盟国就冷战政治的基本原则已经达成了共识，这对于展示它们之间在政策协调上的困难也很重要。尽管北约的支持来得缓慢，但地区大国仍能够订立一个区域性条约。另外，它们还应为其单边行动的选择

---

① Documents in Law, History and Diplomacy-The Avalon Project, http://avalon.law.yale.edu/20th_century/eu002.asp.
② NATO, RDC (54) 396, *Balkan Pact*, 27 July 1954.
③ Ibid.
④ Svetozar Rajak, *Yugoslavia and the Soviet Union in the Early Cold War*, pp. 109–126.
⑤ Svetozar Rajak, "The Cold War in the Balkans, 1945–1956," in Melvyn P. Leffler and Odd Arne Westad, eds., *The Cambridge History of the Cold War* (Cambridge: Cambridge University Press, 2010), 1: 215.

101

导致条约中止而负责。

协调北约责任与中东安全的努力："域外"的挑战

　　协调中东安全问题与北约的议程是土耳其参与《巴格达条约》的主要优先事项之一。土耳其认为这是至关重要的，因为它是唯一与中东接壤的北约国家。然而，这是一项艰难的事业，因为中东形式上在"北约区域"之外，也因此成为北约联盟内部关于"域外"承诺的激烈辩论的一部分。安卡拉在推动《巴格达条约》时，就提醒北约盟国关于中东防卫方面的困难。这些提醒在20世纪50年代后期有所增加，因为《巴格达条约》的落实在1956年苏伊士危机和1958年伊拉克政变期间遇到了困难。土耳其在苏伊士运河问题上的立场释放了第一个重要信号，即安卡拉认为北约在中东应当发挥更为广泛的作用。1956年的苏伊士运河战争和随后的地区危机，即1957年叙利亚危机和1958年伊拉克政变，也促进了安卡拉希望看到北约和巴格达条约国家之间建立具体的联系。土耳其政府越来越多地在北约会议上提出这个问题。

　　土耳其之前虽然参加了由英国领导的中东司令部（Middle East Command）和中东防御组织（Middle East Defence Organization），但其防卫中东方面的真正承诺在跟随美国的新防御倡议，即所谓的"北层联盟"（Northern Tier）概念时才出现的。1953年5月美国国务卿杜勒斯在访问中东后，正式确定了"北层联盟"这一概念。它基于这样一个前提，即巴基斯坦、伊朗、伊拉克和土耳其等国家比其他中东国家更容易受到苏联的威胁；因此，它们应该构成该地区任何未来防御条约的核心。在1953年5月25—27日杜勒斯短暂访问安卡拉期间，门德雷斯告诉杜勒斯，他的国家必须是中东防御的"支柱力量"，并表示支持美国关于地区防御的任何倡议。[1] 土耳其总理门德雷斯和总统杰拉尔·巴亚尔（Celal Bayar）都认为，土耳其的社会与政治稳定、军事优势以及最重要的是其对抗苏联扩张主义的决

---

[1] FRUS, 1952-1954, IX, Memorandum of Conversation (Rountree), 26 May 1953, p.139.

第五章 在全球冷战和地区冷战之间：20世纪50年代土耳其协调其安全事务的探索

心，都可以为西方的中东新倡议提供地区支持。

门德雷斯政府立即启动了一项全面的外交倡议，以确保阿拉伯国家对该条约的支持。然而，像埃及和叙利亚这样的国家还没有做好加入的准备。因此，土耳其决定，北层联盟国家不应无限期地等待埃及等国加入该条约，而应寄希望于伊拉克，并希望得到该国坚定的回应。随后，确保伊拉克的参与成为土耳其的主要目标。门德雷斯在对巴格达的外交活动中，依靠的是他与伊拉克亲西方的首相努里·赛义德（Nuri Said）亲密的私人关系，即将获得的美国军事和经济援助，以及向伊拉克人做出的一些有关巴勒斯坦问题的最后承诺。所有这些都起了作用，并最终于1955年2月24日达成了所谓的《巴格达条约》。美国人和英国人对这一早期的成功很高兴。因此，土耳其在确保关键的伊拉克参与西方在中东的这一至关重要的冒险行动中发挥了作用。[①] 从那时起，安卡拉在中东发起了外交攻势，尤其是对伊拉克，这在土耳其共和国时期是前所未有的。这一轮外交攻势促成了《巴格达条约》，这是土耳其执行北层联盟战略的第一个也是最重要的例子。尽管土耳其及其西方盟国对该条约感到满意，但埃及政府对土耳其与伊拉克的协议做出了非常不赞同的回应。埃及总统纳赛尔将其视为背叛，并指责伊拉克与中东以外的国家建立防务关系，破坏了阿拉伯世界的团结。土耳其与伊拉克的条约对前者与大多数阿拉伯国家的关系产生了负面影响，安卡拉被指控为西方的"傀儡"并破坏了阿拉伯世界的团结。此外，该条约使伊拉克的一些北约盟国感到满意。英国认为拟议的土耳其—伊拉克条约是在中东建立西方防御体系的第一步。英国人将《巴格达条约》视为在《土伊条约》的保护下续签1930年《英伊条约》（将于1957年到期）的机会。1954年1月，英国驻巴格达大使特劳特贝克（J. M. Troutbeck）表示，土耳其与伊拉克就防务问题直接交换意见可以有助于"向伊拉克人表明邻近的亚洲国家可以接受（伊拉克）与西方结成紧密

[①] Brian Holden Reid, "The Northern Tier and the Baghdad Pact," in John W. Young, eds., *The Foreign Policy of Churchill's Peacetime Administration, 1951-55* (Leicester: Leicester University Press, 1988), pp. 159-179.

的军事联盟,且他们国土上的西方军队不会损害他们的国家主权和尊严"。①

根据《巴格达条约》第一条,缔约方宣布有意根据《联合国宪章》第五十一条进行合作,以保障其安全和防卫。第五条明确表示,允许阿拉伯国家联盟②的所有成员国或任何其他与中东安全有关的国家加入该条约。该条款还指出,"本条约的任何缔约国均可根据第一条与本条约的一个或多个缔约国缔结特别协定"。由于包括了这一条款,英国有权在加入该条约后立即与伊拉克签署一项特别协定。在与伊拉克签署该条约后,土耳其新任外交部长法廷·佐卢(Fatin Rüştü Zorlu)告知北约理事会,土耳其和伊拉克之间的条约所产生的影响远远超出了中东,应该从世界战略而不是中东战略的角度加以考虑……他要求北约相信,如果做出协调行动的话,在不久的将来,整个中东地区的稳定可能会大大增加。③

1955—1959 年,土耳其门德雷斯政府在中东的主要目标仍然是促进和巩固《巴格达条约》。土耳其政府认为,该条约的成功运作将提高该国作为北约盟友的整体形象,并有可能从西方,特别是从美国获得更多的经济和军事援助。然而,在《巴格达条约》签署后不久,随着埃及和叙利亚宣布它们将签署一项替代性"协议",一个在纳赛尔领导下的反对《巴格达条约》的集团开始出现。土耳其认为这是敌对行为,并做出了强烈反应。安卡拉甚至威胁叙利亚,称如果叙利亚坚持这种反对《巴格达条约》的政策,土耳其将考虑与大马士革断交。④ 可以预见的是,土耳其政府的压力引发了整个阿拉伯世界的抗议,这让西方感到震惊。美国和英国驻阿拉伯国家的使团也警告本国政府,土耳其对阿拉伯人采取强硬态度可能带来负面影响。换句话说,由于其亲西方的政策,土耳其现在正遭受不利的区域

---

① TNA, FO 371/110997, FO Minute, P. S. Falla, 20 January 1954.
② 阿拉伯国家联盟是为了加强阿拉伯国家联合与合作而建立的地区性国际组织。1945 年 3 月 22 日,埃及、伊拉克、约旦、黎巴嫩、沙特阿拉伯、叙利亚和也门 7 个阿拉伯国家的代表在开罗举行会议,通过了《阿拉伯国家联盟条约》,宣告联盟成立。——译者注
③ NATO, CR (55) 20, Summary Record of a meeting of the Council held on 10 May 1955.
④ TNA, FO371/115496, Gardener to FO, 8 March 1955.

第五章　在全球冷战和地区冷战之间：20 世纪 50 年代土耳其协调其安全事务的探索

影响。这些警告在来自阿拉伯国家政府的消息中得到了印证，包括伊拉克政府的消息。1955 年 3 月底，英国和美国政府同时得出结论，门德雷斯政府减少埃及和叙利亚反对该条约的企图实际上已经适得其反，并且似乎造成了两国严重的反土耳其情绪，以及安卡拉的反西方情绪。因此，英美警告土耳其不要草率地试图将阿拉伯国家纳入该条约。杜勒斯向驻安卡拉大使建议道，"我们担心如果继续按照土耳其的方法，将会在包括伊拉克在内的阿拉伯国家的人民心中挑起对土耳其意图的担忧以及对被土耳其统治的恐惧，从而威胁到我们想要达成的区域共同目标"。① 英美的建议在安卡拉遭到了冷淡的回应。土耳其外交部秘书长努里·比尔吉（Nuri Birgi）表示，土耳其政府对英国和美国的疑虑感到惊讶，并直截了当地问它们还想让土耳其做什么。② 尽管土耳其的盟友们发出警告，并且它对美国的态度感到失望，但为了获得阿拉伯国家对《巴格达条约》的支持，土耳其仍继续积极开展宣传活动。

尽管土耳其对叙利亚和埃及的反对感到沮丧，但随后英国、巴基斯坦和伊朗的加入也提升了土耳其对该条约成功的希望。例如，美国和英国都向土耳其领导人向这一地区的国家（如伊朗）推销这一条约的能力表示敬意。③ 尽管如此，当土耳其的西方盟友为了不让纳赛尔完全倒向苏联，主动向纳赛尔示好时，土耳其对该条约未来的不安情绪增加了。

土耳其对其北约盟国英国和美国对 1955 年埃及—捷克斯洛伐克军售的谨慎反应感到失望。土耳其政府认为，这笔交易清楚地证明了埃及已经融入了苏联集团。因此，土耳其敦促其盟国集中精力吸引更多阿拉伯国家加入《巴格达条约》，以孤立纳赛尔。④ 但是，英国和美国认为现在并不是疏远埃及的适当时机。直到 1956 年夏天纳赛尔决定将苏伊士运河国有化之后，英国的立场才发生了根本变化。苏伊士运河危机给在中东防御问题上

---

① NARA, RG 59, 682.87/3-2655, Dulles to Warren, 26 March 1955.
② NARA, RG 59, 682.87/3-2955, Warren to Dulles, 29 March 1955.
③ TNA, FO371/115521, Stewart to Shuckburgh, 29 September 1955.
④ TNA, FO 371/115525, Ankara to FO, 14 October 1955; NARA, RG 59, 682.87/10-2455, Record of a Conversation between Görk and Allen, 24 October 1955.

有特殊利益的三个北约盟国——美国、英国和土耳其带来了新的挑战。

在英美这两个北约盟国的支持下，土耳其继续在中东发挥积极作用。土耳其对美国不加入《巴格达条约》偶有不满。两国在吸引地区国家加入的方式存在分歧时，偶尔也会造成关系紧张。然而，苏伊士运河事件对土耳其与其两个北约盟国关系的影响却有所不同：由于英美对纳赛尔将苏伊士运河国有化的反应，门德雷斯政府发现自己处于非常尴尬的境地。虽然两个主要的西方大国都谴责埃及对苏伊士运河国有化，但它们本质上采取了不同立场，这迫使安卡拉在两者之间做出选择。安卡拉还发现很难协调其区域安全偏好和北约对"域外"争端的一般性政策。作为具有多区域角色的北约盟友，土耳其必将卷入这场辩论。

法国和英国试图将其盟友拉入其全球政治的企图遭到了大多数北约国家的反对，这种做法也激怒了美国人。英法对埃及的军事行动导致杜勒斯对北约地区和世界其他地区做出了严格的划分：

> 现在，我们对苏伊士运河这个问题的处理方式有所不同。这不是我们因协定而联系一起的区域。我们有协定约束的要保护的某些地区，例如北大西洋公约区域，在那些区域，我们共同进退，我希望并且相信我们将永远站在一起。①

美英法之间的这种意见分歧在西方集团内部引起了严重危机。由于被法国和英国否决，联合国安理会未能解决苏伊士运河问题，美国遂将停火提案提交了联合国大会。在联合国大会上，门德雷斯政府勉强支持美国的提案，但这远不能明确表明土耳其对英法军事干预苏伊士运河问题感到厌恶。当西方联盟因苏伊士运河问题陷入混乱时，安卡拉不喜欢被迫在两个盟友——英国和美国间选边站队。土耳其人似乎不像美国人那样对英国对

---

① John Foster Dulles speech, 2 October 1956. 转引自：Veronica M. Kitchen, *Arguing Identity and Security: Out of Area Intervention and Change in the Atlantic Community*, Ph. D. Thesis, Brown University, Rhode Island, 2006, p. 91.

第五章 在全球冷战和地区冷战之间：20世纪50年代土耳其协调其安全事务的探索

埃及的军事行动感到不满。因此，当美国由于英国与法国的否决而提议利用联合国大会而非安理会作为讨论的论坛时，土耳其驻联合国代表投了弃权票。安卡拉或许希望看到纳赛尔因其对苏伊士运河实行国有化而受到严厉的教训。在危机爆发前，门德雷斯已经阐明了其政府在这个问题上的立场，他认为苏伊士运河争端并不是英国和埃及之间的双边问题，而是一个涉及北约整个战略的问题。门德雷斯支持英国的立场，并认为：

> 今天，埃及人不能完全认为，英国在运河区的地位的性质是一种帝国主义或仅仅是为了维护英国的利益。土耳其确信，英国守护着自由世界在这个关键位置中的一个前哨阵地。[1]

这与土耳其对法国在阿尔及利亚的存在的反应相同。土耳其没有对一些北约盟国的殖民利益和联盟的总体利益进行区分。与纳赛尔的紧张关系也使安卡拉不愿支持美国在苏伊士运河问题上的立场。土耳其和埃及两国领导人在中东地区奉行的政策一直互不相容。纳赛尔试图减少埃及对西方的依赖，而门德雷斯热衷于加强与这些国家之间的联系。此外，安卡拉在伊拉克和埃及之间的历史性领导权之争中支持伊拉克。最后，门德雷斯政府对埃及与希腊关系的改善感到不安。由于对埃及的疑虑，土耳其政府更愿意看到美国坚决支持英国在苏伊士运河问题上的态度。但是，事实并非如此。土耳其最终感到不得不支持美国在苏伊士运河问题上的立场。在北约讨论期间，这种三心二意的支持也表现得很明显。在1956年12月北约理事会部长级会议期间，门德雷斯指出，"尽管北约的防务计划仅限于保卫北约地区，但有必要考虑到该地区以外的事态发展对北约可能造成的危险"。[2] 他补充说，北约和巴格达条约是"互补的"，两个防御体系之间的联络至关重要。土耳其和英国是《巴格达条约》的正式成员国，而美国正

---

[1] FRUS, 1952-1954, IX, Memorandum of Conversation (Rountree), 26 May 1953, pp.139-140.

[2] NATO, CR (56) 70, Summary Record of NATO Council Meeting, 11 December 1956.

在参与该条约的某些活动，因此为了保卫北约的南翼，"巴格达条约的防御状态"至关重要。①

到20世纪50年代后期，关于中东局势以及北约和巴格达条约之间建立联络的可能性的讨论成为北约部长级会议议程上的一个常设议题。1957年，当土耳其对共产主义势力在叙利亚的崛起感到震惊时，它强调了这种事态发展对整个北约的可怕后果。在1957年12月的北约峰会期间，土耳其外交部长佐卢警告说，"北约国家应该认识到这种威胁是普遍而真实的"。他不仅要求获得英国和美国的支持，还要求获得整个北约的支持。他强调，"（土耳其）无意要求扩大北约的责任来保卫巴格达条约组织国家，但另一方面，北约国家可以提供力量和支持来遏制苏联颠覆的浪潮"。② 从那时起，北约理事会成员对北约与巴格达条约之间应有联系的密切程度同样存在分歧。

1958年的伊拉克政变进一步加剧了这场辩论，因为巴格达条约组织的未来受到了威胁。当美国和英国分别在黎巴嫩和约旦部署部队，以保护当地政权免遭伊拉克的努里·赛义德的命运影响时，③ 北约各国在口头上支持了这些决定。门德雷斯政府比其他政府走得更远。土耳其政府允许美国使用南部的因吉尔利克（İncirlik）空军基地。④ 土耳其反对派批评门德雷斯政府允许美国在没有任何北约参与的情况下使用因吉尔利克基地。外交部长佐卢承认了这个基地的使用不在北约框架之内的事实，但是辩称反对派的批评毫无意义，因为使用因吉尔利克基地"只不过是在友好小国的请求下，向保卫那个国家的部队提供帮助"。⑤ 显然，土耳其并没有特别关注

---

① NATO, AC (119) WP4, Note by the Turkish Delegation, 7 February 1957.

② NATO, CR (57) 83, Summary Record of NATO Council Meeting, 17 December 1957.

③ 1958年7月14日，阿卜杜勒·卡里姆·卡塞姆领导的自由军官组织发动革命，推翻了费萨尔王朝，成立了伊拉克共和国。伊拉克国王费萨尔二世等王室成员和亲西方的首相努里·赛义德等在革命中被杀。——译者注

④ NSC 5708/2, US Policy Towards Türkiye, Operation Coordinating Board Report, 10 December 1958.

⑤ NARA, RG 59, 782.00 (W)/12-658, Foreign Minister Zorlu's Statement, 6 December 1958. 关于佐卢对反对派的反应，参见：TBMM Tutanak Dergisi, 1957-1960, Dönem XI, 21.8.1958, col. 854。

第五章 在全球冷战和地区冷战之间：20世纪50年代土耳其协调其安全事务的探索

卷入地区外问题的困境。

1959年，为了在1958年的伊拉克革命后维护《巴格达条约》，北约关于加强大西洋联盟与巴格达条约组织之间军事关系的谈判仍在继续，而土耳其一如既往地坚决捍卫了这些牢固的联系。由于挪威和加拿大等国的强烈反对，北约没有达成具有约束力的协议，但商定了就军事问题和北约国家向该地区提供进一步援助的可能性进行更密切的磋商。[①] 一直以来，土耳其代表团或土耳其政治家都主张加强北约和巴格达条约之间的联系。实际上，由于20世纪50年代后期《巴格达条约》受欢迎的程度一直在下降，这种要求就有些过分了。因此，土耳其政界人士的倡导也无济于事。

结　论

与北约的结盟将土耳其置于不同地区冷战两极分化的中心。安卡拉认为这种情况是不可避免的，因此接受了参与冷战的区域挑战。门德雷斯政府几乎没有对具体的区域挑战做出任何区分。任何源自巴尔干、中东或其他地方的反西方事件都被视为苏联同类威胁的变体。任何民族主义运动或任何反西方的行为都容易被谴责为对大西洋联盟和西方全球利益的全球性挑战。由于其在地理和文化方面的多区域性特征，安卡拉可能比其他任何北约盟友都更加关注在亲西方的地区安全倡议与北约之间建立内部协调的想法。这也与安卡拉希望提请注意其在对其自身国家安全至关重要的地区的潜在作用密切相关。

然而，在全球范围内对抗苏联的承诺并没有使北约盟国之间在地区政治中轻松达成共识。艰难推动达成的地区性条约通常也无法加强北约或确保其在级别上的一致。土耳其希望以这样或那样的方式将所有地区防御计划与北约联系起来，这与国际秩序的性质密切相关，而后者在当时使地区在地区安全中的作用被边缘化了。

联盟中的相互依赖关系对某些地区问题有一定的调节作用，但不一定

[①] NATO, CR (59) 19, Summary Record of NATO Council Meeting, 13 May 1959.

会在地区政治中起作用。因此，土耳其的北约成员国身份为北约内部关于地区政治的关系提供了一定程度的连贯性，但未能改善地区安全环境或促成北约与上述土耳其极力承诺的条约之间运作良好的相互依存关系。从本质上讲，冷战中，北约未能解决其"域内"和"域外"角色之间的冲突，但这对土耳其的政策来说是一个持续的挑战。

第六章

巴尔干地区的华沙条约组织：保加利亚的视角

卓尔丹·巴埃夫

引 言

自20世纪90年代初以来，东欧彻底的政治转型促成了以前华沙条约组织的最高机密档案的大规模解密工作。在2010年至2013年期间，20世纪90年代之前的整个冷战时期的保加利亚军方和军事情报档案也解密了。在过去的二十年中，笔者有机会披露和出版大量新的档案文件[1]，并分析关于保加利亚在华约组织中的作用的一些重要问题，特别是关于东欧集团的理论和组织发展及保加利亚对战后全球和地区冲突的态度。[2]

---

[1] 大部分文件均可通过位于华盛顿的冷战国际史项目（Cold War International History Project）在网上浏览，网址为：https：//www.wilsoncenter.org/program/cold-war-international-historyproject，以及苏黎世（Zurich）的北约与华约平行历史项目（Parallel History Project on NATO and the Warsaw Pact），今为"合作安全平行历史项目"（PHP on Cooperative Security），网址为：http：//www.php.isn.ethz.ch/。

[2] 笔者在1995年出版了关于这一问题的第一部专著《冷战时期的军事和政治冲突与保加利亚》(Cold War Military and Political Conflicts and Bulgaria)，最新一本专著是在2010年出版的《冷战时期的欧洲安全体系与巴尔干地区》(European Security System and the Balkans in the Cold War Years)；还有一些著作特别强调在华约体系框架中保加利亚和罗马尼亚关系的特殊性以及托多尔·日夫科夫在布加勒斯特与莫斯科关系上作为"协调者"的作用，参见：Jordan Baev, "The Warsaw Pact and the Southern Tier's Conflicts, 1959-1969," in Ann Mary Heiss and S. Victor Papacosma, eds., NATO and the Warsaw Pact: Intra-bloc Conflicts (Kent, OH: Kent University Press, 2008); Jordan Baev and Kostadin Grozev, "Bulgaria, Balkan Diplomacy, and the Road to Helsinki," in Oliver Bange and Gottfried Niedhart, eds., The CSCE 1975 and the Transformation of Europe (New York and Oxford: Berghahn Books, 2008); 2008年笔者还发表了一篇百科全书式的文章：Jordan Baev, "Warsaw Pact," in Ruud van Dijk, eds., Encyclopedia of the Cold War (New York: MTM/London: Routledge, 2008), 2: 960-962。

本研究尤其从保加利亚的角度讨论了华沙条约组织成员国之间"角色和目标的分配"、核/导弹扩散的困境、北约战机的侦察和地区的联合军事演习，从而对华沙条约组织对北约南翼的政策提出一些新的观点。就在东欧共产主义政权的崩溃导致华沙条约组织不可避免地解体之前，华约组织在20世纪80年代末进行了迟来的改革尝试，笔者对此也给予了特别关注。

苏联政治模式强加于东欧的方式含蓄地表明，1955年5月华沙条约组织的建立实际上并不是苏联集团政治和军事一体化初期阶段的开始，而是其结束。20世纪40年代后期，双边协议体系已经完成。与后来促成了华沙条约组织的建立的集体防御条约不同，这些最初的双边互助协议对协议事项的定义如此模糊，以至于很难预测苏联和东欧的军队在何时以及在何种具体的情形下将开始军事行动。多边军事合作最初阶段的标志是斯大林于1951年1月9—12日在莫斯科举行的秘密首脑会议。东欧所有国家的政治和军事领导人都无可争议地支持建立"人民民主国家武装力量建设协调委员会"。① 在那次会议之后的几年内，东欧武装部队按照苏联模式进行了大规模的重新武装和重组。

华约组织的形成

在1954年11月29日至12月2日的莫斯科会议上，苏联集团领导人概括性地宣布了建立东欧集体防御体系的最初想法。根据现有文件，我们可以认为，在1955年3月中旬之前，苏联的东欧伙伴还不知道拟议联盟的性质或其成立的大致日期。1955年3月8日，保加利亚国防部长佩塔尔·潘切夫斯基将军下令，要求在他的指挥下于5月9—13日进行一次防空部队参谋部演习。②

很明显，潘切夫斯基当时还不知道在同一时间要召开一次国际会议。

---

① 保加利亚领导层通过一项特别秘密决议，任命总理瓦尔科·切尔文科夫（Valko Chervenkov）和国防部长佩塔尔·潘切夫斯基（Petar Panchevski）将军为协调委员会的保加利亚代表。Sofia, Central State Archive (TsDA), Fond 1-B, Opis 64, A. E. 124.

② Veliko Tarnovo, State Military Historical Archive (DVIA), Fond 1, Opis 3, A. E. 17, 8.

第六章 巴尔干地区的华沙条约组织：保加利亚的视角

然而，3月19日，潘切夫斯基紧急动身前往莫斯科。三天后，苏联外交部就发布了关于阿尔巴尼亚、保加利亚、捷克斯洛伐克、民主德国、匈牙利、波兰、罗马尼亚和苏联代表团之间就莫斯科会议的决定进行磋商的官方消息。直到1955年4月1日的苏联领导层会议上，国防部长格奥尔吉·朱可夫（Georgy Zhukov）才被指派编制未来联盟的联合军事结构草案的任务。因此，华沙会议的开始时间从1955年4月25日推迟至5月中旬。5月2日，东欧领导人才接到通知，该组织的成立会议将于1955年5月11—14日在华沙举行。①

在会议开幕前的初步磋商中，各国国防部长和外交部长就文件草案的终稿达成了一致意见。1955年5月6日，保加利亚国防部长潘切夫斯基在总参谋部作战部负责人阿塔纳斯·塞梅尔吉埃夫（Atanas Semerdzhiev）②上校的陪同下出发前往华沙，并在会议结束后又在那里待了三天。③ 塞梅尔吉埃夫将军在回忆录中说道："在接下来的几天里，由于完全没有收到关于我的职责的信息，我感到非常不安……特别是因为索非亚给我的指示相当少。"④ 在1955年5月12日的第三次会议上，保加利亚总理瓦尔科·切尔文科夫讨论了巴尔干地区的局势，特别强调了美国在土耳其和希腊的军事基地。1955年5月13日，第四次会议只用了25分钟，所有受邀代表团的领导人就一致通过了条约草案。根据条约的规定，华沙条约组织（Warsaw Treaty Organization，WTO）的最高领导机构是政治协商委员会（Political Consultative Committee，PCC）。在一次单独的秘密会议上，还通过了关于建立联合武装部队（Joint Armed Forces，JAF）和武装部队联合司

---

① Vojtech Mastny, "'We are in a Bind': Polish and Czechoslovak Attempts at Reforming the Warsaw Pact, 1956-1969," *CWIHP Bulletin*, 11 (1998), p. 230.
② 塞梅尔吉埃夫上将是东欧国家中担任军队总参谋长时间最长的人，从1962年3月到1989年12月。1990年年初，他还兼任保加利亚内政部长，1990年7月至1992年1月他担任保加利亚副总统。
③ DVIA, Fond 1, Opis 3, A. E. 17, 154.
④ Atanas Semerdzhiev, *Prezhivianoto ne podlezhi na obzhalvane* (There is no Appeal for the Survived Years) (Sofia: Hristo Botev Publishing House, 1999), p. 171.

113

令部（Unified Command of the Armed Forces）的特别决定。①

早在朝鲜战争时期，与杜鲁门主义时期相比，巴尔干地区就失去了战略优先性。在华沙条约组织存在期间，中欧和西欧成为两个集团全球对抗的所谓"前沿梯队"。巴尔干的战略方向在苏联的战争计划中占据了次要位置。因此，阿尔巴尼亚的疏远和罗马尼亚的"异议"既没有引起克里姆林宫的强烈反对，也没有引起任何反制措施（与匈牙利和捷克斯洛伐克的遭遇不同），特别是因为它们都遵循坚定的共产主义和反资本主义路线。

正是在其成立之时，华约组织就根据北约邻国的战斗力和军事力量，为其每个成员国分配了具体的观察和分析任务。因此，保加利亚和罗马尼亚被指派审查北约在巴尔干、地中海和中东地区的意图和行动。

苏联集团举行双边和多边会议的惯例自此开始，在1955年华沙条约组织成立时，会议讨论了各国的任务和目标。情报机构的第一次此类多边会议于1955年3月在莫斯科举行，有8个东欧国家的代表团参加。苏联代表提出了针对"主要对手"美国和英国的情报信息交流和联合行动措施的问题。他们以北约联合局（NATO Joint Bureau）为例，坚持认为苏联集团的情报活动应朝着三个主要方向发展：1. 对北约统治集团内部的渗透和招募代理人，主要目的是获取有关北约秘密协议和决议的情报；2. 获取有关北约军队联合军事演习、战争计划和重整军备的情报；3. 获取有关北约成员国之间分歧的新情报。保加利亚、罗马尼亚和阿尔巴尼亚共同针对土耳其和希腊采取了情报行动。②

在1955年3月苏联集团第一次多边情报会议后不久，保加利亚共产党领导人根据会议的建议批准了这些提议："确定了情报部门工作的主要方向——土耳其和希腊，美英帝国主义正在那里建立自己的军事基地，正在组建情报中心和情报学校，并正在将这些国家变成侵略保加利亚和其他社会主义国家的跳板。"保加利亚的一项特有的民族特色是使用"主要敌人"

---

① Sofia, Diplomatic Archive (DA), Opis 7-P, A. E. 602.
② Sofia, Commission of State Security Dossiers Centralized Archive (COMDOS), Records "M", Fond 1, Opis 5, A. E. 152. 众所周知，1961年2月阿尔巴尼亚拒绝了参加这种多边安全会议的邀请，1964年5月罗马尼亚也拒绝了此类邀请。

第六章 巴尔干地区的华沙条约组织：保加利亚的视角

一词来称呼土耳其，而在《华沙条约》的常见用语中，对北约和美国也使用了同一个词。保加利亚情报机构在（土耳其和希腊）这个方向上的基本任务规定如下：

  A. 搜集关于美国和英国利用土耳其和希腊的军事计划的情报；

  B. 侦察美国和英国在土耳其和希腊领土上建立新军事基地的军事和秘密协议以及北约多边协定下的安排；

  C. 获取有关土耳其和希腊的军事潜力、动员准备、重整军备（特别是关于核武器）以及国防工业的情报；它们的空军和海军基地，以及在黑海海峡、伊兹密尔（Izmir）和塞浦路斯使用的防御设施的情报；获取有关用于军事目的原子能的情报，有关雷达装置、化学、细菌和地质的情报；

  D. 揭露土耳其和希腊统治集团之间的内部矛盾以及这些国家与美英之间的现有矛盾；

  E. 渗透到美国、英国和其他资本主义国家在土耳其和希腊领土上的情报中心和情报学校中，以获悉和阻止它们的侵略意图；

  F. 渗透到敌方移民组织内部，以破坏美国、英国、土耳其、希腊和其他资本主义国家的情报机构利用移民来反对保加利亚的图谋；

  G. 我们在以色列和埃及的情报人员将他们的活动定位于助益在土耳其、希腊和塞浦路斯开展情报工作的机会。[1]

保加利亚军队的重整军备

甚至在华约组织成立之前，就开始了第一次关于在保加利亚领土上永久部署中程弹道导弹的决定的讨论。1953—1955 年，苏联特别军事小组前

---

[1] TsDA, Fond 1-B, Opis 64, A.E. 210.

115

往罗马尼亚、保加利亚和民主德国进行侦察，收集关于 R-1（SS-1）和 R-2（SS-2）导弹①潜在部署地点的资料。由于这些武器的"效力有限"，最初决定是不部署这种导弹。然而，1955 年 3 月 26 日，苏联领导人赫鲁晓夫签署了由苏共中央委员会和部长会议制定的关于在四个不同地区部署战略弹道导弹部队的第 584-365ss 号最高联合秘密法令。② 根据这份文件，第 72 工兵旅必须调归德意志民主共和国境内的苏联部队；第 73 旅前往保加利亚；第 90 旅前往外高加索军区；第 85 旅前往远东军区。克里姆林宫做出这样的决定是计划部署代号为"8K51"的最新型 R-5M（SS-3）中程弹道导弹。

目前尚没有可用的资料来解释 1955 年 3 月 26 日的决定为什么从未在保加利亚付诸行动。主要的原因可能是 1956 年 2 月苏共二十大后华约组织内部的政治局势不稳定，以及苏联集团于 1957 年提出了在中欧和巴尔干地区建立无核区的新倡议。实际上，装备有"讼棍"导弹的第 73 旅于 1956 年年底在伏尔加格勒地区进驻，并于 1960 年转移到了乌克兰的科洛米亚（Kolomiya）。最近几年出现的有趣的证据证实了保加利亚对苏联战争计划的战略重要性。1958 年 8 月 3 日，赫鲁晓夫在北京与中国领导人毛泽东进行了深入的会谈，在场的还有苏联国防部长罗季翁·马林诺夫斯基（Rodion Malinovski）。当讨论转向核扩散问题时，毛泽东提到美国在土耳其建立了许多军事基地。作为回应，赫鲁晓夫评论说，美国在土耳其的基地"都在我们的眼皮底下"，并且更进一步说：

---

① R-1 和 R-2 型战术弹道导弹均为苏联武器系统编号，由于冷战时期苏联军事装备的实际代号与命名通常都不为西方国家所知悉，为了使北约内部使用不同语言的军事单位之间能顺利地沟通，才会出现"北约代号"这种由北约单方面所制定的命名系统，即文中括号中的名称。其中，R-1 导弹就是北约代号中的"SS-1 讨厌鬼或飞毛腿"（Scunner/Scud）战术弹道导弹；R-2 导弹的北约代号是"SS-2 同胞"（Sibling）战术弹道导弹。下文中的 R-5M 即"SS-3 讼棍"（Shyster）战术弹道导弹。——译者注

② Mathias Uhl and Vladimir Ivkin, "Operation 'ATOM': The Soviet Union's Stationing of Nuclear Missiles in the GDR," *CWIHP Bulletin*, 12/13 (2001), pp. 299-308; Mathias Uhl, *Krieg um Berlin*? (Munich: Oldenbourg, 2008).

第六章 巴尔干地区的华沙条约组织：保加利亚的视角

虽然他们（美国）计划在希腊建立基地，但那更加容易（对付）。从保加利亚的山上扔下一块石头，它们就会消失。即便连美国现在都处在枪口之下。我们必须感谢我们的科学家创造了洲际导弹。[1]

1958—1960 年，苏联构建了一项新的军事理论。虽然 20 世纪 50 年代初以来，以前的条例和规范性文件也将武装部队在核打击方面的准备列为一项主要任务，但新的军事理论却确定了全面"导弹战争/核战争"的必然性。1960 年 10 月，在莫斯科举行的一次华约组织联合军事司令部最高机密会议上，苏联领导人的观点得到了很好的阐述。苏联总参谋长阿列克谢·安东诺夫（Alexei Antonov）将军在其基本报告中强调了使用核武器和导弹武器进行作战的观点。华约联合武装部队最高司令安德烈·格列奇科（Andrei Grechko）元帅在他自己的报告中指出，未来的战争将始于在敌人的整个领土内使用导弹和/或核武器——而不仅仅是针对特定的战术目标。苏联国防部长马林诺夫斯基元帅的讲话也非常重要：

说我们不能率先发动攻击并不意味着我们要等待先被打击。这意味着，我们的工作应该保持这样一种方式，即如果我们收到关于敌人意图打击我们的信息，我们将在那个时刻做好准备超过他们，而我们的核动力火箭打击将立即瞄准敌国的目标。

此外，马林诺夫斯基向东欧的伙伴们保证："如遇紧急情况，你们将获得必要的核导弹武器，并按照自己的意愿使用它们。因此，你们必须接受训练才能使用这些核武器。"[2] 按照这些指示，地方军事指挥官们计划采取充分的措施。保加利亚国防部长的一项指令提出了要具备定位敌方导弹

---

[1] Washington, DC, Library of Congress, Manuscript Division, *Dmitrii Volkogonov Papers*, Reel 17. 首次引用可见于：David Wolf, "New Russian and Chinese Evidence on the Sino-Soviet Alliance and Split, 1948-59," *CWIHP Working Paper* (Washington, DC), No. 30 (August 2000), p. 57。

[2] DVIA, Fond 1, Opis 2, A. E. 75：155, 171, 176-177。

117

发射场并为北约国家的突然核打击做好准备的能力。①

20世纪60年代初，许多美国军事和情报评估认真研究了苏联部署核武器的可能性。1960年2月2日的中央情报局《国家情报评估》（National Intelligence Estimate，NIE）指出："苏联几乎肯定不愿意向它们（东欧国家）提供核武器。"在美国陆军驻欧洲部队司令部（United States Army, European Command，USAREUR）1960年、1961年和1962年的年度情报评估中，都包含了有关在阿尔巴尼亚和保加利亚建造"萨姆-2"地对空导弹发射场，以及在阿尔巴尼亚地中海基地的苏联潜艇数量增加的资料。然而，所有报告都得出结论认为，苏联的核武器很可能并未交付给阿尔巴尼亚、保加利亚和罗马尼亚。1965年美国陆军驻欧洲部队司令部的情报评估得出了一个概括性的结论："没有确凿的证据表明苏联已将核弹头转移到了'卫星国'，唯一的例外是东德。"②

实际上，1961年3月在莫斯科举行的华约政治协商委员会首脑会议批准了一项秘密决定，即用现代导弹武器重新武装东欧国家军队。根据1961年6月8日苏联政府的第546-229号决议，R-11M导弹除核弹头外应交付给规模较小的盟国军队。通过执行华约组织的决定，在1961—1966年，保加利亚武装部队首先接收了苏制R-11（8K11）战术导弹，西方称之为"飞毛腿-A"导弹，随后是"月神"导弹（9K714），西方称之为"蛙-4"导弹。在这几年间，保加利亚组建了三个导弹旅：第二军第56旅，驻地卡尔洛沃（Karlovo）；第三军第66旅，驻地扬博尔（Yambol）；第一军第46旅，驻地萨莫科夫（Samokov）。另一支部队即第76导弹团，隶属位于普列文地区（Pleven region）特利什（Telish）的总参谋部战略预备役部队，保加利亚导弹部队前司令迪米塔尔·托多罗夫（Dimitar Todorov）中将明确证实了档案证据所表明的情况，即在冷战结束之前，保加利亚领土从未存放过核弹头。索非亚和莫斯科之间的双边秘密协议规定，"核定数量的

---

① DVIA, Fond 1, Opis 2, A. E. 74: 213.
② NARA, RG 218, Geographic File, 1958, Box 12; RG 263, Entry 29, Box 11; RG 319, Boxes 1155-6, File 950 871.

固定千吨的核弹头应保留在苏联领土上",更具体地说是在乌克兰境内,并且只有在华约领导层做出决定后才能交付给保加利亚武装部队。[①]

在1961年夏秋,柏林危机达到顶峰的时候,保加利亚军事情报部门就全球军事和政治紧张局势的加剧与北约舰艇在黑海附近活动的增加之间的相互关系准备了许多分析和情报报告。根据1961年8月5日的一份报告,美国政府已要求土耳其,如果苏联在柏林问题上不接受妥协,土耳其就关闭黑海海峡。根据1961年9月1日该部门的另一份资料,黑海埃格尔利(Egerli)海军基地处于高度戒备状态,并接到命令,每天向安卡拉的土耳其海军参谋报告黑海沿岸的有关情况。[②]

1961年9月8—9日,华约各国国防部长在华沙首次举行了单独会议。华约联合武装部队最高司令安德烈·格列奇科元帅做了报告,并讨论了"有关提高联合武装部队各构成部队战备状态的实际问题"。1961年9月15日,在保加利亚代表团从莫斯科返回后,保加利亚国防部长伊万·米哈伊洛夫(Ivan Mihailov)将军立即向保共领导人递交了一份报告,提出了一些"提高保加利亚人民军战备状态"的措施。在9月20日的会议上,保加利亚共产党中央委员会政治局通过了"关于加强国家防务能力"的第230号特别决议。[③] 这是东欧国家军事问题决策过程的一个典型例子:苏联军方的"建议"立即被各国政治领导人所采纳,并作为指令或决议进一步转发给当地武装部队指挥官。

古巴导弹危机也对巴尔干和地中海地区产生了间接影响。就在危机开始之前,即1962年10月15—19日,华约组织在罗马尼亚和保加利亚及其毗邻的黑海领海举行了作战和战术演习。华约联合武装部队最高司令格列奇科元帅特别重视在巴尔干和地中海地区的北约部队,进而强调了土耳其海峡在北约地缘战略规划中的重要性,因为它们位于三大洲的汇合处,非

---

① Dimitar Todorov, *Ракетните войски на България* (Bulgarian Missile Troops) (Sofia: Air Group 2000 Publishing House, 2007), pp. 306, 351. 更多主题参见:Jordan Baev, "Nuclear Proliferation in the Balkans," *Etudes Balkaniques*, XLVII, nos. 2-3 (2011): pp. 22-50。

② COMDOS, Records "M", Fond 1, Opis 10, A. E. 73: 29, 77-78。

③ TsDA, Fond 1-B, Opis 6, A. E. 4581: 1-31。

常接近地中海中最重要的交通线。[1]

核扩散与战争想定

欧洲的核扩散问题直接影响了两个冷战集团的军事计划和战略思想。多年来，人们普遍认为全面核战争是不可避免的，这在学说概念和战争想定中已得到明显体现。1959年6月，苏联、罗马尼亚和保加利亚武装部队的联合演习设想在战争的前两天，北约将率先通过扬博尔和布尔加斯（Burgas）袭击鲁塞（Ruse）。保加利亚和罗马尼亚军队的主要任务是组织一次"主动防御"，以在苏联大部队部署之前抵抗北约部队。[2] 在1961年6月在保加利亚领土进行的另一次联合演习结束时，格列奇科元帅强调了备战对于"在该区域和大气辐射污染的情况下采取行动"的重要性。[3] 在这次演习之后的讨论中，伊万·巴格拉米扬（Ivan Bagramyan）元帅指出，在发生大规模核战争的情况下，"巴尔干战区战争头四天内的医疗减员将超过作战部队人数的12%"。[4]

华沙条约组织"联盟-63"（Soyuz-63）演习的战争想定更具体地考虑了"盟军防空应对敌军大规模空中和导弹攻击"的所有可能性。根据华约军事专家的说法，北约将利用14枚战术弹道导弹、12枚巡航导弹和1044架飞机进行两轮初步空袭来发起行动。"北方"（华约）部队将对"敌方"的"军队、机场、通信设施、海军基地、行政和工业中心"进行大规模打击，以使土耳其和希腊脱离战争。[5] 在华约大多数的战争想定中——例如像保加利亚领土上规模最大的联合演习"盾牌-82"（Shield-82）——主要任务是"摧毁敌方的导弹和核武器"。华约盟军指挥部建议，在"巴尔

---

[1] *Vojensky Historicky Archiv*, Praha, MNO-1963, 65/65, sf. 17/1. 更多内容可参见：Jordan Baev, "Bulgaria and the Cuban Missile Crisis," *CWIHP Bulletin*, 17-18 (2012), pp. 522-534。

[2] DVIA, Fond 24, Opis 2, A. E. 4: 101-106.

[3] DVIA, Fond 22, Opis 8a, A. E. 8: 34.

[4] DVIA, Fond 22, Opis 8a, A. E. 8: 180.

[5] DVIA, Fond 22, Opis 8a, A. E. 17: 78-79.

第六章 巴尔干地区的华沙条约组织：保加利亚的视角

干战略方向"上，保加利亚武装部队应该将敌方抵御在其领土以外3—12小时，直到苏联空军能够做出反应。

1975年1月在索非亚举行的信息与无线电技术情报部门会议敲定了与侦察和评估北约的大规模演习有关的华约多边协调框架和主要指标，它们在与当时即将举行的"冬季-75"（WINTEX-75）演习有关的旨在实现"互动"的行动计划中得到了完美的体现。保加利亚被指派负责侦察希腊和土耳其武装部队；匈牙利负责侦察意大利；捷克斯洛伐克和东德负责侦察中欧战区的北约武装部队；波兰负责侦察中欧和北欧战区的北约武装部队；而苏联负责监视欧洲、大西洋和英吉利海峡战区的北约盟军指挥部。

北约的主要通信中心是以下东欧各国军事情报机构进行电子侦察的目标：保加利亚——土耳其伊兹密尔和希腊下苏利（Kato Souli）的无线电发射装置；匈牙利——美国安德鲁斯（Andrews）空军基地；民主德国——联邦德国皮尔马森斯（Pirmasens）美军基地；波兰——丹麦卡鲁普（Karup）空军基地；捷克斯洛伐克——荷兰布鲁森（Brunssum）和欧洲盟军最高司令部的所在地比利时卡斯托（Casteau）；苏联——西班牙托雷洪（Torrejón）空军基地和西德西格尔巴赫（Siegelbach）空军通信站。[1]

保加利亚和匈牙利的军事情报部门针对南欧和地中海地区的演习，是"秋季锻造"（Autumn Forge）系列演习的重要组成部分，如"黎明巡逻"（Dawn Patrol）[始于1969年，1981年更名为"远锤"（Distant Hammer）]；"深沟"（Deep Fourrow）（始于1969年）；"显示决心"（Display Determination）（联合防空演习，始于1977年）；"威慑力"（Terrent Force）（海军联合演习）和"积极边缘"（Active Edge）（联合防空演习，始于1977年）。在1979年3月6—23日的"冬季/民防-79"（WINTEX/CIMEX-79）战略指挥和参谋人员演习中，一份关于保加利亚军事情报电子侦察部门的活动的分析报告介绍了监测活动的模式。[2] 为了监测北约的冬季演习，一个特别

---

[1] COMDOS, Records "VR", Fond 23, Opis 01288, A. E. 1069: 106-109.
[2] COMDOS, Records "VR", Fond 23, Opis 01288, A. E. 1119: 196-205. 在"冬季-79"演习结束后随即获得的新情报中，发现了自1973年以来首次监测到的希土军队之间的联合通信，这是希腊重新参加北约军事活动的可靠证据。

121

的无线电技术情报旅布置了 30 个新的电台，而三个陆军无线电技术情报分队和一个海军无线电技术情报组又布置了 46 个电台。因此，为了这项特别的电子侦察行动，用于无线电和雷达定位的电台数量增加了两倍。

"冬季/民防-79"演习期间，华约组织监测了 117 个北约电子通信源，其中 80 个是新识别出来的。总体而言，监测活动共记录了 946 条消息，其中 515 条来自北约和美国司令部，其余来自土耳其和希腊军用电台。记录的消息中有大约 150 条是以明文发送的，而有些则使用了在之前"冬季"演习中已被破译的加密消息以及符号、信号和命令。在"冬季-79"演习第一阶段（从和平时期过渡到战争，从军事警戒变化为强化警戒）之前和期间获得的情报数据，使人们能够通过在那不勒斯（Naples）、维琴察（Vicenza）、伊兹密尔和帕多瓦（Padua）的通信中心发送的信息理解一些北约在南欧战时控制设施的部署情况。在演习的第二阶段（在战争初期使用或不使用战术核武器的情况下，首先进行防御作战，然后是反攻作战），收集了有关参战部队和参谋人员、部署地区、战地指挥所、控制通信系统等方面的广泛而多样的数据。

1985 年 10 月 22—23 日，米哈伊尔·戈尔巴乔夫上台后的第一次华约政治协商会议在索非亚举行。这是一次常规会议，原计划在 1 月 15—16 日举行，① 但由于戈尔巴乔夫的前任康斯坦丁·契尔年科（Konstantin Chernenko）的生病和去世而被推迟。与前几年的会议精神相呼应的是，戈尔巴乔夫和其他东欧领导人再次呼吁对"侵略性的帝国主义集团"发动"攻势"，以平衡美国的"战略防御计划"（Strategic Defense Initiative）并防止"打破"两个集团之间的"军事平衡"。然而，通过对改善政治协商会议的结构和运营进行探讨，政治协商会议开始走上了新方向。该组织通过了一项关于建立当前相互信息多边小组（Multilateral Group for Current Mutual Information，MGCMI）的总体决议。会议纪要还进一步建议对"人权"问题和"国际经济新秩序"采取更积极的态度。②

---

① TsDA, Fond 1-B, Opis 66, A. E. 1025: 1-3.
② TsDA, Fond 1-B, Opis 68, A. E. 1025.

第六章　巴尔干地区的华沙条约组织：保加利亚的视角

1987年，两个华沙条约成员国之间在民族问题上出现了潜在的对抗。在3月24—25日在莫斯科举行的外交部长委员会第十四次会议上，匈牙利首次试图在多边会议上提出特兰西瓦尼亚（Transylvania）的匈牙利少数民族问题，但其他与会国拒绝承认该国内的罗马尼亚族人和匈牙利族人之间存在任何文化差异。然而，这是华约历史上成员国之间的双边冲突第一次公开化。1987年4月，在维也纳欧洲安全与合作会议（Security and Cooperation in Europe, CSCE）期间，匈牙利再次提出了这个问题，这次还试图寻求西方的间接支持。① 与匈牙利的情形类似，当保加利亚针对北约成员国土耳其提出保加利亚境内的土耳其少数民族这个类似的民族争端，并且将之作为"帝国主义进攻社会主义"的一部分时，它并未得到除苏联以外的东欧盟友的支持。

保加利亚政府曾多次试图赢得华约盟友的支持。在与华约国家驻索非亚大使的多边常规会议上，保加利亚也提出了官方立场。然而，除莫斯科和东柏林外，其他东欧盟国都不愿意介入有关保加利亚土耳其人的国际争端。1988年6月10日，保共中央委员会和国家领导层得出了一个重要结论：

> 到目前为止，在各种国际机构中，只有苏联代表团（苏联、白俄罗斯和乌克兰）支持保加利亚，这通常是为了抵消美国支持土耳其而进行的干涉。尽管我们在不同层面上做出了努力，但其他社会主义国家在国际场合上并没有表现出任何支持我们事业的意愿。每个国家对"复兴运动"②的态度各不相同，而这取决于

---

① TsDA, Fond 1-B, Opis 68, A. E. 2805：3591. 一些西方分析人士甚至讨论在一年后罗马尼亚和匈牙利最终爆发军事冲突的可能性。Budapest, Open Society Archive（OSA）, Fond 300, Subfond 8, Series 3（Radio Free Europe Background Reports）, Box 120, Folder 4, RAD Background Report, No. 130, 27 July 1989, "The Romanian Military Threat to Hungary" by Douglas Clarke, pp. 1-8.
② "复兴运动"是保加利亚在1984—1989年针对国内土耳其人和穆斯林所实行的政策，意在通过复兴保加利亚文化来实现民族同化。该运动使约36万人被迫离开保加利亚，也引起了相关的抗议和冲突。——译者注

它们与土耳其的关系状况。①

1987年6月，保加利亚领导层通过了一项关于新的华沙条约防御理论的决议，引入了"合理充足"②的概念。③几个月后的10月16日，保加利亚共产党总书记托多尔·日夫科夫（Todor Zhivkov）在克里姆林宫与戈尔巴乔夫会晤时坚持称，考虑到土耳其的位置，应该修改有关北约南翼，特别是巴尔干地区的战略地位的防御理论。这一立场反映了1987年9月15日保加利亚外交部和国防部特别报告中提出的观点：保加利亚的利益要求将土耳其的全部领土纳入该区域，其边界取决于就削减军队和常规武器进行谈判。④1989年2月2日外交部长佩塔尔·姆拉德诺夫（Petar Mladenov）的报告支持了保加利亚的立场：

> 我们对华约组织南翼的特定责任决定了以我们的方法来解释土耳其的领土和部队在相当程度上不在裁军之列，南联邦不参与谈判和最终的裁军，以及罗马尼亚朝着单方面迅速裁军的方向发展，并且来考虑这样一种情况，即在巴尔干地区，军事行动的动态变化不仅取决于东西方关系，还取决于希腊和土耳其之间的军备竞赛。同时，我们的经济利益不允许我们让巴尔干在总体裁军进程以及武装部队、武器和防务开支的最终限制和削减方面

---

① "Възродителният процес"：Международни измерения, 1984-1989（"The Revival Process"：International Dimensions, 1984-1989）, Vol. Ⅱ (Sofia, 2010), pp. 582-583.

② 即一种比较灵活的关于个别国家或大国集团之间权力均衡的定义。TsDA, Fond 1-B, Opis 68, A. E. 2971; DA, Opis 57-P, A. E. 187.

③ 20世纪80年代后期，随着国际形势的缓和，华约开始谋求与北约共同裁军。1987年5月，华约7国首脑在柏林发布了《关于华约成员国军事理论》的文件，首次提出了"合理充足"理论，其强调华约成员国只追求足够的防御实力，奉行防御战略。1988年7月，华约政治协商委员会在华沙举行会议，其发表了关于减少欧洲武装力量和常规武器谈判的声明和公报，并呼吁与北约国家在当年就削减欧洲武装力量问题开始谈判。1989年3月，由北约和华约23个国家参加的欧洲常规裁军谈判在维也纳举行。——译者注

④ TsDA, Fond 1-B, Opis 68, A. E. 3247: 1-5; A. E. 3475a: 1-4.

落后。①

尽管保加利亚进行了多次外交努力，但除苏联外，它在东欧伙伴中没有得到任何支持。在维也纳会谈结束之前，保加利亚所采取的所有步骤都是华约司令部与保苏两国国防部、外交部之间定期协商和决议的结果。

华约组织的解散

在戏剧性的1989年，两种相互矛盾的趋势使华约成员国发生了分裂，这一点早在4月在柏林举行的第十八次华约外交部长委员会会议上就表现得很明显了。罗马尼亚和民主德国越来越公开地抨击苏联和其他国家"向西方让步"以及在"社会主义体系"内部制造危机。② 与此形成对比的是，匈牙利和波兰坚持采取非对抗性和"非集团化"的方式，以及对政治制度进行彻底改革，包括采用多元化的议会民主制度，这些在此之前是不可想象的。作为东欧共产主义领导人中的老前辈，保共总书记日夫科夫所表现出的姿态在一定程度上让人回想起他在捷克和波兰危机期间（分别在1968年和1980年1月）的行为。③ 在官方场合，他表现得相当温和，公开赞扬改革（Perestroika）和公开化（Glasnost）政策，但私下里，他批评"无法接受的让步"和"放弃权力"。鉴于华约组织成员国之间日益加剧的分歧，戈尔巴乔夫向西方和东欧领导人强调，反对"勃列日涅夫主义"是不可逆转的趋势。1989年6月23日，他在莫斯科与日夫科夫最后一次会晤时重

---

① TsDA, Fond 1-B, Opis 68, A. E. 5591: 5-6.
② 在关于东柏林外交部长会谈备忘录中，佩塔尔·姆拉德诺夫指出，东道国（民主德国）代表一开始就对国际局势采取了"明确、保留的方式"，这是华约组织外交部长委员会成立12年来的第一次。姆拉德诺夫推测民主德国和罗马尼亚领导人之间事先进行了秘密接触，以便协调采取共同反对改革进程的立场。参见：TsDA, Fond 1-B, Opis 35, A. E. 3649。姆拉德诺夫的猜测是正确的。甚至在1989年3月30日，齐奥塞斯库就向民主德国领导人提出了"匈牙利和波兰的矛盾进程"的问题。民主德国在回应中也表达了"同样的担忧"。参见：Stiftung Archiv der Parteien und Massenorganisationen der DDR in Bundesarchiv (*SAPMO-BA*), Berlin, Ⅳ Z/2035/52。
③ Jordan Baev, "Bulgaria and the Political Crises in Czechoslovakia and Poland," *CWIHP Bulletin*, 11 (1998), pp. 96-101.

申了这一立场。①

1989年8月22日，日夫科夫为政治局准备了一份题为《对波兰局势的考虑》的特别秘密备忘录。备忘录中多次批评波兰共产党，因为他们虽然掌握着总统职位、武装部队和警察，但还是"失去了权力"。在其备忘录的最后，日夫科夫做了如下总结：

> 波兰现象，如果可以这样称呼的话，既有国内也有国际层面的因素。它的影响在全球的各地都非常强烈。它所引起的共鸣在社会主义世界中具有特别重要的意义。这取决于波兰局势的结果——这显然应该是所有兄弟党派的关切和责任。②

三个月后，东德、保加利亚和捷克斯洛伐克的剧变以及罗马尼亚发生的血腥镇压罢工的事件最终改变了东欧的政治版图，这使前共产主义军事和政治联盟的未来受到了最严重的质疑。在1990年6月在莫斯科举行的华约政治协商委员会例行会议前夕，捷克斯洛伐克代表团提出了几项激进的提议：终止专家组的活动；将国防部长委员会更名为"军事委员会"；对华约联合武装部队司令部进行重组，这意味着"对联盟的义务完全是通过保卫自己国家领土的方式来履行"。1990年7—11月，在维也纳欧洲裁军谈判的最后阶段，中欧国家和巴尔干盟国之间出现了明显的分歧。它们最关心的是计划削减的数量和各国削减的比例。在华约历史上，这次裁军谈判使苏联和保加利亚的立场第一次出现了分歧。③

在莫斯科召开的华约政治协商会议通过了一项重要决议，建立一个"政府全权代表临时委员会，负责重新审议华沙条约组织的活动的各个方面"。1990年7月15—17日，新的"临时委员会"的第一次会议在捷克斯洛伐克举行。大多数代表团同意军事职能应逐步纳入未来的全欧安全体系

---

① TsDA, Fond 1-B, Opis 68, A. E. 3698.
② TsDA, Fond 1-B, Opis 68, A. E. 3735a: 21.
③ DA, Opis 47-10, A. E. 32: 17-19, 39-41; A. E. 44: 18-23.

第六章　巴尔干地区的华沙条约组织：保加利亚的视角

之中。只有匈牙利提出了更激进的措施，包括在不久后终止华沙条约组织本身。但是，苏联、保加利亚和罗马尼亚的代表团坚持要将该组织转变为"拥有平等权利的主权国家的条约"，而波兰提出将其转变为"具有纯咨询职能的集体制度条约"。1990年9月18—19日，在索非亚举行的第二次集体会议上，三个中欧国家的立场转变为全面清除华约的军事机构的最后提议。①

1990年9月下旬，匈牙利政府建议应在11月4日召开一次政治协商特别会议，以便将华约组织转变为一个严格的政治组织。11月底，在戈尔巴乔夫与匈牙利总理约瑟夫·安托尔（Antall Jozsef）在巴黎举行会谈期间，政治协商会议最终被定于1991年2月底举行。后来，戈尔巴乔夫通知保加利亚总统热柳·热列夫（Zhelyu Zhelev），各盟国同意在当月起草一项决议，"以在1991年4月1日之前解散华约的军事体系"。

1991年2月25日，在布达佩斯达成了一项"终止华沙条约组织内部所缔结的防御协定及清算其军事机构和体系的议定书"。根据该决议，国防部长委员会的活动将同武装部队联合司令部、华约组织军事委员会、技术委员会总部和联合防空系统一起于1991年3月31日终止。1955年5月14日、1969年3月17日和1980年3月18日签订的军事条约被取消。②

1991年5月17日，捷克总统瓦茨拉夫·哈维尔（Václav Havel）正式邀请其东欧同侪执行2月份的捷克提案，即于1991年7月1日在布拉格举行结束政治协商会议的会议，目的是签署一项终止华沙条约组织活动的联合议定书。实际上，在约定的日期1991年7月1日，这个存在了36年的东欧军事—政治集团终结了。在最后一次政治协商会议的正式讲话中，华约组织的6个成员国的领导人没有错过这个从历史的角度来评价该联盟的机会，他们每个人都做出了自己的评价。首先发言的是保加利亚总统热列夫，他指出：

---

① DA, Opis 47-10, A. E. 34: 32-35.
② DA, Opis 47-10, A. E. 27: 8, 18-19.

建立联盟所基于的相互关系不平等和非民主的模式，其主要的军事导向，以及因非法和令人遗憾的行动而累积数十年的负担，导致了它目前合乎逻辑的自然终结。

匈牙利总理约瑟夫·安托尔大声说道，"冷战遗留下来的悲惨记忆已经消失了"，并补充说，随着华约组织的解体，"1956 年匈牙利革命"的目标得以实现。在他之后，罗马尼亚总统扬·伊利埃斯库（Ion Iliescu）感慨地说："1968 年，我们反对来这里（布拉格），但现在我们很高兴来这里。"苏联副总统根纳季·亚纳耶夫（Georgii Yanaev）——他在 50 天后的那场导致苏联本身的解体的失败政变中成为关键人物——是唯一对华约组织活动和决策做出不同评价的人："华约是其所处时代的产儿，其有助于保障成员国的安全，是维持'军事和战略平衡'的手段的一部分。华约存在的年代是欧洲维持多年和平的时代。"在讨论结束时，华约组织最后一次会议的与会者同意保加利亚总统热列夫的话："让我们走出这段历史，对其做出公正的评价。"①

如华约的宣传公告所经常宣布的那样，华沙条约组织的成立并不是"对北约成立的直接反应"。相反，它曾被用来使较小的东欧国家服从后斯大林时代的克里姆林宫的目标和政策。然而，多年来华约和北约之间的两极对抗决定了冷战中脆弱的"恐怖平衡"模式。在冷战结束前的三十年间，两个全球军事集团之间军备竞赛达到了顶峰，这在某种程度上引发了东欧国家经济的崩溃，从而导致了东欧共产主义政权的终结。

---

① DA, Opis 48-10, A. E. 38: 68-104.

第三编

巴尔干地区与超级大国的紧张关系

第七章

巴尔干地区对华约组织的挑战，1960—1964 年

劳林·克伦普

华沙条约组织在 1955 年 5 月成立时被诬称为"硬纸板城堡"，但其在 1961 年年初就突然活跃起来。① 在中苏关系破裂初期的阴影下，阿尔巴尼亚领导人恩维尔·霍查（Enver Hoxha）率先开始在压力下探索联盟内部的回旋余地。他试图扩大华约组织的界限，这为罗马尼亚（向西方靠拢）的不同意见树立了一个榜样。华约组织通常被认为是一条"没有共同利益感"的苏联"传送带"，阿尔巴尼亚和罗马尼亚则为这个联盟的多边化铺平了道路。② 尽管学者们越来越意识到"北约作为一个多边论坛，让小国有机会（在 20 世纪 60 年代北约面临危机期间）以一种重要的方式影响联盟中的主要大国"，③ 但史学研究中往往忽视了华约组织的多边化趋势。

本章通过使用布加勒斯特和柏林档案馆中最近解密的大量资料来设法

---

① 这一词汇来源于北约官员的话，参见：Vojtech Mastny and Malcolm Byrne, eds., *A Cardboard Castle? An Inside History of the Warsaw Pact, 1955-1991* (Budapest and New York: Central European University Press, 2005), p. 1。

② 分别参见：Robert W. Clawson and Lawrence S. Kaplan, eds., *The Warsaw Pact: Political Purpose and Military Means* (Ohio: Kent State University Press, 1982), the preface, p. x; John Lewis Gaddis, *We Know Now: Rethinking Cold War History* (Oxford: Oxford University Press, 1997), p. 289。

③ Anna Locher, "A Crisis Foretold: NATO and France, 1963-1966," in Andreas Wenger et al., eds., *Transforming NATO in the Cold War: Challenges beyond Deterrence in the 1960s* (London: Routledge, 2007), pp. 120-121。

第七章　巴尔干地区对华约组织的挑战，1960—1964年

解决这一缺失，以研究阿尔巴尼亚和罗马尼亚的异议对华约组织从"硬纸板城堡"发展到日益多边的联盟的影响。① 20世纪60年代初期，集团内部动态变化开始削弱苏联的积极性。1964年12月，由除苏联以外的华沙条约组织（Non-Soviet Warsaw Pact，NSWP）成员国召集的一次副外长会议成为这一趋势的高潮，这种多边化走向使华约组织团结的外表黯然失色。因此，分析20世纪60年代前半期巴尔干地区对华约组织的挑战有助于对冷战的历史有一个新的理解，从而有助于全面了解冷战。②

徒有其表的同盟

华约组织成立后的前五年时间似乎显得是那么的仓促。1955年5月成立的华约组织是苏联对联邦德国加入北约的反应，也确实是苏联的心血结晶。这个联盟构想于和平共处时期，其主要目的并不是加强其盟国的安全。苏联领导人赫鲁晓夫（Nikita Khrushchev）打算用它来换取西方解散北约，并用苏联指导下的欧洲安全体系取代两者。③ 尽管华沙条约组织匆匆仿效了北大西洋公约组织，并用"友好关系"取代了"平等关系"，但在其他方面几乎与后者完全相同。④ 该联盟唯一的正式机构是政治协商委员会，其一般由东欧国家共产党的领导人、总理、外交部长和国防部长组成。与北约不同的是，华约组织既没有设秘书长，也没有设秘书处，因此缺乏坚实的组织基础。

由于未能使北约解散，赫鲁晓夫很快就对华约组织失去了兴趣，该组

---

① 关于华约组织多边化的广泛分析，参见：Laurien Crump, *The Warsaw Pact Reconsidered: International Relations in Eastern Europe, 1955-69* (London: Routledge, 2015)。

② 主要根据保加利亚档案，对华约组织中巴尔干国家的简要概述，参见：Jordan Baev, "The Warsaw Pact and Southern Tier Conflicts, 1959-1969," in Mary Ann Heiss and Victor Papacosma, eds., *NATO and the Warsaw Pact: Intrabloc Conflicts* (Ohio: Kent State University Press, 2008), pp. 193-205。

③ 参见：V. Mastny, "Learning from the Enemy: NATO as a Model of the Warsaw Pact," *Zürcher Beiträge zur Sicherheitspolitik und Konfliktforschung*, No. 58 (2001), p. 10。

④ 1955年5月14日《华沙条约》的内容，参见：*Cardboard Castle*, pp. 77-79。

织在五年内仅仅召开了三次会议,例行公事式地批准通过苏联的指示。在像1956年匈牙利革命这样发生在苏联集团的重大事件中,它没有发挥任何机构性的作用。在1956年11月4日苏联第二次出兵干预匈牙利革命之前,赫鲁晓夫虽然与几位东欧领导人进行了双边协商,但他没有使用华约组织的多边机制。匈牙利退出华约组织也没有像人们通常认为的那样引发第二次出兵干预。① 相反,当匈牙利共产党领导人纳吉·伊姆雷意识到苏联军队再次进入匈牙利时,他宣布中立也只是一种拼命争取联合国支持的绝望尝试。②

华约组织最初是一个空壳,这一事实为较小的盟国提供了出人意料的根据自己的利益定义联盟的机会。华约组织范围内地缘政治上最不安全的国家阿尔巴尼亚和民主德国,首先开始探讨通过华约来提高其本国地位的可能性。尽管阿尔巴尼亚领导人恩维尔·霍查最初将该联盟视为对抗南斯拉夫民族统一运动潜在威胁的安全阀,但当1956年6月赫鲁晓夫成功地修复了与南斯拉夫领导人铁托的关系时,华约组织对阿尔巴尼亚人就失去了吸引力。③ 鉴于赫鲁晓夫与南斯拉夫的和解对阿尔巴尼亚自身的存在构成威胁,再考虑到去斯大林化对霍查的个人崇拜的冲击,阿尔巴尼亚领导层开始越来越多地批评其苏联盟友。④

在1960年11月的莫斯科会议上,霍查是除苏联以外的华约组织成员国中唯一一位将华约组织视为削弱克里姆林宫权威的工具的领导人。他认为苏联领导人在1956年匈牙利事件期间没有召开华约组织会议,反而与

---

① 例如:Anthony Kemp-Welch, "Eastern Europe: Stalinism to Solidarity," in Melvyn P. Leffler and Odd Arne Westad, eds., *The Cambridge History of the Cold War* (Cambridge: Cambridge University Press, 2010), 2: 219。

② 参见:"Telegram from Imre Nagy to Diplomatic Missions in Budapest Declaring Hungary's Neutrality," 1 November 1956, in Csaba Békés et al., eds., *The 1956 Hungarian Revolution: A History in Documents* (Budapest and New York: Central European University Press, 2002), p. 332。

③ 参见:Svetozar Rajak, *Yugoslavia and the Soviet Union in the Early Cold War: Reconciliation, Comradeship, Confrontation, 1953-1957* (London: Routledge, 2010)。

④ Bucharest, Arhive Naționale Istorice Centrale (hereafter ANIC), CC RWP, International Relations, 76/1960, 119, Minutes of a conversation between a delegation of the CPSU CC and the AWP CC, 12 November 1960.

第七章 巴尔干地区对华约组织的挑战，1960—1964 年

"背叛马克思列宁主义"的铁托进行磋商，① 这违反了他们自己条约的规定。因此，阿尔巴尼亚领导人首先提出建议召开华约政治协商委员会会议，并批评苏联在华约组织中的立场。由于中苏分道扬镳，国际共产主义运动开始出现分裂，阿尔巴尼亚已经巧妙地将重点转移到仍处于潜伏状态的华约组织身上。

莫斯科会议尽管存在严重分歧，但通过了一项共同声明，即后来所称的《莫斯科声明》，其对 1957 年的《莫斯科宣言》②进行了调整，并一再强调所有共产党都是"自主的"和"独立的"，并拥有"平等权利"。③ 虽然这一声明主要反映了苏联修补与中国的关系的企图，但其内容将给克里姆林宫造成巨大困扰。与此同时，霍查将充分探索中苏分歧的回旋余地。

阿尔巴尼亚的挑战

莫斯科会议后阿尔巴尼亚的外交政策走上了新路线，预示着苏阿关系将进一步恶化。阿尔巴尼亚领导人似乎已经准备好与克里姆林宫决裂。1961 年 2 月 13 日，阿尔巴尼亚劳动党邀请所有国家的共产党参加他们的第四次代表大会，大会明确地表达了他们的自主立场，并动摇了苏联领导人的权威。

在这次会议期间，阿尔巴尼亚领导人宣布自己是共产主义运动的"先锋队"，而克里姆林宫不是，声称阿尔巴尼亚和中国"坚决遵守《莫斯科宣言》中符合马克思列宁主义的内容"，并指责莫斯科对"阿尔巴尼亚的

---

① Bucharest, *Arhive Naţionale Istorice Centrale* (hereafter ANIC), CC RWP, International Relations, 76/1960, 119, Minutes of a conversation between a delegation of the CPSU CC and the AWP CC, 12 November 1960, p. 46.

② 全称《社会主义国家、共产党和工人党宣言》，是由 12 个社会主义国家的共产党和工人党代表于 1957 年 11 月 14—16 日在莫斯科召开的庆祝十月革命 40 周年大会上发表的宣言。宣言概括了马列主义关于社会主义革命与社会主义建设的若干共同原则，要求各党根据历史条件创造性地加以运用。——译者注

③ ANIC, CC RWP, International Relations, 81/1960, pp. 113–157, DECLARATION of the conference of representatives of communist and workers parties, cf. Ibid. , pp. 125–126, 135, 156.

133

独立和主权"构成了"威胁"。① 此外，霍查宣布挫败了（虚构的）南斯拉夫、希腊和美国第六舰队的入侵，以通过在阿尔巴尼亚制造"战争恐慌"来巩固其权力，并控制了在位于（阿南部）发罗拉（Vlorë）的华约组织海军基地内的苏联军舰。② 因此，阿尔巴尼亚劳动党的这次代表大会是阿尔巴尼亚外交政策的转折点，阿尔巴尼亚正式与苏联决裂，转而支持中国，并试图将华约组织的该海军基地为己所用。因此，阿尔巴尼亚是华约组织内部第一批公开的持不同政见成员。

阿尔巴尼亚劳动党代表大会召开一个月后，1961年3月，华约政治协商委员会在莫斯科召开了一次会议，除其他议题外，该会议还讨论了苏联与阿尔巴尼亚的争端。这为阿尔巴尼亚党领导层提供了将华约组织作为平台，进一步维护其独立于莫斯科的机会。因此，阿尔巴尼亚的倡议使苏联与阿尔巴尼亚的分裂和国际共产主义运动的解体蔓延到了华约组织。在这次会议上，阿尔巴尼亚打算利用华约组织作为破坏苏联霸权的工具。阿尔巴尼亚领导人预料到华约政治协商委员会会议将圆满结束，因此在前往莫斯科之前，就邀请了全部外交使团和所有外国记者参加在地拉那举行的一次大型记者招待会。③

然而，阿尔巴尼亚领导人失算了。阿尔巴尼亚劳动党在党代会上自称是共产主义运动的先锋队，这惹怒了他们的盟友，他们认为阿尔巴尼亚自命不凡和对苏联的抨击言过其实。华约政治协商委员会会议上，其他除苏联以外的华约组织成员并没有反对苏联的领导，而是反对阿尔巴尼亚领导人，因为其同样没有将所谓的希腊、南斯拉夫和美国第六舰队的阴谋告知其盟友。这违反了《华沙条约》第三条，根据该条款，所有成员都应该彼此了解对其主权的潜在威胁。保加利亚领导人托多尔·日夫科夫对阿尔巴

---

① ANIC, RWP CC, Chancellery, 81/1961, pp. 1-2, Report of the RWP delegation, February 1961.

② Ibid., p. 3.

③ SAPMO-BArch, DY 30/IV/2/20/99, 189-191, Report from Tirana by König, Tirana, 17 April 1961.

第七章 巴尔干地区对华约组织的挑战，1960—1964 年

尼亚的举动特别恼火，认为阿尔巴尼亚的这一行径"与《华沙条约》不符"。① 由于保加利亚还与一个北约成员国希腊接壤，因此所谓的阴谋将对保加利亚的安全构成严重威胁。在日夫科夫的倡议下，其他华约组织成员一致决定通过从发罗拉撤出苏联舰队的方式来制裁阿尔巴尼亚领导层，除非阿尔巴尼亚人改善了这种情况。② 华沙条约组织原本仅仅是北大西洋公约组织的翻版，但其突然获得了自己的权力，并被用来约束其成员之一。除苏联以外的华约成员国未来将继续探索华约组织在不经意间获得的这种权力。因此，华约组织不再是苏联的"传送带"，而是演变成了除苏联以外的华约成员国可以追求自己利益的工具。

与此同时，华约组织为阿尔巴尼亚领导人提供了一个批评苏联霸权的平台。然而，阿尔巴尼亚领导人难以从除苏联以外的其他华约成员国那里获得支持，只能秘密地返回地拉那，这与其离开地拉那时的情况截然相反。阿尔巴尼亚在无法争取华约成员支持它反对苏联后，选择巩固与华约组织以外的盟友的关系：在华约政治协商会议之后，阿尔巴尼亚人极大地增强了与中国的联系。③ 尽管所谓的"阿尔巴尼亚问题"在阿尔巴尼亚媒体和会议后发布的公报中并未被提及，但其在阿尔巴尼亚领导人抱怨华约组织决定从发罗拉撤回苏联舰队的信件中却表现得更加突出。④

阿尔巴尼亚总理穆罕默德·谢胡（Mehmet Shehu）批评华约成员国认为"阿尔巴尼亚实际上已经因其政治路线将自己置于华沙条约之外"，并抱怨，"在主权国家关系中，这种前所未有的态度是对我国内政的不可容

---

① PHP, "Speech by the Bulgarian First Secretary (Todor Zhivkov)", 29 March 1961. http：//www.php.isn.ethz.ch/collections/colltopic.cfm? lng=en&id=17894&navinfo=14465. 登录时间：2013 年 8 月 25 日。

② PHP, "The Soviet-Albanian Dispute：Secret Resolution on Albania", 26 March 1961. http：//www.php.isn.ethz.ch/collections/colltopic.cfm? lng=en&id=17888&navinfo=14465. 登录时间：2013 年 5 月 10 日。

③ SAPMO-BArch, DY 30/IV/2/20/99, 235-245, Report on relations between China and Albania from the middle of 1960 to the end of 1961, 6 January 1962.

④ 阿尔巴尼亚反对苏联方面并不如其想象的那样成功。对此更加积极的评价，参见：William E. Griffith, *Albania and the Sino-Soviet Rift* (Massachusetts：MIT Press, 1963), p.176。

135

忍的干涉",由此这再一次呼应了《莫斯科宣言》。① 无论谢胡的盟友多么不赞同他的指责,他在华约中的这番陈词在几年后都将激励罗马尼亚领导人。此外,由于阿尔巴尼亚领导人暗示因为发罗拉危机而对阿尔巴尼亚进行制裁是苏联"单方面的决定",这激怒了他们的盟友,也遭到了除苏联以外的所有华约成员国领导人的驳斥,并且罗马尼亚领导人认为这是一种"侮辱",以此来维护罗马尼亚的"独立性"。② 除苏联以外的华约成员国通过强调制裁不是苏联的决定,而是华约组织的决定,明确区分了华约和苏联,这在历史研究中经常被忽视。③

尽管除苏联以外的华约成员国的回应可能很容易归因于苏联的压力,但经验证据指向了另一个方向:苏联对匈牙利第一个回复阿尔巴尼亚人的信件感到恼火,并且共产党领导人和他们的使节之间关于是否回复阿尔巴尼亚人的信件的内部备忘录表明,克里姆林宫无力控制这些通信。④ 相反,这些通信无意中使除苏联以外的华约成员国摆脱了苏联潜在的压力。

关于阿尔巴尼亚问题的通信是除苏联以外的华约成员国在华约内明确表达自己立场和强调其自主权的理想工具。由于这是一个直接涉及联盟及其内部决策的问题,所以除苏联以外的华约成员国领导人可以自由地确定在《华沙条约》范围内的回旋余地,至少在理论上,它们与苏联同属华约成员国。这一理论现在发挥了作用。除苏联以外的华约成员国否认阿尔巴尼亚人对苏联压力的指控,但也没有明确支持克里姆林宫,因为它们暗地里也否认了苏联的霸权。正是这种通信,而不是阿尔巴尼亚在会议上的态度,有效地促成了联盟的多边化,因为在不受苏联控制的情况下,苏联没

---

① SAPMO-BArch, DY 30/3590, 56, 59, Mehmet Shehu to the WP leaders/observers, April 1961.

② SAPMO-BArch, DY 30/3591, Maurer to the Albanian government, Bucharest, 21 June 1961.

③ 相比而言,阿尔巴尼亚历史学家安娜·拉拉伊(Ana Lalaj)提出了一种更加传统的说法:阿尔巴尼亚与华约的关系可以简化成阿尔巴尼亚与苏联的关系。参见:"Albanien und der Warschauer Pakt," in Torsten Diedrich et al., eds., *Der Warschauer Pakt: Von der Gründung bis zum Zusammenbruch, 1955 bis 1991* (Berlin: Links, 2009), p. 29.

④ 关于这些通信的内部讨论,可参见:SAPMO-BArch, DY 30/3590, König to Neumann, 5 May 1961, p. 164, and Ibid., pp. 172-173, Neumann to König, 23 May 1961.

第七章　巴尔干地区对华约组织的挑战，1960—1964 年

有实行单边主义的余地。阿尔巴尼亚领导层无意中为解放除苏联以外的其他华约成员国领导人做出了贡献，但没有解放他们自己。此外，通过利用华约组织作为裁定苏联与阿尔巴尼亚的冲突的平台——这一冲突是中苏关系破裂初期的反映——阿尔巴尼亚人已经为该联盟赋予了新的重要性：它现在已经成为除苏联以外的华约成员国领导人探索他们对苏联领导权的回旋余地的主要舞台。

社会主义阵营的"阿喀琉斯之踵"

1961 年 8 月 3—5 日，旨在关闭柏林内部边界（修建柏林墙的一种委婉说法）的华约组织第一书记会议在莫斯科举行。而霍查拒绝出席该会议，继续公然羞辱华沙条约组织。① 甚至连通信工作也被交给了中央书记处书记希斯尼·卡博（Hysni Kapo），后者解释说，霍查"因健康问题"而无法参加，但是这位阿尔巴尼亚领导人希望得到一些材料来为这次会议做准备。② 这次，阿尔巴尼亚人在探索回旋余地方面走得太远了：会议期间，东德领导人瓦尔特·乌布利希（Walter Ulbricht）提议将阿尔巴尼亚代表团排除在外，因为其只派出了一名低级别书记。③ 其他所有第一书记都支持这一措施，并要求阿尔巴尼亚代表离场。④ 两个除苏联外的华约成员国之间的争端标志着苏联对华约组织进行控制的终结。除苏联外的华约成员国不再受到克里姆林宫的纪律约束，而是越来越受到彼此的约束。

尽管如此，中方观察员强烈反对乌布利希的动议，因此中苏关系破裂再一次波及华约组织。⑤ 阿方的蔑视使阿尔巴尼亚代表团表现得"丝毫没有离开的打算"，而是留在宴会上"以继续起到反对公意的作用"，并设法

---

① 参见：Hope Harrison, *Driving the Soviets Up the Wall: Soviet East German Relations, 1953-1961* (Princeton: Princeton University Press, 2003), pp. 139-223.
② SAPMO-BArch, DY 30/3591, 171, Hysni Kapo to Walter Ulbricht, 22 July 1961.
③ SAPMO-BArch, DY 30/3478, 11-14, Statement from Ulbricht about the Albanian behavior.
④ ANIC, CC RWP, Chancellery, 2/1961, pp. 220-225.
⑤ Ibid., p. 224.

137

推迟了关闭柏林内部边界问题的讨论,直到第二天克里姆林宫的安保人员不允许阿尔巴尼亚代表团进入会场。① 阿尔巴尼亚领导层已经购买了一张8月4日——会议结束前一天的返程机票,这一事实表明,其对会议的破坏是有预谋的。② 尽管如此,阿尔巴尼亚领导层仍然对会议和华约关于关闭柏林内部边界的声明密而不发,而是发布了他们自己的声明,这使东德大为恼火。③

此外,一个月后霍查向苏联领导层抱怨说,"这一史无前例的措施的组织者实际上可能将阿尔巴尼亚人民共和国排除在华沙条约组织之外,并自行承担分裂华沙条约组织和社会主义阵营的重大责任"。④ 阿尔巴尼亚的抱怨无济于事,因为乌布利希的提议预示着阿尔巴尼亚人在一段时间内不得参加任何华约政治协商会议,除非他们派出党的领导人参加会议。阿尔巴尼亚试图在华约组织内探索回旋余地,却因此被置于其外。因此,尽管阿尔巴尼亚领导人为联盟的迅速多边化做出了自己的贡献,但他们未能收获其成果。

尽管如此,阿尔巴尼亚领导人重申了华约组织内部的《莫斯科宣言》对主权原则和互不干涉内政原则的强调,同时提出了一些会困扰苏联领导层的问题,例如索取用来进行会议准备的材料,援引《华沙条约》以捍卫自己的立场,以及在发生分歧时发布单独的声明,所有这些都为几年后罗马尼亚领导层实现更成功的"解放"铺平了道路。正如波兰政治局委员泽农·克利什科(Zenon Kliszko)一针见血地指出的那样,等到那时,阿尔巴尼亚的"战线确实已经蔓延到了罗马尼亚",使得阿尔巴尼亚变成了

---

① ANIC, CC RWP, Chancellery, 2/1961, p. 223.
② Berlin, Politisches Archiv des Auswätigen Amtes (hereafter PA AA), Ministerium für Auswätige Angelegenheiten der DDR (hereafter MfAA), A 474, 21, Minutes of the meeting from 3 to 5 August 1961, top secret.
③ SAPMO-BArch, DY 30/Ⅳ/2/20/99, 227-229, Estimate about the Albanian attitude towards the conclusion of a German peace treaty, Berlin, 3 October 1961.
④ SAPMO-BArch, DY 30/3592, 82, Hoxha to CPSU CC, 6 September 1961.

第七章　巴尔干地区对华约组织的挑战，1960—1964 年

"社会主义阵营的阿喀琉斯之踵"。①

中国与罗马尼亚的和解

在 1960 年和 1961 年，罗马尼亚领导人仍然支持其他华约组织成员国批评中国和阿尔巴尼亚的路线。苏联企图在经济互助委员会内建立一种具有国际分工性质的"共同市场"，却导致罗马尼亚在 1961 年 12 月的经互会会议期间反对克里姆林宫，因为这将使罗马尼亚沦为单纯的原材料供应国。② 罗马尼亚领导人格奥尔基·乔治乌－德治（Gheorghe Gheorghiu-Dej）因此对中国在与苏联领导层的大量通信中反复提及的《莫斯科宣言》及其所强调的主权、独立和互不干涉原则变得特别感兴趣。苏联在 1962 年 10 月古巴导弹危机期间的一意孤行也使罗马尼亚领导人和中国领导人联合起来，强烈谴责苏联的单边主义做法。

值得注意的是，在中方多次强调《莫斯科宣言》所载的"主权和国家独立"原则之后，罗马尼亚领导人才开始专注于这些原则。事实上，中国对克里姆林宫的批评比古巴导弹危机时更令罗马尼亚领导层大开眼界。③1963 年 4 月初，在布加勒斯特与苏联政治局委员尤里·安德罗波夫（Yurii Andropov）会晤时，罗马尼亚领导人与中国领导人的态度基本一致。在谈到"极端重要的主权问题"以及《莫斯科宣言》的其他内容时，乔治乌－德治为罗马尼亚不同意经互会内"单一计划机构的想法"进行辩解，并表示他愿意尝试推动中苏关系的缓和。④ 反过来，中国领导人对罗马尼亚对克里姆林宫的蔑视也留下了深刻的印象，因此中方在 1963 年 4 月底主动寻

---

① SAPMO-BArch, DY 30/3387, 235-236, Report on a conversation between diplomat Mewis and Zenon Kliszko, member of the Polish United Workers Party, 24 November 1964.

② ANIC, CC RWP, International Relations, 14/1962, 15, Memorandum of discussion between Ghizela Vass and A. Scacicov, 14 December 1961.

③ Pace Larry Watts, "Romanian Security Policy and the Cuban Missile Crisis," *CWIHP e-Dossier* 38 (May 2013).

④ ANIC, CC RWP, International Relations, 13/1963, 2-3, Report of a discussion with Andropov, 2 April 1963.

139

求改善中罗关系。① 在主权上的共同利益已经使中罗两国领导人之间开始建立起联系。

中罗两国的和解促使罗马尼亚领导层在华约体制内转而反对克里姆林宫。虽然赫鲁晓夫要求其盟国不要"使分歧公开化",而要专注于"罗马尼亚与苏联之间的友谊",但乔治乌-德治告诉他的罗马尼亚同志们,"我们的处境有利……因为困扰(赫鲁晓夫)的主要问题是关于中国的问题"。② 1963年7月,赫鲁晓夫召集了一次华约政治协商会议来讨论蒙古加入华约的可能性,尽管波兰领导人哥穆尔卡事先也提出了反对意见,但罗马尼亚代表团是会议上唯一公开反对苏联提案的代表团。③ 罗马尼亚领导人认为蒙古加入华约是不合时宜的,因为将一个亚洲国家纳入华约可能会使联盟变得反对中国。④ 赫鲁晓夫最终决定搁置这一问题,罗马尼亚领导人经常将这个问题作为它独立阻止了中苏分裂升级的证据。⑤ 因此,中罗新打造的关系立即得到了回报:通过在华约组织内捍卫中国利益的方式,罗马尼亚史无前例地利用华约组织来反对苏联的倡议,从而增加了自己对苏联的影响。1963年7月的会议标志着罗马尼亚外交政策的重新调整,这也体现在同一年签署的贸易协定中,尤其是与阿尔巴尼亚和中国的贸易协定。⑥

---

① ANIC, CC RWP, International Relations, 55/1963, 5-7, D. Gheorghiu (Bejing), to the minister of foreign affairs, top secret, 25 May 1963.

② ANIC, CC RWP, Chancellery, 39/1963, 121, Minutes of the meeting of the RWP CC Politburo meeting of 18 July 1963.

③ 参见:Lorenz Lüthi, "The People's Republic of China and the Warsaw Pact Organization, 1955-1963," Cold War History, 7, No. 4 (2007), pp. 487-488。

④ ANIC, CC RWP, Chancellery, 39/1963, 117, Minutes of the meeting of the RWP CC Politburo meeting of 18 July 1963.

⑤ ANIC, CC RWP, Chancellery, 6/1964, 23, Minutes of the plenary session of the RWP CC, 17 February 1964.

⑥ SAPMO-BArch, DY 30/ⅣA2/20/368, 17-25, Report to the Ministry of Foreign Affairs of the GDR, Bucharest, 14 January 1964.

第七章 巴尔干地区对华约组织的挑战，1960—1964 年

罗马尼亚的"独立"之路

同一时期，华沙条约却没有受到足够的关注。因此，罗马尼亚领导人破坏了赫鲁晓夫在 1964 年 1 月提出的关于在外交政策上进行"更系统的协商"的提议，也就不足为奇了。他们认为这与塑造自己外交政策的"每个国家无可争辩的主权"背道而驰。① 他们还破坏了乌布利希在 1964 年 3 月 19 日召开关于裁军问题的华约政治协商会议的计划，因为他们认为这是协调外交政策的进一步尝试。② 捷克斯洛伐克提出的关于将批评中国列入议程的建议可能也引起了罗马尼亚人的反对，他们告诉赫鲁晓夫，4 月份也不适合（召开会议），反而没有回复乌布利希。③ 乌布利希非常生气，拒绝了赫鲁晓夫提出的改期要求，④ 并等待乔治乌-德治的个人回应，而后者最终在 3 月底回复说，4 月根本不可能。⑤ 正如我们将在下文中看到的那样，4 月间，罗马尼亚领导人正在为主张自己的独立忙得不可开交。

与此同时，罗马尼亚领导人借此机会挑起克里姆林宫与东德领导人的相互对抗——他们写信给赫鲁晓夫，表示如果他们能事先收到用于会议准备的所有相关材料，才会考虑参加政治协商会议，从而与阿尔巴尼亚三年前提出的要求不谋而合。赫鲁晓夫适时地回答说，"因为本次会议并不是在苏共中央的倡议下召开的，所以显而易见的是，我们没有义务为本次会议准备文件"。⑥ 现在只剩下东德领导层来承担会议及其失败的责任了。罗马尼亚用计挫败了乌布利希，因为他们坚决反对乌布利希将华约组织用作

---

① ANIC, CC RWP, Chancellery, 6/1964, 36, Gheorgiu-Dej to Khrushchev, January 1964.
② Ibid., pp. 44-45, Ulbricht to Gheorgiu-Dej.
③ Ibid., pp. 90-91, Khrushchev to Ulbricht, 20 March 1964.
④ Ibid., p. 95, Ulbricht to Gheorghiu-Dej, 26 March 1964.
⑤ Ibid., p. 98, Gheorghiu-Dej to Ulbricht, no date. 关于罗马尼亚就这封信的讨论，参见：ANIC, CC RWP, Chancellery, 12/1964, p. 33, Minutes of the RWP CC Politburo session on 30 – 1 March 1964.
⑥ SAPMO-BArch, DY 30/3387, p. 86, Khrushchev to Gheorghiu-Dej, 10 March 1964.

他自己外交政策利益的"传送带"。①

罗马尼亚人无视乌布利希那些内容越来越绝望的信件，而是集中精力与苏联和中国领导人进行大量通信，试图阻止因越来越激烈的中苏论战而进一步加剧的中苏分裂。1964年2月20日，在东德试图召开华约政治协商会议的一周后，罗马尼亚领导层在信中要求苏联领导层不要公开批评中国，并要求中国领导人停止公开辩论。罗马尼亚也把这封信寄给了所有的华约组织成员国领导人，这让克里姆林宫别无选择，只能采纳这一建议。具有讽刺意味的是，罗马尼亚代表团对北京的访问并没有缓和中苏之间的紧张局势，反而加剧了罗马尼亚与苏联的紧张关系。②

与此同时，在中苏分裂的压力下，克里姆林宫似乎愿意慷慨地解释罗马尼亚的战略。虽然苏联外交官伊柳钦（Iljuchin）认为"罗马尼亚的行动成功的机会很小"，但他在与东德领导人的对话中强调，"应该高度尊重罗马尼亚阻止这种危险的发展的努力"。③ 苏联的支持激励了罗马尼亚人更加主动的行动。当乌布利希仍在不耐烦地等待罗马尼亚人的回信时，1964年3月25日，乔治乌-德治在致赫鲁晓夫的信中甚至建议，苏联共产党、中国共产党和罗马尼亚共产党"直接向所有国家的共产党和工人党发出共同呼吁，以停止公开论战"。④ 因此，罗马尼亚领导层间接地将自己置于与苏联和中国平起平坐的地位，同时明确地将共产主义运动置于华约组织之上。罗马尼亚领导层通过将不干涉、独立和国家主权等原则加入共同呼吁的草案中，从而利用《莫斯科宣言》来强调其在共产主义集团内的立场。⑤ 克里姆林宫再次支持罗马尼亚的建议，希望在中苏分裂期间不要引起与任何华约组织盟友的对抗。

从表面上来看，罗马尼亚的努力失败了：他们访问北京的结果适得其

---

① 参见：Douglas Selvage, "The Warsaw Pact and the German Question, 1955-1970: Conflict and Consensus," in *NATO and the Warsaw Pact*, pp. 179-180。

② SAPMO-BArch, DY 30/3655, 166-170, Khrushchev to Gheorgiu-Dej, 31 March 1964.

③ SAPMO-BArch, DY 30/IV A 2/20/354, 55-56, Report about a conversation with Iljuchin from the Soviet embassy, 20 February 1964.

④ SAPMO-BArch, DY 30/3655, 139-140, Gheorgiu-Dej to Khrushchev, 25 March 1964.

⑤ Ibid., Romanian draft appeal as appendix to the letter from Gheorghiu-Dej to Khrushchev.

第七章 巴尔干地区对华约组织的挑战，1960—1964 年

反，完全破坏了其所呼吁的团结。从更重要的层面上来看，罗马尼亚虽然赞同苏联"中国无论如何都不会'屈服'"的观点，但的确取得了很大的成功：① 他们调停中苏分裂的尝试使他们的地位高于其华约伙伴国，这也使他们得以顺利地阻止乌布利希召集成员国开会的企图。此外，正如罗马尼亚政治局委员格奥尔基·瓦西利基（Gheorghe Vasilichi）所说，"我们党这一行动最重要的结果是……我们在这一行动结束时都变得更加精明，可以说，我们知道的事情比以前多得多"。②

此外，罗马尼亚的"调解"推动了中罗关系的发展，罗马尼亚领导层定期与中国驻罗马尼亚大使讨论他们在华约组织的立场。罗马尼亚领导人将新获得的自我意识付诸实践，于1964年4月召开了罗马尼亚工人党中央委员会特别全体会议。他们以向所有国家共产党发出的呼吁草案作为制定自己立场的基础，这份文件后来被称为"独立宣言"，也被认为是"罗马尼亚在其外交政策上公开偏离的转折点"。③ 这一宣言仅提到华约组织一次，其"反对社会主义国家之间任何更高形式的合作"，同时试图"达成一种松散的合作"，并"增加回旋余地"。④

罗马尼亚宣言是对华约组织含蓄的抗议，这也解释了为什么罗马尼亚不愿意参加下一次华约政治协商会议。具有讽刺意味的是，罗马尼亚工人党全会召开的那天恰恰是乌布利希打算召开华约政治协商会议的时间。该宣言实际上似乎也是反对乌布利希协调外交政策的意图，并直接破坏了他的一些提议。罗马尼亚人是第二个走上偏离路线的华约组织成员国，尽管他们的偏离比阿尔巴尼亚更微妙，但也因此比后者更成功。

---

① ANIC, CC RWP, Chancellery, 6/1964, 21, Minutes of the plenary session of the RWP CC, 17 February 1964.

② ANIC, CC RWP, Chancellery, 16/1964, 113, Minutes of the plenary session of the RWP CC from 15 to 22 April 1964.

③ Dennis Deletant and Mihai Ionescu, "Romania and the Warsaw Pact: 1955-1989," *CWIHP Working Paper* 43 (2004), p. 72.

④ SAPMO-BArch, DY 30/ⅣA 2/20/359, 11-14, Information about the Romanian attitude to the policy of the Chinese leadership, 29 April 1964.

两个月后，东德外交部门甚至得到了"可靠消息"，其指出"罗马尼亚工人党不同意华沙条约组织的某些决定。因此，它将不再积极合作，而只会旁观华约组织内的进展"。① 具有讽刺意味的是，这正是法国总统戴高乐（Charles de Gaulle）的盟友担心法国会在北约内部所采取的行动。② 就华约组织而言，正是中苏分裂再次促成了这种摆脱苏联控制的解放，但这一次是在联盟的范围内。罗马尼亚的挑战似乎比阿尔巴尼亚更微妙，并且其成功揭穿了赫鲁晓夫的虚张声势。在赫鲁晓夫同意罗马尼亚发出对所有共产主义国家的呼吁之后，他也间接地认可了它们的独立性。

不同意见的变化

为了将其独立性付诸实践，罗马尼亚领导层否决了乌布利希的另一项提议，即在1964年11月27—28日召开华约政治协商会议，讨论北约通过多边核力量计划（MLF）实现核共享的形势。③ 10月14日，在莫斯科举行的庆祝赫鲁晓夫下台的鸡尾酒会上，罗马尼亚总理扬·格奥尔基·毛雷尔（Ion Gheorghe Maurer）向乌布利希解释说，他反对召集会议的方式，因为罗马尼亚人希望及时了解议程上的项目，以便做好准备。④ 尽管如此，他们还是同意做出一次空前的妥协——据此，将在1964年12月10日召开副外长会议，然后在1965年1月举行一次华约政治协商会议——这是东德领导人对罗马尼亚的顽固感到愤怒时所建议的。⑤

在这次会见中，罗马尼亚人仍然利用阿尔巴尼亚问题来强调他们自己从苏联的控制中解放了出来：他们建议再次邀请阿尔巴尼亚参加1965年1月举行的政治协商会议，虽然这项提议没有得到什么支持，但在激烈讨论

---

① SAPMO-BArch, DY 30/ⅣA 2/20/368, 126, Report to the Ministry of Foreign Affairs from the GDR, Bucharest, 17 June 1964.
② 参见：Locher, "A Crisis Foretold", p. 111。
③ SAPMO-BArch, DY 30/3387, 184-185, Gheorgiu-Dej to Ulbricht, 19 November 1964.
④ ANIC, CC RWP, Chancellery, 70/1964, 29-32, Reception on the evening of 7 November.
⑤ SAPMO-BArch, DY 30/3387, 205-216, Letters from Ulbricht to individual WP leaders, 24 November 1964.

第七章 巴尔干地区对华约组织的挑战，1960—1964 年

后得到了通过。此外，罗马尼亚外交部副部长否决了讨论中的有关会议内容的联合公报和在 1965 年 1 月政治协商会议之后准备发布的公报。在这次会议后，罗马尼亚领导人向中国大使刘放解释称，"接受公报……会阻碍我们的行动自由"。① 这种没有公报的会议是史无前例的，并以这种方式证明了华约组织已经不仅仅徒具形式。苏联的控制已经让位于除苏联以外的华约成员国的机动性。

罗马尼亚的顽固挫败了乌布利希的目标，但在联盟内为真正的讨论创造了空间。1965 年 1 月的华约政治协商会议没有发布预先制定的公报，这增加了会议期间的回旋余地，并且对罗马尼亚及其盟国来说都是如此。事实上，设立的副外长会议本身就是不同意见的产物，这进一步削弱了单边主义，不论其是苏联式的还是东德式的，因为副外长会议的作用是在多边平台上筹备政治协商会议。一种新型的联盟开始形成，在这个联盟中，不同的意见会激发而非阻碍新思想。

虽然罗马尼亚的立场主导了副外长会议，但乌布利希写信给苏联领导人列昂尼德·勃列日涅夫，强调了在华约组织内进行更多合作的必要性，试图以此遏制罗马尼亚的异议。② 第二天，在东德副外长奥托·温泽（Otto Winzer）和苏联副外长瓦莱里安·佐林（Valerian Zorin）之间的私人谈话中出现了同样的话题。温泽建议启动外交政策常设委员会的计划，该计划已于 1956 年 1 月以书面形式提出，但从未付诸实施。佐林对此表示赞赏，并鼓励民主德国在 1965 年 1 月的政治协商会议上提出改革华约组织的提案。③ 罗马尼亚对这种改革提案极为怀疑，在与中国驻罗大使的另一次谈话中，他们认为这是"重新建立苏共对社会主义国家的霸权"的一种方式。④ 在接下来的五年里，罗马尼亚对东德的改革热情的反对在华约组织

---

① SAPMO-BArch, DY 30/3387, 205-216, Letters from Ulbricht to individual WP leaders, 24 November 1964, p. 193.
② Ibid., p. 254-255, Ulbricht to Brezhnev, Berlin, 10 December 1964.
③ SAPMO-BArch, DY 30/3393, 13-25, Report of the meeting.
④ ANIC, CC RWP, International Relations, 5/1964, 163, Conversation between Bodnăraş and Liu Fan, 24 November 1964.

145

中越发突出，这证明了除苏联以外的华约成员国对联盟动态的影响越来越大。

华约组织——出现缺席的联盟

20世纪60年代初，在中苏分裂的压力下，华约组织不再只能充当苏联的"传送带"。在苏联的霸权受到中国的崛起的挑战之后，华约组织变成了一个较小的盟友可以探索克里姆林宫为保持联盟团结准备或被迫走多远的平台。因此，根据档案证据得出的结论与目前对待北约的方式非常相似。较小的盟国不仅开始在理论上探索和增加多边联盟中的回旋余地，而且在实践中也是如此。但在华约组织内部，危机开始的时间也比普遍认为的要早，即始于1961年阿尔巴尼亚的反抗，并且其被证明鼓舞了罗马尼亚领导人。[1] 此外，联盟内部的动态变化不仅取决于通常认为的除苏联以外的华约成员国对克里姆林宫的反对，而且还取决于除苏联以外的华约成员国之间的利益冲突。

阿尔巴尼亚的异议遭到了除苏联以外的华约成员国的极大蔑视，但（它们之间）随后的通信削弱了苏联的控制。华约组织不再是一个支配一切双边关系的集合；除苏联以外的华约成员国之间的通信产生了苏联领导层无法预见的多边互动。《华沙条约》是对应于《北大西洋公约》而匆忙拟订的，这一事实促进了将华约组织作为一个多边平台加以利用。克里姆林宫本来可能设想的是将华约组织作为一个由苏联控制的大型政治局，但是（华约成员国的）否决权打破了这种可能性。由于没有设置秘书处和秘书长，而政治协商委员会是唯一的官方机构，因此除苏联以外的华约成员国有很大的空间来改造华约组织。在（苏联）缺席的情况下，华约组织变成了一个越来越多边化的联盟。

罗马尼亚领导人很善于利用阿尔巴尼亚的异议和中苏分裂所带来的有

---

[1] 参见：Vojtech Mastny, "The Warsaw Pact as History," in *Cardboard Castle*, p. 28。马斯特尼将1965—1968年的华约组织称为"危机中的联盟"。

第七章　巴尔干地区对华约组织的挑战，1960—1964 年

利形势。他们与中国加强了联系，但仍处于联盟的范围之内。与阿尔巴尼亚不同，他们并没有激怒除东德以外的盟国。他们甚至帮了其他盟国一个忙，阻止了联盟变成东德的"传送带"。正如 1965 年 1 月罗马尼亚领导层在写给苏联同志的信中所指出的，罗马尼亚领导层特别清楚地认识到，"所有共产党中少数服从多数的普遍原则并不适用于共产党与工人党之间的关系"。① 民主集中制不适用于华约组织，而该联盟则以完全不同的政治方式对抗克里姆林宫。

这一进程最具体的成果是形成了召开除苏联以外的华约成员国副外长会议的惯例，这为真正的辩论创造了空间。由于激烈的分歧，华约政治协商会议史无前例地没有发表联合公报，这显示出除苏联以外的华约成员国将自身的解放置于联盟的团结之上。实际上，副外长会议本身就是一个新建立的机制，因为这是华约组织第一次召开该级别的会议，并预示着政党领导人和外交部（副）部长之间将在华约组织内有一段更为密集的磋商期，同时将为华约组织的改革铺平道路。在联盟成立后的五年中，改革联盟的尝试占据了主导地位，并且只有在激烈的讨论和众多的妥协之后才取得了成功，这本身就证明苏联领导层和民主德国领导人都不能将华约组织作为其"传送带"。此外，在沉寂了九年之后，他们对于启动外交政策常设委员会的热情清楚地证明，联盟不再仅仅是向西方世界展示统一战线的一种口头策略。在 20 世纪 60 年代上半期，华约组织已经变成了一个进行真正讨论的平台，这对于一个建立之初就注定要解散的联盟来说是一件了不起的成就。

到 1965 年 1 月，最严重的担忧已经得到了缓解：罗马尼亚参加 1964 年 12 月的会议证明，其领导人希望避免出现华约组织范围外的（从苏联霸权下的）解放。罗马尼亚工人党领导人乔治乌-德治宣布打算参加 1965 年 1 月的华约政治协商会议，这令他的盟友大为宽慰又略感惊讶，这一事

---

① SAPMO BArch, DY 30/3655, 185, Romanian CC to CPSU CC, Bucharest, 4 January 1965.

147

实也凸显出他不想采用阿尔巴尼亚的那种"特殊方式"。① 尽管在 20 世纪 60 年代后半期充满了紧张的气氛，但事实证明，在关于核不扩散和改革的讨论不断进行、罗马尼亚人的异见日益增加以及 1968 年华约五国入侵捷克斯洛伐克的情况下，前五年时间里苏联以外的华约成员国已经开始对华约组织进行彻底改造。巴尔干国家对华约组织的挑战对这个昔日的大型国际组织的多边化做出了决定性的贡献。

---

① SAPMO-BArch, DY 30/ⅣA 2/20/369, 34-61, Report to the Ministry of Foreign Affairs of the GDR, Bucharest, 22 January 1965.

第八章

"不争不吵":
"布拉格之春"后南斯拉夫独立自主的代价

伊沃·巴纳茨

1955年苏联与南斯拉夫恢复外交关系后,两国关系又经历了几个不同的阶段,但客观来讲,在1968年苏联入侵捷克斯洛伐克后,两国关系急剧滑坡。南斯拉夫外交官韦利科·米丘诺维奇(Veljko Mićunović)本人就是与莫斯科有过多次接触的二战老兵,他指出,勃列日涅夫政权上台后,所有累积的与苏联进一步发展关系的困境都解决了。米丘诺维奇并没有对此作详细说明,但在一段指出赫鲁晓夫执政中的"创新性"的文字中,结论很明显是说,这种新趋势是对苏联早前实践的倒退。此外,苏联不再需要在广泛的国际舞台上活动的"南斯拉夫通行证"。[1]

苏南两国关系的衰退表现为一系列的事件和对抗,其中苏联的频繁指责激起了南斯拉夫的反苏情绪。例如,1968年9月,苏军总政治部主任、1961—1962年曾任驻南斯拉夫大使的叶皮谢夫(A. A. Yepishev)将军勃然大怒,因为南斯拉夫人正在进行"挑衅、捏造和羞辱……所有这些都给我们之前的关系和合作带来了问题。虽然我不知道你们中谁挑起了反苏宣

---

[1] V. Mićunović, *Moskovske godine 1969-1971* (Belgrade: Jugoslovenska revija, 1984), p. 15.

传和战争狂热，但这在其他任何国家都是不可设想的比例"。① 苏共中央总书记勃列日涅夫在1968年10月17日致南斯拉夫领导人的一封信中警告说，两国之间积极的关系"与南斯拉夫社会主义联邦共和国正在进行的反苏运动不符"。②

1970年6月，苏联总理阿列克谢·柯西金（Aleksei Kosygin）责备来访的南斯拉夫总理米特亚·里比契奇（Mitja Ribičič），明确提醒他，苏联绝不允许东欧像捷克斯洛伐克那样回归资本主义。他强调，苏联期望"在争取建立和捍卫整个社会主义制度方面"保持团结，"并且不允许任何组织、任何个人反对这一点，国内的那些组织和个人也不例外"。③

与这种威胁相伴随着的是要求南斯拉夫在军事上做出让步，以及苏联境内亲苏南斯拉夫流亡者（即1948年共产党和工人党情报局决议后所谓的情报局分子）的东山再起。1970—1971年，南斯拉夫就流亡者的活动和类似的有违外交礼仪的行为向苏联方面提出了五次外交交涉。苏联向南斯拉夫提出了大约五十次抗议，主要针对的是南斯拉夫报纸上刊登的对苏联不友好的文章。④

面对与莫斯科关系的不断恶化，南斯拉夫试图向巴尔干共产主义国家中的特立独行者罗马尼亚和阿尔巴尼亚寻求支持，因为它们也感受到了苏联的压力。但南斯拉夫的首选伙伴是西方国家。这时，尼克松（Richard M. Nixon）总统的外交活动起到了特别的作用。1970年9月30日，即阿拉伯联合共和国⑤总统迦玛尔·纳赛尔（Gamal Abdel Nasser）逝世两天后，

---

① AJ, Fund 837: Kabinet Predsednika Republike (KPR, Cabinet of the President of the Republic), I-3-a/101-131, box 175, 3. Sovjetske izjave o odnosima sa Jugoslavijom, 17 September 1971, p. 2.

② Ibid., p. 3.

③ Ibid., pp. 7-8.

④ AJ, KPR, I-3-a/101-131, box 175, "Neke napomene uz material, Protesti, demarši, odbijanje sovjetskih zahteva koje vredjaju nezavisnost Jugoslavije", 16 September 1971, pp. 1-2.

⑤ 阿拉伯联合共和国（简称"阿联"）是1958年2月1日由埃及与叙利亚联合组成的泛阿拉伯国家。随着也门王国于1958年3月8日以合众的形式加入，其更名为阿拉伯合众国。由于埃及的个别霸权主义政策，1961年9月28日叙利亚宣布退出，12月也门共和国也退出。虽然阿联于1961年12月26日宣布解散，但埃及仍然保留这个国号直到1971年9月。——译者注

150

第八章 "不争不吵"："布拉格之春"后南斯拉夫独立自主的代价

尼克松与南斯拉夫总统铁托在贝尔格莱德会晤，重点谈论了中东问题。铁托煞费苦心地使尼克松打消对苏联意图的疑虑，并强调苏联对在中东地区与美国对抗并不感兴趣。①

尼克松对铁托的克制表示赞赏，并建议南斯拉夫人在"激进分子"接触埃及新领导人之前就与他们进行会谈。印度支那问题还没有达成协议，而尼克松坚持认为美国在此问题上不能接受失败。尽管有这种初步的定位，但"美国牌"的真正价值在这次访问期间一次较低级别的会面，即南斯拉夫外交事务国务秘书米尔科·特帕瓦茨（Mirko Tepavac）和基辛格的会面中才得以显现。当基辛格直接问及苏联是否对南斯拉夫造成威胁的问题时，特帕瓦茨的回应与铁托完全不同，他回答说，中东冲突的扩大可能导致苏联要求南斯拉夫做出军事让步。因此，美国为推动和平事业做的任何努力都会有所帮助。随后是美国明确表达对南斯拉夫政策的重要时刻。特帕瓦茨要求基辛格解释几个月前美国国务卿威廉·罗杰斯（William P. Rogers）发表的一项声明，即美国认为苏联在将勃列日涅夫主义适用于南斯拉夫时会更加谨慎。特帕瓦茨指出，这表明华盛顿对南斯拉夫安全的关心程度远低于早些时候。确切地说，他想知道美国是否在与苏联直接接触时发表过类似的声明：

> 基辛格表示，众所周知，他们（美国人）不会冷眼旁观苏联军队对南斯拉夫所采取的任何军事行动。
>
> 我（特帕瓦茨）问他，"不会冷眼旁观"是什么意思？这是否意味着他们会"很生气"或者他们会予以阻止？
>
> 基辛格指出，如果我们也参战的话，他们会提供"一切可能的帮助"……无论罗杰斯如何做出声明，苏联人都应该知道，除非是面临严重的后果，否则他们不应心存任何针对南斯拉夫的图谋。

---

① AJ, KPR, Ⅰ-3-a/107-130, box 182, Zabeleška o razgovoru Predsednika Republike sa predsednikom SAD Ricărdom Niksonom, 30 September 1970, p. 6.

151

我总结道，所有人都应该知道这一点……

基辛格强调说，南斯拉夫的独立符合他们（美国人）的利益，并且即使他们能够也不希望改变我们。他们不会危害我们，但他补充说，很可能必须让其他人也知道不应该这样做。他总结说，尼克松的访问也旨在使这一点更加明确。但是，如果南斯拉夫牺牲其独立，同苏联走得更近，对他们来说就完全不同了，尽管他们认为没有这种可能性。①

基辛格谈到了南斯拉夫与苏联关系中重要的两难问题。美国人对南斯拉夫肯定没有"系统性"的谋划，他们更愿意让铁托政府按照自己的意愿安排其意识形态的优先事项，因为他们认为意识形态的革新将促进南斯拉夫独立于苏联。但铁托的最紧要任务是维护政权，这可以通过各种意识形态的革新来实现。毕竟，1948年以前，铁托就是通过在意识形态上对东方的让步换取了南斯拉夫政权的稳定。基辛格可能没有想到的是，（南斯拉夫）也可以通过牺牲意识形态的独立来促进政治的独立。

事实上，在20世纪60年代后半期，南斯拉夫处于改革派和众多保守派之间意识形态斗争的阵痛之中。这种对抗涉及的一个层面是历史悠久的民族问题，该问题在1966年保守派阵营的核心人物、塞尔维亚最资深的政治家亚历山大·兰科维奇遭到清洗后在政治舞台上再次出现，并带有特定的报复性。兰科维奇的下台导致贝尔格莱德中央集权体制的松动。由于塞尔维亚在传统上反对下放权力，这也意味着平衡被打破，转而有利于南斯拉夫的边疆地区，特别是南斯拉夫西北部具有改革意识的地区（斯洛文尼亚和克罗地亚），同时也有利于那些中央集权制所优先针对的所有民族，比如除塞尔维亚族以外的波斯尼亚族、阿尔巴尼亚族和其他少数民族。特别是在克罗地亚，共产党新领导人米科·特里帕洛（Miko Tripalo）和萨夫卡·达普切维奇-库查尔（Savka Dabčević-Kučar）已经公开表示反对中央

---

① AJ, KPR, I-3-a/107-130, box 182, Zabeleška o razgovoru sa Henri Kisindžerom, 1 October 1970, pp. 4-5.

第八章 "不争不吵"："布拉格之春"后南斯拉夫独立自主的代价

集权制的南斯拉夫主义，并支持最大限度的自治。这一时期，对共和国的自治程度，也就是对改革的程度进行仲裁的准备已经做好。铁托仍然在观望，至于保守的、中央集权制的莫斯科，它对这一问题的立场是显而易见的。

据南斯拉夫消息人士称，即将离任的苏联大使贝内季克托夫（I. A. Benediktov）在向铁托、卡德尔、里比契奇和其他南斯拉夫领导人道别时果然乘机提出了一些尴尬的问题。在苏方举行的告别晚宴上，他与南斯拉夫外交部长（特帕瓦茨）谈话时问道：

> 南斯拉夫是否会崩溃……各共和国和联邦之间的关系是什么，南斯拉夫目前的（改革）是否会激发民族主义……贝内季克托夫说，他对塞尔维亚人和黑山人的"真正的国际主义"深信不疑，但克罗地亚人和斯洛文尼亚人他认为并非如此。①

苏联并不是唯一一个试图从南斯拉夫的内部困境中渔利的一方，那些政治移民也有其计划。1970年12月2日，克罗地亚（政府）执行委员会主席德拉古廷·哈拉米亚（Dragutin Haramija）致信联邦总理里比契奇，信中他指控外交部情报官员［特别是南斯拉夫驻柏林军事代表团的杜罗·平塔里奇（Đuro Pintarić）］散播克罗地亚领导层与居住在西柏林的克罗地亚民族主义流亡分子布兰科·耶利奇（Branko Jelić）博士接触的"重要暗示"，据称后者与莫斯科建立了联系。这些"接触"的结果将是在的里雅斯特到德里纳河之间的地区建立一个独立的共产主义克罗地亚，其将加入苏联集团并采用苏联模式建设社会主义。作为交换，苏联将在莫斯塔尔（Mostar）和里耶卡（Rijeka）建立军事基地。这些指控的来源是耶利奇的助手韦利米尔·托穆洛维奇（Velimir Tomulović），他实际上是南斯拉夫情报部门的特工。哈拉米亚要求调查和惩处肇事者。苏联人对这些事态的发

---

① AJ, KPR, Ⅰ-3-a/101-131, box 175, 4. Interne izjave sovjetskih funkcionara o stanju u Jugoslaviji, 17 September 1971), pp.2-3.

展非常敏感。1971年12月9日，苏联驻贝尔格莱德大使馆的一名雇员将耶利奇主办的报纸《克罗地亚国家》（*Hrvatska država*）的一份副本交给了南斯拉夫外交部，并指出该材料是从西德邮寄来的。苏联人知道这份报纸是被禁止发行的，但苏联方面坚持表示，"他们（苏方）将这一情况告知了我们（南斯拉夫），以免给人留下大使馆订阅了此类出版物的印象"。①

在调查期间，政治移民事件升级了。联邦委员会的委员们无法就结论达成一致。当联邦委员会于1971年4月23日在布里奥尼岛举行会议时，多数人得出结论："联邦行政机关、下属机构及受雇的个人没有参与任何形式的阴谋，也没有参与挑起和传播有关敌对的移民与克罗地亚社会主义共和国领导人之间所谓的联系的政治阴谋。"② 克罗地亚联邦委员会委员尼古拉·帕夫莱蒂奇（Nikola Pavletić）本人并没有签字认可这一结论，其他两名克罗地亚族部长米里亚娜·克尔斯蒂尼奇（Mirjana Krstinić）和副总理雅科夫·西罗特科维奇（Jakov Sirotković）也不接受这一结论。

为了解决这个问题，1971年4月28—30日，南斯拉夫共产主义者联盟主席团在布里奥尼岛举行了第十七次会议。当时的气氛紧张而又引人深思。4月28日，主席团执行委员会首先举行会议，其间爱德华·卡德尔（斯洛文尼亚）请求一定要安抚公众，而布迪斯拉夫·绍什基奇（Budislav Šoškić）（黑山）则要求将此事"交给国家机关"。③ 与对"事件"的模糊态度相一致，主席团会议得出结论：

> 外来的敌对势力利用我们内部的困难并依靠我们国内的敌人加强了颠覆活动。针对这种反南斯拉夫和反社会主义的敌对活

---

① AJ, KPR, I-3-a/101-131, box 175, 4. Interne izjave sovjetskih funkcionara o stanju u Jugoslaviji, 17 September 1971), p. 3.

② AJ, Fund 507, Arhiv Centralnog komiteta Saveza komunista Jugoslavije—Predsedništvo (CK SKJ, Archives of the Central Committee of League of Communists of Yugoslavia—Presidency), III/153, 17. sednica (28, 29 i 30. IV 1971), Izveštaj Komisije saveznog izvršnog veća formirane 9. aprila 1971, p. 9.

③ Ibid., Stenografske beleške sa sednice Izvršnog biroa Predsedništva SKJ, održane na dan 28 April 1971. u 21, 30 na Brionima, pp. 2-3, 6-9.

第八章 "不争不吵"："布拉格之春"后南斯拉夫独立自主的代价

动，组织了一项旨在否认克罗地亚社会主义共和国政治领导人的资格的行动，其目的是引发政治不稳、共和国之间的冲突和不信任、削弱团结，以及使我国社会主义的自主发展难以为继。

主席团接受了联邦执行委员会的结论，即联邦行政机关，其机构及工作人员没有参与任何阴谋。①

1971年4月30日布里奥尼会议结束，正当事情被掩盖起来的时候，勃列日涅夫在克里姆林宫的政治局会议上打电话给铁托，专门讨论了"南斯拉夫问题"。铁托是这样来汇报这次谈话的：

> 同志们，我用间歇的时间吃了顿午饭。弗拉基米尔·巴卡里奇（Vladimir Bakarić）和我一起去的。午餐时，我的秘书找到我，说勃列日涅夫正打电话给我。由于与莫斯科的这种对话非常少见，可能两年才一次，所以当我们在开会的时候他正好打电话给我，我感到很惊讶。长期以来，我们都无法建立良好的联系，所以任何事情都只能道听途说。我听到了一些消息，他的秘书谢尔盖耶夫（Sergeyev）想了解一些事，但我们彼此无法理解。然后我走到拨通的电话旁，在电话里你无法把所有事都说清楚。我们互相打招呼，我问勃列日涅夫为何来电。他说，铁托同志，各种谣言正在流传。有消息说您的一些部队正在向贝尔格莱德调动，情况很严重，等等……我说："勃列日涅夫同志，我们讨论了三天了，现在我们快讨论完了。您听到的所有这些都是假消息。这是不对的，这是谎言。没有部队在调动，我们也不需要任何部队来处理内部事务。我想说的是，也不需要任何部队来处理外部问题，但我们是在开放线路上通话的。我说我们的讨论很顺利，我

---

① AJ, Fund 507, Arhiv Centralnog komiteta Saveza komunista Jugoslavije—Predsedništvo（CK SKJ, Archives of the Central Committee of League of Communists of Yugoslavia—Presidency）, Ⅲ/153, 17. sednica（28, 29 i 30. Ⅳ 1971）, Sedamnaesta sednica Predsedništva SKJ, p. 6.

155

们正在努力加强我们的党，因为我们面临着一些我们必须解决的重大问题，并且只有党才能解决它们。他说没错。我告诉他，可以肯定的是，我们有足够的力量在没有任何人帮助的情况下自己解决所有这些问题。"……现在我想说的是，今天上午会议开始时我告诉你们的事情已经应验了，这不是一件小事，我们周围正在编织着一张阴谋的大网，我确实不知道网的结头绑在哪里。我们将不得不在某一天切断这个结，这一天不会太久。我们必须不能让所有这些阴谋、情报中心得逞，因为他们正在往我们的脖子上套上绞索。同志们，这就是为什么我警告你们，我们必须采取某些更加强硬的措施来对待你们所知道的国外的某些人，那些我们已经知道和将要发现的人。我们现在并不了解他们，他们正在玩某种游戏，即使只是作为一枚棋子。①

五天后，即 1971 年 5 月 5 日，布兰科·耶利奇在西柏林逃过了一次暗杀袭击，尽管他被简易爆炸装置炸出了 100 多处伤口。5 月 7 日，当他在医院疗养时，又有人企图杀害他。一年后，他因这些伤势而去世。这只是一段艰难的新历程的开始。

1971 年 7 月初，在铁托的要求下，克罗地亚共产主义者联盟执行委员会在萨格勒布召开了一次颇具戏剧性的会议。除执行委员会委员外，萨夫卡·达普切维奇-库查尔、弗拉基米尔·巴卡里奇、米科·特里帕洛、雅科夫·布拉热维奇（Jakov Blažević）以及许多其他克罗地亚共产党的公职人员也参加了会议。铁托从一开始就十分强势：

这次我先来说说。你们可以看到我非常生气。这就是我召集你们开会的原因，会议不会占用太多时间。克罗地亚的形势并不好。我从各种渠道收到有关这方面的信息。克罗地亚在民族主义

---

① AJ, KPR, Ⅰ-3-a-1, box 103, Završna Reč predsednika Tita na sednici Predsedništva CKJ, 30 April 1971, pp. 104/1-2 MS.

第八章 "不争不吵"："布拉格之春"后南斯拉夫独立自主的代价

猖獗时已成为南斯拉夫的关键问题。所有共和国都存在这样的事情，但现在你们这里是最糟糕的。必须采取不同类型的反对民族主义的斗争。仅仅在群众大会上谴责它是不够的。①

铁托呼吁进行"坚定的阶级斗争"，他对克罗地亚与塞尔维亚关系恶化的状况发表意见，并要求了解领导层是否意识到"其他人正在关注这一点，难道你们不知道如果出现什么混乱的话，别人会立刻伺机而动吗？在允许别人这样做之前，我会先与我们的军队商量一下"。②他并没有忘记提到他5月与勃列日涅夫的对话：

> 贝尔格莱德市场中的小资产阶级精神在你们中间也很活跃。各种流言蜚语甚嚣尘上。现在他们在这里说我编造了与勃列日涅夫的谈话，为的是吓唬你们并迫使你们团结起来。而事实是，他们举行了一次会议，他们已经决定插手南斯拉夫事务，但没有决定何时动手。③

铁托讲话内容的正式版本中删去了最后一句话。

南斯拉夫的事态发展越来越困扰着苏联领导层。1971年7月6日，在苏共中央政治局致南斯拉夫的一封信中，勃列日涅夫告诫说，各种情况引起人们关注苏联和南斯拉夫之间的关系状况。他宣称有关苏联如何支持情报局流亡分子或克罗地亚流亡者（"乌斯塔沙"）的说法是无耻的"捏造行为"，并谴责那些南斯拉夫记者为谣言推波助澜。他宣称关于"苏联反对南斯拉夫的所有形式的行动都在加剧"的说法都是毫无根据的。④勃列

---

① AJ, KPR, Ⅰ-1/206, box 27, Riječ druga Tita na sastanku sa Izvršnim komitetom, 4 July 1971, pp. 1-2, 6.
② Ibid.
③ Ibid.
④ AJ, KPR, Ⅰ-3-a/101-131, box 175, 3. Sovjetske izjave o odnosima sa Jugoslavijom, 17 September 1971, p. 10.

日涅夫很快就会躲过苏联与南斯拉夫关系中的新风暴，苏南关系将在苏联的关注中退居次要地位。

1971年7月15日，美国总统尼克松在加利福尼亚州伯班克（Burbank）发表的电视讲话中，披露了基辛格与中国总理周恩来的秘密会晤，并宣布他已接受中国政府的邀请，将在"1972年5月之前"访问中华人民共和国，这开启了美国几十年来最重要的外交调整。两周后，南斯拉夫共产主义者联盟主席团在第十九次会议上已经对这一消息的影响进行了评论。斯塔内·多兰茨（Stane Dolanc）（斯洛文尼亚）总结了勃列日涅夫的信和苏联对南斯拉夫的反击，说这表达了"苏联领导层的内部需求和更广泛的外交政策关切，特别是在中美接触之后"。① 他指出，对于即将到来且期待已久的勃列日涅夫的南斯拉夫之行，"必须从中美关系新发展的角度来看待"，并警告说，苏联将越来越有意于提升其在欧洲的地位。斯塔内·多兰茨预计"苏联阵营中会出现一次彻底的清算，特别是罗马尼亚问题上"。②

为应对尼克松与中国缓和关系，苏联集团领导人于1971年8月2日在克里米亚召开会议。第二天，罗马尼亚共产党中央委员会常设主席团成员保罗·尼古列斯库-米齐尔（Paul Niculescu-Mizil）向南斯拉夫方面表示，罗马尼亚总统尼古拉·齐奥塞斯库（Nicolae Ceaușescu）请求与铁托会面。克里米亚会议在罗马尼亚和南斯拉夫的领导人缺席的情况下举行。尼古列斯库-米齐尔指出，三天前柯西金在罗马尼亚参加了经互会会议，"但一个字都没有提到将在克里米亚举行这样的会议"。尼古列斯库-米齐尔说，"一定出了什么事情"。铁托对此非常谨慎，他在报告的页边处写道："我认为在克里米亚会议后再举行一次会议并不好。最好先等一下，然后在我们国家或边境地区举行会议。铁托。"③

铁托的谨慎很快得到了回报。1971年8月10日，郁闷的勃列日涅夫在雅尔塔接见了南斯拉夫大使米丘诺维奇，后者将铁托的信件转交给了这

---

① AJ, CK SKJ-Predsedništvo, Ⅲ/155, Diskusija S. Dolanca a 19. sednici Predsedništva SKJ (zatvoreni deo), Beograd?, 28 July 1971, p. 3.

② Ibid., p. 12.

③ AJ, KPR, Ⅰ-2/51, box 74, Ambasada SFRJ u Bukureštu, br. 281, 3 August 1971, p. 2.

第八章 "不争不吵":"布拉格之春"后南斯拉夫独立自主的代价

位苏共中央总书记。在三个小时的谈话中,勃列日涅夫对与南斯拉夫关系的持续恶化表示遗憾,并声称苏联希望与南斯拉夫的关系保持在最佳状态,而且"他个人一直坚持这一立场"。勃列日涅夫谴责南斯拉夫在"拉斯波波维奇事件"中的做法,其中包括苏联境内的共产主义流亡者的活动以及南斯拉夫随后的抗议活动:

> 他明确地将苏共,特别是将领导层与此事件区分开,并且其中所发生的一切实际上都是不值一提的小事。勃列日涅夫仍批评南斯拉夫的行为,说苏联从未支持这些乌斯塔沙分子(指的是在苏联境内的情报局分子)。就在这时,出席我们谈话的记录秘书奥斯特罗维多夫(Ostrovidov)出面解释了"乌斯塔沙分子"指的是谁。勃列日涅夫要求我解释发生了什么事。在我做了解释并提到苏联境内有300名情报局分子的事实之后,勃列日涅夫挥了挥手,说这没有任何意义;苏共中也有和他们类似的人,他们说他(勃列日涅夫)、波德戈尔内、柯西金还有其他人的坏话,所有这些都毫无意义。[1]

勃列日涅夫否认苏联反对南斯拉夫的独立和不结盟政策,并强调南斯拉夫新闻界是两国关系的绊脚石,尽管他知道新闻界在南斯拉夫是独立的。勃列日涅夫对中国持有负面的看法,认为中国是民族主义和"大国"意识形态的受害者。尼克松访问北京并不重要,因为只有苏联才是美国的合作伙伴。至于中国,"准确地说,它不是并且在很长时间内也不会成为核大国。在经济上,(中国)乏善可陈"。根据米丘诺维奇的说法,他避免对南斯拉夫与中国的友好关系发表任何评论,因为当苏联人"断定他们无法改变任何事情时,通常会避免与我们谈论非常不愉快的事情"。[2]

---

[1] AJ, KPR, I-3-a/101-131, box 175, Razgovor sa Brežnjevom 10. avgusta(10 August 1971), p.2.

[2] Ibid., p.6.

159

由于南斯拉夫是苏联集团克里米亚峰会上讨论的一个主题，勃列日涅夫解释说，这不是苏联的倡议，而是因为波兰人和"联盟中"的其他人想要了解如何评估南斯拉夫的政策：

> 勃列日涅夫向我保证，当他告诉他们，南斯拉夫是一个社会主义国家，并且不管存在什么差异（克里米亚会议的主题是中国与美国关系缓和的影响），他们都不应该采取疏远南斯拉夫的政策时，恰恰相反，他们应该努力与之合作，所有人都同意了。①

此外，虽然干预捷克斯洛伐克是正确的，并且只是在所有政治手段用尽后才进行的，但勃列日涅夫否认存在什么"勃列日涅夫主义"，并拒绝接受所有有关集团国家主权的质疑。与一直冒犯集团各国领导人的赫鲁晓夫不同，勃列日涅夫对他们怀有"深深的敬意"。②

尽管如此，勃列日涅夫仍然不相信南斯拉夫走的是正确的道路：

> 勃列日涅夫指出这些是我们的内政问题，并用苏联在去年冬天、今年春天和布里奥尼会议期间那样的方式评论了我们国家的形势，当时我们的内部形势被认为是严峻和危急的。勃列日涅夫"以朋友的身份"说，苏联长期以来一直关注南斯拉夫国内所发生的事件。所有这些都是我们南斯拉夫人自己的事情，但他们苏联人作为朋友必须关注这些问题。勃列日涅夫列举了以下内部问题来证明：失业，我们的工人和专家流失到西方国家，已经有50万或100万人了，谁知道呢，最重要的是，我们各共和国或各民族之间的公开政治冲突。勃列日涅夫和三个月前的柯西金一样，列举了苏联的反例，并问道：如果苏联出现类似的情况，会发生

---

① AJ, KPR, Ⅰ-3-a/101-131, box 175, Razgovor sa Brežnjevom 10. avgusta（10 August 1971）, p.10.

② Ibid., p.12.

什么？勃列日涅夫仍然表示他只是表达自己的个人观点，并说，无论我们或他们苏联人说什么，事实仍然是，南斯拉夫出现了严重的疏漏，但他不愿称其为错误，因为如果不是如此的话，这一切就不会发生。①

他补充说，"仍然需要了解其根源所在。他提到了党和国家的作用、对外贸易中垄断的必要性及中央计划体制，即以苏联制度作为模板"。② 重要的是，铁托与勃列日涅夫在思想上的差异越来越小。

第二天（8月13日），米丘诺维奇给勃列日涅夫写了一份关于雅尔塔会谈的附加说明。他确信，苏联在1971年上半年所施加的压力源自"苏联人高估了我们的内部困难"，并认为"南斯拉夫从内部被削弱，以至于它无法坚决抵制苏联人插手我们内部事务的任何企图"。此外，米丘诺维奇将"美苏中大三角"和"尼克松宣布访问北京"引发的新状况看作苏联改变对包括南斯拉夫在内的各个合作伙伴的强势政策的诱因。尽管勃列日涅夫脾气暴躁，米丘诺维奇也承认勃列日涅夫可能不是在莫斯科的更加理性的派别的最佳代表，但米丘诺维奇仍期待改善与苏联的关系，也许是在勃列日涅夫不久之后的访问期间。他指望的是苏联当局中的"（与勃列日涅夫）相左的另一派"。③

8月底，米丘诺维奇在莫斯科写了一系列有关勃列日涅夫未来访问的意见和建议。这位头脑非常敏锐的外交官表示，这次访问的"政党"性质最适合苏联，因为它体现了当下的特殊性 ["在我们的'内部危机'和苏联与中国关系恶化之后；（社会主义）阵营的新闻界正在撰写巴尔干地区反苏新轴心——南斯拉夫—罗马尼亚—阿尔巴尼亚的文章"]。因此，他建议南斯拉夫方面必须坚持讨论实际问题，例如情报局流亡分子问题（虽

---

① AJ, KPR, Ⅰ-3-a/101-131, box 175, Razgovor sa Brežnjevom 10. avgusta (10 August 1971), pp. 13-14.
② Ibid.
③ AJ, KPR, Ⅰ-3-a/101-131, box 175, Povodom razgovora sa Brežnjevom od 10. avgusta (Moscow, 13 August 1971), pp. 1-6.

然他建议继续对"这些脱党分子和叛徒"采取强硬路线,"但他们现在主要是苏联军队的高级军官和苏联公民")。①

米丘诺维奇特别坚持一个很有暗示性的观点:

> 我们经常报告说,到目前为止,我们的内部局势对我们与苏联的关系比与其他所有大国的关系都有更直接和更显著的影响。我们的内部困难直接刺激和引发苏联人对南斯拉夫施加压力并插手我们的内政,就像今年春天的情况一样。②

他指出,苏联对南斯拉夫计划中的宪法改革"并没有特别的印象"。事实上,莫斯科认为这些改革将会使"作为统一国家的南斯拉夫进一步受到削弱"。③ 早有准备的铁托听取了这些观察报告。

在9月初,眼看着勃列日涅夫即将来访,铁托忙于加强南斯拉夫的侧翼。他仍然不相信勃列日涅夫的访问会改善与莫斯科的关系。在与达尔马提亚公社的代表谈话结束时,铁托受米丘诺维奇的部分影响,指出,勃列日涅夫无意于讨论经济和其他问题:"他们希望在党的层面进行讨论,如果我们只在党的层面进行讨论,我们就会有一场可怕的斗争。"④ 铁托面临的更大任务是安抚南斯拉夫内部所有的竞争各方,以便在到访的苏联领导人面前显示团结。

铁托小心翼翼地从萨格勒布的"劳动节"工厂开始了他的克罗地亚之行,并且其最初是为了动员工人反对"共和国之间的争论"和"我们各共和国的分化"。⑤ 但随着视察的进行,他越来越多地提出反对所谓的克罗地

---

① AJ, KPR, Ⅰ-3-a/101-131, box 175, Povodom posete Brežnjeva Jugoslaviji/mišljenja i predlozi/ (Moscow, 25 August 1971), pp. 3, 5-6.

② Ibid., p. 15.

③ Ibid., p. 15.

④ AJ, KPR, Ⅱ-1/208, box 27, Reč Predsednika Tita na kraju razgovora sa predstavnicima opština Dalmacije, 1 September 1971, pp. 3-5.

⑤ AJ, KPR, Ⅱ-1/208, box 27, Govor Predsednika Tita u "Prvomajskoj", 8 September 1971, p. 7.

第八章 "不争不吵":"布拉格之春"后南斯拉夫独立自主的代价

亚种族冲突的意见,同时呼吁对"阶级敌人"采取严厉措施。9月10日,他在科普里夫尼察(Koprivnica)表示,克罗地亚的紧张局势正在"加剧",尽管事实上这是某些人在制造麻烦。这些人将不得不面对"不民主的措施"。① 在瓦拉日丁(Varaždin),他宣布需要清除"异己分子"。像往常一样,他批评了那些知识分子和教授,

> 他们经常出国,他们在取向上当然是亲西方的,他们在出国时会举办几次讲座,每场次讲座能获得1万—1.5万美元,而他们在国内的薪水却在源源不断地发放……在这种民主制度中,一切都很美好。但是,我们将对这种民主制度稍加改进,以使其社会主义化。②

9月14日,电视上播放了铁托在萨格勒布的摄政酒店(Hotel Esplanade)向克罗地亚政治领导人祝酒的画面,这是铁托此行的高潮,也传递了两个显而易见的信息:和解和镇压的威胁。尽管他断言,声称"大沙文主义在克罗地亚盛行"是荒谬的,但之后他还是谴责了"不诚实的知识分子",并指出"南斯拉夫到处都有那些仰望西方的人"。他发誓,"那些反对我们制度的人不可能享有民主"。③ 很显然,铁托已经准备好与勃列日涅夫接洽了。

在苏共代表团访问期间,铁托和勃列日涅夫在贝尔格莱德和伏伊伏丁那的军事度假胜地卡拉乔尔杰沃(Karađorđevo)举行的会议上迅速建立了较为友好的气氛。9月22日,铁托和勃列日涅夫举行了一对一的会谈,没有留下会谈记录。米丘诺维奇后来声称,铁托让南斯拉夫领导人们相信,勃列日涅夫借机强调了"苏联没有——过去也从未有——对南斯拉夫使用

---

① AJ, KPR, Ⅱ-1/208, box 27, Reč Presednika Tita na kraju razgovora u Koprivnici, 10 September 1971, pp. 4-5.
② Ibid., pp. 6-7.
③ AJ, KPR, Ⅱ-1/208, box 27, Odgovor Presednika Tita na zdravicu Savke Dabčević-Kučar, 14 September 1971, pp. 2-6.

163

武力的意图"。9月23日，在代表团在贝尔格莱德参加的第一次会议上，勃列日涅夫在开场白中说："首先，我们之间有着悠久的友谊。我们不争也不吵。"铁托补充说，"我们也没有打架"。① 虽然勃列日涅夫的态度有时很生硬["我为什么要这样说，布罗兹（铁托）？"]，② 但他的结论是非常随和的，即尽管两国之间存在分歧，社会主义建设的道路不同，方法和思维方式不同，但这一切都不应该成为发生冲突的理由，特别是在国家关系"正常"的情况下。（"这意味着，在国家关系层面，不存在任何可能引起某些冲突或分歧的重大事件。"③ ）

勃列日涅夫是一个活跃的，甚至是诙谐的健谈者，这是他自己的风格。他声称他不理解与南斯拉夫的分歧。他把这些归因于某些乐见两国关系恶化的势力。而且这些势力"在我们中间积极地活动，但也许这里（在南斯拉夫）是一个更有利的环境"。④ 他对南斯拉夫的意识形态含讥带讽。（"没有人否认南斯拉夫选择了自己的道路，我怎么称呼它来着——我记不起来了——自我管理。我们不讨论这个，也不研究它。"）他指出，虽然有些名不见经传的理论杂志的工作人员偶尔会批评南斯拉夫的创新活动（当然，这并不是被禁止的），但所有党的机构、政治局成员都没有公开批评过南斯拉夫的意识形态，"尽管我个人有一些看法"。⑤ 他认为那300名情报局流亡分子都无足轻重，⑥ 并坚持苏联方面关于南斯拉夫新闻界不良风气的立场。勃列日涅夫尤其对苏联想要进攻南斯拉夫的说法非常激动：

---

① AJ, KPR, I-3-a/101-131, box 175, Stenografske beleške sa razgovora Josipa Broza Tita, Predsednika SFRJ i predsednika Saveza komunista Jugoslavije i Leonida Iljiča Brežnjeva, generalnog sekretara Centralnog komiteta Komunisticke partije Sovjetskog Saveza, 23 September 1971, p. 2.

② Ibid., p. 11. 特帕瓦茨对勃列日涅夫的做法更加不快："勃列日涅夫的行为有些夸张，他把一包香烟砸在桌子上，香烟几乎撒到了铁托的大腿上。铁托当时站了起来，这就意味着会面结束了！还没有人像这样对铁托说过话，铁托也从来没有像这样对别人说过话。铁托仍然面色阴沉而冷淡；而我们其他人就像被雨淋了一样。" A. Nenadović, *Mirko Tepavac: Sećanja i komentari* (Belgrade: Radio B92, 1998), p. 140.

③ AJ, KPR, I-3-a/101-131, box 175, Stenografske beleške, p. 3.

④ Ibid., p. 6.

⑤ Ibid., pp. 7-8.

⑥ Ibid., p. 8.

第八章 "不争不吵":"布拉格之春"后南斯拉夫独立自主的代价

"(用拳头敲桌子)当我在南斯拉夫听到他们认为苏联正在考虑进攻南斯拉夫时,我感到前所未有的激动。"①

就铁托而言,他承认南斯拉夫国内存在"冲突",但"谈论解体是最愚蠢的行为"。他承认"社会主义的各种敌对势力正在抬头,把民族主义和沙文主义作为攻击社会主义的基本依据",但他独自把整个国家团结在一起的说法是不正确的。② 总体而言,铁托对苏联方面的态度比南斯拉夫代表团的大多数成员要温和得多,特别是至少两次受到苏方冷嘲热讽的特帕瓦茨。特帕瓦茨坚持在联合声明中使用"主权"一词,因为有争议的问题通常都是按照苏联的意愿来解决的。在这方面,他只取得了部分成功;文本中增加了"两个主权国家"这一短语,指的是苏联和南斯拉夫。③

至于铁托,他在1971年秋天是持保守态度的,这从他在卡拉乔尔杰沃会议宴会上的祝酒词中的反西方和反美论调("西方、资产阶级国家、西方国家,一直都试图以某种方式让我们保持距离。"),他对勃列日涅夫的来意——对此铁托于10月3日在布里奥尼向南斯拉夫共产主义者联盟最高领导层做了汇报("我已经说到过,勃列日涅夫将集团清算的问题作为第一要务提了出来。这是一件大事。他们之前从未提起此事。"),对勃列日涅夫对南斯拉夫的态度〔"我们(南斯拉夫)不是第一个提出主权问题的国家……的确,后来的谈话中有许多艰难的讨论。"〕的积极评价,以及他所谓的(勃列日涅夫)改变了对不结盟政策的看法〔"这是他(勃列日涅夫)第一次在一定程度上承认南斯拉夫的不结盟立场,并且与南斯拉夫一起对不结盟国家表示认可。"〕中可以看出。

10月5日,在克罗地亚西北部斯卢尼—卡尔洛瓦茨(Slunj-Karlovac)

---

① AJ, KPR, Ⅰ-3-a/101-131, box 175, Stenografske beleške, pp. 17-18.

② AJ, KPR, Ⅰ-3-a/101-131, box 175, Stenografske beleške sa završnih razgovora Predsednika SFRJ i predsednika Saveza komunista Jugoslavije druga Josipa Broza Tita i Generalnog sekretara Centralnog komiteta Komunističke partije Sovjetskog Saveza, 24 September 1971, pp. 3-4.

③ AJ, KPR, Ⅰ-3-a/101-131, box 175, Zabeleška o neformalnom razgovoru izmedju delegacija SKJ i KPSS prilikom definitivnog usaglašavanja teksta jugoslovensko-sovjetske izjave, koje je izvršeno u noći, 24-25. septembra 1971. godine u Karadjordjevu, p. 14. 特帕瓦茨回忆说,铁托责备他的坚持。特帕瓦茨没有表现出任何悔意,铁托无奈地说:"你不了解他们。"Nenadović, p. 141.

165

地区举行的代号为"自由-71"(Liberty-71)的军事演习期间,铁托在杜博瓦茨(Dubovac)(克罗地亚)南斯拉夫预备役军官协会主要成员的招待会上做了讲话,并对勃列日涅夫的访问和苏联不再施压的结果满怀热情。他说,勃列日涅夫被"来自我们的城市,尤其是来自贝尔格莱德的各种消息"误导了,但他已经恢复了理智。铁托指出,"只要我有军队的支持,我就无所畏惧",他补充说:

现在(勃列日涅夫)来了。我必须说,我对我们的谈话感到满意。当然,他们想要的一切都不清楚。但我们是一个独立的国家,我们立场坚定,我们坚定不移地走我们本国的社会主义发展道路,我们坚定不移地走不结盟的路线。总之,我们没有背离这一点,而这正是他们必须认识到的。①

铁托总结道:

这次会面和访问带来了一定的缓和(smirivanje)。尽管如此,不只是我们国家的人民有点儿担心,因为外国媒体对那里(苏联)的军事演习大肆宣传。此外,我告诉勃列日涅夫,在卡拉乔尔杰沃祝酒时,我们不会花太多时间去思考你们的演习,它们不太会困扰我,我也不关心它们代表什么意思。当你有一支军队时,你当然会进行训练。我说过,我们现在也要进行演习,这样你们和那些西方国家都不会感到困扰,我们在南斯拉夫国内演习,这样就没人能抱怨了。(勃列日涅夫)笑了……缓和已经实现,而且,天呐,国外的评论还不错。大多数评论都很好。外国的评论很好:南斯拉夫没有放弃什么;相反,先前的情况得到了

---

① AJ, KPR, Ⅱ-1/209, box 27, Reč Predsednika Tita a kraju sastanka sa delegacijom Udruženja rezervnih vojnih starešina Jugoslavije (Dubovac, 5 October 1971), p. 11.

第八章 "不争不吵"："布拉格之春"后南斯拉夫独立自主的代价

认可。总之，南斯拉夫仍然奉行着她的对外和对内政策。①

在1971年秋季的数次国际会议上，铁托一而再地解释勃列日涅夫访问的意义。10月18日，铁托在新德里与印度总理英迪拉·甘地（Indira Gandhi）对话时，向她通报了勃列日涅夫访问南斯拉夫的情况。他强调说：

> 我们明确了主权问题，因此……在我们与苏联的关系中，我们仍然遵循1955年（贝尔格莱德）宣言的原则。正是勃列日涅夫提出了这个说法。我们告诉勃列日涅夫，我们并不担心华沙条约组织的演习。我们认为这很正常。如果你有一支军队，那么一定会进行演习。②

同样，10月20日在开罗与安瓦尔·萨达特（Anwar El Sadat）的会晤中，铁托将苏联与埃及的问题归因于苏联领导人之间的分歧。他说，苏联领导层的个别成员缺乏灵活性，柯西金显然特别刻板，但他可以与勃列日涅夫进行合作。③

10月28日，铁托与尼克松在白宫会晤时也采取了这一立场。尼克松引出了对印度次大陆局势的广泛讨论，在那里，西巴基斯坦军队正在与孟加拉起义者作战。铁托的关注点有所不同。他试图表明，南斯拉夫与苏联的关系得到了改善，并一度"插话说，根据他与勃列日涅夫的讨论，他推断出苏联也不希望发生战争"。当他最终设法将谈话转向勃列日涅夫的访问时，他指出，

---

① AJ, KPR, Ⅱ-1/209, box 27, Reč Predsednika Tita a kraju sastanka sa delegacijom Udruženja rezervnih vojnih starešina Jugoslavije (Dubovac, 5 October 1971), p. 18.

② AJ, KPR, Ⅰ-2/49-3, box 91, Zabeleška o razgovorima izmedju Predsednika SFRJ Josipa Broza Tita i Predsednika vlade Indije Indire Gandi, 18 October 1971, pp. 12-13.

③ AJ, KPR, Ⅰ-2/49-3, box 91, Zabeleške o razgovoru koji je vodjen u četiri oka izmedju druga Predsednika i predsednika Arapske Republike Egipa Anuar El Sadata, 20 October 1971, pp. 1-6.

167

关于苏联对南斯拉夫的意图和威胁有很多猜测。他曾与勃列日涅夫单独谈过，两国代表团在场的时候也谈过。他想指出，勃列日涅夫所带来的宣言草案——南斯拉夫没有自己的草案——已经明确重申了南斯拉夫的独立和主权，并指出1955年的原则仍然有效。会谈的最后文本清楚地表明，苏联和南斯拉夫是作为两个主权国家来打交道的，南斯拉夫有权发展自己的社会制度。

关于尼克松的问题——"这一原则是否只适用于南斯拉夫，还是会超出南斯拉夫的范围"，铁托回应说，"其他东欧国家是华沙条约组织的成员。同时，他认为苏联正在改变其政策"。铁托的态度强调，勃列日涅夫现在更强势了，"他现在不那么受集体领导的限制了"。虽然早前"苏联对（铁托）访美不是很高兴，但现在他们不仅没有提出反对意见，而且勃列日涅夫还曾要求将苏联希望与美国保持良好关系的愿望转达给（尼克松）"。①

10月30日，在白宫举行的第二次会谈中，尼克松强调，

在他看来，毫无疑问，苏联出于其自身利益，将继续努力向其邻国施加更大的影响。无论南斯拉夫和罗马尼亚的内部制度如何，这两个国家的独立都符合美国的利益，却不符合苏联的利益。②

---

① AJ, KPR, Ⅰ-2/50-1, box 92, pp. 4-5; Memorandum from Henry A. Kissinger: Meeting between President Nixon and President Tito, 28 October 1971, FRUS, 1969-1976, XXIX (Eastern Europe; Eastern Mediterranean, 1969-1972), pp. 578-586. 在当天晚上的招待会上，铁托关于同勃列日涅夫会面的乐观报告被特帕瓦茨降了温，他私里里对美国国务卿罗杰斯说："我想告诉你的是，你听听就行，不要外传，同勃列日涅夫的会面并不顺利。"不幸的是，罗杰斯和尼克松误认为这是铁托在间接暗示苏联仍在造成威胁（尼克松说："他们害怕苏联人。"），尽管这只是强烈反苏的特帕瓦茨个人的主动行为。参见：FRUS, 1969-1976, XXIX, pp. 586-589。

② AJ, KPR, Ⅰ-2/50-1, box 92, p. 3; Memorandum from Henry A. Kissinger: Meeting between President Nixon and President Tito, 30 October 1971, FRUS, 1969-1976, XXIX, pp. 590-597.

第八章 "不争不吵"："布拉格之春"后南斯拉夫独立自主的代价

尼克松预计他将于 1972 年春天访问苏联，并补充说：

> 在莫斯科将要讨论的一个主要问题是美国对东方集团的态度。我们的立场不是解放他们；正如匈牙利事件所表明的，解放意味着自杀。然而，(尼克松)强调，他的立场是避免与莫斯科达成任何形式的谅解，因为这将鼓励苏联在南斯拉夫或其他地方趁火打劫。他觉得他不必再多说了。

他还向铁托保证，美国不会"以牺牲第三国为代价与中国或苏联达成任何协议"。[①]

这些意见对铁托来说无疑是个好消息，其使他在 11 月 4 日在渥太华与加拿大领导人会晤时采取了更加自信的立场。铁托告诉态度有些倨傲的加拿大总理皮埃尔·埃利奥特·特鲁多（Pierre Elliott Trudeau）和外交部长米切尔·夏普（Mitchell Sharp），尽管北约愿意向南斯拉夫提供保护，"但我们不希望任何人保护我们。那些要来保护我们的人也可能是危险的"。[②] 此外，11 月 8 日，在伦敦与英国首相爱德华·希思（Edward Heath）和外交大臣亚历克·道格拉斯-霍姆（Alec Douglas-Home）会晤时，铁托对苏联大加赞扬：

> 这次勃列日涅夫显示出比以往更大的灵活性。我们在代表团会议和私人谈话时进行了广泛的对话。我必须说，勃列日涅夫带来了一份关于联合声明的提案草案，其中包括许多积极的内容。我们有点惊讶的是，勃列日涅夫在草案中和他本人的发言中说，在我们的关系中，我们必须继续遵循 1955—1956 年的《贝尔格莱德宣言》和《莫斯科宣言》。两个主权国家关系中的独立自主

[①] AJ, KPR, Ⅰ-2/50-1, box 92, p.3; Memorandum from Henry A. Kissinger: Meeting between President Nixon and President Tito, 30 October 1971, *FRUS*, 1969-1976, XXIX, p.5.

[②] AJ, KPR, Ⅰ-2/50-2, box 93, Zabeleška o razgovoru Predsednika Republike sa predsednikom kanadske vlade Pjer Eliot Trudoom, 4 November 1971, p.7.

得到了全面的巩固。勃列日涅夫说,苏联反对南斯拉夫社会主义联盟共和国的独立自主的说法是不正确的。他还承认我们有权发展我们认为合适的国内制度。同样,他认可我们外交政策中的不结盟原则是一件好事。①

此外,铁托描绘了有关苏联意愿的美好图景。他认为苏联对"卫星国"的政策正在朝着"更自由"的方向发展,如果欧洲安全会议作为一个项目取得成功,那么柏林墙将会被拆除。他驳斥了苏联"掠夺"东欧国家的观点:"苏联给了他们很多,从这个意义上来说,他们反而是(莫斯科的)负担。"② 值得注意的是,他现在公开质疑改革的前景:

> 杜布切克(Dubček)犯了很多错误。这些错误行事草率,走得太远、太快了。他们否定了过去的一切。他们允许新闻界猛烈地攻击苏联。而且,人们不应忘记,捷克斯洛伐克社会主义共和国是华沙条约组织成员国,当然,这不会改变我们与此有关的原则立场。在勃列日涅夫访问期间,我们根本没有讨论捷克斯洛伐克的问题。如果捷克斯洛伐克人愿意接受他们的处境,那就是他们的事。我们必须以现实的眼光看待这种情况。③

在结束了秋天忙碌的外交活动之后,铁托于11月19日在贝尔格莱德向南斯拉夫共产主义者联盟中央主席团和南斯拉夫政府做了报告。他指出,尼克松对铁托对勃列日涅夫希望与美国建立更好关系的评估感到"有些惊讶"。④ 铁托对西方政治家,特别是特鲁多等加拿大政治家不理解南斯拉夫的立场感到愤怒:

---

① AJ, KPR, I-2/50-53, box 93, Zabeleška, 8 November 1971, p. 2.
② Ibid., p. 10.
③ AJ, KPR, I-2/50-53, box 93, Zabeleška, 8 November 1971, p. 10.
④ AJ, KPR, I-2/50, box 92, Zajednička sednica Predsedništva SFRJ i SIV, 19 November 1971, p. 4/3.

第八章 "不争不吵":"布拉格之春"后南斯拉夫独立自主的代价

我不得不向他们解释,我们并没有受到(来自苏联的)任何迫在眉睫的危险的威胁,他们或多或少夸大了形势的紧迫性,等等,以及我们有足够的力量确保自己的发展不受干扰。但是,经常会有各种各样的文章出现,而且所有的文章都被当成一种已经达成的交易。我认为其中很大一部分来自我们的国家,来自我们的媒体,他们据此得出了他们的结论。我们将在另一场合讨论这个问题。①

南斯拉夫联邦外交部长特帕瓦茨在评论铁托的报告时指出,铁托在1971年的访问和会晤强调了"南斯拉夫处于国际关系呈现崭新局面的时期,这从根本上影响了我们的立场。我们既不受条约的保护,也不受保证的保护;实际上,我们的国际关系在很大程度上保护着我们"。② 特帕瓦茨大胆地表示,与苏联的良好关系可能会对南斯拉夫的对美立场造成不利影响。③ 但是,与铁托一样,他也认为:

我国内部形势的某些方面给对外关系造成了困难。我想提请你注意这样一个事实,即经过一段时间的停顿后,某些对南斯拉夫局势的令人不快的评论又出现了;必须注意到这一点,并且必须把它作为我们采取适当行动的一种诱因加以考虑。④

铁托本人已准备好采取行动。在巩固了他在东西方的地位之后,11月23日,在罗马尼亚蒂米什瓦拉(Timişoara)进行短暂访问期间,他很坦率地谈到了他与齐奥塞斯库的计划。在一次没有任何反苏论调的会议中,铁

---

① AJ, KPR, Ⅰ-2/50, box 92, Zajednička sednica Predsedništva SFRJ i SIV, 19 November 1971, p.6/4.
② Ibid., p.7/3.
③ Ibid., p.7/4.
④ Ibid., p.8/5.

171

托频频表现出尖刻和倨傲的态度。他向齐奥塞斯库解释说，"我们肯定有更多的问题，因为我们有六个共和国"。这是因为，根据南斯拉夫的联邦体制，一些人得出结论，认为政党也必须联邦化。斯塔内·多兰茨做了补充，他指出，即将发布的一份党内文件将"准确而清晰地指出南斯拉夫共产主义者联盟是一个统一的组织，而且它是我们的体制和我们的国家中最重要的整合因素"。铁托补充道："这就是凝聚力，这就是民主集中制。"①

考虑到这一背景，显然铁托已准备好与克罗地亚领导人进行对抗——当萨格勒布大学的学生开始罢课后，他于1971年12月1日在卡拉乔尔杰沃召开紧急会议。在军队和保守派的支持下，铁托占了上风。随之而来的一场党内大清洗摧毁了克罗地亚的改革派领导层，到1972年秋天，清洗扩大到了党内的塞族领导层和其他共和国的个别改革派。苏联对此形势感到高兴。12月9日，铁托在卡拉乔尔杰沃接待了苏联部长会议第一副主席兼国家计划委员会主席N. K. 巴伊巴科夫（N. K. Baibakov）。巴伊巴科夫赞扬铁托取得的最新成就。铁托在回应时强调，"我们不能让敌人在南斯拉夫横行"。巴伊巴科夫表示同意。他说："敌人从不休止，如果我们坐以待毙，敌人就会酝酿肮脏的勾当。必须不时地对敌人采取行动。"②

这一轮交锋结束了。1968年，南斯拉夫人以最尖刻的言辞谴责苏联入侵捷克斯洛伐克。他们支持捷克斯洛伐克的改革，其中一些改革比他们自己的改革更激进，并捍卫了受到侵犯的捷克斯洛伐克的独立自主。他们抵抗了苏联的种种压力和威胁，在巴尔干地区的各种伙伴关系中寻求慰藉（包括最不可能的与阿尔巴尼亚的伙伴关系），并赢得了西方的支持，尤其是尼克松政府的支持。

南斯拉夫内部改革的进展，特别是在克罗地亚采取的反对中央集权措施，鼓舞了苏联，并削弱了铁托的地位。在4月30日与勃列日涅夫通电话

---

① AJ, KPR, I -2/51, box 74, Stenografske beleške sa razgovora predsednika republike i Saveza komunista Jugoslavije Josipa Broza Tita i predsednika državnog saveta i generalnog sekretara Rumunske komunističke partije Nikolae Čaušeskua, 23 November 1971, pp. 23, 25-26.

② AJ, KPR, I -3 -a/101 -133, box 175, Beleška o razgovoru Predsednika Republike sa Bajbakovim, 9 December 1971, pp. 3, 6.

第八章 "不争不吵"："布拉格之春"后南斯拉夫独立自主的代价

之后，铁托开始加强对克罗地亚的控制，但这将削弱他与苏联人讨价还价时的地位。在尼克松宣布访问北京之后，苏联处于守势。在9月勃列日涅夫访问南斯拉夫期间，他们停止了对南斯拉夫的粗暴对待，并鼓励铁托对美方发挥斡旋作用，从而改善了南斯拉夫在这两个超级大国中的地位。现在是消除那些助长苏联进行干预的障碍的时候了。通过牺牲意识形态独立这一（对苏联和铁托）最为冒犯的方式，政治的独立性得以捍卫。当然，这是要付出代价的：伤筋动骨，打破了人们对希望、改革和内部自治的幻想，南斯拉夫的制度变得更加脆弱。而脆弱的制度更容易崩溃。

第九章

美国、巴尔干地区与冷战的缓和，1963—1973 年

艾菲·G.H. 佩达里乌

西方干预苏联势力范围的影响，无论多么微妙，都不只是波及了西方试图改变其行为的目标国家。通常情况下，这些影响也波及了这些目标国家的西方邻国。本章将探讨约翰逊政府和尼克松政府所实施的"差别"和"缓和"政策结合在一起，如何煽动了冷战分界线两侧的巴尔干国家，使整个半岛的局势动荡不安。

甚至在第二次世界大战结束之前，巴尔干地区就经历过潜在的全球冲突造成的紧张局势，其严重性使得该地区表现出冷战的扭曲形象。在整个两极对立期间，东西方在巴尔干半岛的权力分配与 1944 年 10 月英国首相丘吉尔和苏联领导人斯大林的"百分比协议"中所设想的非常相似。然而，沿着冷战界限的这种分裂已经被叠加在这一地区，在这里，第二次世界大战唤醒并强化了根深蒂固的、既存的种族对抗和"返祖"倾向。虽然巴尔干"火药桶"必须适应冷战格局，但即使是两极格局也无法阻止，更不用说消除该地区的分裂倾向。

欧洲其他地区均势的稳定是建立在各国毫不保留地保证效忠于它们所属的集团的基础上的，但巴尔干半岛的冷战经历有所不同。[①] 巴尔干对这

[①] William C. Wohlforth, *The Elusive Balance: Power and Perceptions during the Cold War* (Ithaca, NY: Cornell University Press, 1993).

第九章 美国、巴尔干地区与冷战的缓和，1963—1973 年

两个超级大国的重要性从未能与核心地带相提并论，正如美国对 1953 年东德事件和 1956 年匈牙利事件的反应所表明的那样，在核心地带，分裂格局是固定且无可置疑的。在更广泛的冷战规范框架内，巴尔干地区的"忠诚"很容易受到制约，并且冷战双方的不安情绪很早就出现了。在西方阵营中，自 1952 年加入北约的希腊和土耳其与北方的共产主义邻国在战备状态下共存，但双方也只是避免了发生战争。即使共产主义也无法压制巴尔干共产主义集团内的民族主义，这一集团容忍苏联的霸权，并将其视为安全和经济发展的必要条件，而其他国家则希望摆脱苏联的统治，探索共产主义的"民族"路线。南斯拉夫在 1948 年寻求独立，这与苏联不愿支持铁托在意大利和巴尔干地区的领土和民族主义目标密不可分。[1] 早在 1958 年，乔治乌-德治的罗马尼亚就开始与华沙条约组织渐行渐远，[2] 当经互会未能给予它所希望的工业化未来时，它加快了"独立于苏联"的步伐。[3] 1961 年，阿尔巴尼亚领导人恩维尔·霍查将苏联海军赶出发罗拉港，并摆脱了苏联的霸权，转而支持中国。霍查的行为加剧了中苏分裂，而中国也将在巴尔干地区产生长期的影响。[4] 到 20 世纪 60 年代初，巴尔干地区只有一个共产主义国家保加利亚仍然忠于苏联，莫斯科的信任使其成为苏联在当地的代言人。[5] 这种失控的行为之所以成为可能，是因为苏联缺乏足

---

[1] Svetojar Rajak, *Yugoslavia and the Soviet Union in the Early Cold War: Reconciliation, Comradeship, Confrontation, 1953-57* (London: Routledge, 2011); Jeronim Perović, "The Tito-Stalin Split: A Reassessment in Light of New Evidence," *Journal of Cold War Studies*, 9/2, 2007, pp. 32-63.

[2] Sergiu Verona, *Military Occupation and Diplomacy: Soviet Troops in Romania, 1944-1958* (Durham: Duke University Press, 1992), p. 103.

[3] CIA memorandum, "Rumania's Position in the Soviet Bloc", 22 April 1964, http://www.foia.cia.gov/sites/default/files/document_conversions/89801/DOC_0000567349.pdf, 登录时间：2015 年 7 月 1 日；Mark Kramer, "The Czechoslovak Crisis and the Brezhnev Doctrine," in Carole Fink et al., eds., *1968: The World Transformed* (Washington, DC: German Historical Institute, 1998), p. 119.

[4] Odd Arne Westad, eds., *Brothers in Arms: The Rise and Fall of the Sino-Soviet Alliance, 1945-1963* (Redwood City, CA: Stanford University Press, 1998); Lorenz M. Lüthi, *The Sino-Soviet Split: Cold War in the Communist World* (Princeton, NJ: Princeton University Press, 2008).

[5] Jordan Baev, "The Warsaw Pact and the Southern Tier's Conflicts, 1959-1969," in Mary Ann Heiss and S. Victor Papacosma, eds., *NATO and the Warsaw Pact: Intra-bloc Conflicts* (Kent: Kent State University Press, 2008), pp. 193-205.

够经济和军事资源，无法对冷战外围地区的事态发展面面俱到。

1956年苏联镇压匈牙利"十月事件"之后，美国需要调整其对东欧的战略，因为"解放"政策已被认为过于冒险。与密集的秘密行动相比，新政策的干涉性要更少，但力度要足够强，其以通过隐性的经济和文化渗透在"铁幕"背后实现变革，尽管速度会慢一些。① 这种差别战略将从南斯拉夫和波兰扩展到整个东欧。这是一项非常微妙的政策，旨在通过边际经济刺激措施，来鼓励那些表现出独立于苏联和/或华沙条约组织或有转向内部自由化的迹象的东欧国家，从而巧妙地加剧苏联集团中的紧张局势。② 正如希克森所说，华盛顿开始意识到，"渐进的文化渗透可能是比激进的心理战更加有效的对抗苏联帝国的武器"。③

约翰逊的"差别政策"及其对希腊和土耳其的影响

巴尔干地区的骑墙派为美国更好地"打磨"差别政策提供了最好的土壤。经济和技术援助对像巴尔干这样试图摆脱经济落后状态的地区来说是特别适合的手段。④ 频繁发生的柏林危机、1955年西德实行哈尔斯坦主义和命运的安排都在干扰着艾森豪威尔在第二任期和肯尼迪在短暂的总统任期内推动差别政策的所有努力。到林登·约翰逊上台时，古巴导弹危机及其引发的初步缓和已为差别政策创造了一个更加适宜的环境。1961年不结盟运动在贝尔格莱德正式形成，这一运动提升了铁托作为国际政治家的地

---

① Csaba Békés and Malcolm Byrne, *The 1956 Hungarian Revolution: A History in Documents* (New York: Central European University Press, 2002).

② Raymond Garthoff, *A Journey through the Cold War: A Memoir of Containment and Co-existence* (Washington, DC: The Brookings Institution, 2004), p. 288; Mark Kramer and Vit Smetana, *Imposing, Maintaining and Tearing Open the Iron Curtain: The Cold War and East Central Europe, 1945–89* (Lanham, MD: Lexington Books, 2014).

③ Walter L. Hixson, *Parting the Curtain: Propaganda, Culture, and the Cold War, 1945–1961* (Basingstoke: Macmillan, 1997), p. 119.

④ Robert McMahon and Thomas Zeiler, eds., *A Guide to US Foreign Policy: A Diplomatic History* (London: Sage Publications, 2012), p. 413.

第九章　美国、巴尔干地区与冷战的缓和，1963—1973年

位，但仅仅13个月后，古巴导弹危机就发生了。① 根据雷蒙德·加特霍夫（Raymond L. Garthoff）的说法，罗马尼亚人首先从报纸上听说了古巴导弹危机，在1963年10月4日，他们非常出人意料但又犹犹豫豫地接近了美国。罗马尼亚外交部长科尔内留·曼内斯库（Corneliu Mǎnescu）试图打消美国国务卿腊斯克的疑虑，表示布加勒斯特不赞成苏联在古巴的行动，并承诺在将来发生危机时，罗马尼亚将采取中立立场，以换取美国不对罗马尼亚进行核报复。腊斯克回应称，对那些没有协助苏联对美国及其盟国采取行动的国家，美国将暂时不会采取行动。1964年4月，罗马尼亚发布了所谓的"独立宣言"，这份公开声明表达了对华沙条约组织和通过经互会进行经济一体化的不满。② 与此同时，阿尔巴尼亚认为苏联对古巴导弹危机的反应过于软弱。③ 古巴导弹危机加强了中国在阿尔巴尼亚的影响力，这使苏联感到不安。巴尔干地区共产党国家的这种转变无法掩盖这样一个事实，即在古巴导弹危机期间，地区安全环境已经恶化到了危险的境地，因为保加利亚武装部队处于非常公开的武装备战状态，这不仅在贝尔格莱德、布加勒斯特和地拉那，而且在雅典和安卡拉都引发了深切的担忧。④

古巴导弹危机和初步的缓和深深地影响了美国的巴尔干盟友。在古巴导弹危机期间，保加利亚的好战表现引起了希腊和土耳其的强烈担忧，他们担心自己的国家可能成为次要战场的前线，而这是一场旨在阻止全面核战争、挽回面子的有限核战争。这两个国家也开始反思，因为它们面临着

---

① Svetozar Rajak, "Yugoslavia and the Cuban Missile Crisis," in James G. Hershberg and Christian F. Ostermann, eds., *The Global Cuban Missile Crisis at 50: New Evidence from behind the Iron, Bamboo, and Sugarcane Curtains, and beyond, Bulletin Issue 17 - 18* (Washington, DC: CWIHP, WWC, 2012), pp. 591-615, https://www.wilsoncenter.org/sites/default/files/CWIHP_Cuban_Missile_Crisis_Bulletin_17-18.pdf，登录时间：2015年6月20日。

② Raymond L. Garthoff, "When and Why Romania Distanced Itself from the Warsaw Pact", http://nsarchive.gwu.edu/NSAEBB/NSAEBB14/doc12.htm，登录时间：2015年5月20日。

③ Ana Lalaj, Christian F. Ostermann and Ryan Gage, eds., "'Albania is not Cuba.' Sino-Albanian Summits and the Sino-Soviet Split", Part Ⅲ, https://www.wilsoncenter.org/sites/default/files/CWIHP Bulletin16_p3.pdf，登录时间：2012年5月1日；Elez Biberaj, *Albania and China: A Study of an Unequal Alliance* (Boulder, CO: Westview Press, 1986), pp. 70-73.

④ Jordan Baev, "Bulgaria and the Cuban Missile Crisis", https://www.wilsoncenter.org/sites/default/files/CWIHP_Cuban_Missile_Crisis_Bulletin_17-18.pdf，登录时间：2015年6月20日。

177

由于塞浦路斯问题而加剧的国内动荡,而该问题几乎使两国兵戎相见。土耳其受到了古巴导弹危机的直接影响,因为危机的最终解决方案包括美国从土耳其境内撤出朱庇特导弹。当初土耳其同意部署朱庇特导弹时,它已经做出了自己的政治和经济考量。与朱庇特导弹有关的美国军事人员所产生的无形收益现在将不再计入土耳其经济,而且其经济增长也将受到影响,因为外国资本可能将导弹的撤离解释为美国对该国兴趣减弱的迹象。因此,安卡拉的"被抛弃"感更加强烈,人们对霸权的可靠性提出了质疑。①

1964年是美国与冷战分裂线两侧的巴尔干国家关系史上至关重要的一年。约翰逊认为其需要稳定美国与东欧的关系,希望在此过程中同时将西欧团结在一起。1964年5月23日,约翰逊在弗吉尼亚州的列克星敦谈到"在把我们和东欧分隔开的海湾(原文如此)上建起沟通的桥梁"。他表示,他心中的桥梁是"贸易增加、思想、游客和人道主义援助的桥梁"。②1966年10月7日,在越南问题上的困境促使他再次提到这一主题。这一次他试图通过强调美国政府不希望"推翻其他政府",而是希望通过"和平接触"并与苏联协商来弥合分裂以打消苏联的疑虑。③ 然而,美国实际上采取了一种混合策略,将差别政策作为其中第三种也是最有效的策略。

罗马尼亚(的政治转向)带来了新的契机,因此约翰逊试图针对巴尔干国家推动差别化的政策,并且美国可以利用自己与南斯拉夫打交道的经验作为"犒赏"其他"巴尔干友好的共产党国家"的模板。美国与曼内斯

---

① TNA, FO 371/173445 WUN 11920, letter, David P. Aires (FO) to Ankara, 7 February 1963 and 28 January 1963; Evelyn Shuckburgh (UK Permanent Delegation to NATO Paris) to FO, 30 January 1963; Cihat Goktepe, *British Foreign Policy towards Türkiye*, *1959-1965* (London: Frank Cass, 2003).

② Thomas A. Schwartz, *Lyndon Johnson and Europe: In the Shadow of Vietnam* (Cambridge, MA: Harvard University Press, 2003), 19; *FRUS*, 1964-1968, XVII, Eastern Europe, documents 4 and 15.

③ *Public Papers of the Presidents of the United States* (*hereafter PPPUS*): *Lyndon B. Johnson*, *1966*, Book II, pp. 1125-1130, http://www.presidency.ucsb.edu/ws/index.php?pid=27908&st=&st1=, 登录时间:2015年6月2日; Francis M. Bator, "Lyndon Johnson and Foreign Policy: The Case of Western Europe and the Soviet Union", http://www.hks.harvard.edu/virtualbooktour/Old_Tour_Files/images/VBTBatorpdf.pdf, 登录时间:2015年2月1日。

第九章　美国、巴尔干地区与冷战的缓和，1963—1973 年

库的沟通渠道一直保持开放，并且贸易在这些交流中占据突出地位。① 约翰逊可以清楚地看到罗马尼亚正朝着斯蒂芬·拉腊比（F. Stephen Larrabee）所说的"半结盟"的方向发展，于是他决定抓住这个机会，在 1964 年 6 月向罗马尼亚提供信贷担保，从而展开了全面的差别化政策。② 罗马尼亚利用越南作为加强与美国关系的手段，适时采取一些措施使罗马尼亚成为美国与北越之间宝贵的沟通渠道。这些举动始于乔治乌-德治，并在齐奥塞斯库当政时期获得了动力。美国提供的援助总是与罗马尼亚的经济合作愿望相契合也就不足为奇了。③ 1965 年，罗马尼亚与美国和西欧的贸易有了明显的增长。1967 年，齐奥塞斯库已经开始采取措施与西德建立外交关系，并且罗马尼亚成为"六日战争"后唯一没有与以色列断绝外交关系的东欧国家。尽管如此，约翰逊还是小心翼翼地不去比较罗马尼亚和南斯拉夫孰优孰劣。

　　冷战的明显解冻，美国重新调整与东欧关系的努力以及美国对东南亚的日益关注，这一切并没有赢得地中海北岸盟友的欢心，美国也知道这一点。从葡萄牙到希腊和土耳其，从明显的弱势地位开始缓和进程被认为是在削弱南欧对大西洋联盟的价值。④ 此外，这种观念是在地中海地区不断恶化的安全环境和美国参议院多数党领袖迈克·曼斯菲尔德（Mike Mansfield）做出的呼吁削减美国在欧洲的军队规模的决议中形成的。因此，直到 1967 年的《哈梅尔报告》（Harmel report）中包含了对地中海安全的

---

① *FRUS*, 1964-1968, XVII, documents 140-143.
② Ibid., document 139; F. Stephen Larrabee, "The Challenge to Soviet Interests in Eastern Europe: Romania, Hungary, Eastern Germany", RAND, R-3190-AF, 1984, http://www.rand.org/content/dam/rand/pubs/reports/2009/R3190.pdf, 登录时间：2015 年 8 月 3 日。
③ *FRUS*, 1964-1968, XVII, document 154; *FRUS*, 1964-1968, IX, *International Development and Economic Defense policy*; *Commodities*, document 163; 另参见：Eliza Gheorghe, "Atomic Maverick: Romania's negotiations for nuclear technology, 1964-1970," *Cold War History*, 13, No. 3 (2013), pp. 373-392。
④ Lyndon Baines Johnson Library (hereafter LBJL), Box, 2, NSC meetings, State Department paper "Problems ahead in Europe", undated; Michael Handel, *Weak States in the International System* (London: Frank Cass, 1990), p. 192; Evanthis Hatzivassiliou, *Greece and the Cold War: Front Line State, 1952-1967* (London: Routledge, 2011), pp. 39, 75-76.

179

保证，以及1968年北约理事会雷克雅未克会议明确表示要加强北约南翼，北约成员国才接受缓和，这也就不足为奇了。[1]

约翰逊不得不对土耳其采取强硬立场，以维持北约南翼的和平。1964年的"约翰逊信件"使土耳其对缓和的矛盾心理转变为消极态度。约翰逊用几乎威胁的口吻明确地对土耳其表示，一旦苏联入侵，北约对土耳其的保护责任可能因其入侵塞浦路斯而变得无效，土耳其总理穆斯塔法·伊斯麦特·伊诺努（Mustafa İsmet İnönü）及其支持者认为这与初步的缓和直接相关，而且是美国可靠性减弱的另一个标志。[2] 此外，当这封信被泄露后，它扰乱了土耳其微妙的社会政治平衡，并助长了对北约和美国怀有敌意的势力。1968年，事态已经恶化到了持敌对态度的人群在土耳其港口"迎接"美国第六舰队的地步。[3]

事实证明，任何类型的缓和尝试都同样会对希腊造成不稳定的影响，希腊人也产生了"被抛弃"和"被包围"的感觉。20世纪50年代中期以来，希腊一直担心被抛弃，而塞浦路斯问题对希腊与盟国的关系所造成的紧张状态则加剧了希腊的担忧。20世纪60年代早期的事件还引起了希腊对被包围的担忧，1961年柏林危机和1962年古巴导弹危机使人们担心本国可能成为报复的目标，甚至可能成为以保加利亚为首的对苏联进行牵制

---

[1] *FRUS*, 1964–1968, XVII, documents 92 and 196; NAC Communiqué, 13 December 1967, http://www.nato.int/cps/en/natohq/official_texts_26701.htm?selectedLocale=en，登录时间：2008年6月1日；Effie G. H. Pedaliu, "The Making of Southern Europe: An Historical Overview" (London: LSE IDEAS Reports, 2013), p. 11, http://www.lse.ac.uk/IDEAS/publications/reports/pdf/SR017/Pedaliu.pdf，登录时间：2015年10月2日；Dionysios Chourchoulis, "A Secondary Front: NATO's Forward Defence Strategy and its Application in the South Eastern Region, 1966–1974," in Bernd Lemke, eds., *Periphery or Contact Zone? The NATO Flanks 1961 to 2013* (Freiburg: Rombach Verlag, 2015), pp. 117–134.

[2] Ferenc A. Vali, *Bridge Across the Bosphorus* (Baltimore, MD: Johns Hopkins University Press, 1971), pp. 107–114; Mustafa Aydın and Çağrı Erhan, eds., *Turkish-American Relations: Past, Present and Future* (London: Routledge, 2004).

[3] Suha Bolukbasi, "The Johnson Letter Revisited," *Middle Eastern Studies*, 29, No. 3 (1993), pp. 505–525, 506; Mehmet Dosemeci, "Turkish Anti-Westernism: Restaging the Euro-Mediterranean World in the Era of Détente," in Elena Calandri et al. eds., *Détente in Cold War Europe: Politics and Diplomacy in the Mediterranean and the Middle East* (London: I. B. Tauris, 2012), pp. 207–220.

第九章　美国、巴尔干地区与冷战的缓和，1963—1973 年

的战场。① 希腊在 20 世纪 60 年代初经历了多年的国内政治变革，"向中心开放"正推动该国朝着更具代表性和包容性的社会政治制度发展。希腊极右翼分子担心，初步的缓和会促使本国过度民主化，从而削弱他们的政治地位。事实证明，希腊的民主制度太过薄弱，无法阻止这些团体的阴谋活动。发动 1967 年 4 月 21 日政变的独裁者们宣称自己忠于北约和美国。在政变发生和"六日战争"再次加剧了地中海地区的动荡之际，约翰逊政府对独裁者采取了模棱两可的态度，帮助他们巩固了自己的地位。②

对约翰逊来说，更为糟糕的是，1966 年他在纽约的演讲中所引发的"东欧变革之风"③ 将产生无法预料的结果。事实证明，苏联不太可能会与东欧建立"联系"。④ 1968 年 8 月，华沙条约组织对"布拉格之春"的干涉清楚地表明了苏联在其势力范围内能够容忍差别政策和国内异议的程度和范围。约翰逊对巴尔干地区安全局势的担忧一直持续到 1968 年 9 月，当时他向国会领导人透露，苏联人"可能希望同时整肃南斯拉夫、罗马尼亚和捷克斯洛伐克"。⑤ 腊斯克对苏联人发出了明确的警告："苏联对南斯拉夫的行动将产生比捷克斯洛伐克更严重的危机。我们不能冷眼看待苏联对亚得里亚海地区所采取的行动。"⑥ 苏联在捷克斯洛伐克的行动并没有破坏缓和，但其引发了人们对苏联会突然做出出人意料的过度反应的担忧。

---

① Evanthis Hatzivassilou, "Security and the European Option: Greek Foreign Policy, 1952–1962," *Journal of Contemporary History*, 30, No. 1 (1995), pp. 187–202.

② Effie G. H Pedaliu, "A Sea of Confusion: The Mediterranean and Détente, 1969–1974," *Diplomatic History*, 23, No. 3 (2009), pp. 740–741; Konstantina Maragkou, "Favouritism in NATO's Southeastern Flank: The Case of the Greek Colonels, 1967–74," *Cold War History*, 9, No. 3 (2009), pp. 349–366; Alexandros Nafpliotis, *Britain and the Greek Colonels: Accommodating the Junta in the Cold War* (London: I. B. Tauris, 2012).

③ PPPUS, *Lyndon B. Johnson*, Book Ⅱ, pp. 1125–1130.

④ Vaughn Davis Bornet, *The Presidency of Lyndon B. Johnson* (Lawrence, KA: University of Kansas Press, 1983), pp. 169–171.

⑤ LBJL, Box 2, Tom Johnson file, notes of a meeting, 9 September 1968.

⑥ *FRUS*, 1964–1968, XVII, document 204.

超级大国的缓和与巴尔干地区

尼克松开创的"谈判时代"旨在为美国的国内和国际问题寻求一种万能的保守解决方案。① 尼克松及其国家安全事务助理亨利·基辛格（Henry A. Kissinger）比艾森豪威尔更加大胆、包容而且往往更加轻率地运用缓和策略。他们利用这一进程来管理和加强冷战秩序，恢复美国的自信心、国内共识和国际信誉，但在他们的计划中，缓和是暂时的。② 西方集团在面临内部挑战时的团结性成为其成功实施缓和战略的先决条件。尼克松政府开始认为，在苏联机会主义、根深蒂固的种族争端、法国的挑战和冷战向第三世界扩展的压力下，地中海地区的权力平衡可能变得对西方不利。这使得该地区的稳定对北约的地区安全至关重要，凸显了南欧在南北分裂的这条关键断层线上的重要位置，而这条线必须免受苏联利益的影响。③ 尼克松处理地中海事务时既务实又愤世嫉俗。尽管在实施过程中进行了高深的理论分析，但缓和的基础仍然是一些过于简单化的分析，其导致华盛顿倾向于支持可能难以预测和脆弱的民主国家实行独裁统治。④ 把南欧排除在缓和进程之外是这种简化思维的必然结果。⑤ 作为这一地区"唯一的民主国家"，意大利对此敲响了警钟。意大利外交部长阿尔多·莫罗（Aldo Moro）告诉尼克松，应该减轻对该地区的令人窒息的压力，但他的呼吁未

---

① Jeremi Suri, *Power and Protest, Global Revolution and the Rise of Détente* (Cambridge, MA: Harvard University Press, 2005), pp. 260-262.

② Ibid.; *FRUS*, 1969–76, I, document 41; Mario Del Pero, *The Eccentric Realist: Henry Kissinger and the Shaping of American Foreign Policy* (Ithaca, NY: Cornell University Press, 2009), p. 148; Henry A. Kissinger, *World Order: Reflections on the Character of Nations and the Course of History* (London: Allen Lane, 2014), pp. 302-308.

③ *FRUS*, 1969-76, E-5/2, document 11.

④ James E. Miller, *The United States and the Making of Modern Greece: History and Power, 1950-1974* (Chapel Hill, NC: University of North Carolina Press, 2009).

⑤ Roberto Gualtieri, "The Italian Political System and Détente," *Journal of Modern Italian Studies*, 9, No. 4 (2004), pp. 428-449; Pedaliu, "A Sea of Confusion," pp. 742-743.

第九章　美国、巴尔干地区与冷战的缓和，1963—1973 年

得到重视。①

地中海地区的动荡和缓和严重考验了南斯拉夫与美国、苏联和不结盟运动的关系。铁托的"民族共产主义实验"的基础是南斯拉夫独立于苏联，同时从西方获得安全和经济利益，但不会成为西方的一部分。不结盟为他提供了最好的选择，但到了 20 世纪 70 年代，冷战正在转移到第三世界，在全球范围内扩展两极体制并限制了不结盟运动的可行性。正如基辛格所指出的那样，铁托作为不结盟运动领袖的能力"在某种程度上是一种依赖于美国力量的奢侈"。② 在六日战争期间，铁托允许苏联飞机经过南斯拉夫领空，尽管他对苏联在地中海的过度活动持保留态度，并认为这是一种威胁。然而，他需要在此时支持纳赛尔，这位盟友在不结盟运动中支持南斯拉夫。③ 到 1968 年 8 月，贝尔格莱德和莫斯科之间的"蜜月"感早已荡然无存，但这并不意味着铁托已经变得更加顺从西方的要求，也不意味着他已经解决了不结盟运动中的棘手问题。缓和还削弱了南斯拉夫对于不结盟运动的重要性，因为其非洲和亚洲成员国对这一进程持否定看法。对他们来说，这是一项虚伪的政策，旨在缓和欧洲的紧张局势，同时在第三世界加剧紧张局势。1972 年，铁托赞同了突尼斯和阿尔及利亚提出的使地中海成为"和平之湖"的倡议，以便安抚那些因南斯拉夫支持欧洲安全会议而感到愤怒的不结盟国家。他曾试图将欧洲和地中海的安全问题联系起来，但这损害了美国的感情，因为美国认为"和平之湖"倡议可能只会使苏联受益。④

尼克松在 1970 年访问欧洲时，其目标之一是让苏联和阿拉伯世界知道美国将不会容忍地中海的权力平衡出现任何转变。⑤ 他特别重视对南斯拉

---

① Roberto Fornsier, *The Dove and the Eagle* (Newcastle: Cambridge Scholars Press, 2012), p. 215.

② *FRUS*, 1969-1976, XXIX, document 220.

③ Alvin Z. Rubinstein, *Yugoslavia and the Nonaligned World* (Princeton, NJ: Princeton University Press, 1970), pp. 295-299; *Documents of the Gatherings of Non-Aligned Countries, 1961-1978* (Belgrade: Jugoslovenska Svarnost, 1978).

④ Josip Broz Tito, *The Historical Mission of Non Alignment* (Belgrade: STP, 1979).

⑤ *FRUS*, 1969-1976, I, *Foundations of Foreign Policy, 1969-1972*, document 71.

夫的访问。铁托以现在已为人所熟知的立场做出回应，即以色列应该从已经占领的领土上撤出；他重申了对巴勒斯坦建国的支持，并对美国第六舰队在地中海拥有如此强大的存在表示不满。尼克松唯一能够感到安慰的问题是，铁托希望阿拉伯人承认以色列。① 南斯拉夫的郁闷之情与其担心超级大国关系的缓和会怂恿苏联人，并引发他们对南斯拉夫日益加剧的民族冲突的关注直接相关。在整个20世纪60年代和70年代，南斯拉夫国内分裂变得更加明显。当勃列日涅夫在1971年9月访问贝尔格莱德时，他尖锐地批评了东道国的经济和政治模式以及他们不愿意与苏联建立更密切的关系。② 当铁托访问美国时，他对这次访问感到多么不安就变得很清楚了。尽管美国的支持并没有停止，但很明显，尼克松政府对罗马尼亚和后铁托时代的南斯拉夫的政治倾向更感兴趣。③

在超级大国关系缓和的进程中，尼克松政府将"差别政策"降级为"从属政策"。它的力度有所减弱，重心从南斯拉夫转移到罗马尼亚。差别政策给美国在巴尔干地区的盟友所带来的各种复杂情况仍未引起关注，导致了该地区的不确定性和不可预测性。这引起布热津斯基讨论"善意忽视"的问题。④ 在这种环境下，罗马尼亚的角色升级对南斯拉夫造成了不利影响。⑤ 这打破了约翰逊的差别政策在巴尔干共产主义国家中建立的微妙平衡，这是一种没有偏袒、公平合理的差别政策。1973年5月，当地方报刊上的一些文章称"美国之音"的新闻机构"将话筒递给了乌斯塔沙流亡分子"时，贝尔格莱德认为这归咎于美国的漫不经心，由此也引发了南斯拉夫方面的强烈不满。⑥

---

① Spyridon Sfetas, "The Bulgarian-Yugoslav Dispute over the Macedonian Question as a reflection of the Soviet-Yugoslav Controversy, 1968-1980," *Balcanica*, XLIII（2012）, pp. 241-271.

② *FRUS*, 1969-1976, XXIX, document 233.

③ David C. Gayer and Douglas E. Selvage, *Soviet-American Relations: The Détente Years, 1969-72*（Washington, DC: US Government Printing Office, 2007）, p. 951; *FRUS*, 1969-1976, XXIX, documents 24, 25 and 26.

④ Bennett Kovrig, *Of Walls and Bridges: The United States and Eastern Europe*（New York: New York University Press, 1991）, p. 116.

⑤ *FRUS*, 1969-1976, XXIX, document 26.

⑥ NARA, NPMP, NSC Files, Box 734, CF: Euro/ Yugoslavia.

然而，罗马尼亚在美国的巴尔干政策中地位的提升并不仅仅与差别政策有关。之所以出现这种情况，是因为美国认为齐奥塞斯库可以帮助美国顺利接触中国，而南斯拉夫无法如此轻易地做到这一点。① 罗马尼亚更适合扮演中间人的角色，这一点没有什么可掩饰的。② 尼克松于1969年8月访问了罗马尼亚，比他访问南斯拉夫差不多早了一年。尼克松、基辛格和齐奥塞斯库之间的讨论集中在中国方面。罗马尼亚渴望按照美国在中国问题上的要求行事，只要此举不会激怒莫斯科并且对他们有利。③ 正如埃琳娜·德拉戈米尔（Elena Dragomir）所言，缓和期间罗马尼亚外交政策的主要目标不是寻找新的霸权，而是确保其国家利益。④ 苏联密切监视齐奥塞斯库的演习，并通过在罗马尼亚边境组织两次华约组织军事演习"南方71"（South 71）和"奥帕尔71"（Opal 71）表达对中罗关系渐密和齐奥塞斯库访华的愤怒。⑤ 反过来，美国人小心翼翼地避免对苏联和罗马尼亚之间的关系造成不可挽回的损害，因为这可能会破坏他们实现缓和的努力。⑥ 因此，尼克松政府一开始就经常使用基辛格—多勃雷宁（Kissinger - Dobrynin）的秘密沟通渠道，以确保不会把苏联的容忍逼到崩溃的边缘，并且遵守"坏孩子间的协议"，正如丘吉尔提到1944年的百分比协议时那样。随着时间的推移，在基辛格—多勃雷宁讨论期间提到罗马尼亚的频率成为缓和形势的风向标。⑦

---

① Alvin Z. Rubinstein, *Yugoslavia and the Nonaligned World* (Princeton, NJ: Princeton University Press, 1970), pp. 295-299; Sfetas, "The Bulgarian-Yugoslav Dispute", pp. 241-271.
② Elena Dragomir, *Cold War Perceptions: Romania's Policy Change towards the Soviet Union, 1960-1964* (Newcastle: Cambridge Scholars Publishing, 2015).
③ FRUS, 1969-1976, XVII, *China*, 1969-1972, document 20.
④ Elena Dragomir, "The perceived threat of hegemonism in Romania during the second détente," *Cold War History*, 12, No.1 (2012), pp. 111-134.
⑤ FRUS, 1964-1968, XVII, document 173.
⑥ FRUS, 1969-1976, XVII, documents 17, 20 and 94.
⑦ Gayer and Selvage, *Soviet-American Relations*, pp. 112, 125, 368, 372.

巴尔干的担忧与"微型缓和"

对于巴尔干国家来说，超级大国的缓和使它们担心超级大国会为了合作而牺牲它们的国家利益。这种不安全感导致巴尔干国家发起了自己的微型缓和进程，以摆脱超级大国缓和所带来的压力。与此同时，当地的缓和有望促进经济发展，抵制苏联的阴谋，并为后铁托时代做好准备。此外，中国对该地区的关注也产生了新的经济发展机遇。

到20世纪70年代中期，中国已经支持了阿尔巴尼亚的两个五年发展计划；它向阿尔巴尼亚提供了1.55亿元人民币的无息贷款，[1] 并为该国提供了武器援助。[2] 阿尔巴尼亚最初对中国的吸引力在于它的地理位置偏远，但在1968年"布拉格之春"后，霍查认为，由于苏联已被激怒并且希腊军政府正在密谋反对他，中国无法真正保护阿尔巴尼亚。[3] 阿尔巴尼亚试图通过寻求改善同南斯拉夫、保加利亚和罗马尼亚的关系来封锁苏联红军进入它们国家的通道。与此同时，他们与希腊捐弃前嫌。霍查的第一步是接近铁托。南斯拉夫和阿尔巴尼亚成功地扩大了它们的经济和文化关系，到1971年，霍查已同南斯拉夫和罗马尼亚恢复了大使级外交关系，并使希腊承认阿尔巴尼亚。[4]

保加利亚似乎也愿意与其巴尔干邻国恢复其在20世纪60年代初与希腊和罗马尼亚所取得的有限和解。[5] 日夫科夫的目标很复杂，因为差别政策对保加利亚也产生了影响。他需要获得西方的发展基金和技术来实现保

---

[1] Shimomura and Ohashi, *A Study of China's Foreign Aid: An Asian Perspective*, p. 64.

[2] *Washington Post*, 10 January 2005.

[3] Alexandros Nafpliotis, "The 1971 Re-establishment of Diplomatic Relations between Greece and Albania: Cooperation and Strategic Partnership within Cold War Bipolarity?" in Othon Anastasakis et al. eds., *Greece in the Balkans: Memory, Conflict and Exchange* (Newcastle: Cambridge Scholars Publishing, 2009), pp. 118-132; Miranda Vickers, *The Albanians: A Modern History* (London: I. B. Tauris, 2011), p. 197.

[4] Nafpliotis, "The 1971 Re-establishment of Diplomatic Relations", pp. 118-134; Paulin Kola, *The Search for Greater Albania* (London: Hurst and Co., 2003), p. 132.

[5] Jordan Baev, "The Warsaw", pp. 193-205.

第九章　美国、巴尔干地区与冷战的缓和，1963—1973年

加利亚的经济现代化。然而，日夫科夫的动机融合了本国的和苏联的目标，这使他的潜在伙伴更加谨慎。他希望通过促进巴尔干地区的多边合作来削弱北约的南翼，为苏联长期以来召开欧洲安全会议的目标争取支持，并防止超级大国的关系缓和导致东欧集团进一步分裂的压力。他开始与土耳其、希腊、罗马尼亚、南斯拉夫和阿尔巴尼亚进行外交接触，甚至向意大利大献殷勤。1970年4月，意大利外交部长阿尔多·莫罗访问了索非亚；1970年5月，保加利亚外交部长伊万·巴舍夫（Ivan Bashev）访问了雅典；9月，日夫科夫与齐奥塞斯库会面；10月，土耳其总理苏莱曼·德米雷尔（Suleyman Demirel）访问了索非亚；11月，阿尔巴尼亚外交部长戈戈·科兹马（Gogo Kozma）也访问了索非亚；11月下旬，日夫科夫开始与铁托交换信件，以将南斯拉夫与保加利亚关系恢复到紧张但正确的水平。① 在取得这些开创性成果的同时，保加利亚还签署了一系列经济合作协议，并推动实现"巴尔干地区政治气候的更大改善"。② 然而，保加利亚与苏联的密切关系始终笼罩着美国与保加利亚之间关于扩大贸易的广泛和尝试性的会谈，会谈也因保加利亚反对设在希腊的美国之音电台而破裂。同样，美国国家安全委员会认为威廉·罗杰斯掌管的国务院对保加利亚的过度慷慨是在冒不必要的风险。最终，国家安全委员会的意见占了上风。日夫科夫和勃列日涅夫的关系太紧密了，两国关系也牢不可破。③

罗马尼亚同样积极地开展外交活动，但他们的目标比其他巴尔干国家更加不透明和复杂。他们也希望打破被超级大国边缘化的局面，并扩大与其他巴尔干国家的贸易。然而，他们的举措比邻国更加激进。他们希望建立一个"巴尔干集团"，并渴望一个本质上是多边性质的地方缓和区，类似于斯托依卡计划（Stoica plan）的"巴尔干无核区"。罗马尼亚试图摆脱

---

① Sfetas, "The Bulgarian-Yugoslav Dispute", pp. 241-271.
② F. Steven Larrabee, "Bulgaria's Balkan Policy: The Search for Rapprochement", *Radio Free Europe Research*, 10 December 1970, http://osaarchivum.org/files/holdings/300/8/3/text/7-3-7.shtml，登录时间：2015年8月14日。
③ *FRUS*, 1969-1976, XXIX, documents 72-76; *FRUS*, 1969-1976, E-15/1, documents 14 and 24.

苏联，但与此同时，其试图按照自己的意愿，提议在该地区进行多边合作，从而通过向希腊和土耳其妥协来削弱北约的南翼。①

与罗马尼亚人不同，铁托坚决认为，巴尔干地区的任何合作都必须在双边基础上展开。由于苏联与保加利亚的特殊关系，南斯拉夫复杂的民族构成以及南保这两个巴尔干国家在马其顿问题上的紧张关系，对于铁托而言，包括保加利亚的任何多边安排都面临着苏联可能利用南斯拉夫民族问题作为借口进行干涉的危险。与此同时，南斯拉夫会从"巴尔干缓和"中获益匪浅。它进行自我管理的经济试验已经失去动力，铁托现在的目标是通过巴尔干地区的贸易来重振经济，并利用区域合作来防止邻国加剧南斯拉夫的自身问题。②

巴尔干的缓和本质上是一个颠覆性的进程。虽然它的参与者完全默许了两极体制，但他们试图改变其僵化局面。自相矛盾的是，希腊军政府成为巴尔干合作的积极推动者，而土耳其则保持冷漠，其对该进程的参与局限于确保它不会被孤立。简而言之，巴尔干在土耳其外交政策优先事项中的地位并不高。与西方的关系和经济发展是其外交政策主要目标，超级大国的缓和使该国感到非常失望。土耳其就这样在一旁徘徊，但并没有完全脱离。③

希腊军政府的外交政策不具有坚忍和适时等待的特征。它一头扎进了巴尔干的缓和之中，这是一项希腊外交部已经制定的政策，但军政府将以典型的笨拙态度来推行。军政府以一个非常明确的目标来实现巴尔干的缓和，即把它看作一种发挥国际作用的手段，而这种作用不受其非民主国家身份的限制。这个政权想要获得国际地位和经济援助，以帮助其在国内彻底地巩固统治，这是一种典型的狡猾之举。因此，希腊利用这一过程吓退

---

① TNA, FCO 28/1501, letter, E. R. Porter (UK delegation to NATO) to B. Sparrow (EESD), 12 February 1971.

② *FRUS*, 1964-1968, XVII, document 183; TNA, FCO 28/1501, letter, Porter to Sparrow, 12 February 1971.

③ Ali Çarkoğlu and Barry Rubin, eds., *Greek-Turkish Relations in an Era of Détente* (London: Routledge, 2005), pp. 47-49.

第九章　美国、巴尔干地区与冷战的缓和，1963—1973 年

其西方传统盟友，让他们放弃了自己在希腊的地位。独裁者很公开地表达了他们的意图。军政府二号人物斯特里亚诺斯·帕塔科斯（Stylianos Pattakos）向英国驻雅典大使罗宾·胡珀（Robin Hooper）爵士这样说道：这只是"希腊可以依靠的东西"。①

这里关注的是军政府在巴尔干采取主动行动的时机。1968 年 2 月，希腊军政府侥幸逃脱了联合国的谴责，并且此时欧洲委员会正在准备在 1968 年 5 月举行"希腊案"的听证会，此后，它便开始了改善与巴尔干邻国关系的首次努力。1968 年春天，希腊外交部长帕纳约蒂斯·皮皮内利斯（Panagiotis Pipinelis）——他是一位经验丰富的外交官，也是 1964 年希腊与保加利亚和解的设计师——提议建立"巴尔干良好行为准则"。皮皮内利斯是希腊外交的彻底现实主义者。他最初的提议无人问津，但在捷克斯洛伐克事件之后，该提议在南斯拉夫、罗马尼亚和保加利亚发现了更肥沃的土壤。此后，在 1969 年，随着欧洲委员会加快了针对希腊的行动，军政府开始更加深入地参与了与其北方邻国的试探性秘密外交。1970 年年初，希腊与保加利亚和罗马尼亚签署了贸易协定。1970 年 3 月，皮皮内利斯在与保加利亚签署贸易协定后无法抑制他的喜悦之情，他在接受采访时尖锐地指出，"保加利亚媒体对希腊的态度比瑞典媒体更正确"。② 1970 年 6 月皮皮内利斯的去世为 1971 年军政府与阿尔巴尼亚建立外交关系铺平了道路，两国自 1945 年以来理论上一直处于战争状态。③ 在七年的军事专政期间，希腊与东方集团的贸易额几乎翻了一番。④

希腊军政府故意与西方盟友玩猫捉老鼠的游戏，这让人们担心，军政府很可能决定站在巴尔干国家一边，从而破坏北约的团结。⑤ 一方面，1971 年，希腊候补外交部长克里斯托斯·克桑索普洛斯-帕拉马斯

---

① TNA, FCO 9/1394, letter, Sir Robin W. J. Hooper (Athens) to R. L. Seconde (Southern European Department), 7 July 1971.

② Larrabee, "Bulgaria's Balkan Policy", p. 23.

③ Nafpliotis, "The 1971 Re-establishment of Diplomatic Relations", pp. 118-132.

④ Sotiris Wallden, *Odd Allies: The Greek Dictatorship, the Communist Regimes and the Balkans* (Athens: Polis, 2009) (in Greek).

⑤ TNA, FCO 9/1394, minute, William J. A. Wilberforce (SED), 9 July 1971.

189

（Christos Xanthopoulos-Palamas）拒绝与保加利亚就中东和越南问题以及与罗马尼亚就"巴尔干无核区"问题采取共同的立场。① 另一方面，到1971年6月，他利用巴尔干缓和作为威胁其北约盟友的手段，即部分暗示如果对希腊的"敌意"继续出现，希腊还有其他选择。② 这些招数足以让伦敦十分担忧，以至于英国外交和联邦事务次官帮办托马斯·布里梅洛（Thomas Brimelow）爵士与克桑索普洛斯-帕拉马斯就希腊在巴尔干多边合作中的立场展开了讨论。③ 当布里梅洛就希腊是否愿意同意召开巴尔干会议向帕拉马斯施压时，后者模糊地指出，在采取任何多边步骤之前，"事态必须成熟"。④ 帕拉马斯虽然准备对北约盟国施加最大压力，但也要小心不要挑战美国全球政策的主要目标。英国外交和联邦事务部的结论是，帕拉马斯曾任驻美大使和前任常驻北约代表，像他这样拥有无懈可击的西方履历的人不可能会策划希腊与北约"脱钩"。英国外交和联邦事务部还把希腊的巴尔干政策解释为一种"虚张声势"，其目的是安抚它被西欧国家的冷淡所伤害的感情。⑤

美国也不确定如何就军政府匆忙与邻近和远方的共产主义国家建立关系做出解释。尼克松政府并不担心希腊"脱离联盟"的可能性，这就是为什么它给予该政权最强有力的口头和物质支持的原因。然而，巴尔干的缓和和中国国际活动的增加与中美关系的改善相结合，形成了一种美国无法有效控制的不稳定的混乱局面。⑥ 特别是希腊的行动增加了苏联的不确定性。莫斯科担心在巴尔干地区可能建立一个反苏集团，因此其利用东方集团国家的媒体向南斯拉夫和罗马尼亚发出警告，即通过发出信息表示任何

---

① TNA, FCO 9/1394, despatch, 2/3, Hooper, 16 June 1971.

② TNA, FCO 41/808, Norwegian Press Summary, 4 June 1971; TNA, FCO 41/655, UKDEL, NATO telegram 501 to FCO, 18 September 1970, TNA, FCO 9/1394, letter, J. E. Powell Jones to Wilberforce, 25 June 1971.

③ TNA, FCO 9/1395, FCO record of a meeting, 23 September 1971.

④ TNA, FCO 28/1416, tel. 186, Budapest to FCO Hungarian Press Summary, 13 August 1971.

⑤ TNA, FCO 9/1394, letter, Powell Jones to Wilberforce, 25 June 1971; dispatch, WSG 2/4, Hooper, 18 November 1971.

⑥ FRUS, 1969–1976, XVII, document 164.

第九章 美国、巴尔干地区与冷战的缓和，1963—1973 年

企图重新建立 1934 年"巴尔干协约国"那样的战前多边协议都是不利于"社会主义团结"的，以防任何此类活动出现。①

由于尼克松政府与希腊军政府之间的密切关系，希腊的介入也引起了苏联对美国在所有这些计划中的作用的怀疑。② 但是，美国需要绕开中国与巴尔干国家间的合作，避免给苏联利用缓和来削弱罗马尼亚和南斯拉夫的机会。③ 美国人担心，希腊在巴尔干地区的任何不当行为都可能导致苏联进一步入侵东地中海并破坏超级大国之间的缓和。在这种背景下，美国发现希腊的故作姿态令人厌烦，因为尼克松和基辛格很清楚苏联在巴尔干的敏感性。美国打"中国牌"的目的是让苏联变得容易变通，甚至可能是多疑，但并非是绝望和危险。④

尽管主要参与者的动机不透明且很复杂，但巴尔干的缓和似乎仍有机会取得成功。阿尔巴尼亚、保加利亚、希腊、罗马尼亚、土耳其和南斯拉夫在商业、文化和旅游等方面建立了双边协议网络。巴尔干缓和是一个激起争端的进程。虽然其拥护者完全默许两极格局，但他们试图打破这种僵化的局面。然而，在两极格局中，这种跨越鸿沟的努力是短暂的。到 1973 年年底，巴尔干的缓和失去了动力。超级大国的缓和，再加上美国试图与两个最重要的共产主义国家建立三角关系，以及又一场中东战争的爆发，使得国际形势对于巴尔干地区的缓和而言危机四伏，并扼杀了它。现在，新一轮深刻的不安全感导致巴尔干国家卷入了欧洲的缓和进程。在赎罪日战争⑤后，石油输出国组织的石油禁运造成全球经济衰退，其由 1971 年尼克松政府放弃布雷顿森林体系所造成的压力而导致，也重创了巴尔干地区。由于南斯拉夫经济严重依赖西方经济，因此受到的打击尤其严重。石油危机并未直接影响罗马尼亚，但全球经济的长期滞胀损害了其出口。保

---

① TNA, FCO 28/1501, letter, Porter to Sparrow, 12 February 1971.
② *FRUS*, 1964-1968, XVII, document 173.
③ Gayer and Selvage, *Soviet-American Relations*, pp. 112, 125, 368, 372.
④ *FRUS*, 1969-1976, XXIX, documents 26, pp. 72-76.
⑤ 即第四次中东战争，因战争发动于犹太人一年中最重要的节日赎罪日而被称为赎罪日战争，又称斋月战争、十月战争。战争发生于 1973 年 10 月 6—26 日，交战双方为以色列与埃及、叙利亚联盟。——译者注

加利亚变得更加依赖苏联石油，从 1973 年起，该国的外债不断增加，迫使其转向旅游业以赚取外汇来负担其所需的石油供应。石油输出国组织给巴尔干共产党国家所造成的影响是燃料短缺和社会动荡。与此同时，阿尔巴尼亚回归了孤立主义，希腊转向了"原始的外交政策方针"。现在的条件已经变得太具有挑战性了，巴尔干国家的缓和很难取得成功。

结 论

尽管"差别政策"和缓和破坏了巴尔干地区的稳定，并最终削弱了彼此的效力，但两者的确都成功地削弱了苏联的力量。"谈判时代"的前提是超级大国能够控制任何缓和的意外后果，这些后果可能削弱它们的控制。苏联试图团结东欧的同时，美国也施加压力阻止地中海地区的变化。正如约翰·坎贝尔（John Campbell）敏锐地观察到的那样："当然，缓和并不是所有人都有相同的目的，有些人可能会发现它的果实苦涩或时机尚未成熟。"[1] 对边缘化的共同担忧使巴尔干半岛各国聚集在一起，提醒它们各自的庇护人，不能想当然地对待它们。它们试图避免被排挤而变得无足轻重，并且决定，为了适应超级大国的缓和而不被其侵蚀，它们不得不采取行动启动当地的缓和进程。然而，在两极世界中，由于超级大国的行动，尤其是由于该区域分裂的趋势，这种努力只能是短暂的。

---

[1] John C. Campbell, "Insecurity and Cooperation: Yugoslavia and the Balkans," *Foreign Affairs*, July 1973.

第四编

20世纪70—80年代巴尔干地区的困境与"重要的他者":欧洲经济共同体[*]

---

[*] 1952年7月23日,法国、联邦德国、意大利、荷兰、比利时和卢森堡六国正式成立欧洲煤钢共同体,是为欧共体(欧盟)前身。1967年7月1日,欧洲煤钢共同体与欧洲经济共同体和欧洲原子能共同体(后两者均为上述六国于1958年1月1日成立)合并为欧洲共同体。1973年欧共体首次扩大,丹麦、爱尔兰和英国加入。1981年欧共体第二次扩大,希腊加入。1986年欧共体第三次扩大,西班牙和葡萄牙加入。1993年,包括上述12国的欧共体正式改为欧盟。鉴于遵照原文的考虑,本编中所涉及的"欧洲经济共同体"(EEC)根据时期不同有时指"欧共体"(EC),请读者自行辨析。——译者注

第十章

唯一的选择？
欧洲经济共同体、南欧
与20世纪70年代的希腊危机

艾利尼·卡拉穆齐

引 言

1979年5月28日，希腊排除万难，在雅典签署了协议，从而比西班牙和葡萄牙提前五年加入了欧洲经济共同体（EEC）。[①] 这是20世纪50年代末开始的努力的高潮，当时希腊于1961年7月9日成为第一个获得欧洲经济共同体联系国地位的国家。[②] 1975年，负责监督希腊向民主制的过渡的时任总理康斯坦丁诺斯·卡拉曼利斯（Konstantinos Karamanlis）将申请加入欧洲经济共同体作为保护该国新生的民主制度，确保其社会凝聚力和经济现代化，并最终确保与西方的持久融合的一项长期措施。希腊自1967年以来经历了军政府统治，这一时期在1974年突然结束，当时希腊发起了反对塞浦路斯总统兼马卡里奥斯大主教（Archbishop Makarios）的政变，

[①] 这一章引用了笔者著作中阐述的论点和一些文本材料：Eirini Karamouzi, *Greece, the EEC and the Cold War, 1974-1979: The Second Enlargement* (Basingstoke: Palgrave Macmillan, 2014)。

[②] 1961年7月9日希腊签署《雅典协定》，并根据《罗马条约》第238条于1962年11月1日生效。除其他事项外，协定规定建立一个关税联盟，协调希腊和共同体在诸如农业等一系列问题上的政策，并向希腊转让资源以促进其经济发展，其最终目标是成为欧洲经济共同体正式成员。

第十章 唯一的选择？欧洲经济共同体、南欧与 20 世纪 70 年代的希腊危机

随后土耳其又两次入侵塞浦路斯。自希腊建国以来，这不是政治精英和知识精英们第一次，也不是他们最后一次将目光转向欧洲。[1] 希腊在其整个现代历史上都有参与众多联盟的传统，因为它国土狭小、经济落后以及地缘政治环境不稳定。这些联盟使希腊能够加强其国家安全并推动其经济发展。然而，在通常情况下，这种对外部盟友的依赖使希腊的国内政治和政策受到外国影响，而自主性的缺失使得一些希腊政治精英及其追随者将加入欧洲经济共同体在内的这些联盟，视为解决该国所有问题的灵丹妙药或者是导致国家弊病的祸根。[2]

因此毫不奇怪的是，最近，特别是在 20 世纪 70 年代和 80 年代初的希腊和欧洲经济共同体档案开放之后，历史学家和政治学家都在重新审视欧洲经济共同体的第二次扩大，即希腊首先加入，随后是西班牙和葡萄牙。[3]

---

[1] Konstantina Botsiou, *Griechenlands Weg nach Europa: Von der Truman-Doktrin bis zur Assoziierung mit der Europäischen Wirtschaftsgemeinschaft, 1947－1961* (Frankfurt, Peter Lang: 1999); Antigoni-Despoina Poimenidou, "Culture, Politique et Democratie: Les Grecs a la recherché européenne, 1929－1982," *Les Cahiers Irice*, 2, No. 12 (2014), pp. 105－117.

[2] Eirini Karamouzi, "Is Greek European Identity in Crisis?" http: //royalhistsoc. org/news-policy/history-news/.

[3] Maria Fernanda Rollo, Alice Cunha and Jean-Pierre Darnis, "Democratic Transition, European Economic Community, Accession and Southern Europe," *Cahiers de la Méditerranée*, No. 90 (2015), pp. 9－10; Eirini Karamouzi, *Greece, the EEC and the Cold War*; Lorena Ruano, *Institutions, the Common Agricultural Policy and the European Community's Enlargement to Spain, 1977－1986*, Ph. D., Nuffield College, University of Oxford, 2001; Matthieu Trouvé, *L'Espagne et l'Europe: de la dictature de Franco à l'Union Européenne* (Brussels: P. I. E. Peter Lang, 2008); Mario Del Pero et al. eds., *Democrazie. L'Europa meridionale e la fine delle dittature* (Milano: Le Monnier, 2010); Alice Cuhna, "Mediterranean Europe and the Portuguese Accession Negotiations to the European Economic Community," *Officina della Storia*, 11, 2014; Special issue of *Journal of European Integration History* 15, No. 1 (2009); Susannah Verney, "Creating the democratic tradition of European Integration: the South European catalyst," in Helen Sjursen, eds., *Enlargement and the Finality of the EU*, ARENA Report No. 7/2002, pp. 97－128.

然而，大量关于欧洲经济共同体扩大的历史著作具有相当的反思性质。① 对希腊和欧洲经济共同体的研究尽管有限，但往往通过国家的视角研究国内经济、政治和社会因素的影响。② 这种方法突出了国内势力与申请国的欧洲政策发展之间的相互作用。尽管如此，它未能抓住欧洲经济共同体扩大对其本身的变革性影响，谈判对其体制结构和政治凝聚力的影响的重要性，以及在这个过程中，欧洲经济共同体作为一个组织对申请国的压力和要求的讨论和回应。③

本章通过多层次和多边档案的分析，将重点放在希腊，这是三个南欧国家中第一个陷入欧洲经济共同体扩大争论中的国家，其次将集中于1975年6月雅典正式提出申请和1976年2月共同体决定开启希腊加入谈判之间的关键时期欧洲经济共同体九国的内部审议。尽管这次审议在1976年年底希腊与欧洲经济共同体之间开始正式谈判之前就已经进行，但它充分显示

---

① N. Piers Ludlow, "History Aplenty: But Still Too Isolated," in Egan Michele, Nugent Neill, Paterson William, eds., *Research Agendas in EU Studies: Stalking the Elephant* (Basingstoke: Palgrave Macmillan, 2009), pp. 14-36. 关于希腊与欧洲共同体的关系，参见：Loukas Tsoukalis, eds., *Greece and the European Community* (London: Dartmouth Publishing Co, 1979); Iakovos Tsalicoglou, *Negotiating for Entry: The Accession of Greece to the European Community* (Aldershot: Dartmouth Publishing Co., 1995). 只有三部著作例外，但它们都是在档案公开之前出版的，并主要根据的是同时代的新闻报道：Loukas Tsoukalis, *The European Community and its Mediterranean Enlargement* (London: Allen & Unwin, 1981); Michael Leigh, "Nine EEC Attitudes to Enlargement," *The Mediterranean Challenge*, Sussex European Paper (Eastbourne: Sussex Academic Press, 1978), pp. 5-58; Geoffrey Edwards & William Wallace, *A Wider European Community? Issues and Problems of Further Enlargement*, A Federal Trust Paper (London, 1976).

② 关于希腊与欧洲共同体的研究，参见：Susannah Verney, *Panacea or Plague: Greek Political Parties and Accession to the European Community 1974-79*, Ph.D. Thesis, King's College, London, 1994, and "To Be or Not to Be within the European Community," in Geoffrey Pridham, eds., *Securing Democracy: Political Parties and Democratic Consolidation in Southern Europe* (London, New York: Routledge, 1990), pp. 203-223; Michael Pateras, *From Association to Accession: Changing Attitudes of Greek Political Parties*, Ph.D. Thesis, LSE, London, 1984.

③ 不过，在过去十年中，在历史和政治科学领域利用多国档案对欧洲一体化分析的研究越来越多。参见：Wolfram Kaiser and Jürgen Elvert, eds., *European Union Enlargement: A Comparative History* (London: Routledge, 2004). 关于英国第一次申请加入欧洲共同体同样具有开创性的专著是 N. Piers Ludlow, *Dealing with Britain: The Six and the First UK Application to the EEC* (Cambridge: Cambridge University Press, 1997); Luc Brunet, eds., *The Crisis of EU Enlargement*, LSE IDEAS Special Report (London, 2013).

第十章 唯一的选择？欧洲经济共同体、南欧与 20 世纪 70 年代的希腊危机

了九国在政治决策中对希腊说"好"的想法，以及 20 世纪 70 年代欧洲共同体向南扩张的根本动机。

希腊进入欧洲经济共同体是共同体扩大历史和演变过程中的一个里程碑，其有两方面的原因：首先，它对九国必须应对申请国性质的变化提出了真正的挑战——从确立民主制和市场经济很长时间的国家到新近民主化和经济不发达的国家。其次，与这些国家的国内动荡局势和不断演变的国际缓和体系有关，在这一轮加入欧洲共同体的过程中，对欧洲南部稳定的冷战考量显得尤为重要。[1]

敲响欧洲经济共同体大门的希腊新生民主

希腊独裁政权一垮台，欧洲经济共同体就被希腊视为恢复信心和支持其民主化进程的唯一适当论坛。政变后 1961 年的雅典联系国协议被冻结，再加上 1969 年被迫退出欧洲委员会，促成了欧洲与民主在希腊人眼中有了象征性的联系。与美国对军人统治的冷漠甚至宽容态度形成鲜明对比的是，欧洲经济共同体对政治和经济制裁的使用有助于削弱军事独裁统治的合法性。[2] 虽然华盛顿对希腊的国家安全仍然至关重要，[3] 但在卡拉曼利斯的小圈子内却得出了一个明确的结论。在不改变 1945 年后加入西方的外交政策的重要前提下，希腊需要减少对美国的过度依赖，实现多边外交。新推行的多边主义包括 1974 年以前的保守派无法想象的政策。卡拉曼利斯个

---

[1] N. Piers Ludlow, "The Real Years of Europe? U.S.-West European Relations during the Ford Administration," *Journal of Cold War Studies*, 15, No. 3 (2013), pp. 136-161.

[2] Antonio Varsori, "The EEC and Greece from the Military Coup to the Transition to Democracy (1967-1975)," in K. Svolopoulos, K. E. Botsiou, E. Hatzivassiliou, eds., *Konstantinos Karamanlis in the Twentieth Century* (Athens, K. Karamanlis Foundation, 2008), 2: 317-338; Van Coufoudakis, "The EEC and the 'Freezing' of the Greek Association, 1967-74," *Journal of Common Market Studies*, 16, No. 2 (1977), pp. 114-131; Effie G. H. Pedaliu, "Human Rights and Foreign Policy: Wilson and the Greek Dictators, 1967-1970," *Diplomacy and Statecraft*, 18, No. 1 (2007), pp. 185-214.

[3] Antonis Klapsis, "From Dictatorship to Democracy: US-Greek Relations at a Critical Turning Point, 1974-1975," *Mediterranean Quarterly*, 22, No. 1 (2011), pp. 61-73.

人有志于扩大与巴尔干国家的政治网络,但主要是经济关系。[①] 然而,这些政策虽然具有象征意义,但实际结果有限。相反,欧洲经济共同体的成员国身份似乎为希腊的国内困境提供了可行的解决方案,加速取得成员国身份成为政府议程的重中之重。欧洲为希腊人提供了另一种民主发展的模式,而这种模式不会被美国真实和所谓的罪恶所损害。[②]

然而,希腊出人意料地申请加入欧洲经济共同体,引发了一系列经济、制度和政治问题,使欧洲经济共同体陷入困境。雅典政府几乎选择了一个最糟糕的时刻来提出申请。1973年的石油危机使西方工业化国家陷入衰退,使得共同体模式受到了威胁。的确,共同体的一些政策遭受了实质性的挫折,使得成员国对新的扩大前景感到不安,因为距上一次共同体扩大仅过了两年时间,而当时英国正在就其成员国身份进行重新谈判。[③] 由于第一次扩大时几乎没有遇到地缘政治层面的问题,情况变得更加严峻。土耳其第二次入侵塞浦路斯之后,1974年8月14日希腊决定退出北约军事司令部,这使得安全问题突然凸显。南欧其他两个国家葡萄牙和西班牙的独裁政权同时垮台,再加上同期困扰意大利的政治和金融动荡,加剧了人们对整个南欧的西方立场可能不太稳定的担忧。接受希腊的前景加剧了人们对西方体系平衡的担忧,因为希腊与其最大邻国、北约南翼战略上十分关键的国家土耳其的关系只能用敌对来形容。考虑到土耳其不仅是北约的一个关键成员,而且是欧洲经济共同体的准成员国,希腊加入共同体将

---

① 关于20世纪70年代巴尔干合作问题更多的研究,参见:Eirini Karamouzi, "Managing the 'Helsinki Spirit' in the Balkans: The Greek Initiative for Balkan Co-operation, 1975-1976," *Diplomacy & Statecraft* 24, No. 4 (2013), pp. 597-618; Lykourgos Kourkouvelas, "Détente as a Strategy: Greece and the Communist World, 1974-9," *The International History Review* 35, No. 5 (2013), pp. 1052-1067。

② John Iatrides, "Greece and the United States: the Strained Partnership," in Richard Clogg ed., *Greece in the 1980s* (London: Macmillan, 1983), p. 168; Konstantina Botsiou, "Making up for Lost Time: The European Trajectory of the Metapolitefsi," in Constantinos Arvanitopoulos & Marilena Koppa, eds., *30 Years of Greek Foreign Policy, 1974-2004* [in Greek] (Athens: Livani, 2005), pp. 99-121.

③ Helen Wallace, "Some Reflections of 50 Years of Experience since the Signature of the Treaties of Rome," in David Phinnemore & Alex Warleigh-Lack, eds., *Reflections on European Integration: 50 years of the Treaty of Rome* (Basingstoke: Palgrave Macmillan, 2009), p. 15; Aoife Collins, "The Cabinet Office, Tony Benn and the Renegotiation of Britain's Terms of Entry into the European Community, 1974-1975," *Contemporary British History* 24, No. 4 (2010), pp. 471-491.

第十章 唯一的选择？欧洲经济共同体、南欧与20世纪70年代的希腊危机

不可避免地造成使共同体卷入希腊—土耳其争端的风险，并因此扰乱欧共体在两国之间寻求平衡的打算。

除地缘政治问题外，经济因素也在布鲁塞尔敲响了警钟。希腊的经济低迷和民政管理不善将进一步考验共同体的制度。如果希腊加入欧洲经济共同体，它将不得不进行重大的结构性变革，因此共同体最有可能以资源转移的形式承受财政冲击。至关重要的是，希腊自身的优势从未受到欧洲经济共同体的审查，而是被视为其他两个新兴的南欧民主国家的先行者：对希腊说"好"将使得更难对西班牙和葡萄牙说"不"。反过来，欧洲经济共同体在地中海扩大的前景将造成不受欢迎的竞争，并进一步拖累共同农业政策（Common Agricultural Policy，CAP）。最终，它将迫使共同体对共同农业政策进行全面改革，以缓解意大利和法国对希腊的担忧，更重要的是缓解西班牙在地中海农产品领域的竞争。

欧洲经济共同体委员会对共同体和希腊方面的争论都很清楚。它赞同有必要在希腊岌岌可危的政治过渡气氛中不怠慢希腊人，但作为条约的守护者，它有责任指出，希腊加入欧洲经济共同体可能将对共同体的体制和政治发展构成挑战。此外，正如其中一位官员所说的那样，委员会认为，希腊"已经从成员国最高管理层那里获得了相当多的关于希腊成员国资格的积极评论"，因此未能认识到需要一个经济援助的筹备期，使其能够克服其结构性弱点，并更容易适应共同体的机制和政策。① 1976年1月28日委员会最终提交给部长理事会的《委员会意见》被认为是一份不冷不热的声明，其一方面充分认识到接受希腊加入欧洲经济共同体的民主义务，另一方面认为欧洲经济共同体即将到来的扩大是深化欧洲一体化进程的良机。《意见》关于在十年预备期基础上对希腊做出肯定答复的建议将解决这些相互矛盾的焦虑。② 这是欧洲经济共同体扩大的历史上前所未有的举措，并且发生在雅典方面做出强烈反应和对九国进行强力游说后，但部长

---

① NARA, Central Foreign Policy Files 1973–1977 (hereafter CFCP) Morris (Brussels) to State Department, 3 February 1976.

② European Commission, "Enlargement of the Community: Conclusion," *Bulletin of the European Communities* 1/78.

理事会在《意见》提交仅仅两周后就一致否决了委员会的意见。毫无疑问，希腊的申请涉及的是一个在经济和政治上很脆弱的国家可能加入共同体，在被认为是"欧洲硬化症"①的时代，这会让希腊和土耳其之间的争端进一步加剧。②然而，这种焦虑让位于欧洲经济共同体寻找新的国际角色这一当务之急，即通过帮助新生的希腊民主政治，且最终目的是在西方体制内稳定希腊局势，从而避免在南欧不稳定的地缘政治气氛中对邻近的西班牙、葡萄牙和意大利可能造成的连锁反应。

扩大是如何成为一种外交政策工具的？

到1975年，希腊、西班牙和葡萄牙右翼威权主义政权的崩溃是一个无可争议的结论，问题是大西洋两岸愿意如何应对。③ 1974年4月25日，葡萄牙独裁政权被意外推翻，使该国陷入政治动荡，令西方措手不及。④ 军方主导的葡萄牙新政权尚未决定国家的走向以及是否将权力移交给民主选举产生的政府。有人担心该国可能会陷入某种欧洲共产主义并破坏葡萄牙的北约成员国身份。华盛顿强烈表达了这种担忧。对基辛格而言，必须孤

---

① 欧洲硬化症（Eurosclerosis）是德国经济学家赫伯特·吉尔施（Herbert Giersch）提出的一个术语，指在20世纪70年代两次石油危机的打击下，西欧很多国家由于政府的过度监管和高福利政策，在80年代面临经济增长缓慢和高失业率的危机。——译者注

② 当时媒体的解读传达出欧洲一体化计划注定要失败的感觉，但最近的史学研究揭穿了欧洲硬化症泛化的神话，支持将20世纪70年代作为欧洲经济共同体变革的十年来对其进行更加修正和平衡的描述。参见：Antonio Varsori, Guia Migani, *Europe in the International Arena during the 1970s: Entering a Different World*, Bru Xelles, 2011; Federico Romero, "The International History of European Integration in the Long 1970s: A Round-Table Discussion on Research Issues, Methodologies, and Directions," *Journal of European Integration History* 17, No. 2 (2011), pp. 333 – 360; Richard Griffiths, "A Dismal Decade? European Integration in the 1970s," in Dinan Desmond, eds., *Origins and Evolution of the European Union* (Oxford: Oxford University Press, 2006), pp. 169-190。

③ Paul Preston and Denis Smyth, *Spain, the EEC and NATO*, Chatham House Papers 22 (London: Routledge, 1984), p. 66.

④ Rui Lopes, "Accommodating and Confronting the Portuguese Dictatorship within NATO, 1970-1974," *International History Review* 38, No. 3 (2016), pp. 505-526.

第十章 唯一的选择？欧洲经济共同体、南欧与 20 世纪 70 年代的希腊危机

立葡萄牙，因为据称该国已经"落入"共产主义阵营。① 欧洲人同样对葡萄牙的前途未卜感到不安，而英国时任首相哈罗德·威尔逊（Harold Wilson）声称葡萄牙就是"缓和的试金石"。② 然而，九个成员国逐渐采取了更加自信的态度，强调加强葡萄牙的民主力量，使长期流亡在外的民主社会主义者马里奥·苏亚雷斯（Mario Soares）在新政府中站稳了脚跟。③

"康乃馨革命"④ 仅仅四个月之后，希腊独裁政权在塞浦路斯煽动了反马卡里奥斯的政变，最终导致土耳其入侵塞浦路斯。塞浦路斯问题本身对美国和北约的战略和应急军事计划并非至关重要。美国在塞浦路斯的利益本质上是一种预防性的利益：防止其政治问题激化并破坏希腊—土耳其关系。⑤ 正如 1974 年 8 月初美国国务院的一份简报所宣称的那样："美国在塞浦路斯本身并没有根本利益，但塞浦路斯问题对美国在希腊、土耳其和东地中海的根本利益的影响确实与我们的重大利益有关系。"因此，该文件得出结论，"我们的战略是使塞浦路斯不再成为希腊与土耳其之间争端

---

① Mario Del Pero, "A European Solution for a European Crisis," *Journal of European Integration History* 15, No. 1 (2009), p. 21; Kenneth Maxwell, *The Making of Portuguese Democracy* (Cambridge: Cambridge University Press, 1997); Carlos Gaspar, "International Dimensions of the Portuguese Transition," in Marietta Minotou, eds., *The Transition to Democracy in Spain, Portugal and Greece: Thirty Years After* (in Greek) (Athens: Patakis, 2006), pp. 121-141; Mario del Pero, "Which Chile, Allende? Henry Kissinger and the Portuguese revolution," *Cold War History* 11, No. 4 (2011), pp. 625-657.

② 有关葡萄牙社会党支持率的更多分析，参见：David Castano, "A Practical Test in the Détente: International Support for the Socialist Party in the Portuguese Revolution (1974-1975)," *Cold War History* 15, No. 1 (2015), pp. 1-26; Keith Hamilton, "Regime Change and Détente: Britain and the Transition from Dictatorship to Democracy in Spain and Portugal, 1974-1974," *The Maghreb Review* 31, No. 1 (2006), pp. 22-41。

③ David Hannay, *Britain's Quest for a Role: A Diplomatic Memoir from Europe to UN* (London and New York: I. B. Tauris, 2012), p. 76.

④ 即葡萄牙"四二五革命"，是 1974 年 4 月 25 日在里斯本发生的一次左派军事政变，其推翻了自 1932 年以来的独裁统治。——译者注

⑤ James Edward Miller, *The United States and the Making of Modern Greece: History and Power, 1950-1974* (Chapel Hill: The North Carolina University Press, 2009); John C. Campbell, "The United States and the Cyprus Question, 1974-1975," in Van Coufoudakis, eds., *Essays on the Cyprus Conflict* (New York: Pella Publishing Company, 1976), p. 14.

的焦点"。① 基辛格渴望在塞浦路斯问题上与英国进行合作，尤其是在美国的活动空间受到希腊游说团体在国会强大而有影响力的限制之后。此外，英国作为1960年《塞浦路斯国家保证条约》② 的签署国，也被迫承担责任。然而，英国缺乏采取有效行动的实力，因为其正面临着外交大臣詹姆斯·卡拉汉（James Callaghan）所说的"没有权力的责任"。自1964年以来，历届英国政府都采取了"公正不介入"的政策，优先考虑的是保留他们在塞浦路斯的军事设施并保证其安全，同时给予美国人优先发言权。这种政策的主要思路是没有美国的合作就不能采取单方面军事行动。③ 事实上，1975年，伦敦曾希望英国从塞浦路斯全面撤军，但"鉴于与美国的密切合作具有全球重要性"，英国担心这种行为对两国的特殊关系产生负面影响。④ 不只是英国人感到沮丧。总的来说，塞浦路斯危机的处理对任何相关参与方来说确实都是不成功的。《经济学人》杂志宣称，"土耳其人已经进入了塞浦路斯。对于所有其他相关方面而言，只能做（干预）失败的报告"。⑤

民众迅速增长的反美主义情绪以及最近土耳其两次入侵塞浦路斯的耻辱性后果使在雅典新成立的政府面临着采取行动的压力。⑥ 总理卡拉曼利斯总结说，与土耳其进行战争将是一个非常危险的选择，因为军政府的七年统治使国防处于岌岌可危的状态。在一次政治领导人的非公开会议上，

---

① 转引自：Claude Nicolet, *United States Policy towards Cyprus, 1954–1974: Removing the Greek-Turkish Bone of Contention* (Manheim: Bibliopolis, 2001), p. 418。

② 1960年8月16日英国、希腊、土耳其三国与塞浦路斯签订的多边条约，旨在保证塞浦路斯的独立的同时又保留三国在塞的利益。——译者注

③ Andreas Constandinos, *America, Britain and the Cyprus Crisis of 1974: Calculated Conspiracy or Foreign Policy Failure* (Milton Keynes: Author House, 2009), p. 382; James Ker-Lindsay, *Britain and the Cyprus Crisis, 1963–64* (Peleus: Bibliopolis, 2004)。

④ TNA, FCO 46/1248, DPI/516/, Report on the British Interests in the Eastern Mediterranean, 11 April 1975.

⑤ *The Economist*, 16 August 1974.

⑥ Ivan-Andre Slengesol, "A Bad Show? The United States and the 1974 Cyprus Crisis," *Mediterranean Quarterly* 22, No. 2 (2000), pp. 96–129; Claude Nicolet, *United States Policy towards Cyprus*; Konstantina Botsiou, "Anti-Americanism in Greece," in Brendon O'Connor, eds., *Anti-Americanism: History, Causes and Themes* (Oxford, Westport, CT, Greenwood Word Publishing, 2007), 3: 213–234.

得出的结论是，希腊武装部队"毫无准备、装备短缺且无权向土耳其宣战"。① 卡拉曼利斯没有宣战，而是宣布该国退出北约军事一体化组织，并要求美国就希腊领土上的美国基地的未来进行重新谈判。②

希腊退出北约军事司令部后对北约南翼造成的威胁以及该国向民主过渡期间国内动荡的政治局势十分突出。虽然卡拉曼利斯坚定地依附于西方，并且他的政府已经明确表示，退出北约是可供选择的方案中对其危害最小且是当时公众唯一可接受的政策，但由于受到国内政治中左派崛起的影响，人们仍然担心希腊未来的政策取向。在安德烈亚斯·帕潘德里欧（Andreas Papandreou）领导下新成立的泛希腊社会主义运动（Panhellenic Socialist Movement，PASOK）尽管在1974年的议会选举中名列第三，但其在反美和反欧洲经济共同体的旗号下逐渐成为一个受民众欢迎的政党。这种思路在1975年5月西德总理施密特（Schmidt）访问雅典期间得到了清晰的体现。卡拉曼利斯进而向施密特解释说，尽管他已经完全控制了议会，而且希腊退出北约已经达到了政治利益的极限，但如果认为他能够或将推行他的对手或希腊公众舆论都无法接受的政策，那就大错特错了。③ 九国知道，如果卡拉曼利斯在申请加入欧洲经济共同体方面没有取得成功，将损害他的地位，危及该国民主化进程的顺利进行，进而危及其外交政策走向。④

所有这些对希腊的担忧都因其对南欧邻国的潜在溢出效应而加剧。实

---

① NARA, RG 59, 1969-1974, box 205; Konstantinos Svolopoulos, eds., *Constantinos Karamanlis*: *Archives, Event and Texts* (in Greek), (Athens: Ekdotike Athenon, 1997) (hereafter *Karamanlis*), 8: 347.

② Constantinos Svolopoulos, *Greek Foreign Policy, 1945-1981* [in Greek], vol. 2 (Athens: Hestia, 2002).

③ Berlin, Akten zur Auswätigen Politik des Bundesperublik Deutschland (hereafter AAPD) 1975, Meeting between Karamanlis and Schmidt, Bonn, 16 May 1975, Doc. 120, pp. 534-541.

④ Eirini Karamouzi, *Greece, the EEC and the Cold War*, pp. 35-63.

际上，在20世纪70年代中期，南欧的西方体制似乎越来越受到威胁。① 除了希土冲突、塞浦路斯问题和葡萄牙问题，西班牙的佛朗哥独裁政权似乎即将在1975年寿终正寝，而此时与美国重新签订1953年的基地协议的问题仍然悬而未决。西方领导人同样关注意大利的国内动荡和经济危机。"历史性妥协"和意大利共产党上台的可能性更加剧了这种焦虑。② 所有这些都加剧了地中海地区本已惨淡的战略前景。与战后的最初几十年里美国舰队统治地中海相比，在20世纪70年代，苏联越来越多地渗透到地中海南部沿岸各国。③ 面对严重的经济不振，英国已经进行了一项军事开支审查，导致其地中海防御逐步萎缩。④ 美国对英国的撤军表示担心，警告称"这对南部地区的影响将非常严重……而减少驻扎在马耳他和塞浦路斯的英国空军将造成严重的影响"。⑤ 这些局势的快速变化与超级大国缓和的变革环境背道而驰。⑥

两个超级大国之间的缓和尽管具有稳定现状的保守性质，但其在南欧

---

① Ennio di Nolfo, "The Cold War and the Transformation of the Mediterranean, 1960-1975," in Melvyn Leffler & Odd Arne Westad, eds., *The Cambridge History of the Cold War* (Cambridge: Cambridge University Press, 2011), 2: 238-257; Alfred Tovias, "The International Context of Democratic Transition," *West European Politics* 7, No. 2 (1984), pp. 158-171.

② 1975年，意大利共产党十四大提出了"历史性妥协"（compromesso storico）的新战略，其核心是实现意大利共产党与执政党意大利天主教民主党的妥协。这一战略在意大利社会掀起巨大波澜，一度给意大利乃至整个欧洲共运带来希望，也使西方阵营感到不安。意共于1976年在议会选举中获得34.4%的选票，支持度达到历史顶点。然而由于种种原因，意共在20世纪70年代末支持率一路下滑，这一战略也随之破产。——译者注

③ Evanthis Hatzivassiliou, "The Cold War as a Frontier: The Mediterranean Cleavages and the View from NATO, 1967-1982," *Journal of European Integration History* 21, No. 1 (2015), p. 21; Milan Vego, "Soviet and Russian Penetration Strategy in the Mediterranean since 1945," in John Hatterdorf, ed., *Naval Policy and Strategy in the Mediterranean: Past, Present and Future* (London: Frank Cass, 200), p. 164.

④ NARA, CFSF, 1973-1976, Bruce (NATO) to State Department, 6 March 1975.

⑤ NARA, CFSF, 1973-1976, Bruce (NATO) to State Department, 8 February 1975.

⑥ Jussi Hanhimaki, "Conservative Goals, Revolutionary Outcomes: the Paradox of Détente," *Cold War History* 8, No. 4 (2008), pp. 503-512; Robert D. Schulzinger, "Détente in the Nixon-Ford years, 1969-1976," *The Cambridge History of the Cold War*, 2: 373-394; Thomas A. Schwartz, "Henry Kissinger: Realism, Domestic Politics and the Struggle against Exceptionalism in American Foreign Policy," *Diplomacy and Statecraft* 22, No. 1 (2011), pp. 121-141; Jeremi Suri, *Power and Protest: Global Revolution and the Rise of Détente* (Boston, Harvard University Press, 2005).

第十章 唯一的选择？欧洲经济共同体、南欧与20世纪70年代的希腊危机

不稳定的环境中产生了意想不到的后果，即一度紧张的冷战结构的缓和进一步加剧了其国内动荡。① 安吉拉·罗马诺（Angela Romano）和费德里科·罗梅罗（Federico Romero）正确地指出，"由此而来的是一种更加复杂和持久的欧洲内部缓和的模式。焦点和重点已从两个超级大国奉行缓和政策以巩固两极体制的保守意图，转移到穿过铁幕所释放的变革性和破坏性的影响"。② 因此，在大西洋两岸的政治精英心目中，希腊的地缘政治和内部不稳定秩序已成为南欧不断变化的危机局势的一部分。③

美国拒绝独自行动。反美思潮此起彼伏，席卷了南欧，导致回旋余地有限。更糟糕的是，越南战争和水门事件的创伤削弱了美国总统的权力，而国会的权力日渐崛起。福特政府在外交事务上不再享有同等的灵活性，这一新形势会给美国外交政策的实施增添意想不到的复杂性。④ 对土耳其的禁运和停止对越南的援助代表了国会对一位弱势总统的胜利。⑤ 美国对土耳其的武器禁运尤其说明了美国的"瘫痪如何对北约造成不利"。⑥ 西德外交部长汉斯-迪特里希·根舍（Hans-Dietrich Genscher）在与意大利总理阿尔多·莫罗谈论土耳其问题时表示"觉得很奇怪，在北约为我们的安全提供了25年的保障之后，我们发现自己由于无法处理自己的问题而陷入内

---

① Effie Pedaliu, "A Sea of Confusion: The Mediterranean and Détente, 1969-1974," *Diplomatic History*, 33, No. 4 (2009), pp. 735-750; Elena Calandri, Daniele Caviglia, Antonio Varsori, eds., *Detente in Cold War Europe: Politics and Diplomacy in the Mediterranean and the Middle East* (London: I. B. Tauris, 2012).

② Angela Romano and Federico Romero, "European Socialist Regimes Facing Globalization and European Co-operation: Dilemmas and Response: Introduction," *European Review of History* 21, No. 2 (2014), p. 157.

③ Sotiris Rizas, *The Rise of the Left in Southern Europe: Anglo-American Responses* (London: Pickering & Chatto, 2012); Effie Pedaliu, "The Making of Southern Europe: An Historical Overview," in Eirini Karamouzi et al. eds., *A Strategy for Southern Europe*, LSE IDEAS Report (October 2013).

④ Henry Kissinger, *Years of Renewal* (New York, 1999), p. 192; Yanek Mieczkowski, *Gerald Ford and the Challenges of the 1970s* (Kentucky: Kentucky University Press, 2005), 3835-kindle; John Robert Greene, *The Nixon-Ford Years* (New York, Facts on File, 2006), p. xxv.

⑤ Richard C. Company Jr., *Türkiye and the United States. The Arms Embargo Period* (New York & London: Praeger, 1986), p. 65.

⑥ NARA, CFSF, 1973-1976, Bruce (NATO) to State Department, 29 May 1975.

部混乱"。①

上述的限制因素虽然不会立刻影响葡萄牙，但是对希腊的影响却相当大，为了加以克服，美国不得不向其欧洲盟友寻求帮助。一份关于跨大西洋合作的文件强调了对欧洲经济共同体在区域稳定中的作用的重视：

> 在过去的一年里，欧共体九个成员国逐渐完善了解决地中海北部国家关系问题的通用方法，其基础是促进稳定和政治缓和的愿望，并利用贸易优惠、财政援助等联合手段，最终与欧洲的成员国或非成员国建立更紧密的联系。九国的解决办法反映了基于自身利益而日益增长的责任感。接受和鼓励与九国分担地中海义务符合美国的重大利益。②

在大西洋彼岸，（联邦）德国表达了类似的看法，其理解卡拉曼利斯的困境，并指出，"尽管他对北约和美国在希腊的存在的立场众所周知，但我们不应该指望他在这个阶段通过亲美姿态或引人注目的选择重返北约而放弃公众的支持"。③ 与其他八国一样，西德开始支持希腊加入欧洲经济共同体的请求，其非常清楚地知道，共同体的明确支持将得到希腊公众舆论的认可并促进新的社会秩序，因为希腊政府夸大其词地表示获得成员国身份是保护民主的关键。同样，巴黎得出的结论是：

> 我们必须关心自己，在中立主义或苏联集团的呼吁面前，我们不能离开而任由该国自行处置。因此，迫切需要巩固这个生于逆境且受到新挫折威胁的政府。九国可以通过政治和经济手段帮

---

① NARA, CFSF, 1973-1976, J. A. Volpe (Rome) to State Department, 26 February 1975.
② NARA, CFSF, 1973-1976, J. Greenwald (EEC) to State Department, 27 January 1976.
③ AAPD, Doc. 120, 1975, Meeting between Karamanlis and Schmidt, Bonn, 16 May 1975, pp. 534-541.

第十章 唯一的选择？欧洲经济共同体、南欧与20世纪70年代的希腊危机

助希腊。①

英国同意由欧洲经济共同体拿出解决方案的必要性，因为他们自己承认，"我们太穷了，很多事不能自己做。从逻辑上讲，我们应让其他人来带头……因此，我们应该准备好鼓励我们的盟友来提供帮助。德国和法国是关键"。② 因此，英国选择在欧洲经济共同体框架内采取行动，并通过这一媒介与美国进行磋商。③ 然而，对于欧洲国家来说，欧洲经济共同体扩大的政策并不意味着试图减少美国在希腊的作用。④ 欧洲拥有与美国互补的外交和政治影响力。

甚至连法国也不想反对或破坏美国与希腊的关系。相反，法国认为"九国的具体行动非但不会推动希腊进一步远离大西洋联盟，反而可能让该国摆脱这种危险"。⑤ 成为欧洲经济共同体的正式成员国将有助于希腊政府的民主化努力，从而使该国与西方体系保持一致，因为"希腊现在最需要的是西方盟友的道义支持"。⑥ 正如荷兰外交大臣马克斯·范德斯图尔（Max Van der Stoel）在评论希腊盛行的反美浪潮时所强调的那样，"今天希腊感到有必要与欧洲建立更密切的关系。但这绝不意味着与美国的对抗"。⑦

这些势不可当的事件迫使美国和欧洲经济共同体以一种协调一致的方式应对希腊问题以及更普遍的南欧问题。西方大国利用已经建立的新的、

---

① Archives du Ministère des Affaires étrangères, La Courneuve (hereafter AMAE), Direction des affaires politiques, sous-direction Europe (1973–1976), Note on relations between Greece and Europe, Paris, 13 September 1974, 3314.

② Keith Hamilton & Patrick Salmon, eds., Documents on British Foreign Policy Overseas, series III, vol. V, The Southern Flank in Crisis, 1973–1976 (London: Routledge, 2006), Submission from Baker to Goodison, London, 22 August 1975, No. 138, p. 480.

③ NARA, CFSF, 1973–1976, E. Richardson (London) to State Department, 8 January 1976.

④ Geir Ludnestad, The United States and Western Europe since 1945: From "Empire" by Invitation to Transatlantic Rift (Oxford: Oxford University, 2003).

⑤ AMAE, d/p, 3316, Note by F. Puaux, Paris, 16 September 1974.

⑥ NARA, CFPF, 1973–1976, J. Irwin (Paris) to State Department, 19 September 1974.

⑦ AMAE, d/p, 3314, Note by H. Giacobbi, Hague, 2 September 1974.

207

更有效的欧洲—大西洋多边论坛,在处理希腊危机方面进行了合作,以应对日益黯淡的经济前景。① 在这个紧张的磋商阶段,欧洲共同体的主要成员与美国达成协议后得出结论,为了确保南欧的稳定,它们应该通过更紧密的联盟或正式成员关系,让这些国家与欧洲经济共同体牢牢地绑在一起,甚至不惜以美国失去直接政治影响力及其经济利益受损为代价。②

结　论

南欧问题,特别是希腊的欧洲经济共同体资格问题,主要是用冷战术语来界定的。在应对希腊问题的挑战时,欧洲经济共同体采取了既戒备又坚定的态度。共同体对希腊的加入和该组织在南欧的扩大对其机制的稀释性影响,以及其中的财政成本持谨慎态度。但与此同时,它急于对申请国提出的以民主化、社会凝聚力和经济现代化等形式实现稳定的呼吁做出回应。吸纳希腊是九国为了缓和和消除该国的反西方情绪并促进希腊政府努力保持在西方集团内唯一能够成功的政策。因此,希腊加入欧洲经济共同体的谈判成了一个关键步骤,在此过程中,共同体发现其成为冷战危机中的稳定力量。在接受了希腊的加入申请后,这九国走上了一条最终导致共

---

① Matthias Schulz & Thomas A. Schwartz, "Superpower and the Union in the Making," in Matthias Schulz & Thomas Schwartz, eds., *The Strained Alliance*: *US - European Relations from Nixon to Carter* (Cambridge: Cambridge University Press, 2009), p. 365; Mary Nolan, *The Transatlantic Century*: *Europe and America, 1890 - 2010* (Cambridge: Cambridge University Press, 2012), p. 281; Henry Kissinger, *Years of Renewal* (New York: Simon & Schuster, 1999); Daniel Möckli, *European Foreign Policy during the Cold War*: *Heath, Brandt, Pompidou and the Dream of Political Unity* (London: I. B. Tauris, 2009); Catherine Hynes, *The Year that Never Was*: *Heath, the Nixon administration and the Year of Europe* (Basingstoke: Palgrave Macmillan, 2009); Matthew Jones, "'A Man in a Hurry': Henry Kissinger, Transatlantic Relations, and the British Origins of the Year of Europe Dispute," *Diplomacy and Statecraft* 24, No. 1 (2013), pp. 77-99; Piers N. Ludlow, "The Real Years of Europe? US-West European Relations during the Ford Administration," *Journal of Cold War Studies* 15, No. 3 (2013), pp. 136-161.

② *FRUS*, 1969-1976, XXX, *Paper Prepared in Response to National Security Study*, Memorandum 222, "US and Allied Security Policy in Southern Europe," 15 December 1975.

第十章 唯一的选择？欧洲经济共同体、南欧与20世纪70年代的希腊危机

同体的整体性质及其作为国际行为体的角色发生深远变化的道路。① 通过利用其新发现的软实力——以扩大共同体的承诺为中心——欧共体将自己重新定义为民间组织，并且大部分时间以互补的方式在大西洋世界中发挥其不同的作用，并为20世纪70年代的欧洲南部危机提供了一种欧洲式的解决方案。②

---

① 关于欧洲经济共同体对东欧和南斯拉夫的呼吁的最新研究成果，参见：Federico Romero and Angela Romano (guest eds.), "European Socialist Regimes Facing Globalisation and European Co-operation: Dilemmas and Responses," special issue of the *European Review of History* 21, No. 2 (2014); Benedetto Zaccaria, "The European Community and Yugoslavia in the Late Cold War Years, 1976-1989," in Wilfried Loth and Nicolae Paun, eds., *Disintegration and Integration in East-Central Europe* (Baden-Baden: Nomos, 2014), pp. 264-283。

② Antonio Varsori, "Crisis and Stabilization in Southern Europe during the 1970s: Western Strategy, European Instruments," *Journal of European Integration History* 15, No. 1 (2009), pp. 5-15。

第十一章

苏联的阴影下：欧洲经济共同体、南斯拉夫与20世纪70年代漫长的冷战

贝奈戴托·扎卡里亚

本章在更广泛的欧洲和地中海冷战框架内分析了20世纪70年代欧洲经济共同体与南斯拉夫的关系。两者关系的历史评价深受1991年南斯拉夫解体，特别是欧洲经济共同体和欧盟在其中所发挥的作用的影响。1991年，共同体第一次试图调解贝尔格莱德与分离主义共和国间达成和平解决方案，虽然未能成功，但仍被视为欧洲经济共同体/欧盟介入南斯拉夫局势的起点，如同在过去的几年里双方之间没有发展任何实质性的政治关系。[1] 因此，冷战期间欧洲经济共同体对南斯拉夫所采取的政策被视为一种忽视政策，其基于的是仅仅将巴尔干国家作为贸易伙伴的想法。[2] 然而，根据对共同体和南斯拉夫档案馆新近解密文件的分析，这种解释被证明是错误的。[3]

---

[1] Rafael Biermann, "Back to the Roots: The European Community and the Dissolution of Yugoslavia—Policies under the Impact of Global Sea-Change," *Journal of European Integration History* 10, No. 4 (2004), p. 29.

[2] Branislav Radeljić, *Europe and the Collapse of Yugoslavia: The Role of Non-State Actors and European Diplomacy* (London and New York: I. B. Tauris, 2012); Biermann, "Back to the Roots," pp. 49–50.

[3] 直到近年，才有历史学家以档案为依据研究欧洲经济共同体与南斯拉夫的关系，参见：Benedetto Zaccaria, *The EEC's Yugoslav Policy in Cold War Europe, 1968–1980* (London: Palgrave Macmillan, 2016); Ivan Obadić, "A Troubled Relationship: Yugoslavia and the European Economic Community in Détente," *European Review of History* 21, No. 2 (2014), pp. 329–348。

第十一章 苏联的阴影下：欧洲经济共同体、南斯拉夫与 20 世纪 70 年代漫长的冷战

本研究重新评估了欧洲经济共同体与南斯拉夫关系的历史根源，表明 20 世纪 70 年代以来共同体一直积极介入南斯拉夫问题，而当时是东西方对抗、南斯拉夫内部局势和欧洲一体化进程发生深刻变化的时期。本研究围绕三个主要问题进行。第一个问题涉及巴尔干地区和地中海的稳定问题及其与双方在 1970 年和 1973 年缔结的第一批贸易协定谈判的联系。第二个问题涉及铁托去世后南斯拉夫的过渡问题，以及共同体在 20 世纪 70 年代中期如何在更广泛的南欧局势中看待这个问题。第三个问题是关于在超级大国的缓和衰退和 1980 年 5 月 4 日铁托去世的背景下，共同体维护南斯拉夫的不结盟立场所做出的努力。本章的最后一部分专门讨论这些问题在确定"后铁托"时代欧洲经济共同体与南斯拉夫的关系走向时的相互作用。

寻求巴尔干和地中海地区的稳定

1970 年 3 月欧洲经济共同体与南斯拉夫签署的第一份贸易协定是 1968 年 8 月华约组织干涉捷克斯洛伐克的直接结果。布拉格事件和勃列日涅夫主义的主张在西方引起了人们对苏联可能对包括南斯拉夫在内的其他社会主义国家所采取的行动的担忧，因为 1948 年苏南分裂以来，南斯拉夫就是"苏联在东欧实施霸权的一大阻碍"。[1] 由于 1967 年第三次中东战争后苏联与阿拉伯世界的军事联系扩大，以及随之而来的苏联海军在中东地区的增加，苏联对巴尔干地区的压力也扩大到了地中海地区。[2]

正是在这样动荡的国际形势下，欧洲经济共同体与南斯拉夫于 1968 年 10 月开始进行贸易谈判。双方试探性的谈判实际上始于 20 世纪 60 年代中期。与苏联及其"卫星国"谴责欧洲经济共同体是北约的经济武器的态度不同，贝尔格莱德对新成立的共同体采取了现实的态度。南斯拉夫领导层

---

[1] Evanthis Hatzivassiliou, *NATO and Western Perceptions of the Soviet Bloc: Alliance Analysis and Reporting 1951-69* (London and New York: Routledge, 2014), pp. 172-180.
[2] Effie G. H. Pedaliu, "'A Sea of Confusion': The Mediterranean and Détente, 1969-1974," *Diplomatic History* 33, No. 4 (2009), pp. 740-741.

意识到，扩大与欧洲经济共同体成员国（法国、西德、意大利、比利时、荷兰、卢森堡六国）的贸易是本国工业发展和国内市场化改革成功的先决条件，而市场化改革是 20 世纪 60 年代中期南斯拉夫领导层中的"自由派"为了发展该国的工业体系并使其现代化而发起的。这一进程涉及南斯拉夫经济向西方工业出口的显著开放，通过旨在吸引新的外国投资的新贸易法规，以及建立外部关税制度。① 这一改革进程的创新性为南斯拉夫与欧洲经济共同体的关系提供了新的动力，而欧洲经济共同体成为南斯拉夫工业技术和专业知识的主要来源。然而，由于南斯拉夫对欧洲经济共同体的贸易赤字大幅度增加，从 1965 年的 1.96 亿美元增加到 1967 年的 4.55 亿美元，从西欧的进口增加对经济产生了反作用。② 为了平衡进出口，南斯拉夫寻求六国在工业和农业贸易领域做出让步。

然而，由于贝尔格莱德先验性地反对按照 1961 年和 1963 年共同体与希腊和土耳其缔结的协议条款做出任何关联性假设或优惠（即歧视性）协议，使得南斯拉夫与共同体的试探性谈判受到了影响。在南斯拉夫领导层看来，此类协议将侵犯南斯拉夫外交政策的支柱——不结盟政策及其在第三世界国家中的形象。③ 部长理事会于 1968 年 7 月 30 日通过了第一项"谈判授权内容"，对南斯拉夫的请求表示欢迎，并认为这是在缔结一项非优惠性协议。然而，令南斯拉夫感到沮丧的是，六国没有将农业领域列入未来的谈判。④ 事实上，根据关贸总协定的规定，对南斯拉夫的任何非优惠性减让都必须扩展到共同体所有商业伙伴。这显然违背了六国 1958 年以来所制定的共同体共同农业政策的贸易保护主义取向。这种选择严重制约了欧洲经济共同体与南斯拉夫关系的发展，因为农业在 1968 年年初占南斯拉夫对共同体出口总额的 45%。⑤

---

① Obadić, "A Troubled Relationship", pp. 337-339.
② Brussels, Archives of the Council of the European Union (hereafter ACEU), CM 2/1962/1145, Report by the Commercial Counsellors (Belgrade), 10 March 1969.
③ AJ, KPR/III-b-2-a, Report on EEC-Yugoslav relations, 22 May 1968.
④ Brussels, European Commission Historical Archives (hereafter ECHA), BAC/97/1986/3, Sigrist to European Commission, 21 November 1967.
⑤ ECHA, BAC/3/1978/870/2, Minutes of EEC-Yugoslav Trade Negotiations, 31 October 1968.

第十一章 苏联的阴影下：欧洲经济共同体、南斯拉夫与20世纪70年代漫长的冷战

然而，"布拉格之春"改变了欧洲经济共同体与南斯拉夫关系的性质，这种关系已从经济转向政治层面。1968年9月5日，南斯拉夫驻布鲁塞尔大使馆向欧洲共同体委员会宣布其政府希望尽快开始贸易谈判，以应对未来苏联的经济压力。[1] 20多天后的9月26日，南斯拉夫外交官米洛什·奥普雷什尼克（Miloš Oprešnik）被任命为驻欧洲经济共同体大使；这是社会主义国家首次与共同体建立正式外交关系。[2] 在第一轮贸易谈判期间（10月15—18日），贝尔格莱德要求在"谈判授权内容"中加入农业部分，特别是为南斯拉夫向共同体出口小牛肉提供便利（该商品几乎占南斯拉夫对欧洲经济共同体农业出口的40%）。[3]

除了戴高乐领导的法国，欧洲经济共同体的其他成员国并没有忽视南斯拉夫的请求，并且其在部长理事会上同意促进与南斯拉夫的经济关系，以加强该国经济和政治稳定。[4] 在六国中，意大利和联邦德国是南斯拉夫的主要支持者。尽管关于所谓的里雅斯特自由领土的边界问题由来已久，但20世纪60年代初以来，罗马就已经认识到加强同贝尔格莱德关系的政治重要性：对意大利外交而言，这将有利于巴尔干地区的稳定和意大利在这一边境地区的经济利益。[5] 对于波恩来说，贝尔格莱德1957年以来一直是一个政治问题，因为当时其承认民主德国，从而挑战了"哈尔斯坦主义"[6]。然而，20世纪60年代末，社会民主党领袖威利·勃兰特（Willy Brandt）将南斯拉夫纳入其更广泛的"新东方政策"中，同时加强了联邦

---

[1] ECHA, BAC/97/1986/4, Kawan to Ernst, 5 September 1968.

[2] Belgrade, Archives of the Ministry of Foreign Affairs (hereafter AMIP), PA/R/1968/f141: b434938, Oprešnik (Brussels) to Belgrade, 27 September 1968.

[3] ECHA, BAC/3/1978/870/2, Report on EEC-Yugoslav negotiations, 31 October 1968.

[4] Historical Archives of the European Union (hereafter HAEU), EM/65, Council of Ministers (Foreign Affairs), 5 December 1868.

[5] Karlo Ruzicic-Kessler, "Italy and Yugoslavia: from Distrust to Friendship in Cold War Europe," *Journal of Modern Italian Studies* 19, No. 5 (2014), pp. 641-644.

[6] 即1955年9月由西德外交部长华特·哈尔斯坦建议制定、西德首任总理康拉德·阿登纳所推行的针对东德及东方阵营的外交政策。该政策强调西德政府单独代表整个德国，不承认东德政府，不与任何与东德建交的国家（苏联除外）建立或保持外交关系。该政策被1969年10月西德社会民主党人勃兰特上台后所推行的"新东方政策"所取代。——译者注

213

德国对欧洲经济共同体与南斯拉夫关系的支持,以此来支持波恩与贝尔格莱德之间的全面关系。①

然而,法国的态度相当矛盾。虽然巴黎没有忽视作为欧洲稳定因素的贝尔格莱德的独立路线,但其认为南斯拉夫是法国在农业领域的潜在竞争对手。这种观点在1969年6月以前一直影响着法国在共同体框架内对南斯拉夫的态度。② 然而,1969年4月戴高乐的辞职以及随后乔治·蓬皮杜(Georges Pompidou)的当选为法国参与欧洲一体化进程提供了新的动力。蓬皮杜意识到共同体在地中海地区的战略重要性,因此撤销了法国的反对意见,而六国最终于1969年11月初决定在新的谈判授权内容中纳入农业问题,并计划将小牛肉的关税降低25%。③ 欧洲经济共同体主要成员国一致加强与南斯拉夫联系的政治意愿促成了这一决定,也引起了六国农业游说团体的强烈抗议。法国态度转变的结果是欧洲经济共同体与南斯拉夫的谈判重新开始,并于1970年3月达成了南斯拉夫与欧洲经济共同体之间为期三年的非优惠贸易协议。除了牛肉出口领域的减让,该协议还设想更快地适用关贸总协定"肯尼迪回合谈判"所提供的较低关税,以及设立一个负责执行该协议的混合委员会。

这项严格的非优惠经济协议基于的是明确的、共同的政治基础。鉴于南斯拉夫希望保持其与共同体的正式脱离状态,这是在苏联似乎对巴尔干施加越来越大压力的情况下加强南斯拉夫相对于西欧的地位的唯一途径。正如南斯拉夫对外贸易部部长托马·格兰菲尔(Toma Granfil)所指出的,这是一个表明欧共体并没有关闭双方未来合作的大门的信号。④ 从共同体的角度来看,1970年的协议是第一个根据共同商业政策的规定进行谈判,并在欧洲经济共同体和社会主义国家之间达成的协议,也是对继续坚持其

---

① Berlin, Political Archives of the Auswärtiges Amt (hereafter PAAA), B 42/235, Report on FRG-Yugoslav relations, 29 October 1969.

② Paris, Archives du Ministère des Affaires Etrangères (hereafter AMAE), Série Europe (SE) / 1944-1970, Box 242, Report on EEC-Yugoslav relations, 9 January 1969.

③ ECHA, BAC/3/1978/871/1, Report on EEC-Yugoslav relations, 7 November 1969.

④ ECHA, BAC 3/1978/871/3, Press statement by Granfil, 19 March 1970.

第十一章　苏联的阴影下：欧洲经济共同体、南斯拉夫与 20 世纪 70 年代漫长的冷战

对共同体不承认政策的莫斯科传达的一个信息。因此，它符合 1969 年 12 月欧洲经济共同体海牙峰会上所设定的目标，当时欧洲经济共同体各成员国同意重新启动西欧的一体化进程，并确认该共同体是一个具有明确身份的国际行为体。①

缔结 1970 年协议的政治基础在接下来的几年里并没有消失。双方都有意加强双边关系。在 1970 年 10 月至 1971 年 3 月对西欧各国首都进行密集访问期间，铁托担心，在后来成为欧洲安全与合作会议的初期阶段，欧洲缓和局势的发展可能会使南斯拉夫在欧洲集团之间处于孤立的地位。② 就六国而言，它们将欧洲经济共同体与南斯拉夫的关系问题置于地中海框架内。尽管地中海地区的确出现了超级大国的缓和，但地中海仍然是一片以地缘政治动荡和超级大国对抗为标志的"混乱之海"。③ 西方的稳定战略不仅仅是设想在这一动荡地区加强军事存在，还设想与地中海国家发展经济联系。④ 欧洲经济共同体将在这一方面发挥关键作用，这一点在 1972 年 10 月巴黎首脑会议上发起的共同体全球地中海政策中得到了体现。

共同体在该地区的存在也包括南斯拉夫。南联邦内部在 1971 年"克罗地亚之春"（倡导比联邦政府拥有更大的政治和经济权利的抗议运动）期间急剧出现的离心倾向确实强调了欧洲经济共同体主要成员国有必要支持南斯拉夫的内部稳定。1971 年，罗马将南斯拉夫视为北约东南翼的第一道防线。⑤ 这是在奥西莫条约（Osimo Treaty）秘密谈判期间意大利所持立场的基础，四年后，该条约结束了意大利与南斯拉夫的边界问题。⑥ 同样，

---

① 参见特刊：*Journal of European Integration History* 17, No. 2 (2003)。
② Ljubodrag Dimić, "Josip Broz Tito i 'Jugoslovenski pogled na Evropu'" ("Josip Broz Tito and the 'Yugoslav View of Europe'"), in *Jugoslavija u Hladnom Ratu* (Yugoslavia in the Cold War) (Belgrade: Institut za noviji istoriju Srbije, 2010), pp. 183-204.
③ Pedaliu, "A Sea of Confusion," pp. 735-750.
④ Rome, Archivio Centrale dello Stato, Aldo Moro Files, Box 144, NATO Document C-M (72) 30 (Révisé), 15 May 1972.
⑤ Rome, Archivio Storico della Presidenza della Repubblica, Box 130, Telegram by Moro, 13 October 1970.
⑥ Massimo Bucarelli, "La politica estera italiana e la soluzione della questione di Trieste: gli accordi di Osimo del 1975," *Qualestoria*, No. 2 (2013), pp. 29-54.

西德政府坚信南斯拉夫的独立是实现地中海稳定的一个因素。正如 1971 年 7 月勃兰特向蓬皮杜所坦露的那样："铁托去世后，我们能否并且如何在必要时防止南斯拉夫局势进一步动荡？苏联人肯定会试图夺回这个国家。南斯拉夫的未来与地中海密切相关，我希望我们不要忽视这个问题。"① 因此，西德驻北约代表团报告说，南斯拉夫国内局势和苏联影响力的发展要求西方国家继续准备与南斯拉夫政府合作。②

法国蓬皮杜政府与意大利和德国有着同样的担忧。实际上，南斯拉夫对外贸易部部长鲍里斯·什努代尔（Boris Šnuderl）持续向巴黎施压，他宣布 1970 年协议的续订将使南斯拉夫在经济上在克里姆林宫的眼中不那么脆弱。③ 这一说法符合法国外交部关于南斯拉夫的战略分析：

> 莫斯科的长期计划很明确：将南斯拉夫拉回苏联集团。控制这个地理位置位于地中海北岸中部的国家所代表的战略利益，以及这种控制为加强苏联在南欧和地中海地区的影响力所开辟的前景，所有这些都迫使克里姆林宫的决策者们表现出他们对南斯拉夫人的兄弟情谊。④

1973 年成为共同体成员的英国也有类似的担忧。英国首相爱德华·希思（Edward Heath）执政时期，伦敦将共同体视为稳定北约南翼的一种手段，⑤ 并在此框架内将维护"南斯拉夫的完整、稳定和繁荣"的需要与"发展南斯拉夫市场经济，特别是与欧洲经济共同体的贸易关系"联系

---

① HAEU, MAEF/49, Meeting between Pompidou and Brandt, 5 July 1971.
② AMAE, SE/1971-1976, Box 3761, German Report on Yugoslav-Soviet Relations, 27 January 1972.
③ AMAE, SE/1971-1976, Box 3759, Sebilleau (Belgrade) to Paris, 3 April 1973.
④ AMAE, SE/1971-1976, Box 3761, Report on Yugoslav-Soviet relations, 15 May 1973.
⑤ Effie G. H. Pedaliu, "'We were always Realistic': The Heath Government, the European Community and the Cold War in the Mediterranean, June 1970-February 1974," in John W. Young, Effie G. H. Pedaliu and Michael D. Kandiah, eds., *Britain in Global Politics Vol.2: From Churchill to Blair*, (London: Palgrave Macmillan, 2013), pp.159-178.

第十一章 苏联的阴影下：欧洲经济共同体、南斯拉夫与 20 世纪 70 年代漫长的冷战

起来。①

最后，西欧对南斯拉夫的评估无法忽视美国的立场。美国尼克松政府认为苏联不会干涉南斯拉夫事务，以免危及国际缓和进程。② 但是，华盛顿清楚，南斯拉夫的稳定需要通过贝尔格莱德与其西欧伙伴之间的长期经济联系来维持。因此，正如 1973 年 2 月美国驻北约代表所宣称的那样，共同体的经济吸引力可以成为有利于南斯拉夫经济稳定的工具，并且不会引发苏联在地中海做出反应。③

因此，地中海地区的政治动荡和南斯拉夫内部形势的不确定性促使欧洲共同体再次关注南斯拉夫问题。从经济角度来看，南斯拉夫被纳入 1971 年欧洲经济共同体发起的普遍优惠制度（包括从发展中国家进口的工业产品），成为其中的主要受益者之一。④ 从政治角度来看，1972 年 5 月 18 日，在欧洲政治合作（European Political Cooperation，EPC）政府间框架内出现了一项共同立场，各方同意必须采取集体方式来维持南斯拉夫的"领土完整和独立"。⑤ 然而，欧洲政治合作会议的结论建议应极其慎重地处理南斯拉夫问题，以免危及巴尔干地区的现状。实际上，在 1970 年协议的续订谈判过程中，南斯拉夫驻布鲁塞尔的代表宣布，他们坚决希望缔结另一项非优惠协议，以不改变南斯拉夫在欧洲集团之间的等距关系。⑥ 1973 年 6 月 26 日签署的新商业协议确认了前一协议的规定，但将其期限延长至五年，以促进贸易关系的连续性。它还主张在混合委员会的范围内规范经济合作机制。总而言之，该协议确认了南斯拉夫问题的解决需要欧洲经济共同体在地中海地区的存在。

---

① TNA, FCO/28/2412, McLaren (WOD) to Tidy (MOD), 15 May 1973.
② TNA, FCO/28/2414, Meeting between Carrington and Schlesinger, 1 August 1973.
③ TNA, FCO/28/2414, US Report on Yugoslav Developments, 7 February 1973.
④ ECHA, BAC/97/1986/45, Report on Yugoslavia and the SGP, 27 January 1972.
⑤ TNA, FCO/30/1318, Report on EEC-Yugoslav relations, 19 December 1972.
⑥ AJ, KPR/Ⅰ-3-b/31, Report on EEC-Yugoslav cooperation, 15 May 1970.

后铁托时代，何去何从？

1974—1976 年，在塞浦路斯危机、希腊军事独裁政权结束、葡萄牙"康乃馨革命"、意大利共产党在"欧洲共产主义"旗帜下在选举中崛起，以及佛朗哥政权在西班牙下台等一系列影响南欧的地缘政治动荡之后，地中海地区的稳定与维持南斯拉夫独立之间的联系变得更加清晰。西方认为南欧危机是一种地缘政治威胁：人们担心的是溢出效应，即政治动荡从一个国家蔓延到另一个国家，进而影响西方在该地区的安全利益。① 南斯拉夫是这种情况的一部分，因为该国未来会面临向"后铁托"时代过渡的难题（1975 年，这位南斯拉夫领导人已经 83 岁高龄，而且身体欠佳）。此外，南斯拉夫的国际立场似乎受到超级大国缓和衰退、苏联对第三世界干涉主义抬头以及不结盟运动演变的挑战，在不结盟运动中，以古巴为首的亲苏激进派别旨在建立社会主义和不结盟目标之间的直接联系。②

从西方的角度来看，南斯拉夫的稳定是冷战的必要条件。1975 年 12 月，美国国家安全委员会的一份备忘录审查了西方的南欧战略，其中关于南斯拉夫问题的评论如下："后铁托时代南斯拉夫的事态发展可能会对北约的南翼产生重要影响……南斯拉夫独立的崩溃可能会打击邻国温和派的士气，而这些国家对苏联在其边境附近的势力扩张十分敏感。"③ 美国国务院顾问和基辛格的顾问赫尔穆特·索南费尔特（Helmut Sonnenfeldt）在 1976 年 9 月 15 日于华盛顿举行的北约理事会会议期间强调了这一立场。在他看来，铁托的去世可能是"世界舞台上最令人担忧的事情"之一，他补充说，"苏联人"对西方拉拢南斯拉夫或在该国施加影响的企图抱有疑虑。他意识到他的西欧伙伴可以通过政治和经济手段在南欧局势中发挥稳

---

① 参见：Eirini Karamouzi, *Greece, the EEC and the Cold War 1974 - 1979: The Second Enlargement* (Basingstoke: Palgrave Macmillan, 2014), pp. 35-62。
② AMAE, SE/1976-1980, Box 4836, Report on the Colombo Meeting, 22 November 1976.
③ *FRUS*, 1973-1976, XXX, Greece, Cyprus; Türkiye, 1973-1936, p. 56.

第十一章 苏联的阴影下：欧洲经济共同体、南斯拉夫与 20 世纪 70 年代漫长的冷战

定作用，所以指出南斯拉夫是一个共同体必须直接参与的问题。① 正如他在 1976 年 12 月与法国、西德和英国相关人员举行的四方会谈［此为福特时期（1974—1976 年）跨大西洋关系的常规政治协商模式②］期间重申的那样，欧洲经济共同体在铁托去世前应尽一切努力与南斯拉夫建立起关系："一旦铁托去世，南斯拉夫向欧洲经济共同体靠拢的举动可能会遭到苏联的强烈反应。"③

欧洲经济共同体没有被动地回应索南费尔特的呼吁。1973 年欧洲经济共同体扩大后的九个成员国意识到，有必要改变欧洲经济共同体与南斯拉夫关系的平衡。从经济角度来看，西欧各国驻南斯拉夫大使馆极为关切地注意到，随着南斯拉夫领导层中"自由派"的消亡以及 1974 年 2 月联邦新宪法的生效，在 1971 年出现了共和国间的对立之后，南联邦已经变为了一个由八个自治单位组成的区域联盟。九国驻贝尔格莱德的商务参赞一直在密切关注宪法改革的进展，并于 1976 年 1 月起草了一份联合报告，强调 1974 年引入的经济制度把过于广泛的职权归于单一的联邦共和国，阻碍了中央政府解决债务增加、失业、通货膨胀和劳动生产率低下等问题。此外，1973 年的石油危机和随之而来的西欧经济衰退对欧洲经济共同体与南斯拉夫关系的进程产生了巨大影响，并凸显了共同体在落实 1973 年协议的规定方面的无力。实际上，九国在 1974 年所采取的保护其市场的进口限制使南斯拉夫与欧洲经济共同体的贸易逆差在 1975 年增加到了 20 亿美元。④

1976 年年初，南斯拉夫总理杰马尔·比耶迪奇（Džemal Bijedić）访问了布鲁塞尔、伦敦和巴黎，并强烈呼吁九国将其经济行为与其对南斯拉夫

---

① TNA, FCO/28/2967, Killick (Belgrade) to FCO, 27 September 1976. 另参见：Benedetto Zaccaria, "Assessing Yugoslavia's Place in Western European Stabilisation Policies in Southern Europe, 1974-1976," *Journal of European Integration History*, 22, No. 1 (2016), pp. 67-84。

② N. Piers Ludlow, "The Real Years of Europe? U.S.-West European Relations during the Ford Administration," *Journal of Cold War Studies* 15, No. 3 (2013), pp. 136-161.

③ TNA, FCO/33/2976, Quadripartite meeting of Political Directors, 8 December 1976.

④ ACEU, S/101/76/RCC13, Report by the Commercial Counsellors (Belgrade), 24 December 1975.

独立所表达的政治支持保持一致。① 南斯拉夫的呼吁也受到其他两个因素的影响。第一，1974—1975 年，在面对欧洲经济共同体与苏联领导的经济互助委员会和中华人民共和国关系的发展时，② 贝尔格莱德希望避免在布鲁塞尔与莫斯科和北京这两大国际共产主义中心之间处于孤立局面。③ 第二，南斯拉夫外交部认为其西欧伙伴是一个平衡因素，从长远来看，这将避免超级大国共管南斯拉夫。④ 在这种情况下，南斯拉夫代表公开宣布九国有必要采取集体方式，以表明共同体对南斯拉夫的经济稳定和不结盟政策的信心。⑤

欧洲经济共同体对南斯拉夫问题的立场深受 1976 年 11 月初英国外交和联邦事务大臣安东尼·克罗斯兰（Anthony Crosland）访问贝尔格莱德的影响。克罗斯兰非常重视加强欧洲经济共同体与南斯拉夫的关系。1976 年 6 月 10 日，他向首相詹姆斯·卡拉汉（James Callaghan）简要介绍了南斯拉夫问题，并指出欧洲经济共同体应该与南斯拉夫⑥建立更加平衡的关系，以防止苏联未来对该国施加压力。⑦ 他对贝尔格莱德的访问证实了这些观点，因为双边会谈中经常提到南斯拉夫与苏联未来关系的主题。⑧ 英国的立场主导了 1976 年 11 月 8 日在布鲁塞尔举行的重点讨论南斯拉夫问题的北约首脑非正式会议。这次会议为北约各国常驻代表们提供了一次展望南

---

① TNA, FCO/98/36, Booth (Belgrade) to Figgis (FCO), 26 February 1976.
② Marie Julie Chenard, "Seeking Détente and Driving Integration: The European Community's Opening towards the People's Republic of China, 1975-1978," *Journal of European Integration History* 18, No. 1 (2012), pp. 25-38; Angela Romano, "Untying Cold War Knots: The EEC and Eastern Europe in the long 1970s," *Cold War History* 14, No. 2 (2014), pp. 153-173; Angela Romano and Federico Romero, "European Socialist Regimes Facing Globalisation and European Co-operation: Dilemmas and Responses—Introduction," *European Review of History: Revue européenne d'histoire* 21, No. 2, (2014), pp. 157-164.
③ AMIP, PA/R/1975/f187: b45293, Milijević (Brussels) to Belgrade, 30 January 1975.
④ AMIP, PA/R/1976/f181: b494114, Report on Western Europe, 21 June 1976.
⑤ ECHA, BAC/250/1980/501, Note by de Kergorlay, 28 October 1976.
⑥ 原文为"……欧洲经济共同体应该与共同体……"，疑有误，据上下文内容，修改为"南斯拉夫"。——译者注
⑦ TNA, FCO/98/36, Crosland to Callaghan, 10 June 1976.
⑧ TNA, FCO/28/2972, Crosland to Belgrade, 12 November 1976.

第十一章　苏联的阴影下：欧洲经济共同体、南斯拉夫与20世纪70年代漫长的冷战

斯拉夫未来的机会。首先是英国、德国和法国的几位代表提请注意南斯拉夫共产主义者联盟的敌对派系之间或民族之间的分歧在较长时期内可能造成的危险。但是，除了南斯拉夫的内部形势，让西方外交官担心的还有所谓的苏联对该国的图谋。事实上，铁托去世后，北约各国常驻代表们预料到苏联不会进行军事干预。他们担心的是，如果南斯拉夫的内部局势似乎对苏联有利的话，苏联会利用如施加经济压力或支持该国分离主义派别等其他手段来增加影响力。在这种情况下，他们同意通过欧洲经济共同体来促进西方与贝尔格莱德的联系，以表示西方的支持。[1]

支持南斯拉夫的不结盟政策

1976年12月1日，由时任外交事务委员会主席马克斯·范德斯图尔和欧洲内部市场专员芬恩·奥拉夫·贡德拉克（Finn Olav Gundelach）率领的共同体代表团前往贝尔格莱德会见了铁托。这次访问促成了1976年12月2日"联合声明"的发布。尽管该声明规划了欧洲经济共同体与南斯拉夫之间可以开展合作的一般领域（特别是农业、工业和金融领域），但其主要目标是确认南斯拉夫的不结盟政策是未来共同体和南斯拉夫关系的基本支柱。这项联合声明来得正是时候。在1976年11月15—16日苏联领导人勃列日涅夫对贝尔格莱德进行正式访问期间，即在联合声明签署前两周，南斯拉夫确实遭受了巨大的政治压力。当时，勃列日涅夫曾公开指责西方将南斯拉夫描述为"小红帽"，而将苏联描述为"大灰狼"。[2] 然而，他曾暗中要求南斯拉夫同意苏联海军进入亚得里亚海沿岸的港口，强调不结盟运动与社会主义集团之间的"天然"联盟，加强古巴在不结盟运动中的作用，并要求贝尔格莱德赞成不结盟运动的目标与苏联的目标相一致。[3] 南斯拉夫外交代表已经向共同体相关人士透露了勃列日涅夫的这番话。对

---

[1] Akten zur Auswätigen Politik der Bundesrepublik Deutschland, 1976, doc. 322.
[2] TNA, FCO/28/2962, Stewart (Belgrade) to Crosland (FCO), 29 November 1976.
[3] AJ, KPR/I-3-a/101-153, Meeting between Tito and Brezhnev, 3 December 1976.

于后者来说,这再次证实了有必要表明他们支持南斯拉夫摆脱苏联的压力而独立。①

因此,在签署联合声明后,欧洲经济共同体成员国认识到有必要将1973年协议的内容扩大为一项以优惠措施为基础的更广泛的合作协议。这项由欧洲对外关系专员威廉·哈弗坎普(Wilhelm Haferkamp)制定并于1978年7月获得外交部长理事会②批准的新战略受到了卡特政府的青睐,卡特政府承诺支持在关贸总协定的框架内扩大共同体对南斯拉夫的优惠待遇。③ 这种方式的主要目的是避免南斯拉夫在地中海地区被孤立。事实上,从1975年6月至1977年6月,雅典、马德里和里斯本已正式申请加入欧洲经济共同体,而欧洲经济共同体已于1976—1977年与阿尔及利亚、摩洛哥、突尼斯、埃及、叙利亚和约旦缔结了合作协议。除利比亚和阿尔巴尼亚外,南斯拉夫是唯一没有取得共同体优惠待遇的地中海国家。然而,罗马、巴黎、伦敦和波恩对于给予南斯拉夫农业贸易优惠和在劳动力自由流动方面做出让步持谨慎态度,因为这可能危及其在农业、工业和社会部门的国家利益。换句话说,它们同意以合作协议为基础的新"优惠"方式的原则,但不准备接受其后果:它们担心共同体在"地中海"地区扩大的经济成本,以及选举时这种让步会遭到强烈反对。④

对南斯拉夫政府而言,其不情愿地对哈弗坎普的倡议表示欢迎,并强调九国的优惠让步不应导致改变南斯拉夫在欧洲集团之间微妙的经济平衡。⑤ 此外,不结盟运动内部的危机影响了欧洲经济共同体与南斯拉夫关系的发展。1978年12月越南入侵柬埔寨,贝尔格莱德认为"这是华沙条约组织国家⑥对一个不结盟国家发动的侵略"。⑦ 在接下来的几个月里,贝

---

① TNA, FCO/28/2962, Stewart (Belgrade) to Crosland (FCO), 29 November 1976. 另参见:Zaccaria, *The EEC's Yugoslav Policy in Cold War Europe, 1968-1980*, pp. 99-127。

② TNA, FCO/98/367, Council of Ministers (Foreign Affairs), 25 July 1978.

③ TNA, FCO/98/368, Jenkins to Hibbert, 6 September 1978.

④ ECHA, BAC/97/1986/23, Note by Duchateau, 13 October 1978.

⑤ ECHA, BAC/97/1986/22, Haferkamp's visit to Belgrade, 26 June 1978.

⑥ 越南实际上是华约组织观察员国。——译者注

⑦ TNA, FCO/28/3924, Meeting between Minić and Crosland, 4 January 1976.

第十一章 苏联的阴影下：欧洲经济共同体、南斯拉夫与 20 世纪 70 年代漫长的冷战

尔格莱德对北京对越南发动自卫反击战表示赞同，从而使南斯拉夫与苏联的关系中产生了新的分歧。在这种情况下，西方驻南斯拉夫大使馆中开始流传苏联向南斯拉夫边境附近调遣军队的谣言。①

1979 年 7 月缔结合作协定的第一轮谈判就是在不结盟运动内部紧张局势日益加剧的背景下启动的。在政治层面上，南斯拉夫政府希望保持与共同体的传统距离，以维护其不结盟国家的身份。② 事实上，这次谈判是在 9 月份在哈瓦那不结盟首脑会议前夕举行的。正如 1979 年 8 月 16 日南斯拉夫外交部长约瑟普·弗尔霍维茨（Josip Vrhovec）对西德外长根舍所强调的那样，哈瓦那会议将是南斯拉夫和古巴之间真正的摊牌。③ 前者代表了不结盟运动的最初精神，而后者体现了不结盟运动中的亲苏派。因此，南斯拉夫在哈瓦那的目标是防止不结盟运动成为"华沙条约组织的预备队"。④ 西欧各国驻哈瓦那大使馆对南斯拉夫驻古巴代表团的表现表示钦佩。事实上，铁托已成为"沉默的大多数"的领导者，能够中和菲德尔·卡斯特罗的激进主义，并从"最后宣言"中删除所有提及"苏联集团是不结盟运动的天然盟友"的内容。⑤

然而，南斯拉夫在哈瓦那首脑会议期间的成功只是表面的。1979 年 12 月底苏联入侵了阿富汗这个不结盟国家，这在该运动中造成了新的裂痕，也产生了对南斯拉夫在不结盟运动中的作用的质疑。不结盟运动成员国无法对阿富汗事件采取共同立场，甚至连贝尔格莱德官方也避免对克里姆林宫的侵略表示谴责。这种态度是由恐惧所决定的：在此之前，苏联从未进攻过除华沙条约组织成员国以外的不结盟国家。⑥ 苏联入侵阿富汗恰逢 1980 年 1 月 4 日铁托在卢布尔雅那住院治疗。⑦ 除阿富汗局势和铁托时代

---

① AMAE, SE/1976-1980, Box 4840, Martin (Belgrade) to Paris, 12 November 1979.
② ECHA, BAC/97/1986/28, Duchateau to Denman, 4 July 1979.
③ AAPBD, 1979, doc. 234.
④ TNA, FCO/28/3917, Meeting between Berisavljević and Bullard, 30 April 1979.
⑤ TNA, FCO/28/3923, Mallaby (EESD) to Farquharson (Belgrade), 26 September 1979.
⑥ Tvrtko Jakovina, "Sovjetska Intervencija u Afganistanu 1979. i Titova smrt" ("The Soviet Intervention in Afghanistan in 1979 and Tito's Death"), *Historijski zbornik*, No. 60 (2007), pp. 295-320.
⑦ Ibid.

即将结束外,苏联的外交政策目标还存在着巨大的不确定性,这促使共同体外交部长理事会克服其保护主义态度,批准了一项欢迎南斯拉夫商业要求的新谈判授权内容。这包括在农业和工业领域中建立优惠的商业制度,在欧洲经济共同体内实行不歧视性对待南斯拉夫工人的社会政策,以及一项旨在通过欧洲投资银行(European Investment Bank,EIB)提供2亿记账单位(约1亿美元)贷款的金融协议。①

正如布拉格事件发生后所发生的情况那样,欧洲经济共同体的主要成员国尽管遭到了其农业和工业游说团体的反对,仍然给予了这样的让步。②事实上,它们都有着共同的目标,即使南斯拉夫尽可能接近共同体。担任欧洲经济共同体外交部长理事会主席国的意大利赞成南斯拉夫在共同体框架内提出的要求:1980年1月18日意大利总理弗朗切斯科·科西加(Francesco Cossiga)在意大利与南斯拉夫首脑会议上表明了这一立场。③1980年2月6日法国外交部长让·弗朗索瓦-蓬塞(Jean François-Poncet)在正式访问贝尔格莱德期间重申了同样的看法。④ 合作协议的缔结也得到了联邦德国外交部长根舍的支持,他强调了欧洲经济共同体与南斯拉夫的协议与维持南斯拉夫未来稳定之间的政治联系。⑤ 当时玛格丽特·撒切尔(Margaret Thatcher)领导的英国政府遵循其前任的既定政策,支持该协议的基本内容。⑥ 最后,1980年2月28—29日,欧洲委员会主席罗伊·詹金斯(Roy Jenkins)对贝尔格莱德进行了访问,并签署了新协议。

然而,苏联入侵阿富汗和不结盟运动的危机影响了贝尔格莱德的态度。⑦ 一方面,以斯托扬·安多夫(Stojan Andov)为首的南斯拉夫谈判小组意识到,欧洲经济共同体外交部长理事会谈判授权内容所主张的优惠协议是"无可避免之灾祸",可以在这个微妙的历史关头使南斯拉夫进入西

---

① ECHA, BAC/97/1986/30, Briefing Note, 24 January 1980.
② 参见:Zaccaria, *The EEC's Yugoslav Policy in Cold War Europe, 1968-1980*, pp.149-152.
③ AMIP, PA/R/1980/f204: b43291, Meeting between Andov and Cossiga, 18 January 1980.
④ AMAE, SE/1976-1980, Box 4846, Meeting between Poncet and Vrhovec, 11 February 1980.
⑤ AMIP, PA/R/1980/f204: b46190, Meeting between Genscher and Andov, 5 February 1980.
⑥ TNA, FCO/28/4247, Visits by the Prime Minister, 7 January 1980.
⑦ HAEU, EN/2782, Tickell to Jenkins, 5 March 1980.

第十一章 苏联的阴影下：欧洲经济共同体、南斯拉夫与20世纪70年代漫长的冷战

欧市场。① 另一方面，贝尔格莱德表示同意，但条件是新协议应该具有独特性，并且不包含经济互惠原则。实际上，安多夫强调南斯拉夫应该被视为一个发展中国家，优惠减让不应该改变南斯拉夫在这些集团之间合理的等距关系。② 因此，南斯拉夫谈判代表将本国排除在了欧洲经济共同体内未来经济一体化的任何前景之外。③

"铁托之后，何去何从？"这一问题和欧洲经济共同体与南斯拉夫关系发展之间的联系是以其特殊的时间为标志：1980年4月2日双方签署了合作协议，同年5月4日铁托元帅去世。新签署的协议除其中与上述欧洲经济共同体外交部长理事会的授权内容相对应的经济内容外，还以坚持不结盟原则的南斯拉夫能够接受的方式建立了与欧洲经济共同体创造共同未来的最密切合作。

步入"后铁托"时代：20世纪70年代的遗产

20世纪80年代初，欧洲经济共同体与南斯拉夫之间的关系走上了明确的轨道。欧洲经济共同体和南斯拉夫都有一个共同的目标：维护巴尔干地区的现状。对于南斯拉夫领导层来说，这是支持向"后铁托"时代顺利过渡的先决条件。对于欧洲经济共同体及其主要成员国来说，它们从其维护地中海地区稳定的政策角度思考南斯拉夫的独立问题。但是，欧洲经济共同体与南斯拉夫关系在20世纪70年代的发展已经凸显了这样一个事实，即南斯拉夫的稳定取决于许多超出共同体控制范围的外部变量，如南联邦内部各共和国的崛起，苏联在华沙条约组织国家之外的军事行动，以及不结盟运动的发展。只要苏联在地中海的存在似乎对南斯拉夫的政治独立和西方在该地区的利益构成威胁，贝尔格莱德就应该明确地被置于西方的势力范围之外，以免引起东西方在巴尔干地区的任何对抗。

---

① ECHA, BAC/97/1986/30, Meeting between Jeftić and Hannay, 10 January 1980.
② ECHA, BAC 97/1986/30, Note by Reuter, 11 January 1980.
③ AMIP, PA/R/1980/f204：b410729, Report on the EEC-Yugoslav Cooperation Agreement, 3 March 1980.

225

相比于南斯拉夫的内部形势，这一结论使人们在后铁托时代对欧洲经济共同体有了新的认识。欧洲经济共同体的政策制定者通过冷战的视角分析了南联邦内部的离心趋势。如上所述，他们虽然意识到南联邦的结构性弱点（劳动生产率低、通货膨胀率高、共和国之间的经济竞争），但主要关注的是一旦出现权力真空，莫斯科在冲突各方中的影响力可能上升，以及贝尔格莱德的国际路线可能发生的变化。后铁托时代的南斯拉夫领导层是一个由八人组成的集体主席团，其主席每年在各个联邦共和国之间轮换，其本身反映了共和国之间的对立，以及20世纪80年代初期由于"情报局分子"试图破坏南斯拉夫的稳定，科索沃的政治紧张局势在日益加剧。[1] 在这种情况下，必须坚决抵制共同体在政治和经济两方面对南斯拉夫内政的干涉，因为这可能会产生反作用并危及其内部均势。1980年7月25日，九国驻贝尔格莱德商务参赞起草的一份机密的联合报告清楚地表达了这一观点。

根据该报告，欧洲经济共同体应该避免以实施市场化改革为条件来进行经济合作（换句话说，共同体不会对南斯拉夫强加任何"布鲁塞尔共识"），恰恰相反，它应该无条件支持贝尔格莱德在联邦层面促进政治集权的行动，即使这将意味着单一共和国的宪法特权受到侵犯。[2] 有鉴于此，欧洲经济共同体与南斯拉夫的关系仅限于某些特定的经济领域，即贸易、金融以及技术、科学和农业合作。尽管这种联系并不引人注目，但这是一种与南联邦政府建立直接联系的方式。在后铁托时代，这意味着欧洲经济共同体与南斯拉夫的关系延续了20世纪70年代以来的路径，在政治上没有发生实质性的变化。实际上，根据1980年协议所存留下的合作委员会的会议记录是目前南斯拉夫解体前整个十年的关于欧洲经济共同体与南斯拉夫关系的唯一可用的资料。这些资料证实了双方之间加强合作的形式，例如一项贝尔格莱德及其共同体合作伙伴直到20世纪80年代末才正式考虑

---

[1] HAEU, EN/2783, Duchateau to Denman, 14 April 1981.
[2] ACEU, 8949/80/RCC/17, Report by the Commercial Counsellors (Belgrade), 25 July 1980.

第十一章 苏联的阴影下：欧洲经济共同体、南斯拉夫与20世纪70年代漫长的冷战

发展政治关系的协议。①

两个关键因素彻底改变了欧洲经济共同体与南斯拉夫关系的平衡。第一个是戈尔巴乔夫的"新思维"，其既为苏联正式承认欧洲经济共同体铺平了道路，也为苏联的"卫星国"面对共同体创造了更大的回旋空间。②第二个是1989年11月柏林墙倒塌后影响东欧和预示着苏联解体的政治动荡。1989年11月27日合作委员会会议期间，南斯拉夫外交部长布季米尔·隆查尔（Budimir Lončar）要求开始就南斯拉夫与共同体的关系进行谈判。他认为，贝尔格莱德现在已做好了克服欧洲经济共同体与南斯拉夫关系的历史局限的准备：

> 我们认为现在应该采用新的方式和方向，共同寻求我们之间关系的新形式。当然，这意味着需要一个更合适的体制框架，使南斯拉夫能够更多地参与欧洲一体化进程，并使其经济在职能上与欧洲经济共同体一体化。③

冷战时代正在消退，随之消失的还有笼罩在欧洲经济共同体和南斯拉夫之间关系上的苏联阴影。

结　论

如本章所示，20世纪70年代欧洲经济共同体与南斯拉夫之间达成的所有协议都涉及更广泛的巴尔干地区和地中海地区的稳定问题。尽管1970年和1973年的贸易协议涉及的经济内容有限，但它们的目的是加强南斯拉夫与共同体之间的联系，因为它们面临着莫斯科加强其在地中海的政治、

---

① Benedetto Zaccaria, "The European Community and Yugoslavia in the Late Cold War Years, 1976-1989," in Wilfried Loth and Nicolae Paun, eds., *Disintegration and Integration in East-Central Europe* (Baden-Baden: Nomos, 2014), pp. 264-283.
② ACEU, CEE-YU/1009/87, Minutes of the Cooperation Council, 17 October 1988.
③ ACEU, CEE-YU/1011/89, Minutes of the Cooperation Council, 26 April 1990.

经济和军事影响力的目标。1976年的联合声明确认南斯拉夫的不结盟政策是未来欧洲经济共同体与南斯拉夫关系的基础,证明了巴尔干地区对西方在南欧的稳定政策的重要性。鉴于后铁托时代、不结盟运动危机和苏联的国际扩张主义,1980年的合作协议是使南斯拉夫尽可能接近欧洲经济共同体的一种方式。但是,南斯拉夫严格的不结盟政策是其内部和外部稳定的条件,这排除了双方未来融合的任何可能。这种局限性在冷战结束前一直影响着双边关系的发展。20世纪90年代初,面对苏联的解体和南斯拉夫的危机,欧洲经济共同体开始介入西巴尔干局势,而这一外交传统实际上可以追溯到20世纪70年代。

第十二章

20世纪70—80年代的巴尔干困境：没有退路的时刻？

康斯坦蒂娜·E. 博西乌

引　言

希腊内战之后，巴尔干地区不再是冷战紧张局势的最前沿。[①] 20世纪50年代的特点是美国巩固在希腊和土耳其的霸权地位以及苏联在阿尔巴尼亚、保加利亚和罗马尼亚确立支配地位。1948年苏南分裂后，南斯拉夫将奉行"第三条道路的社会主义"作为发展与资本主义和社会主义之间等距关系的政策。[②] 随着希腊和土耳其加入北约（1952年），阿尔巴尼亚、保加利亚和罗马尼亚加入华约（1955年），"三个世界"的划分就这样完成了。南斯拉夫通过《巴尔干条约》（1953—1954年）保留了东西方之间的地位，也间接将南斯拉夫的国防与北约成员国希腊和土耳其联系在一起。[③] 斯大林去世后，贝尔格莱德与莫斯科的和解使其在不结盟运动（1961年成

[①] John Lewis Gaddis, *The Cold War: A New History* (New York: Penguin, 2006); Melvyn P. Leffler and David S. Painter, *The Origins of the Cold War: An International History* (New York: Routledge, 2005); John O. Iatrides, *Greece in the 1940s: A Nation in Crisis* (New Haven: University Press of New Haven, 1981); C. M. Woodhouse, *The Struggle for Greece* (New York: Hurst, 2002).

[②] Dennison Rusinow, *The Yugoslav Experiment, 1948–1974* (Berkeley: University of California Press, 1977); Jeronim Perović, "The Tito-Stalin Split: A Reassessment in Light of New Evidence," *Journal of Cold War Studies* 9, No. 2 (2007), pp. 42-63.

[③] John O. Iatrides, *Balkan Triangle: Birth and Decline of An Alliance Across Ideological Boundaries* (Paris: Mouton, 1968); Evanthis Hatzivassiliou, *Greece and the Cold War: Frontline State, 1952-1967* (London: Routledge, 2006), pp. 36-42.

立）中居于领导地位。中苏关系破裂（1960—1989年）之后，阿尔巴尼亚选择支持中国，这完成了巴尔干地区丰富多彩的政治版图，成为国际权力政治划分的缩影。①

本章论述了在冷战的最后几十年中，巴尔干社会主义国家的政治和经济变革如何引发了"方向危机"。笔者认为这里有必要使用史学方法，以便揭示不同时期引起研究关注的各种主题，从而评估巴尔干地区的现状。一个主要的观点是，西方影响力的增加使社会主义不可逆转地走上了衰落之路，而美国里根政府核压力只是加速了这一趋势。这一观点不仅适用于苏联的"卫星国"，也适用于南斯拉夫和阿尔巴尼亚。尽管可以对政治文化和民族主义的历史背景进行跨阵营研究，但更广泛的研究将远远超出本书此章的研究范围。因此，只有其与社会主义政权所面临的挑战有关时，本章才会探讨面向西方的巴尔干国家，即希腊和土耳其。出于类似的原因，本章主要是通过作为主要变革领域的美苏在巴尔干地区的相互作用的角度来探讨西方的影响。尽管对欧洲经济共同体与某些社会主义国家的关系的研究正在迅速发展，但本章对这一主题并未做单独的研究。②

多样性与默默无闻之间的巴尔干地区

尽管巴尔干国家在全面战争时是一个潜在的重要战区，但在战略重要性上，它们从未比得上中欧或东欧。因此，它们在冷战的核地图上处于边缘地位。③ 华盛顿和莫斯科都不希望为了该地区而冒着升级为核战争的风

---

① Elez Biberaj, *Albania and China: A Study of An Unequal Alliance* (London: Westview Press, 1986).
② Angela Romano, "Untying Cold War Knots: The EEC and Eastern Europe in the Long 1970s," *Cold War History* 14, No. 2 (2014), pp. 153-173.
③ Radoslav Deyanov, *Nuclear-Weapon-Free-Balkans and the Quest for Common Security* (Sofia: Sofia Press, 1987); Donna J. Klick, "A Balkan Nuclear Weapon-Free Zone: Viability of the Regime and Implications for Crisis Management," *Journal of Peace Research* 24, No. 2 (1987), pp. 111-124; Vojtech Mastny and Sven Holtsmark, eds., *War Plans and Alliances in the Cold War: Threat Perceptions in the East and West* (New York: Routledge, 2006).

险。然而，它们都希望有一个稳定的巴尔干地区，以确保从欧洲到地中海和中东的安全通道。

冷战两极体系破坏了当地的政治状况，尤其是民族主义，而这是后奥斯曼帝国时代巴尔干地区的一股主要政治力量。① 民族主义冲突在国际安全、政治稳定和经济发展的名义下被淡化：这些成为铁幕两侧新的"伟大理念"。在摆脱了长期的战争、内战、政治软弱和经济落后以后，巴尔干各国寻求从外国干预中得到最大收益。尽管它们对超级大国在战后政治体制中的主导作用感到不满，但它们意识到外部保护是防止国内动荡和外国侵略的保证。在战后前二十年中，从"旧政治"中的脱离产生了全面现代化的复兴之感。②

然而，民族认同或民族抱负不可能永远被埋没。只要巴尔干国家受到各自集团领导国美国和苏联的密切监视，自由主义/资本主义和马克思主义/共产主义的普世意识形态原则就会吸收"小"的民族主义思想。第一次倒退发生在20世纪50年代中期。赫鲁晓夫的"和平共处"原则使潜在的不满重新浮出水面。不同的国家提出了不同的问题。在成熟的工业化国家，如捷克斯洛伐克、匈牙利、东德，以及在某种程度上还包括波兰，对民主化的要求已成为议题。这些国家在1953年和1956年发生的起义呼吁实现经济和政治自由化，以实现民族进步。这种改革浪潮被苏联果断地进行了镇压，就像1968年"布拉格之春"时再次发生的那样。③ 相比之下，由于受到民族主义计划不完善和工业化进程缓慢的困扰，巴尔干国家更加

---

① P. F. Sugar, eds. , *Eastern European Nationalism in the 20th Century* (Washington: The American University Press, 1995); Katherine Verdery, *National Ideology under Socialism: Identity and Cultural Politics in Ceauşescus' Romania* (Los Angeles: University of California Press, 1991).

② Ivan T. Berend, *Central and Eastern Europe 1944 – 1993: Detour from the Periphery to the Periphery* (Los Angeles: Cambridge University Press, 1996), pp. 156-181.

③ Brian McCauley, "Hungary and Suez, 1956: The Limits of Soviet and American Power," *Journal of Contemporary History* 16, No. 4 (1981), pp. 777 – 800; Jiri Valenta, *Soviet Intervention in Czechoslovakia, 1968: Anatomy of a Decision* (Baltimore: Johns Hopkins University Press, 1981); Günther Bischof, Stefan Carner and Peter Ruggenthaler, eds. , *The Prague Spring and the Warsaw Pact Invasion of Czechoslovakia in 1968* (London: Lexington Books, 2010); V. Tismăneanu, eds. , *Promises of 1968: Crisis, Illusion, and Utopia* (Budapest: Central European University Press, 2011).

重视种族和民族认同、少数民族问题和边界问题。这种趋势在 20 世纪 60 年代变得更加强烈,因为当时"民族共产主义"作为一种社会主义组织的混合体出现,并承诺在实现社会主义时更认真地考虑当地的需要。

缓和在东欧和中欧以及巴尔干地区也有不同的进展。鉴于波兰、捷克斯洛伐克、匈牙利和民主德国受益于《赫尔辛基最后议定书》①(1975 年)的第二"篮子"(经济、环境和科学合作)和第三"篮子"(人权、人道主义和文化问题)中的政策,罗马尼亚和保加利亚开始专注于民族主义、身份认同和国家监督的问题,而不是经济发展战略和更公平的政治参与。②阿尔巴尼亚也不例外,尽管它支持中国并在后来坚持自力更生的原则。③只有在铁托掌权时期,南斯拉夫的联邦制度(南斯拉夫主义)才能防止国内的紧张局势。

最终占主导地位的共产主义和民族主义相结合的制度并没有改变这一反自由主义政权的历史路径,因为该政权使主体民族与少数民族、城市与乡村、保护者与被保护者以及青年一代及与老一代之间的不平等关系长期存在。共产主义规范和准则的执行流于形式,这使传统价值观和根深蒂固的政治行为模式几乎原封不动地被保留下来。现代官僚体制缺乏人情味的特性仍无法与小社区(教区、村庄、街区)所熟悉的方式——家族统治、缺乏长期规划的能力、东正教道德规范、非道德的家族主义④和对现代国

---

① 1975 年 7 月 30 日至 8 月 1 日,欧洲安全与合作会议(欧洲安全与合作组织前身)首届首脑会议在芬兰首都赫尔辛基举行。会议签署的《赫尔辛基最后议定书》共分四个部分,也被称为四个"篮子":安全问题;经济、科学、技术和环境方面的合作;人道主义及其他领域的合作;续会问题。——译者注

② Larry L. Watts, *Extorting Peace: Romania, the Clash Within the Warsaw Pact and the End of the Cold War, 1978-1989* (Bucharest: RAO, 2013); Richard J. Crampton, *A Concise History of Bulgaria* (Oxford: Oxford University Press, 2005), pp. 180-211.

③ Berti Backer, "Self-Reliance under Socialism: The Case of Albania," *Journal of Peace Research* 19, No. 4 (1982), pp. 355-367.

④ Andrei Simic, "Obstacles to Development of a Yugoslav National Consciousness: Ethnic Identity as Folk Culture in the Balkans," *Journal of Mediterranean Studies* 1 (1991), pp. 18-36.

家机制的矛盾心理——相协调。①

从斯大林主义到"民族共产主义"的过渡

　　直到 20 世纪 70 年代，巴尔干地区的"卫星国"完全依赖苏联的经济支持和政治指导才能生存并追求现代化。巨大的苦难、物质破坏以及在某些情况下还包括第二次世界大战的战败正在破坏人们对国家和平与发展道路的信心。② 经济不发达和民主制度流产等长期存在的缺陷进一步削弱了这些国家反抗莫斯科的能力。

　　另一个不利因素是希腊内战和朝鲜战争后美国不愿为了东欧与苏联对抗。在 1953 年的东德事件和 1956 年的波匈事件中，西方只做出了不冷不热的口头声明。西方阵营的裂痕也造成华盛顿不再强调"击碎铁板"战略。③ 在苏伊士运河危机中，美国在非殖民化问题上反对英国和法国的做法。这场危机与波匈事件（1956 年 10 月至 11 月）几乎是同时爆发。④ 此外，1954 年以来，北约不得不处理棘手的塞浦路斯问题，该问题一再使希腊和土耳其陷入战争的边缘，并破坏了北约的团结。⑤ 肯尼迪和戴高乐之间就北约核战略的争吵（1958—1962 年）导致法国退出北约的军事计划（1966 年），并且法国在随后的 1963 年和 1967 年两次否决英国加入欧洲经

---

　　① Geoffrey Pridham and Tom Gallagher, eds., *Experimenting with Democracy*: *Regime Change in the Balkans* (London: Routledge, 2000); Victor Roudometof, "The Social Origins of Balkan Politics: Nationalism, Underdevelopment, and the Nation-State in Greece, Serbia, and Bulgaria, 1880–1920," *Mediterranean Quarterly* 11, No. 3 (2000), pp. 144–163.

　　② Galina P. Muraško and Albina F. Noskova, "Stalin and the National-Territorial Controversies in Eastern Europe, 1945–47 (Ⅰ-Ⅱ)," *Cold War History* 1, No. 3 (2001), pp. 161–173.

　　③ Marc J. Selverstone, *Constructing the Monolith*: *The United States, Great Britain, and International Communism, 1945–1950* (Cambridge, MA: Harvard University Press, 2009).

　　④ Philip C. Skardon, *A Lesson for Our Times*: *How America Kept the Peace in the Hungary-Suez Crisis of 1956* (Bloomington: Author House, 2010).

　　⑤ Hatzivassiliou, *Frontline State*, pp. 98–121.

济共同体的申请。① 西方在近东和中东就防务协定的计划存在矛盾,② 再加上美国在拉丁美洲进行了政治干涉,③ 使得美国更加难以开展支援东欧的行动。两个超级大国意识到在欧洲发生对抗是不可想象的,因此它们更倾向于将其斗争转移到20世纪50年代中期以来在非殖民化运动中新独立的地区。它们的首要任务是(帮助这些地区)完成非殖民化,并在不冒全面战争风险的情况下争夺在第三世界的影响力。④ 在这一背景下,巴尔干地区在稳固的中欧阵线中处于次要地位。

东欧的中央计划经济是在莫斯科的严格监督下形成的,除了军事保障,莫斯科还提供原材料、能源、基础工业和专业技术,使"卫星国"能够进行工业化并按照国家需要和经互会的"综合"需求进行生产。20世纪50年代,东欧的石油、煤炭、钢铁和电力生产翻了一番。捷克斯洛伐克和东德是工业增长的引擎。虽然东德在传统上不如西德地区发达,但在20世纪60年代已成为世界第九大工业强国。⑤ 1951—1987年,东欧社会主义国家的经济年增长率达到3.1%。同期,匈牙利、罗马尼亚和南斯拉夫工业年增长率为9%,保加利亚更是高达12.7%。⑥

社会主义国家从经济增长中获益:普遍的就业可以使许多人得到不错的工资和令人空前满意的生活水平,文盲率大幅降低,农业生产机械化,城市化创造了不断扩大的中产阶级劳动者。大多数农民和工人现在有机会

---

① Martin Garrett, "The 1967 Withdrawal from NATO—a Cornerstone of de Gaulle's Grand Strategy?" *Journal of Transatlantic Studies* 9, No. 3 (2011), pp. 232 – 243; Eckart Conze, *Die gaullistische Herausforderung: die deutsch-französischen Beziehungen in der amerikanischen Europapolitik 1958 – 1963* (Munich: Oldenbourg, 1995), pp. 251-276; Frank Costigliola, "Kennedy, the European Allies, and the Failure to Consult," *Political Science Quarterly* 110, No. 1 (1995), pp. 105-123.

② Behcet Kemal Yesilburra, *The Bagdad Pact: Anglo-American Defence Policies in the Middle East, 1950-59* (London: Frank Cass, 2005).

③ Michael Grow, *U.S. Presidents and Latin American Interventions: Pursuing Regime Change in the Cold War* (Lawrence: University Press of Kansas, 2008).

④ Rober J. McMahon, eds., *The Cold War in the Third World* (Oxford: Oxford University Press, 2013).

⑤ Andre Gunder Frank, "What Went Wrong in the 'Socialist' East?" *Humboldt Journal of Social Relations* 24, No. 1-2 (1998), pp. 171-193.

⑥ Berend, *Central and Eastern Europe*, pp. 176-190.

将孩子送去读大学,而这在以前是属于当地精英的特权。这是社会流动的有力途径,因为新的精英阶层(主要是党员)取代了旧的精英阶层,但其并没有真正改变农民和村民对权势集体的依赖。①

正如已经充分表明的那样,共产主义符合东欧国家追赶西欧工业较发达国家的历史愿望。② 尽管通过工业化实现经济转型付出了巨大的代价,但东欧国家确实已接近欧洲大陆其他地区历史上的经济发展水平。到20世纪60年代初,其中一些国家甚至超过了南欧国家的经济水平。巴尔干地区的社会主义国家认为自己与邻国希腊和土耳其并驾齐驱。东欧国家在经济和军事领域的赶超使获得国际尊严成为一个重要的方面,对那些在第二次世界大战中遭受领土和政治损失的国家(例如罗马尼亚和保加利亚)来说,这一压力尤为沉重。在1950年至1973年之间,经济的快速增长持续了将近25年。③ 在战后初期,密集的现代化为莫斯科和国家社会主义提供了高度的合法性。④ 至于巴尔干"卫星国",保加利亚和罗马尼亚之间存在着明显的差别。

保加利亚

保加利亚通过第一个五年计划(1949—1953年)开始了彻底的工业化和城市化进程。到20世纪60年代初,大约有70万名农民成为产业工人。然而,农业仍占其国民生产的很大比例,占用了一半以上的劳动力。⑤ 保共总书记维尔科·契尔文科夫(Vulko Chervenkov,1950—1954年任保共总书记,1950—1956年任部长会议主席)在绝对忠于莫斯科的同时又很厌

---

① Andrzej Korbonski, "The Prospects of Change in Eastern Europe," *Slavic Review* 33, No. 2 (1974), pp. 219-239.

② Frank, "What Went Wrong in the 'Socialist' East?"; Francis W. Carter and David Turnock, "Ethnicity in Eastern Europe: Historical Legacies and prospects for Cohesion," *GeoJournal* 50, No. 2/3 (2000), pp. 109-125.

③ Berend, *Central and Eastern Europe*, pp. 182-222.

④ John R. Lampe, *Balkans into Southeastern Europe, 1914 - 2014* (Basingstoke: Palgrave Macmillan, 2014), pp. 192-227.

⑤ John R. Lampe, *The Bulgarian Economy in the Twentieth Century* (London: Croom Helm, 1986), pp. 145-154; Lampe, *Balkans*, p. 214.

恶美国。① 1956年他被免除政治职务，使年轻的托多尔·日夫科夫（Todor Zhivkov）这位主张共产主义"民族"道路的代表从去斯大林化进程中的集体领导中脱颖而出。20世纪60年代初，日夫科夫通过一系列减缓苏联主导的集体化和工业化进程的措施巩固了权力。保加利亚主要出口农产品和轻工业品，如食品和烟草，以换取苏联以及更多工业化的"卫星国"的机械和原材料。保加利亚超过四分之一的出口产品输往苏联。随着20世纪70年代与西方贸易关系的改善，保加利亚大约15%—20%的出口产品流向了西方市场。②

五年计划的相对成功体现在解决了大量的失业问题——20世纪60年代初，有1万名工人被派往苏联。③ 尽管保加利亚在工业和技术教育方面进行了持续的投资，但其在工业出口的产量和质量方面无法与捷克斯洛伐克或匈牙利展开竞争。尽管20世纪70年代政府允许耕种小块私人土地，但并没有改变这一现实。外债作为此类投资的主要信贷来源，在1985年至1989年期间从32亿美元增加到了92亿美元。④

日夫科夫利用缓和来全面掌控共产党和国务委员会，而后者根据1971年宪法拥有立法和行政权力。少数民族受到了很大的冲击。20世纪80年代中期，所谓的重生（或复兴）进程所针对的是主要居于农村地区的穆斯林和土耳其少数民族，其目的是吸纳他们成为保加利亚的城市工业劳动力。⑤ 其他的"国家公敌"，如东正教会、学生和知识分子也逐步被打压。

---

① Jordan Baev, "Stalinist terror in Bulgaria, 1944-1956," in Kevin McDermott and Matthew Stibbe, eds., *Stalinist Terror in Eastern Europe: Elite Purges and Mass Repression* (Manchester: Manchester University Press, 2012), pp. 180-197.

② Lampe, *Bulgarian Economy*, pp. 199-222.

③ Lampe, *Balkans*, p. 216.

④ Garabed Minassian, "Bulgarian Industrial Growth and Structure: 1970-1989," *Soviet Studies* 44, No. 4 (1992), pp. 699-711; John A. Bristow, *The Bulgarian Economy in Transition* (Cheltenham: Edward Elgar, 1996), pp. 11-21.

⑤ Ali Eminov, "There are No Turks in Bulgaria," *International Journal of Turkish Studies*, 4 (1989): 203-222; Kemal Karpat, "Bulgarian Methods of Nation Building and the Turkish Minority," in Kemal Karpat, eds., *The Turks of Bulgaria: The History, Culture and Political fate of a Minority* (Istanbul: Isis Press, 1990); Jacques Waardenburg, "Islam in the Balkans," *Islamic Studies* 36, No. 2/3 (1997), pp. 383-402.

直到1985年以后，他们才开始在核问题或环境问题国际化（例如切尔诺贝利核事故和科兹洛杜伊核事故）方面做出有力的回应。

罗马尼亚

罗马尼亚的共产主义之路同样受到了当地历史条件的影响。1944—1945年，罗马尼亚问题是斯大林在巴尔干地区的第一要务。罗马尼亚的人民阵线战略阻止了英国的干预，英国也将干预的重点放在使饱受内战之苦的希腊留在西方阵营内。乔治乌-德治1952年以来一直担任罗马尼亚共产党的实际领导人，该政权通过增加党员数量巩固了共产党的权力。1945年，罗马尼亚共产党拥有25万名党员，这与比它成立早得多的保加利亚共产党的党员人数相差无几；1964—1975年罗共的党员人数从120万增加到了260万。[①] 20世纪50年代末以前，强大的安全警察——秘密警察是进行恐吓的主要工具，负责大规模拘留政敌。[②]

反俄情绪和经济计划失败破坏了集体化进程。为了工业化和控制大量分散的农业人口，政府开始推行城市化措施。罗马尼亚工业主要生产轻工业产品和制成品。得益于当地丰富的石油储备量，罗马尼亚对苏联石油的依赖程度低于从保加利亚和阿尔巴尼亚的石油进口。20世纪50年代中期国际贸易禁运取消后，布加勒斯特开始与西方国家进行贸易。1965年，齐奥塞斯库担任罗马尼亚领导人，并加强了与西方的贸易关系。1975年，美国给予罗马尼亚最惠国待遇。罗马尼亚此前于1971年加入了关贸总协定，并于1972年加入了国际货币基金组织。1971年，齐奥塞斯库访问了中国和朝鲜，意在强调摆脱莫斯科的统治，同时吸引西方的关注和财政支持。[③]

20世纪70年代上半期，罗马尼亚经济的年增长率相当于西方标准中

[①] Vladimir Tismaneanu, *Stalinism for All Seasons: A Political History of Romanian Communism* (Berkeley: California University Press, 2003), pp. 180-235; Lampe, *Balkans*, p. 245.

[②] Dennis Deletant, *Communist Terror in Romania: Gheorghiu-Dej and the Police State, 1948-1965* (Basingstoke: Palgrave Macmillan, 2000); Dennis Deletent, *Ceauşescu and the Securitate: Coercion and Dissent in Romania, 1969-1989* (London: Hurst, 1995).

[③] Robert R. King, *A History of the Romanian Communist Party* (Stanford: Hoover Institution Press, 1980), pp. 85-119.

的 5%。进入西方市场和获得贷款使罗马尼亚有机会在南斯拉夫之后从巴尔干地区脱颖而出，成为第二个"特立独行者"。① 与 1970—1975 年相比，罗马尼亚的经济形势在 70 年代下半期有所恶化，工业增长率下降了一半，且失业率迅速上升。20 世纪 80 年代，为了解决债务问题，齐奥塞斯库政权削减了进口，并引入了自给自足的工业化计划，将成千上万的村民迁至工业中心（分类化）。与此同时，国家生育政策的目标是在几年内增加 3000 万人口，但这只会造成成千上万被遗弃的儿童。② 罗马尼亚自力更生政策在政治上的负面影响包括基本商品的匮乏和对反对派，尤其是对年轻知识分子的暴力镇压。家族统治也是这个政权的一个显著特征。齐奥塞斯库家族的许多成员担任党和国家的重要职位，以排除其他可能质疑齐奥塞斯库权威的人。③ 总而言之，该政权的长期存在更多的是因为其在两极之间的政治策略，而非真正的政治分歧或经济成就。当社会主义阵营瓦解时，这成为罗马尼亚和齐奥塞斯库政权的罪证。④

阿尔巴尼亚

阿尔巴尼亚从一开始就对社会主义集团内部的权力划分感到不安。由于铁托在建立战时抵抗运动方面的巨大贡献，1946—1947 年已经在阿尔巴

---

① Steven L. Sampson, *National Integration through Socialist Planning*: *An Anthropological Study of a Romanian New Town* (New York: East European Monographs, 1984); Katherine Verdery, *National Ideology under Socialism*: *Identity and Cultural Politics in Ceauşescu's Romania* (Berkeley: University of California Press, 1991); Gail Kligman, *The Politics of Duplicity*: *Controlling Reproduction in Ceausescus' Romania* (Berkeley: University of California Press, 1998); Trand Gilberg, *Nationalism and Communism in Romania*: *The Rise and Fall of Ceausescu's Personal Dictatorship* (Boulder: Westview Press, 1990), pp. 137-158.

② Dennis Deletant, *New Evidence on Romania and the Warsaw Pact*, *1955 – 1989*, Cold War International History Project e-dossier 6 (Washington, DC: Wilson Center, 2011).

③ Jonathan Eyal, "Why Romania Could Not Avoid Bloodshed," in Gwyn Prins ed., *Spring in Winter*: *The 1989 Revolution* (Manchester: Manchester University Press, 1990), pp. 139-162, here 149-150; Steven Saxonberg, *Transitions and Non-Transitions from Communism*: *Regime Survival in Cuba*, *North Korea and Vietnam* (Cambridge: Cambridge University Press, 2013), pp. 127-129.

④ Pavel Campeanu, *Ceauşescu-From the End to the Beginnings* (Bucharest: Eastern European Monographs, 2003).

尼亚执政的共产党政权向苏联寻求庇护。这也是摆脱英美同时施加的压力，从而将阿尔巴尼亚从东欧集团中分离出来的一种方法。苏南分裂后，霍查追随莫斯科，以阻止铁托将所有阿尔巴尼亚人统一在南斯拉夫领导下的巴尔干联邦计划。① 然而，阿尔巴尼亚的发展未能满足其工业化和集体化的需要。霍查将其归咎于依赖进口苏联石油，并在斯大林去世后疏远了苏联政权，最终于1960年选择与中国站在一起。②

南斯拉夫

南斯拉夫是一个独特的案例。在这里，改革主义精神已经体现在1952年宪法中保护个人权利和权力下放的条款中。但是，中央权力仍然掌握在铁托和严厉的安全警察部队手中，这些部队限制了自由和公众舆论。③ 20世纪60年代，南斯拉夫通过对1952年宪法中关于穆斯林权利和科索沃与伏伊伏丁那自治地位的条款进行修订，开始了更为实际的自由化。值得注意的是，1969年在普里什蒂纳建立了一所阿尔巴尼亚语大学，并且阿尔巴尼亚和科索沃建立了教育和文化联系。④

总体而言，"第三条道路的社会主义"作为民族共产主义的特殊类型，无法在经济表现与联邦权力分配之间取得平衡。一方面，20世纪70年代和80年代，斯洛文尼亚创造了（南联邦）20%的国民生产总值的和25%的硬通货出口，但人口仅占全国总人口的8%。另一方面，马其顿人民共

---

① Perović, "The Tito-Stalin Split".
② Michael Kaser, "Albania's Self-Chosen Predicament," *The World Today* 35, No. 6 (1979), pp. 259-268.
③ Edvard Kardelj, *On the Principle of the Preliminary Draft of the New Constitution of Socialist Yugoslavia* (Belgrade: Information Service, 1962); Edvard Kardelj, *Socialist Democracy* (Belgrade: Information Service, 1952).
④ Bogdan Denitch, *The Crisis of Yugoslav Socialism and State Socialist Systems* (Minneapolis: University of Minnesota Press, 1990), pp. 39-51; Patrick F. R. Artisien, "A Note on Kosovo and the Future of Yugoslav-Albanian Relations: A Balkan Perspective," *Slavic Studies* 36, No. 2 (1984), pp. 267-276.

和国（后成为马其顿社会主义共和国）①和科索沃省属于南联邦最贫困地区，却是人口增长最快的地区，因此，其在联邦机构的代表人数增加得也最多。马其顿和波黑分别有近 200 万和 400 万名居民，超过了斯洛文尼亚（180 万）和黑山（61 万），大致等同于克罗地亚（470 万）。②

20 世纪 70 年代，权力下放的呼声变得响亮，最终导致克罗地亚在 1971 年发生了大规模抗议运动（"克罗地亚之春"），也促成了 1974 年新联邦宪法出台。③ 两个自治省科索沃和伏伊伏丁那被重新确定为南联邦的组成部分，因此在立法、治安、教育和经济事务方面享有广泛的权利。然而，自治权为塞尔维亚族以及阿尔巴尼亚族和克罗地亚族的民族主义复兴提供了肥沃的土壤，而后两者长期以来在反塞尔维亚的怨恨中加深了他们的身份认同。④

铁托的去世是一个关键的转折点。塞尔维亚赞成的重新中央集权化和压制少数群体的政策被废除。⑤ 自 20 世纪 50 年代苏联与南斯拉夫和解以来，由于科索沃和马其顿问题悬而未决，南斯拉夫与阿尔巴尼亚、保加利亚和希腊的关系仍然起伏不定。⑥ 总而言之，在西方的经济和政治压力加速欧洲共产主义的结束之前，南斯拉夫早已成为巴尔干地区的"病夫"。

---

① 1945 年 11 月 29 日，南斯拉夫立宪会议通过了宣言，宣告南斯拉夫联邦人民共和国（FPRY）成立。马其顿人民共和国（PRM）成为组成联邦的六个人民共和国之一，其正式成员地位和主权权利在 1946 年 1 月和 1946 年 12 月分别得到联邦宪法和马其顿人民共和国宪法的确认。随着 1963 年 4 月 7 日南斯拉夫联邦人民共和国将国名改为南斯拉夫社会主义联邦共和国，其六个共和国的名称也由"人民共和国"改为"社会主义共和国"。——译者注

② Stephen R. Sacks, "Regional Inequality in Yugoslav Industry," *Journal of Developing Areas* 11, No.1 (1976), pp. 59-78.

③ Dejan Djokic, eds., *Yugoslavism: Histories of a Failed Idea, 1918-1992* (London: Hurst, 2003); Franjo Rački, "Yugoslavism," in Ahmet Ersoy, Maciel Górny and Vangelis Kechriotis, eds., *Modernism: The Creation of Nation-States* (Budapest: Central European University Press, 2010), pp. 57-66.

④ David A. Dyker and Ivan Vejvoda, eds., *Yugoslavia and After: A Study in Fragmentation, Despair and Rebirth* (London: Routledge, 1996), pp. 200-207.

⑤ Branka Magas, *The Destruction of Yugoslavia: Tracking the Break-Up, 1980-92* (London: Verso, 1993), pp. 84-104.

⑥ Evangelos Kofos, *Greece's Macedonian Adventure: The Controversy over FYROM's Independence and Recognition* (London: Macmillan, 1999).

第十二章 20世纪70—80年代的巴尔干困境：没有退路的时刻？

"民族共产主义"的幻想与机遇

由于苏联放松了对东欧国家和经济组织的直接控制，民族共产主义在东方集团中得到了蓬勃发展。这一从20世纪70年代逐渐开始的进程是苏联缓和战略的产物。在1972年美苏达成《第一阶段限制战略武器谈判协议》之后，勃列日涅夫政府试图利用缓和，将经济资源从援助东方集团国家实现现代化转移到改善自己的战略武器库。[1]

在"布拉格之春"失败之后，民族共产主义展现出其政治优势。[2] 一个显而易见的复杂情况是罗马尼亚坚决拒绝参与苏联领导的侵略行动，这一决定实际上开启了罗马尼亚实现自治和巩固齐奥塞斯库政权的进程。[3] 在铁幕西侧，苏联的政策也疏远了正统的共产党：新分裂出来的政党要么接受了其他的社会主义学说（铁托主义、毛泽东思想、卡斯特罗主义等），要么加入了欧洲共产主义改革运动，而该运动削弱了共产主义对西欧中产阶级劳动者的吸引力。

与苏联脱离接触使共产党国家能够更自由地呼吸，但这也逐渐使它们失去了宝贵的经济和政治资源。这些国家面临的主要挑战是保持前几年的高增长率，并保持其在苏联经济一体化体系中的作用。两者对于保持社会主义的优势，即经济安全、就业、社会凝聚力和意识形态统一都是至关重要的。这一挑战还涉及更深层的困境：社会主义政权是否会坚持延续进口

---

[1] Paul H. Nitze, "Assuring Strategic Stability on the Era of Detente," *Foreign Affairs* 54, No. 2 (1976), pp. 207-232; Garry D. Brewer and Bruce G. Blair, "War Games and National Security with a Grain of SALT," *Bulletin of the Atomic Scientists* (1979), pp. 18-26; Pavel Podvig, "The Window of Vulnerability That Wasn't Soviet Military Build-Up in the 1970s: A Research Note," *International Security* 33, No. 1 (2008), pp. 118-138; Washington, DC, CIA, NIE 11-3/8-77, "Soviet Capabilities for Strategic Nuclear Conflict through the Late 1980s," Vol. 1: *Summary Estimate* (February 1978).

[2] Adam Bromke, "Aftermath of Czechoslovakia," *Canadian Slavonic Papers* 11, No. 1 (1969), pp. 23-30.

[3] Katherine Verdery, *National Ideology under Socialism: Identity and Cultural Politics in Ceauşescus' Romania* (Los Angeles: University of California Press, 1991).

替代工业化①的社会主义模式，或者是否会让步于令人诱惑的进口驱动型的消费主义。②

大量的西方信贷为后一种选择提供了便利。20 世纪 70 年代，在西方银行贷款的帮助下，东欧国家良好的经济状况才得以延续。当 1973 年的石油危机阻碍了西方经济的发展，并对遭受滞胀的美国经济造成了严重打击时，可供投资的资金充斥着这些东欧国家。西方信贷使东欧经济体能够以强大的消费主义因素保持增长。③ 反过来，这种繁荣为民族共产主义政权提供了更多的合法性。④

同样，欧洲的缓和打消了任何国内改革的企图。⑤ 西方资本和技术的大量涌入使社会主义国家得以在经互会范围内维持生产运转，从而也满足了莫斯科在制成品方面的需要。从进口替代型增长向出口导向型增长的转变弥补了苏联与东欧经济体在财政上脱钩的影响。此外，苏联在 1973 年的石油危机中受益匪浅，因为石油价格上涨了近十年的时间。在巴尔干地区所有社会主义国家中，债务是通过新的债务来偿还的，而社会主义国家逐渐加入国际组织加强了经济乐观主义。南斯拉夫于 1966 年加入关贸总协定，罗马尼亚则于 1971 年加入（而保加利亚直到 1996 年才加入，阿尔巴尼亚则在 2000 年加入）。为期十年的贸易协定到期后，1980 年南斯拉夫与

---

① 即通过采取贸易保护政策，限制某些重要工业品的进口，用国内生产的工业品代替进口产品，促进民族工业发展的政策。——译者注

② Maud Bracke, *Which Socialism, Whose Détente? West European Communism and the Czechoslovakian Crisis of 1968* (New York: Central European University Press, 2007); CIA, *Western Europe: The Decline of Eurocommunism*, October 1983, http://www.foia.cia.gov/sites/default/files/document_conversions/89801/DOC_0001144824.pdf.

③ Hyder Patterson, *Bought and Sold: Living and Losing the Good Life in Socialist Yugoslavia* (Ithaca: Cornell University Press, 2011), pp. 40–105; Marie-Janine Calic, Dietmar Neutatz and Julia Obertreis, eds., *The Crisis of Social Modernity: The Soviet Union and Yugoslavia in the 1970s* (Göttingen: Vandenhoeck-Ruprecht, 2011); Berend, *Central and Eastern Europe*, pp. 207–230.

④ Daniel J. Sargent, "The Cold War and the International Political Economy in the 1970s," *Cold War History* 13, No. 3 (2013), pp. 393–425.

⑤ Vladoslav Zubok, "The Soviet Union and Détente of the 1970s," *Cold War History* 8, No. 4 (2004), pp. 427–447.

第十二章 20世纪70—80年代的巴尔干困境：没有退路的时刻？

欧洲经济共同体签署了合作协议。① 就其本身而言，已经对国际资本主义经济更加开放的南斯拉夫，严重依赖于西方贷款来支撑经济发展，将财富重新分配给所有联邦实体，以及缓解民族间的紧张关系。② 直到20世纪70年代末，南斯拉夫75%的出口产品流向了西方国家。③ 20世纪50年代的禁区④——东西方贸易现在已成为巴尔干国家一项繁荣发展的产业。⑤

东欧对西方资本、商品、思想和生活方式开放了边界。⑥ 婴儿潮时期出生的年轻一代学生以过去争取独立和认同的民族斗争为民族共产主义思想注入了活力。渴望更好的工作、更高的生活水平以及更多的个人和地区自由的年轻人在20世纪70年代成为一种"炸药"。他们要求在社会主义团结的基础上，有更好的决策渠道和更清晰的国家认同。⑦ 老一辈的共产党精英不仅容忍，而且鼓励这种态度，因为民族主义为"更危险"的自由化改革和民主化道路提供了另一种选择。"特立独行"的南斯拉夫也出现了同样的趋势。塞尔维亚民族主义戴着南斯拉夫主义的面纱，而南斯拉夫主义注定要在铁托去世后逐渐消失。然而，在某种程度上，根据1974年宪法而实行的内部民主化实际上促进了南联邦的解体，并因此增强了塞尔维亚民族主义。

1975年至1989年期间达到顶峰的人权运动以西方的自由、民主和个人机会观念"腐蚀"了社会主义国家。⑧ 国际人权运动跨越国界的动员帮

---

① 参见本书第十一章的内容。

② Adam Bromke, "Eastern Europe: Calm before the New Storm?" *International Journal* 41 (1985-86), pp. 221-249.

③ Garrett, "On dealing with National Communism".

④ Ian Jackson, *The Economic Cold War: America, Britain and East-West Trade 1948-63* (London: Palgrave Macmillan, 2001); F. B. Singleton, "Albania and Her Neighbours: The End of Isolation," *The World Today* 31, No. 9 (1975), pp. 383-390.

⑤ Eirini Karamouzi, "Managing the 'Helsinki Spirit' in the Balkans: The Greek Initiative for Balkan Co-operation, 1975-1976," *Diplomacy and Statecraft* 24, No. 4 (2013), pp. 597-618.

⑥ Van Coufoudakis, Harry Psomiadis and Andre Gerolymatos, eds., *Greece and the New Balkans: Challenges and Opportunities* (New York: Pella, 1999).

⑦ Korbonski, "The Prospects of Change in Eastern Europe".

⑧ Stephen A. Garrett, "On Dealing with National Communism: The Lessons from Yugoslavia," *Western Political Quarterly* 26, No. 3 (1973), pp. 529-549.

243

助西方的思想和产品打开了东欧的边界。西方的生活方式也以一种潜移默化的方式到随之而来。① 年轻一代从艺术、科学、政治等生活领域接触到了西方的大众文化和生活方式（电影、电视剧、节日等）以及"富裕社会"的标志。各种权利运动（妇女、青年等）产生了不可抗拒的吸引力。② 一些国际组织（例如透明国际、赫尔辛基观察、大赦国际）通过实况调查团和特别报告进行"干预"，提高了人们的认识并激发了当地的人权运动。③《赫尔辛基最后议定书》中的人权条款将苏联的制度描述为一种反例，而当时民主化已成为发达国家和发展中国家的头等大事。④

1979 年的能源危机沉重打击了政治乐观主义。1979 年至 1982 年，西方信贷银行重新关注美国经济，因为后者在采取里根新自由主义路线之后急需贷款。卡特政府在后期放弃了凯恩斯主义经济理论，这为大规模私有化和全球化的金融投机开辟了道路。⑤ 随着金融收益从社会主义国家和第三世界（拉丁美洲、亚洲、非洲）转移到西方，这些银行要求美国偿还贷款，以便在西方利润丰厚的全球化资本主义新模式中发挥作用。为此，利率急剧上升，从而使负债累累的巴尔干国家偿还贷款的代价非常高昂，以至最终不可接受。⑥

一个直接的问题是社会主义国家无力偿还其贷款。这首先是带来了资产流动性问题，进而引发了破产危机。由于无法从东欧获得制成品，莫斯科增加了从西方的进口，并要求"卫星国"从苏联进口更多的原材料。第二个后果是大范围的经济混乱，其表现为生产减少、失业增加、通货膨胀失控、供需体系崩溃、商品价格上涨和基本商品稀缺、生活水平下降、疾

---

① William I. Hitchcock, "The Rise and Fall of Human Rights? Searching for a Narrative from the Cold War to the 9/11 Era," *Human Rights Quarterly* 37, No. 1 (2015), pp. 80-106.

② Bromke, "Eastern Europe: Calm before the New Storm?"; Lampe, *Balkans*, p. 222.

③ Ibid.

④ Daniel C. Thomas, *The Helsinki Effect: International Norms, Human Rights, and the Demise of Communism* (Princeton: Princeton University Press, 2001).

⑤ Frank, "What Went Wrong in the 'Socialist' East?" p. 179; Kees van der Pijl, "From Gorbachev to Kosovo: Atlantic Rivalries and the Re-Incorporation of Eastern Europe," *Review of International Political Economy* 8, No. 2 (2001), pp. 275-310.

⑥ Van der Pijl, "From Gorbachev to Kosovo".

病蔓延和死亡率上升，最显著的是，20世纪80年代末，儿童死亡率很高。①

在国民经济自由化和美元化的条件下，硬通货债务大幅上涨。1983年，南斯拉夫的外债达到186亿美元。在20世纪80年代的大部分时间里，南斯拉夫的通货膨胀率上升到2000%，失业率达到20%。1982年，罗马尼亚的外债达到84亿美元。失业引发了严重的矿工罢工，但被齐奥塞斯库政权的安全警察所镇压。他清理外债的政策在1983年才开始产生效果。实际上，它使罗马尼亚走上了一条饱受社会磨难和经济凋敝之苦的道路，以至其在冷战结束时几乎破产。② 保加利亚虽没有过多的外债，但由于它与苏联经济的密切联系，仍然受到经济反常现象的打击。

苏联既不够灵活，也没有坚决贯彻"斯大林主义"，因此无法把"卫星国"拉回正轨。无法偿还外债和破产只是一个方面。历史上更为重要的另一方面是，民族共产主义无法在世界经济中自主发展，特别是在日益全球化的经济中，其经济重心已从国家主导的工业化转向了不稳定的金融业。事实证明，民族共产主义政权无法催生真正的社会和经济变革，因为它们受到国内势力和带有强烈反民主倾向的旧式民族主义的阻碍。

陷入死胡同的困局

20世纪70年代和80年代是冷战的转折点。缓和概念成为东西方在各个领域实现和解的保护伞。在平静的表面之下，军备竞赛的升级在集团之间和集团内部造成了新的裂痕。

由于两个超级大国将重心不断转移到第三世界，它们的盟友都有了被

---

① Gail Kligman, *When Abortion is Banned: The Politics of Reproduction in Ceauşescu's Romania, and After* (Berkeley: The National Council for Soviet and East European Research, 1992).

② Ö. Sjöberg and M. L. Wyzan, eds., *Economic Change in the Balkan States: Albania, Bulgaria, Romania and Yugoslavia* (London: Pinter, 1991); M. R. Jackson, "Romania's Debt Crisis: Its Causes and Consequences," in *East European Economies: Slow Growth in the 1980s*, Country Studies on Eastern Europe and Yugoslavia (Washington, DC: Government Printing Office, 1986).

245

抛弃之感。东西方均是如此。1974年，希腊成为第二个退出北约军事计划的成员国，因为该组织对土耳其入侵塞浦路斯无所作为。① 由于戴高乐对英美"特殊关系"持怀疑态度，因此在两次被法国否决之后，经济疲软的英国才最终于1973年加入欧洲经济共同体。② 由于越南战争以及华盛顿对第三世界独裁政权的容忍或支持，反美主义高涨。③ 越来越多的西欧国家选举出了承诺经济改革和缓解东西方紧张局势的社会民主党政府。④ 与此同时，恐怖主义组织对战后美式和平下的民主资本主义秩序提出了挑战。⑤

经济问题进一步破坏了缓和。20世纪70年代的两次能源危机使西方经济陷入停滞。在"欧洲导弹危机"（1977—1987年）高峰时期，西欧对与苏联持续对抗的可取性变得矛盾。弗朗索瓦·密特朗（François Mitterrand）试图对法国的经济实行重新国有化的政策，因而撇开了欧洲共同市场的目标。⑥ 作为欧洲经济共同体的新成员，希腊在1981—1982年重新谈判了加入共同体的条件，以保护其脆弱的经济和民主。在西班牙和葡萄牙，民主化也比经济增长更为可行。⑦ 20世纪80年代初，欧洲一体化似

---

① Eirini Karamouzi, *Greece, the EEC and the Cold War, 1974-1979: The Second Enlargement* (Basingstoke: Palrgave Macmillan, 2014).

② Oliver Bange, *The EEC Crisis of 1963: Kennedy, Macmillan, de Gaulle and Adenauer in Conflict* (London: Palgrave, 1999); Wolfram Kaiser, "Party Games: the British EEC applications of 1961 and 1967," in Roger Broad and Virginia Preston eds., *Moored to the Continent? Britain and European Integration* (London: Institute of Historical Research, 2001a), pp. 55-78.

③ Brendon O'Connor, ed., *Anti-Americanism: History, Causes, Themes* (Oxford: Greenwood, 2007), 3 volumes, here vol. 1.

④ Richard Gillespie and William Patterson, eds., *Rethinking SocialDemocracy in Western Europe* (London: Frank Cass, 1993); Herbert Kitschelt, *The Transformation of European Social Democracy* (Cambridge: Cambridge University Press, 1994).

⑤ Sarah Brockhoff, Tim Krieger and Daniel Meierrieks, *Looking Back on Anger: Explaining the Social Origins of Left-Wing and Nationalist-Separatist Terrorism in Western Europe, 1970-2007* (London: Center for International Economics Working Paper 2012-2013), pp. 1-25; Martha Crenshaw, "The Causes of Terrorism," *Comparative Politics* 13, No. 4 (1981), pp. 379-399.

⑥ Howard Machin and Vincent Wright, eds., *Economic Policy-Making under the Mitterrand Presidency, 1981-1984* (New York: St. Martin's Press, 1985).

⑦ Loukas Tsoukalis, *The European Community and its Mediterranean Enlargement* (London, 1981); Susannah Verney, "To Be or Not to Be within the EC," in Geoffrey Pridham, ed., *Securing Democracy: Political Parties and Democratic Consolidation in Southern Europe* (London: Pinter, 1990), pp. 203-223.

乎陷入僵局（"欧洲硬化症"）。直到 20 世纪 80 年代中期，当核竞赛平息，苏联在戈尔巴乔夫领导下转向结构性改革时，欧洲一体化和跨大西洋关系才得以宣告政治和经济恢复了正常状态。[1]

在欧洲的另一侧，东方集团开始分崩离析。它难以与资本主义互动，也难以维持社会主义。廉价的西方信贷使社会主义经济得以生存，但无法繁荣，使其可以维持廉价的出口，但无法建立更好的经济结构。巨额外债使这些社会主义国家的经济陷入瘫痪，因为尽管它们拼命发动了"出口攻势"，但仍然无法筹集到足够的资金。长期的经济匮乏、政治压迫和民族主义使得巴尔干在铁幕最终落下时成为激烈的政治暴力的战场，这与其他共产主义国家"天鹅绒"般的结局形成了鲜明的对比。全面爆发的内战很快就以一种最令人痛苦的方式见证了南斯拉夫共产主义政权的终结。[2]

东欧剧变与西欧一体化之间的东西方发展鸿沟已经无以复加，这种对比对共产主义的发展前景造成了最为严重的损害。东欧国家于 20 世纪 50 年代和 60 年代在追赶西方发达国家的斗争中取得了来之不易的胜利，但这些胜利最终前功尽弃。在新自由主义时代精神的影响下，世界经济的转型正在施加巨大的额外压力。[3]

苏联对东欧的崩溃负有很大的责任，而东欧的崩溃最终导致了苏联的解体。首先，它未能在缓和的框架内从以地缘政治为重心转向以地缘经济为重心；其次，它未能提出 20 世纪 70 年代出现的过渡性资本主义的经济替代方案；最后但同样重要的是，苏联认为其可以利用西方资本的优势，而无须验证自己的制度，这种想法是错误的。

苏联做出这样的选择，显然与其执意发展自己庞大的军工体系有关，苏联加入了一场自我毁灭的竞赛，如果发生经济危机，这场竞赛注定会耗尽他们的经济资源。20 世纪 80 年代这确实令人痛苦地发生了。1987 年，

---

[1] Louis Kriesberg, "Timing and the Initiation of De-escalation Moves," *Negotiation Journal* 3, No. 4 (1987), pp. 375-384.

[2] Catherine Baker, *The Yugoslav Wars of the 1990s* (Basingstoke: Palgrave Macmillan, 2015).

[3] Van der Pijl, "From Gorbachev to Kosovo".

当终止莫斯科和华盛顿之间最后一场激烈的核军备竞赛的《中导条约》签署时,[1] 戈尔巴乔夫赢得控制权和政治合法性为时已晚。对于东欧社会主义国家来说,全面倒向西方是摆脱旧困境的最终和最显而易见的选择。

---

[1] Doug Rossinow, *The Reagan Era: A History of the 1980s* (New York: Columbia University Press, 2015), pp. 66-84.

第五编
身份认同、文化与意识形态

第十三章

南斯拉夫：
1950年的文化与意识形态革命

米罗斯拉夫·佩里希奇

可以毫不夸张地说，南斯拉夫在1950年制定和推行的新文化政策，是建立明显比苏联现有模式更加自由的社会主义的基石之一。从长远来看，它将有助于南斯拉夫在冷战国际体系中为自己创造一个新的位置。这一政策转变使南斯拉夫在文化和科学领域向西方开放，与西欧和西欧以外的国家建立了联系，并挑战了苏联式的"社会主义现实主义"文化传统。新政策标志着南斯拉夫打算通过同全世界，特别是同西方进行不加限制的文化和政治合作，来设法改善其文化和科学生活，而这不仅会在南斯拉夫，而且会在全球范围内改变社会主义的形象。

将实践转变为通俗理论的时代，1945—1948年

1945—1948年，南斯拉夫的国际文化合作几乎完全是与东欧人民民主国家开展的。这种合作以互惠为基础，主要包括艺术家和文化部官员的互访、展览以及（主要是苏联）文学作品的翻译和出版。总体来说，这些交流在意识形态上是预先设定好的，而其真正的艺术品质或价值却乏善可陈或索然无味。南斯拉夫经常接待那些不入流的外国艺术家，他们的作品远不如大多数国内艺术家的作品优秀。此外，它必须派出预先商定的艺术领

第十三章 南斯拉夫：1950年的文化与意识形态革命

域的艺术家，而不是根据其本身的优势选择派遣的艺术家。这种文化合作对推动南斯拉夫艺术的发展作用甚微。塞尔维亚著名画家和艺术评论家米奥德拉格·普罗蒂奇（Miodrag Protić）后来写道，社会主义现实主义根本不是艺术，而且它令人得不偿失。① 根据理查德·森内特②的说法，"革命扭曲了时间"，而维尔弗雷多·帕累托③则声称，"革命代表了一种打破平衡的特殊状态"，并提到了这样一个比喻：一条河流在经过一场特别猛烈的扰动后冲出河床，导致洪水泛滥，然后才回到原来的河道。④ 这则比喻用到南斯拉夫革命上，森内特的断言恰如其分地解释了米洛什·米尼奇⑤1945年在南斯拉夫共产党和政府官员在议会立法委员会会议上关于法院组织法草案的讲话，他声称：

> 如果……我们要任命律师作法官，那么我们将优先考虑形式正义⑥。然而，应该由懂得保护民族解放战争遗产的人来伸张正义。参加民族解放战争的人比解释法律条文的律师更能理解新法律的政治背景和相关性。⑦

在第二次世界大战后不久的革命时期，南斯拉夫有许多将日常实践转

---

① M. Protić, *Noah's Ark: A View from the End of the Century (1900-1965)* (Belgrade: Srpska knjizevna zadruga, 1992), p. 235.
② 理查德·森内特（Richard Sennett, 1947-），美国著名社会学家。——译者注
③ 维尔弗雷多·帕累托（Vilfredo Pareto, 1848-1923），意大利经济学家、社会学家，曾提出著名的帕累托效应（二八定律）。——译者注
④ Dj. Stanković, *Challenges of New History* (Belgrade: Vojnoizdavački i novinski centar, 1992), 1: 124.
⑤ 米洛什·米尼奇（Miloš Minić, 1914-2003），南斯拉夫政治家、外交家。1945年5月在塞尔维亚共产党第一次代表大会上当选为塞尔维亚共产党中央委员。1948—1962年先后担任塞尔维亚共产党中央政治局委员、塞尔维亚共产主义者联盟中央执行委员会委员。——译者注
⑥ 形式正义（formal justice）又称程序正义，即严格按照法律规定办事。形式正义与实质正义（substantive justice）相对应，前者强调形式和手段的正义性，后者强调内容和目的的正义性。——译者注
⑦ *Politika*, 26 August 1945, p. 3.

变成通俗理论的例子。那么，在这个党①垄断包括知识本身在内的一切，僵化的社会结构中根除了"知识分子"的概念，将毫无意义的自由和个人主义作为艺术表达的关键前提，怀疑无法作为探寻意义、真理和普世价值的科学和知性思维的基本条件的国度里，知识的作用是什么？在这个党是无可辩驳的唯一权力中心，不断要求知识分子的观点必须符合领导人的意见的社会中；在这个角色发生了易位，领导者扮演创作者的角色，而艺术家和科学家被分配了追随者的角色的社会中，知识分子能起什么作用呢？当然，人们不应忘记更广泛的背景：第二次世界大战期间发生的南斯拉夫革命，其中南斯拉夫反法西斯民族解放斗争和自相残杀的残酷内战塑造了个人和集体的命运，尤其是许多战前知识分子的悲惨命运。此外，在当时农业占压倒性地位的南斯拉夫社会中，文盲的比重和教育水平低下的程度也许可以从以下事实得到最好的说明：1945 年，南斯拉夫军队中约 80%的士兵甚至没有完成 8 年的小学教育。②在两次世界大战之间，知识分子和公务员只占南斯拉夫总人口的 5%。此外，南斯拉夫的知识分子精英被按照种族和意识形态进行划分。战前大多数知识分子（约 70%）具有资产阶级背景，因此对战后共产主义政权而言不那么有吸引力。③南斯拉夫共产党对知识分子阶层的态度基于的是二战前形成的苏联理论。南斯拉夫共产党掌权后，对知识分子仍采取怀疑和对立的态度。然而，1948 年南斯拉夫与苏联发生冲突之后，这种情况逐渐发生变化，当时该政权被迫构建一个以新的意识形态前提为基础的国家和社会。

在第二次世界大战期间，数千名南斯拉夫知识分子被杀害、死于自然原因、被关押或移民。战后，许多大学教授因政治问题被开除；民间团体

---

① 这里指的是南斯拉夫共产党（1952 年后更名为南斯拉夫共产主义者联盟），后文简称为"党"。

② D. Nikolić, *Staff and Staffing Policy*: *Development of Armed Forces in SFRY, 1945 - 1985* (Belgrade: Yugoslav People's Army General Staff internal publication, 1989), 15; 24.

③ Lj. Dimić, *Agitprop culture* (Belgrade: Izdavačka radna organizacija "Rad", 1988), p. 95; M. Janićijević, *Creative Intelligentsia of Yugoslavia Between Two Wars* (Belgrade: Institut društvenih nauka, 1984), pp. 32 - 36; V. Milić, *Revolution and Social Structure* (Belgrade: Mladost, 1979), pp. 114-115.

第十三章　南斯拉夫：1950年的文化与意识形态革命

的知名代表和文化与科学界的精英受到严厉的对待，特别是在塞尔维亚。因此，南斯拉夫领导层很快就面临着战争及其战后意识形态矛盾的严重后果。这些问题似乎无法克服：国立大学和高中的数量都不足，而且质量很差，因此无法满足国家对专家的需求。战争结束后，许多大学因经济困难和师资短缺无法立即恢复教学。政府无法建立更多的职业学院和理工学校，因为必须要等1945年选送到法国和1946年选送到苏联和捷克斯洛伐克的大学生完成教育。① 由于缺少国内专家，南斯拉夫被迫引进外国人，虽然不能指望他们能够永久居留。对接受过专业和意识形态培训的教学人员的"渴求"在学院和大学中无处不在。新生的革命政权与传统断绝了关系，渴望建立一个忠于革命、忠诚服务于革命理想和新社会的新知识分子阶层。新专家精英的崛起促成了"理想"类型的知识分子的诞生。"新"知识分子必须支持向社会主义现实主义新型社会的过渡，从长远来看，他们必须成为一党制共产主义政权的可靠支持者。通过新知识分子在工厂、田野、剧院和大学中显而易见、无所不在的身影，他们被期望将自己置于一种不加批判的意识形态世界观的支配之下。1945年8月，南斯拉夫最受推崇的报纸之一《政治报》(Politika)在粗体头条新闻中宣布，贝尔格莱德大学的几位著名教授正在贝尔格莱德植物园里种一块菜地。根据报道，这些教授"手里拿着铲子，享受了自己的劳动果实"。它还指出，知识分子在周末集体前往农村地区，"因此将他们的休息日献给了村庄"。《政治报》诠释了新时代的象征意义，并让人们知道对知识分子的期望。② "一夜之间已经变成了一个国家"的党，提出了"关于（在革命时期）如何将自己的叙事与意义深远、钢铁一般的总体性宏观历史叙事相协调的问题；这是每个'知识技术人员'必须回答的问题"。③

新的南斯拉夫知识分子通过意识形态目标，不断变化的习惯、传统和思维方式，以及新的特定角色来进行识别。因此，知识分子概念的实质正

---

① 关于更多的细节，参见：Miroslav Perišić, *From Stalin to Sartre: Forming of the Yugoslav Intelligentsia at European Universities 1945-1958* (Belgrade: Institut za noviju istoriju Srbije, 2008)。

② *Politika*, 22 August 1945.

③ M. Protić, *Noah's Ark*, p. 235.

253

在被重塑。怀疑、批判性思考和知识分子的孤独成为南斯拉夫知识分子新身份的主要对手。战后初期南斯拉夫的知识分子中有强权者也有弱势者，这取决于他们是知识分子中的革命者、追随者还是独行者。

既非东方也非西方，1948—1950年

当莫斯科在1948年6月28日的共产党和工人党情报局决议中提出谴责的时候，南斯拉夫领导层并未只将其看作是批评；从一开始，贝尔格莱德就将其理解为诽谤。鉴于南斯拉夫人强烈意识到他们为反纳粹斗争和国际革命事业做出了不容置疑的英勇贡献，特别是当与其他东欧共产党的作为相比时，南斯拉夫人对莫斯科抹黑这一传统的行为尤为敏感就不足为奇了。南斯拉夫通过南共领导的抵抗运动，与南共在整个第二次世界大战期间援助过的阿尔巴尼亚一道，成为仅有的在战时成功地进行了社会革命，同时与纳粹和法西斯占领者进行了民族解放斗争的欧洲国家。除了这一重要事实，还有其他"分界线"将南斯拉夫共产党与其他国家的共产党区分开来。首先，在德国与苏联爆发战争三个月前，南斯拉夫于1941年3月27日获得了世界反法西斯同盟国的合法地位。1941年6月22日德国进攻苏联后，莫斯科向全欧洲的共产党发出了反抗纳粹的指示，与其他欧洲共产党不同的是，南斯拉夫共产党已经充分做好了对占领者发动一场抵抗战争的准备。此外，与其他东欧国家不同，在1944年9月以后，苏联红军在南斯拉夫领土上只驻扎了两个月时间，当时它协助南斯拉夫游击队解放贝尔格莱德。南斯拉夫被占领期间，在反法西斯抵抗运动、民族解放战争和自相残杀的内战中，南斯拉夫共产党采用了植根于塞尔维亚民族热爱自由的传统和遗产的口号和术语：英勇无畏，在第一次世界大战期间得以强化的解放者的勇士精神，正直，自我牺牲，独特的历史使命感，对"正义"国家联盟的归属感，以及与全世界其他民主国家建立同盟和战时联盟的历史。与其他国家的共产党不同，南斯拉夫共产党创建了自己的军队和军官团体。以上所有这些都加强了南斯拉夫共产党人的自信心，以及他们在史

第十三章 南斯拉夫：1950年的文化与意识形态革命

诗般的欧洲反法西斯斗争中的独特作用的庄严感和意识。

在建设社会主义方面，1948年之前，南斯拉夫人无疑将苏联视为他们无可置疑的榜样。然而，即使在此期间，南斯拉夫共产党也在尽管有限的程度上发展了特殊的道路。一方面，这是南斯拉夫在特定背景下实施一党制的结果。另一方面，这是因为其神圣不可侵犯的强烈感觉、独立表达的需要，以及凭借其真实性和成功的记录，不被仅视为国际共产主义运动中一支普通的共产党的期望。南斯拉夫共产党将自己视为巴尔干地区的革命中心，因此只把自己跟苏联共产党相比较。在某些方面，铁托将他与斯大林的关系视为一种伙伴关系而不是从属关系，认为他可以向苏联共产党中央委员会通报某些问题，而不是寻求他们的批准。

1948年的情报局决议通过之后，南斯拉夫党和国家领导人意识到回归苏联集团是一个既不可取也无法接受的选择。寻求建立一种不同类型的社会主义是唯一剩下的替代性选择，因为南斯拉夫政权无法继续保持孤立，并且缺乏明确的立场和国际联系来获得支持。然而，要做到这些，他们必须熟悉当代文化趋势，并获得西方现有的知识和专业技术。南斯拉夫着手通过文化改变其在世界上的形象。它渴望展示其不同于苏联模式的社会主义，并把自己描绘成为西方可以接受的社会主义的独特拥护者。铁托不再将其前途寄托在苏联集团内——他永远不可能成为受苏联支持的那种共产主义的领袖。相反，他开始成为某种社会主义模式的有影响力的领袖，该模式后来被证明比僵化的苏联模式更加自由。

1948—1950年，铁托发现自己处于一个真正尴尬的境地。南斯拉夫遭受着强加的经济和政治封锁以及情报局无情的宣传攻势，其导致了国际孤立和灾难性的经济形势。在这种情况下，基于社会主义现实主义的合法性并不是进入西方世界的门票。然而，从另一个角度看，这也带来了机会。南斯拉夫有两项重要成就得到了国际认可：1941年3月27日，即苏联加入反法西斯战争三个月前，南斯拉夫就获得了反法西斯的合法性，以及1948年与斯大林的彻底决裂。在第二次世界大战爆发后不到十年的时间里，南斯拉夫第二次成为全球关注的焦点，并赢得了西方的赞赏。南斯拉夫必须重建通往西方的桥梁。然而，这一次，南斯拉夫党和国家领导层才意识到，如果要引起西方的注意，就需要实施内部变革。这种变革的支点和手段就在于作为开放社会前提的国际文化和科学联系。随之而来的是思想观念的彻底转变和文化价值观念的明显质变。在随后的几年中，南斯拉夫与苏联文化政策模式的距离越来越远，这使得人们对南斯拉夫的看法不同于对其他社会主义国家的看法。

1950年的大转变：
更少的意识形态、更多的知识和对西方价值观的接受

1950年1月30日，贝尔格莱德举办了一次关于海外文化和艺术宣传的正式会议，会议的召开正是以一个月前宣布转变南斯拉夫文化政策的南斯拉夫共产党中央委员会第三次全会为基础。这次会议宣布，在国外展示文化成就对于南斯拉夫获得认可至关重要，特别是在情报局国家试图在国际上孤立贝尔格莱德的时候。正如后来变得很明显的是，文化的自由化不仅与南斯拉夫的国际认可有关，而且与其文化、科学和艺术生活的丰富和现代化同样有关。在那个时刻，南斯拉夫在文化、艺术和科学领域转向西方，同时拒绝社会主义现实主义的教条残余和抛弃苏联的文化观念。不过，在一段时间内，尽管使用频率较低，但南斯拉夫共产党在措辞上仍会使用"西方主义"和"颓废艺术"等以前只用于形容"资本主义和西方帝国主义文化"的艺术的意识形态性术语。[1] 这种态度的改变取决于了解西方的颓废艺术的需要："如果我们想要了解西方的文化和艺术，甚至像出现在那里的颓废艺术，我们都应该批判性地对其进行评价，而不必担心

---

[1] AJ, Committee for Science and Culture, f-29, Report by Ivo Sarajcic at the Conference on cultural and artistic propaganda abroad, Belgrade, 30 January 1950. 另参见：Miroslav Perišić, *From Stalin to Sartre: Forming of the Yugoslav Intelligentsia at European Universities, 1945-1958* (Belgrade: Institut za noviju istoriju Srbije, 2008)。

第十三章 南斯拉夫：1950年的文化与意识形态革命

它会对我们造成负面影响。"① 1月30日会议上的讨论反复突出了苏联和南斯拉夫对西方的看法的分歧，强调需要明确彻底地摆脱苏联的立场：

> 关于西方的衰落，我们应该采取与苏联不同的立场……例如，我们充分意识到，我们不能声称我们已经超越了文艺复兴。这既是荒谬的，又是错误的。当然，我们与苏联的观点相去甚远……我们正在以一种不同于苏联的方式在文化领域与外国建立关系。②

会议上宣布采取一种在国外开展外文化活动的全新方式，最初是在欧洲，然后是在欧洲以外的地区。对与世界的文化和科学联系的新认识中的重要现象之一是坚持专家的意见；知识被赋予了超越意识形态的至高无上的地位。新政策将成为"更少的意识形态，更多的知识"的政策之一。正如1月30日会议的与会者所坚持的那样：

> 我们必须全面分析与西方的关系。关于应该允许哪个国家的哪些内容进入的最终决定，必须交给专业部门来做出……我们的科学、我们的专业协会、文化和艺术组织应该对什么内容有价值，什么内容最优秀进行评估。他们应该拥有最终决定权，而不是各部委中的官僚机构。③

与此同时，会议对文化宣传的概念应进行了审查，并重申了从根本上

---

① AJ, Committee for Science and Culture, f-29: Record of the discussion at the Conference on cultural and artistic propaganda abroad, Belgrade, 30 January 1950. 另可参见：Perišić, *Od Staljina ka Sartru*。
② Ibid.
③ Ibid.

257

对其进行重新定义的必要性。①

　　南斯拉夫认识到必须向西方开放，同时也意识到社会的民主化。文化和艺术被视为需要转变观念的主要领域。这种转变意味着对南斯拉夫共产党垄断创造力的否定、文化和科学的自由化，以及国家和机构层面的权力下放。1950 年，南斯拉夫开始了这样的进程：向世界开放、与尽可能多的国家建立联系、开放对外国势力的限制、吸引国外公众人物和艺术家，以及重申其传统和文化遗产。然而，这种转变不仅是新文化政策的必要条件，也是为在西方国家眼中创造新的地位的外交政策的重要组成部分。作为新政治战略的一部分，文化的民主化及其走向世界具有更深刻的意义。从南斯拉夫国内来看，知识和专业技术得到了重视，并且（民众）获得了表达的自由。从外部来看，与 1945—1948 年相比，南斯拉夫现在正在树立截然不同的形象。1950 年，南斯拉夫走出了之前的世界，在更广泛的国际框架内寻求一席之地。南斯拉夫共产党认识到它没有创造南斯拉夫人民的文化。它坚持要了解这一传统，并承认南斯拉夫丰富的文化遗产在战前和战后时期没有得到了充分的重视和认可。南斯拉夫领导层现在强调，各共和国和南斯拉夫人民有自己的文化特点和不同的传统，所有这些都必须得到尊重，尤其是因为它们对国家的国际交往可能具有特殊的意义。②

　　在西方看来，南斯拉夫通过文化促进发展的最重要目标之一是在自己的文化政策与苏联的文化政策之间保持一定的距离。1948 年与苏联的冲突使南斯拉夫的自我认知合理化，并暴露出它的消极方面和落后之处。南斯拉夫与莫斯科在意识形态上的密切程度使它与当代艺术和科学的趋势和期望之间的距离变得十分明显："我们实际上有什么？（我们）对外面正在发生的事情一无所知。我们通过苏联的眼睛看待西方。"③

　　对国外现有文化宣传的严格评估表明，南斯拉夫对其缺乏计划，也缺

---

① AJ, Committee for Science and Culture, f-29: Record of the discussion at the Conference on cultural and artistic propaganda abroad, Belgrade, 30 January 1950. 另可参见：Perišić, *Od Staljina ka Sartru*.

② Ibid.

③ Ibid.

第十三章　南斯拉夫：1950 年的文化与意识形态革命

少应有的关注。南斯拉夫还认识到的是，（自己）尚未利用现有的机会；没有在国外呈现适当的文化内容；自卑感依然盛行，并且最重要的是，人们害怕受到西方的影响。西方对南斯拉夫的认知问题成为南斯拉夫共产党努力提高国家的国际声誉的重点："我们必须以适当的方式向西方展示我国，即我国是一个有丰富文化遗产的国家，而不是像西方所看到的那样是一个'野蛮的'巴尔干国家。"[1] 对以前的文化政策和国际文化与科学联系的重新评估成了关注的焦点，此外，南斯拉夫在联合国教科文组织中主动保持不活跃状态，妨碍了它与其他国家的关系。有人强调指出，积极参与联合国教科文组织的国家已成功地推广并免费将国内作家的文学和其他作品翻译成世界其他语言。此外，由于南斯拉夫放弃参加国际节日和比赛，该国在芭蕾舞、音乐和歌剧方面的骄人成就仍局限于其国内，不为世界所知。由于缺乏与欧洲同行和标准的比较，南斯拉夫艺术家的创造力和成果受到了阻碍。

由于认识到现有的缺点和不足，南斯拉夫确定了需要立即执行的任务，即在文化上接触尽可能多的国家，提高内容的质量和艺术家及其协会参与文化政策决策的程度。此外，现有的"国家指令"遭到了谴责，并且宣布了文化交流的去官僚化——艺术家们被承诺在未来可以完全自由地与国外同行合作，而不会受到国家或党的干涉。南斯拉夫计划成立新的部门，专门致力于促进国际文化合作和规划，以及筹备海外文化活动。它还积极寻求不同的方式来鼓励个别艺术家与国外同行建立联系。到 1950 年，一种新的认识开始盛行——这种联系的建立有助于改善南斯拉夫的文化和科学事业。这使科学家和艺术家能够更清楚地了解世界上最新的文化和科学成就，从而使这种知识进入南斯拉夫成为可能。[2]

与此同时，人们认识到，南斯拉夫的科学家和艺术家需要出国旅行，访问外国最负盛名的文化和科学中心和机构，有创造力的年轻人尤其被鼓

---

[1] AJ, Committee for Science and Culture, f-29: Record of the discussion at the Conference on cultural and artistic propaganda abroad, Belgrade, 30 January 1950. 另可参见：Perišić, *Od Staljina ka Sartru*。

[2] Ibid.

励熟悉世界各国政府的工作。为此,南斯拉夫消除了各种官僚障碍,迅速获得了必要的官方批准,甚至还引入了一个"资本主义"网络,以促进组织文化活动的管理者和机构的交流。这种新举措打破了现有的意识形态障碍和形式上的障碍,并引入了用于组织、规划和促进文化活动的西方模式。① 南斯拉夫还在提出进一步促进这种国际文化进步的举措,即:举办一个国际电影节;用更好的印刷材料支持在国外的活动;改进南斯拉夫音乐厅的技术[例如,贝尔格莱德最著名的科拉拉茨(Kolarac)音乐厅的墙壁上布满了宣传标语,现在国际知名表演者认为这是不适合举办音乐会的环境];南斯拉夫印象派画家在国外的展览被认为引起了外国观众的兴趣;在国外专业和学术期刊上发表文章;鼓励战前与国外艺术家有联系的南斯拉夫艺术家之间的个人联系;克服巴尔干地区的自卑情结;解决西方对南斯拉夫创造的文化的不了解;让世界了解南斯拉夫的文化遗产。虽然1950年在巴黎举办的南斯拉夫中世纪壁画展引起了极大的兴趣,但南斯拉夫官员认为这可以实现更多的目标,因为"展览中展示了(壁画)复制品,外国专家应该(到南斯拉夫)看看原件"。文艺复兴时期杜布罗夫尼克作家德尔日奇(Marin Držić)的戏剧《马洛耶叔叔》(*Dundo Maroje*)被选为在西方开展南斯拉夫的戏剧攻势的先锋并非巧合,因为它被认为是西方和南斯拉夫文化遗产之间历史联系的代表性作品。

在铁托时代的南斯拉夫,文化和社会生活在1950年得到了彻底的重塑。它使南斯拉夫摆脱了作为社会主义文化的典范的僵化的苏联社会主义现实主义,并影响了西方对南斯拉夫的看法的变化。自然,艺术家、作家和科学家们全心全意地支持这一变化。然而,它的独特意义源于这样的一个事实,即党和国家领导层发起和实施了这种范式的转变。南斯拉夫领导层已经认为这是使南斯拉夫及其社会主义特色被公认为不同于苏联及其集团的机会与方式。1950年1月,贝尔格莱德明确宣称:"我们正处于一个

---

① AJ, Committee for Science and Culture, f-29: Record of the discussion at the Conference on cultural and artistic propaganda abroad, Belgrade, 30 January 1950. 另可参见:Perišić, *Od Staljina ka Sartru*。

第十三章　南斯拉夫：1950年的文化与意识形态革命

新时代的开端。"① 毋庸置疑，这种文化开放遇到了内部阻力，即来自党内未受过完整教育的"头脑简单者"和低级别党员。然而，某些知识分子也进行了抵制，因为他们习惯于按照指示工作，并且其地位受到了新政策的威胁。根据南斯拉夫著名历史学家布兰科·佩特拉诺维奇（Branko Petranović）的说法，社会主义现实主义并没有在一夜之间轻易退却。他援引了爵士乐仍被排斥为反文化，以及南斯拉夫最著名的文学期刊《文学报》（Književne novine）的一篇文章中谴责一家影院的管理层缺乏意识形态的警惕性，因为它屈服于大众需求并延长了西方音乐剧《为何我们相遇》（Why Did We Meet）的放映时间的例子。②

到1950年，南斯拉夫已与许多国际文化组织和协会建立了联系，并在其之前是不活跃会员的组织内恢复了活动。因此，南斯拉夫于1950年3月31日加入了联合国教科文组织，而其于1945年就签署了该组织的创始法案。同年，南斯拉夫当局开始研究西德大学的课程以及美国和西德的职业教育体系。科学文化理事会国际科学和文化关系司开始定期出版国际新闻界关于科学、文化、艺术和教育的文章摘要，并设立了外国新闻阅览室。③在国家在科学和文化领域向西方开放的同时，人们逐渐意识到需要增进有关南斯拉夫的知识。1951年的一份官方报告证实，外国教科书中关于南斯拉夫的信息往往是不完整的、过时的，有时甚至是恶意的。南斯拉夫在国外的外交代表得到指示与教科书的作者接触，并向他们提供最新信息。该报告还强调了一个事实，即在与国际社会的联系方面，与教育有关的活动是最落后的。报告举了一个例子，当时贝尔格莱德政府由于其所掌握的资料过时、信息不充分，它无法对法国、意大利和芬兰对南斯拉夫教育制度的兴趣做出回应。南斯拉夫政府注意到了英文教科书的缺乏，并根据英国

---

① AJ, Committee for Science and Culture, f-29: Record of the discussion at the Conference on cultural and artistic propaganda abroad, Belgrade, 30 January 1950. 另可参见：Perišić, *Od Staljina ka Sartru*.

② B. Petranović, *History of Yugoslavia, 1918-1988* (Belgrade: Nolit, 1988), 3: 320.

③ AJ, Committee for Science and Culture of the Government of FNRY, f-17, Report by the Department for International Scientific and Cultural Relations for 1950.

文化教育协会的倡议，指示各共和国的教育、科学和文化理事会出版此类教科书。① 同时，一些国家表示有兴趣联系南斯拉夫的科学家、科学协会和机构，提议进行出版物交换和人员互访。南斯拉夫当局首次建立了一个可以在国外进行讲座的国内科学家数据库。到1953年，约有300个南斯拉夫机构与大约650个西方机构建立了联系。②

1952—1954年，南斯拉夫从包括美国在内的西方国家进口了5万多册书籍、期刊和其他出版物。根据南斯拉夫国际文化关系委员会估计，1953—1963年，约有17000名南斯拉夫科学家和专家获得了奖学金，并在国外进行专家和博士研究或短期专业进修/学习访问。仅在1957年，南斯拉夫的3456名大学教职工中，就有951人曾在国外学习访问（占大学教师的27%）。③ 1950年，南斯拉夫开始组织几次斯拉夫语言文化年度研讨会，并于1956年成为唯一有代表出席在奥地利阿尔卑巴赫（Alpbach）举办的欧洲论坛（European Forum）的社会主义国家，会上来自不同国家的知识分子讨论了经济、政治和文化相关的问题。到1954年，南斯拉夫的法官定期参加每年在意大利佩鲁贾（Perugia）举办的独立司法专家会议。④

南斯拉夫与世界其他地区在文化和科学交流方面空前活跃的证据是1953年成立的国际文化关系委员会。它取代了科学和文化理事会内部的现有部门，因为后者无法应付如此大规模的活动。委员会的记录表明，它很快被证明无法处理、跟进和保持多样化的国际联系。一个重要的步骤是开始在国际文化联系领域下放权力——个人和机构开始自行建立联系，进一步增强了其联系的多样性和密集程度。这反过来使得政府追踪和监督正在建立的所有文化联系变得更加困难。因此，委员会寻求确定其发挥作用的模式。毫无疑问，政府应该放宽国际联系。委员会在很大程度上由艺术和

---

① AJ, Committee for Science and Culture of the Government of FNRY, f-17, Report by the Department for International Scientific and Cultural Relations for 1951.
② AJ, Committee for International Cultural Relations, f-15.
③ AJ, 145-88-384.
④ AJ, Committee for International Cultural Relations, f-86, No. 205/56: European Forum in Alpbach; AJ, Committee for International Cultural Relations, f-86, Report on participation in a science course held at the International Study Centre, Perugia.

第十三章　南斯拉夫：1950 年的文化与意识形态革命

戏剧协会的成员组成，但是，很快就有了确保整个国家的利益不受损害，并且要通过具有最高艺术和科学素养的作品和活动来代表南斯拉夫的必要性。① 在起草 1954 年国际文化关系计划时，委员会断言，文化联系的机会逐年增加，这主要是由于南斯拉夫在国际上发挥了更明显的政治作用。对国际文化联系权力下放的评价是积极的。交流变得更加密集和多样化，与其他国家机构和个人的直接接触为国外公众创造了更多了解南斯拉夫社会生活的机会。

南斯拉夫专家和艺术家带回的经验也具有政治色彩。20 世纪 50 年代初，西方同行对南斯拉夫知识分子提出的问题主要与自由有关：

南斯拉夫对自由的限制是什么？国家对艺术的影响是什么？是否仍存在审查以及形式如何？剧院、出版社和电影制作是否掌握在国家手中？谁买画？谁决定应该出版或上演什么？青年艺术家是否会获得奖学金出国留学？②

南斯拉夫人证实，在他们旅行期间遇到的西方知识分子眼中，南斯拉夫正在唤起人们对人道和民主的社会主义可能实现的希望。西方政界和知识界越来越感兴趣，并仔细监视着 1950 年以后南斯拉夫文化和科学领域的巨大飞跃。因此，在 1954 年年初，斯图加特广播电台播放了一个专门关于南斯拉夫文化生活的特别节目，其准确而恰当地评估了南斯拉夫在意识形态和概念范式上发生的转变。广播以一番引人入胜的介绍开始："在说出'南斯拉夫'这个词时，人们会想到整个巴尔干，并想象出一个充满异国情调的多彩世界；一个充满激情和政治紧张的世界；总是发生战争、革命和暗杀的地方。结果，一个中欧人对南斯拉夫文学一无所知。"③ 该节目以

---

① AJ, Committee for International Cultural Relations, f-17, Minutes of the meeting of the Committee for International Cultural Relations, held on 11 December 1953.
② AJ, Committee for International Cultural Relations, f-33, Notes on the journey to Switzerland and Germany, 12 May to 10 July 1953, by Oto Bihalji Merin.
③ AJ, Committee for International Cultural Relations, f-18.

263

对20世纪50年代的分析作为结尾,声称其标志着当代南斯拉夫文学的新时代,并注意到南斯拉夫期刊和新闻界对世界文学的当代趋势和南斯拉夫文学在其中的地位进行了热烈的讨论。该节目的作者得出结论,从党的角色转变中可以明显看出文学领域官僚制度的消亡,这种转变使党放弃了对文学的直接控制。①

从南斯拉夫领导层的角度来看,1950年以来,文化已成为其外交政策的先锋队和组成部分。1950年,南斯拉夫驻西方国家的大使馆开始发布一份沉闷但标注了对南斯拉夫认知的变化的备忘录。1948年以来,这种对南斯拉夫的日益积极的态度在英国尤为明显,在1941年3月27日的政变中,南斯拉夫宣布早先签署的《三国条约》无效,②这使南斯拉夫在英国名声大增。南斯拉夫驻伦敦大使约热·布里列伊(Jože Brilej)博士报告说,伦敦新闻界对南斯拉夫的积极立场在1950年之后尤为明显。③南斯拉夫艺术家和科学家在伦敦访问、表演和出席活动越来越频繁,这增加了对他们祖国的同情。但是,据布里列伊说,普遍的看法仍然是,南斯拉夫是一个英勇的国度,但文化落后、经济不发达。除了最狭小的历史和文化鉴赏家圈子,在20世纪50年代初,英国仍然充斥着对南斯拉夫的无知和普遍的信息缺乏,事实证明,英国公众中有相当一部分人将南斯拉夫与捷克斯洛伐克混为一谈。④布里列伊认为,尽管1948年与苏联决裂以来南斯拉夫的外交政策一直受到尊重,但除非其以科学和艺术成就为基础打造其声誉,否则该国将仍旧只获得西方对小国的可怜的亲和态度,即被认为"文化不发达,因此甚至无法与其他欧洲国家平起平坐"。南斯拉夫在世界的舞台和讲台上,以及在美术馆、大学和科学研究所中立足,这一方面是通过文化

---

① AJ, Committee for International Cultural Relations, f-18.
② 1940年9月27日,德意日三国为进一步在欧亚扩大侵略战争,在柏林签订了《三国条约》,又称《德意日三国同盟条约》《三国轴心协定》。次年3月25日,南斯拉夫茨韦特科维奇政府签约加入轴心国集团,激起了人民的强烈反对。3月27日,部分高级军官发动政变,成立了以西莫维奇将军为首的新政府,并于4月5日与苏联签订了《苏南友好和互不侵犯条约》。——译者注
③ AJ, Committee for Science and Culture, f-138, Report on Cultural Activities in 1951.
④ Ibid.

第十三章　南斯拉夫：1950年的文化与意识形态革命

实现其主张的道路，另一方面，也是消除对"原始巴尔干民族"的偏见并建立对南斯拉夫文化素质的尊重的一种方式。

这位南斯拉夫大使呼吁大幅度增加向西方推介南斯拉夫文化的资金，以及不再将文化视为媒体和宣传的一个下属部门。他强调了英国的例子，英国早就认识到需要一个独立的组织，如英国文化教育协会，其主要任务是促进国际文化活动。布里列伊强调，对南斯拉夫文化的认可是其外交政策中最重要的任务，并指出了1951年取得进展的例子：贝尔格莱德芭蕾舞团、国家民俗乐团和一些个人艺术家的国际访问；南斯拉夫与英国的艺术家和艺术馆之间日益密切的联系；以及与英国广播公司音乐部的联系。根据布里列伊的说法，所有这一切都证明了（南斯拉夫）可以通过坚持不懈的努力，改变英国的机构和个人的最初的保留意见。这位大使一直努力说服南斯拉夫当局了解在伦敦取得成功的重要性，因为"在英国的表现打开了通向其他西方国家的大门"。①

南斯拉夫艺术团体和个人艺术家在国外的表演使他们能够与西方同行相媲美，并推动了其进步和学习。专业评估对于查明弱点和公正地洞察其价值以及根据国际标准调整其本身的标准来说变得至关重要。在评论爱丁堡艺术节上贝尔格莱德芭蕾舞团的表演时，布里列伊强调了它们的重要性，因为英国公众了解到南斯拉夫真的有芭蕾舞。② 在不到一年的时间里，南斯拉夫歌剧在英国演出。继巴黎之后，南斯拉夫中世纪壁画展陆续在几个西欧国家的首都举办。在同一时期，南斯拉夫的民俗乐团在英国演出了30多场。1952年，在布鲁塞尔、海牙、阿姆斯特丹、鹿特丹、巴黎和日内瓦举办了南斯拉夫流行艺术展。③ 布里列伊在评论南斯拉夫电影参加爱丁堡艺术节时建议道，如果目标是在国外展映南斯拉夫电影，那么它们的内容和制作必须符合外国公众的要求和品味。④ 布里列伊提议联合制作非政

---

①　AJ, Committee for Science and Culture, f-138, Report on Cultural Activities in 1951.
②　Ibid.
③　Ibid.
④　AJ, Committee for Science and Culture: Department for International Scientific and Cultural Relations, f-138.

265

治题材的电影。① 因此，南斯拉夫电影摄制业停产了好几年，直到1954年在戛纳电影节，以及于1955年在柏林、威尼斯、爱丁堡和戛纳的电影节上才重新出现。② 1956年，南斯拉夫摄影师弗兰·沃多皮韦茨（Fran Vodopivec）在戛纳电影节上获奖，1957年，英国电影摄影师协会在英国举办了为期三周的南斯拉夫电影节。③

1950年，南斯拉夫特别注意将国内文学作品翻译成外语，特别是英语、法语、意大利语和德语。与国外斯拉夫中心的联系变得更加多样和有规律。同年，南斯拉夫向52个国外的斯拉夫语言文化研讨会和图书馆提供了免费订阅的10种南斯拉夫文学、艺术和社会科学期刊。一个前所未有的举动是，南斯拉夫政府还向国外的每个斯拉夫语言文化研讨会都赠送了300册期刊和书籍。与1950年之前外国大学中仅有一个南斯拉夫研究中心相比，到1953年，又有6个研究中心在里昂、波尔多、哥廷根、莱顿以及索邦大学和巴黎东方语言学院成立。同样，到1954年，南斯拉夫的大学中有5种法语文学和语言读物，两种英语教学类读物，意大利语和德语教学类读物各一种。

1950年开始，西方艺术界开始更加关注南斯拉夫艺术。中世纪壁画、流行艺术以及当代绘画和雕刻的展览得到了评论家的高度评价。南斯拉夫为了展示和促进文化、传统和当代艺术，实施了一项战略方针和规划。1950年，在爱丁堡和伦敦举办了南斯拉夫流行艺术展，并在巴黎的夏洛宫举办了一场非常成功的中世纪壁画展。南斯拉夫流行艺术展于1951年在奥斯陆、斯德哥尔摩和哥本哈根，并于1952年在海牙、布鲁塞尔、巴黎和日内瓦再次举行。上述的南斯拉夫中世纪壁画展还在伦敦泰特美术馆、乌得勒支和杜塞尔多夫博物馆、布鲁塞尔的帕拉斯·德·贝斯艺术博物馆以及苏黎世、慕尼黑、维也纳、汉堡、哥本哈根、赫尔辛基、斯德哥尔摩和奥

---

① AJ, Committee for Science and Culture; Department for International Scientific and Cultural Relations, f-138.
② AJ, Committee for International Cultural Relations, f-33 and f-49.
③ AJ, Committee for International Cultural Relations, f-91.

第十三章 南斯拉夫：1950 年的文化与意识形态革命

斯陆得以举办。① 最初，南斯拉夫国际文化关系委员会组织并资助了个人艺术家和团体的当代作品展览。然而，从 1952 年开始，艺术家们开始获得资助并举办独立展览。他们主要是在国外已经知名的艺术家，如马尔科·切莱博诺维奇（Marko Čelebonović）（1952 年和 1953 年在巴黎展出）和普雷德拉格·米洛萨夫列维奇（Predrag Milosavljević）（1946 年、1952 年和 1954 年在巴黎展出，1953 年在布鲁塞尔展出）。到 1953 年，发生了一次剧烈的变化，个别艺术家敢于独立地走出南斯拉夫，以寻求国外艺术界的认可，并且不再寻求国家委员会的协助。

文化政治的转变带来了另一个积极影响——南斯拉夫开始接受外国的艺术和文化影响。1950 年在贝尔格莱德举办了一场瑞士建筑展览，次年在贝尔格莱德、诺维萨德、斯科普里、萨拉热窝、萨格勒布和卢布尔雅那举办了瑞士海报展览。1952 年在南斯拉夫组织了一系列国际展览，包括当代法国绘画展、巴黎发明宫展和勒·柯布西耶作品展。② 1953 年，南斯拉夫公众也有了机会看到外国展览，如"荷兰百年画展"、瑞士雕塑展和法国挂毯展。1955 年，南斯拉夫主办了亨利·摩尔（Henry Moore）的绘画和雕塑展，一年后，在全国范围内举办了 34 场外国展览，其中大部分是当代艺术展览。③ 如果人们回想起 1950 年以前，南斯拉夫几乎没有西方艺术展览，特别是当代艺术展览，这种文化转变的深远影响就会变得更加明显。

这种罕见的对外国文化的开放并不仅限于视觉艺术。1954 年，奥地利当代作曲家在南斯拉夫举行了六场音乐会。1955 年，许多外国剧院在南斯拉夫演出，其中巴黎国家剧院吸引了最多的关注。在法国驻贝尔格莱德大使馆的倡议下，弗雷勒·雅克（Frères Jacques）在贝尔格莱德、萨格勒布、卢布尔雅那和诺维萨德等几个城市举办了法国戏剧巡演。著名小提琴家亨雷克·谢伦格（Henryk Szeryng）与爱乐乐团合作举办了多场音乐会。

---

① AJ, Committee for International Cultural Relations, f-33a, Yugoslav Visual Art in the World Today 1949-55.

② AJ, Committee for Science and Culture: Department for International Science and Cultural Relations, f-116.

③ AJ, Committee for International Cultural Relations, f-13 and f-17.

267

南斯拉夫公众欣赏到了雅典剧院的《俄狄浦斯》（Oedipus）和《赫卡柏》（Hecuba），维也纳伯格剧院表演的歌德的《伊菲革涅亚》（Ifigenia）和施尼茨勒（Schnitzler）的《调情》（Flirtation），以及米兰小剧院表演的哥尔多尼（Goldoni）的喜剧《一仆二主》（The Servant of Two Masters）。英国著名作曲家本杰明·布里顿（Benjamin Britten）和钢琴家彼得·皮尔谢尔德（Peter Pearsheld）在贝尔格莱德、萨格勒布和卢布尔雅那演出。伦敦考文特花园剧院院长哈德伍德勋爵（Lord Hardwood）主持了杜布罗夫尼克夏季音乐节。[①] 1956年，英国小提琴家、教育家马克斯·罗斯塔尔（Max Rostal）在南斯拉夫巡回演出，小提琴家伊达·亨德尔（Ida Hendl）在贝尔格莱德、萨格勒布和卢布尔雅那举行了音乐会。在英国大使的倡议下，在贝尔格莱德举办了一场英国电影节，开幕电影是由劳伦斯·奥利维尔（Laurence Olivier）执导并主演的《理查三世》（Richard Ⅲ）。1957年6月，斯特拉特福德纪念剧院在贝尔格莱德的南斯拉夫国家剧院上演了由劳伦斯·奥利维尔和费雯·丽（Vivien Leigh）合作演出《泰特斯·安德洛尼克斯》（Titus Andronicus）。为了满足大众的需求，奥利维尔和费雯·丽组织了一场莎士比亚戏剧的即兴表演会。同年，法国流行歌手伊夫·蒙当（Yves Montand）在贝尔格莱德举办了五场音乐会。

结　论

从其宣布的目标，特别是其在未来几年的影响来看，1950年的文化范式转变无可争议地成为第二次世界大战后南斯拉夫发展的基石。由于1945—1948年这段时期的意识形态限制和僵化，南斯拉夫在1948年之后对于困扰国家和党领导层的问题没有现成的答案。1949年，南斯拉夫仍在出版苏联作家的书籍和教科书，斯大林主义对马克思主义和列宁主义的解释仍然是唯一的官方意识形态，而创新精神仍然受到束缚。尽管如此，在某些高级官员的演讲中已经可以看出变化的迹象。关于在何处以及如何进

---

① AJ, Committee for International Cultural Relations, f-50a.

行的问题的最终答案出现在 1950 年。在那一年，南斯拉夫共产党展示了变革自身的力量。共产党发起并倡导了促使思维发生范式转变的变革，这体现在以下方面：对社会主义传统进行了批判性的重新评价；拒绝苏联的作用模式，即集中的、高度意识形态化的文化政策；在艺术中否定社会主义现实主义；有选择性地回归传统，特别是中世纪的文化遗产；了解与西方自由交流知识的好处；克服对西方文化的焦虑；通过其文化对南斯拉夫进行国际宣传；理解文化政策中专业化的必要性；了解西方文化的优势并允许对其引进；认识到有必要通过国外教育来培养新的知识精英；以及适用于文化准则、标准和价值体系的变化。

1950 年，南斯拉夫开辟了一条道路，使其成为唯一接受自由社会主义的社会主义国家，也是一个西方可以接受且斯大林去世后东方也可以接受的国家。南斯拉夫将在 20 世纪 50 年代发展与第三世界的联系，并在 60 年代成为不结盟运动的领导者之一，虽然是小国，但它在 1989 年之前在全球国际秩序中发挥了影响力。发生在 1950 年的文化范式转变，不仅标志着文化政策的变化，也标志着思维方式的变化。然而，如果不是 1948 年的苏南分裂，1950 年是否还会发生这一转变是值得怀疑的。南斯拉夫和苏联之间的冲突构成了两位领导人之间的冲突，他们对自己在社会主义世界中的作用的看法各不相同。这场冲突使铁托吸引了西方的注意。同时，1948 年至 1949 年，他准备好了为此付出高昂的代价。然而，1949 年年末至 1950 年年初，他在国内表现出强大的调整能力和反教条主义的态度，在外交事务上更是如此。重要的是，南斯拉夫的布尔什维克化在 1948 年已经完成。然而，在之后与苏联对抗的情况下，南斯拉夫必须找到一个替代性的方案，但这并不意味着放弃革命成果和不再维护南斯拉夫的社会主义政权。这个方案是在 1950 年找到的，并且南斯拉夫共产党通过国际文化交流方面的进展所宣传的一切，在随后的几年里都取得了成果。

第十四章

地区问题与冷战问题的叠加：希腊—保加利亚—南斯拉夫在马其顿问题上的三角关系，1963—1980年

斯皮里宗·斯费塔斯

新马其顿问题：各种变量

马其顿问题是一个较为古老的争端，其在冷战时期继续影响着巴尔干地区的政治。它总是涉及两个以上的行为体（索非亚、贝尔格莱德、雅典和南斯拉夫联邦内部新兴的权力中心斯科普里），是一个检验地方、国家、地区和冷战对立之间相互作用的有趣试验场。马其顿问题在19世纪最后三分之一的时间里成为领土争端问题，当时希腊和保加利亚为了最终控制奥斯曼帝国的这些省份展开了激烈的对抗。1877—1878年俄土战争后，1878年的《圣斯特凡诺条约》规定保加利亚将吞并几乎整个这一地理区域。但《圣斯特凡诺条约》从未实施，因为其他大国联合起来阻止沙俄通过"大保加利亚计划"间接控制巴尔干地区；同年，《柏林条约》规定了一个小得多的保加利亚国家，但不包括地理上的马其顿地区。1912—1913年巴尔干战争之后的领土决议将马其顿地域的近一半给了希腊，近40%归塞尔维亚（后来的南斯拉夫），只有10%归保加利亚。然而，保加利亚在第一次世界大战期间占领了希腊和塞尔维亚的"马其顿领土"，甚至在1918年战败后仍坚持不承认现状。1919—1941年，"马其顿问题"一词主要指的是

第十四章　地区问题与冷战问题的叠加：希腊—保加利亚—南斯拉夫在马其顿问题上的三角关系，1963—1980 年

塞尔维亚与保加利亚之间在塞尔维亚马其顿地区（南斯拉夫南部）的斯拉夫人身份问题上的对立；保加利亚对希腊马其顿的西部地区提出了类似的主张。因此，在两次世界大战之间，"马其顿问题"主要涉及的是保加利亚的这项国家计划。①

1919 年以后，贝尔格莱德拒绝承认南斯拉夫南部存在保加利亚人口，并将这些人口中很大一部分人存在的亲保加利亚情绪归因于保加利亚组织良好的宣传。贝尔格莱德认为，这是一个"无组织"的人群，可以很容易地将其塞尔维亚化；但它的努力失败了。塞尔维亚化在很大程度上取决于良好的治理和人民生活水平的提高。然而，由于保加利亚的"马其顿内部革命组织"（Bulgarian Internal Macedonian Revolutionary Organization，IMRO）的武装行动以及至少在 1938 年之前缺乏应对该地区经济和社会问题的全面计划，直到 1934 年，塞尔维亚的政策仅仅是对塞尔维亚马其顿地区普遍存在的紧张气氛和动荡局势的仓促反应。②

希腊的情况有所不同。根据 1919 年 11 月 27 日的双边条约，希腊和保加利亚之间的人口自愿交换使索非亚丧失了其主张所具有的强有力的人口统计学依据；与此同时，在 1922 年土耳其击败希腊之后，许多来自小亚细亚的难民定居在希腊马其顿地区，增加了当地居民中希腊人的数量。20 世纪 20 年代初以后，希腊马其顿地区使用斯拉夫语和双语的公民估计有 12 万人。尽管他们"顺从"希腊化，但是有些人属于伊斯坦布尔东正教主教区，被认定为希腊人；有些是亲保加利亚的人；还有些人——根据当时使

---

① 参见：Douglas Dakin, *The Greek Struggle in Macedonia, 1897-1913* (Thessaloniki: Institute for Balkan Studies, 1966); R. J. Crampton, *Bulgaria, 1878-1918: A History* (Boulder: East European Monographs, 1983); R. C. Hall, *The Balkan Wars 1912-1913: Prelude to the First World War* (London: Routledge, 2000); Evangelos Kofos, *Nationalism and Communism in Macedonia* (Thessaloniki: Institute for Balkan Studies, 1964); Spyros Sfetas, *Opseis tou Makedonikou Zitimatos ston 20o Aiona (Aspects of the Macedonian Question in the Twentieth Century)* (Thessaloniki: Vanias, 2001); 等等。

② 参见：Andrew Rossos, "The British Foreign Office and the Macedonian National Identity 1918-1941," *Slavic Review* 53, No. 2 (1994), pp. 381-382。

用的措辞——是具有"流动"身份的人。① 亲保加利亚的希腊公民经常前往保加利亚，但没有对希腊的主权提出异议，也几乎没有对希腊构成什么问题；显然，马其顿内部革命组织在希腊马其顿地区没有进行大规模武装活动。②

　　第二次世界大战造成了重大转变。从"马其顿民族"和"马其顿少数民族"的角度来看，马其顿问题现在被置于一种全新的意识形态基础上。在两次世界大战期间，希腊马其顿地区和南斯拉夫马其顿地区的斯拉夫人曾经使用（斯拉夫—）马其顿人一词来定义自己。这是一个地理上相对中立的术语，其使他们避免了"保加利亚人"（挑战希腊或南斯拉夫主权）这一"危险"的自我定义，并将他们与该地区的新移民——塞族定居者或希腊难民区别开来。③ 然而，马其顿主义作为一种民族认同的意识形态是由共产国际提出的。1934年，共产国际承认"马其顿民族"的存在是为了约束塞尔维亚与保加利亚的对抗，并提出了塞尔维亚、保加利亚和希腊民族主义的替代方案。④ 巴尔干各国共产党接受了这一设想。特别是南斯拉夫共产党在马其顿主义中看到了抵抗保加利亚对南斯拉夫马其顿地区领土主张的潜力，并将其作为将该国南部纳入其1937年以来规划的南斯拉夫联邦的工具。⑤

　　20世纪40年代政治和社会的惊人发展促进马其顿问题在新的基础上发生了转变。1941年，保加利亚军队占领了南斯拉夫马其顿地区最大的一

---

① Iakovos D. Michailidis, *Metakiniseis Slavophonon Plithismon, 1912–1930: o Polemos ton Statistikon* (*Movement of Slav-speaking Populations, 1912–1930: The War of the Statistics*) (Athens: Kritiki, 2003).

② Spyridon Sfetas, *Makedonien und interbalkanische Beziehungen 1920–1924* (Munich: Hieronymus Verlag, 1992), pp. 54–55.

③ Rossos, p. 378.

④ 关于马其顿民族的概念和共产国际的政策，参见：Spyridon Sfetas, *He Diamorfosi tis Svavomakedonikis Taftotitas: mia Epodyni Diadikasia* (*The Formation of Slav-Macedonian Identity: A Painful Process*) (Thessaloniki: Vanias, 2003), pp. 91–105; 该书中附有1933—1934年共产国际的文件。

⑤ Kostandin Palešutski, *Jugoslavskata Komunističeska Partija i Makedonskijat Vapros 1919–1945* (*The Communist Party of Yugoslavia and the Macedonian Question*) (Sofia: Balgarskata Akademija na Naukite, 1985), pp. 227–228.

第十四章 地区问题与冷战问题的叠加：希腊—保加利亚—南斯拉夫在马其顿问题上的三角关系，1963—1980年

部分地区，并被当地人民誉为解放军。然而，1941—1944年保加利亚对该地区行政管辖的失败，① 以及轴心国的战败使得"保加利亚方案"无法成为现实。从1943年起，新成立的马其顿共产党和南斯拉夫共产党采取了新的政策；1944年，② 前塞尔维亚马其顿地区成为马其顿人民共和国（后成为马其顿社会主义共和国），作为南斯拉夫联邦的组成部分。③ 二战结束后，南斯拉夫开始了创建斯拉夫—马其顿人身份认同的一段新进程：解散保加利亚人的组织，人名的结尾采用"奥夫斯基/埃夫斯基"（ovski/evski）的字样，以当地方言和塞尔维亚语外来词为基础设计斯拉夫—马其顿语，建立一个独立的东正教会，以及创造中世纪（保加利亚）沙皇塞缪尔（Czar Samuel）统治下的国家以来的（斯拉夫—）马其顿人在种族上的历史延续性的神话。④ 20世纪40年代，在苏南分裂之前，南斯拉夫还试图将新的马其顿主义"出口"到希腊和保加利亚的马其顿地区。马其顿人民共和国被视为整个马其顿地区的皮埃蒙特（Piedmont）⑤，1946年，在巴黎和平会议期间，南斯拉夫代表呼吁在马其顿人民共和国的支持下实现马其顿的"统一"。⑥ 1944年的"斯拉夫—马其顿人解放阵线"（Slav-Macedonian Liberation Front，SNOF）和希腊内战期间的"人民解放阵线"（People's Liberation Front，NOF）试图在希腊马其顿地区的斯拉夫人或说斯拉夫语的

---

① 更多内容，可参见：*Balgarskoto Upravlenie vav Vardarska Makedonija（1941-1944）. Dokumentalen Sbrornik*（*The Bulgarian Administration in Vardar Macedonia：A Collection of Documents*）（Sofia：Dâržavna Agencija "Arhivi" -Arhivite Govorjat，2011）。

② 此处有误。应为1946年。1944年11月，马其顿全境解放。1946年12月，马其顿正式成为南斯拉夫联邦人民共和国的六个共和国之一。——译者注

③ Dimitris Livanios，*The Macedonian Question：Britain and the Southern Balkans，1939-1949*（Oxford：Oxford University Press，2008）。

④ Angel Dimitrov，*Raždaneto na edna nova dâržava. Republika Makedonija meždu jugoslavisma i nacionalisma*（*The Birth of a New State：The Republic of Macedonia Between Yugoslavism and Nationalism*）（Sofia：Akademično izdaletstvo "Prof. Marin Drinov"，2011）。

⑤ 皮埃蒙特是意大利西北部的一个大区，首府都灵。在意大利统一运动史上，皮埃蒙特是运动的发起地区。——译者注

⑥ 其他可参见：E. Palmer Jr. and Robert R. King，*Yugoslav Communism and the Macedonian Question*（Hamden，CT：Archon Books，1971）；Sfetas，*He Diamorfosi tis Svavomakedonikis Taftotitas*，pp.177-255。关于1946年巴黎和平会议上的马其顿问题，参见：Basil Kondis，"The 'Macedonian Question' as a Balkan Problem in 1940s，"*Balkan Studies* 28，No.1（1987），pp.151-160。

人口中培养斯拉夫—马其顿人的身份认同。希腊共产党民主军（Communist Democratic Army of Greece）的大量士兵是斯拉夫—马其顿人。[1] 与此同时，季米特洛夫领导下的保加利亚共产党受到了南斯拉夫紧张的压力，因此在1947—1948年承认保加利亚马其顿地区的保加利亚人的文化自治，这是这些人口迈向马其顿化或可能被纳入南斯拉夫马其顿人民共和国的一步。[2]

因此，马其顿问题的影响因素已经彻底改变。它已经从保加利亚的一项国家计划变成了一个国际问题，并在很大程度上"隐藏"在爆发冷战的紧张局势下。这是一个多层面的问题，涉及南斯拉夫南部出现新的斯拉夫—马其顿人身份认同，（1948年之前）南斯拉夫对希腊和保加利亚可能的领土主张，不断演变的希腊内战（贝尔格莱德在其中援助希腊共产党），[3] 最后但同样重要的是共产主义世界内南斯拉夫和保加利亚之间不稳定的平衡。苏南分裂之后，马其顿问题又发生了新的转变。虽然南斯拉夫再也不能提出领土主张，但它仍然需要新的马其顿主义，以防止保加利亚人在其领土内进行分裂活动；因此，南斯拉夫继续将马其顿问题作为希腊和保加利亚的少数民族问题提出。在这个复杂的环境中，新的马其顿问题是预测国家和冷战目标的便利工具。

索非亚—贝尔格莱德维度：
历史、政治与共产主义内部的对抗

由于苏联实际上承认马其顿民族和语言的存在，保加利亚倾向于根据

---

[1] Nikos Marantzidis, *Demokratikos Stratos Elladas, 1946-1949 (The Democratic Army of Greece)* (Athens: Alexandria, 2010), pp. 57-60.

[2] Stojan Germanov, *Makedonskijat Vapros 1944-1989: Vaznikvane, evoljucija, savremennost (The Macedonian Question 1944-1948: Origins, Evolution, Actuality)* [Sofia: Makedonski Naučen Institut (Macedonian Scientific Institute), 2012], pp. 67-100.

[3] Basil Kondis and Spyridon Sfetas, eds., *Emfylios Polemos: Eggrafa apo ta Yougoslavika kai Voulgarika Archeia (The Civil War: Documents from the Yugoslav and Bulgarian Archives)* (Thessaloniki: Paratiritis, 1999); Ivo Banac, "The Tito-Stalin Split and the Greek Civil War," in John O. Iatrides and Linda Wrigley, eds., *Greece at the Crossroads: The Civil War and Its Legacy* (University Park, PA: The Pennsylvania State University Press, 1995), pp. 258-273.

第十四章　地区问题与冷战问题的叠加：希腊—保加利亚—南斯拉夫在马其顿问题上的三角关系，1963—1980 年

苏联与南斯拉夫关系的波动来制定其马其顿政策。在苏南分裂之后，索非亚在其马其顿地区停止了马其顿化的政策，并转而开始谴责马其顿人民共和国在人民中突然实行去保加利亚化的政策。① 这是苏联集团另一个用来压迫反抗的南斯拉夫领导人的工具。然而，在 1956 年苏联与南斯拉夫和解后，保加利亚再次将保加利亚马其顿地区的人口归为马其顿人（而不是保加利亚人）。索非亚因此感到很容易受到攻击。1961—1962 年苏联与南斯拉夫的再次和解使得保加利亚担心将面临南斯拉夫要求其正式承认本国内的马其顿少数民族的情况。②

到 1963 年，日夫科夫加强了他作为保加利亚共产党总书记和政府总理的地位，并决定采取更加稳健的政策，最终摆脱苏联与南斯拉夫关系的影响。1963 年 3 月，日夫科夫在保加利亚共产党中央委员会全体会议上表示，历史上没有一个可追溯的马其顿国家；马其顿人民共和国的历史学家篡改保加利亚历史以及在反保加利亚的基础上创造马其顿民族是不可接受的。全会的决议旨在将马其顿问题置于现实的基础上，至少在保加利亚政策方面："马其顿人的"国家在古代、中世纪或 19 世纪都没有历史根源。现在存在将保加利亚人转变为旧塞尔维亚马其顿地区的"马其顿民族"的情况，当地的人们使用"马其顿人"一词来避免自我定义为保加利亚人和遭到塞族人的报复；因此，这些人最终与南斯拉夫人民相认同，现在有一个独立的身份。全会指出，1944—1948 年党在马其顿问题上采取了错误的政策，并否定在保加利亚存在任何"马其顿少数民族"的概念，因为那里并不存在类似的条件。③

这些成为日夫科夫领导下保加利亚政策的指导方针。1967 年 5 月，保加利亚领导人和南斯拉夫马其顿共产主义者联盟中央委员会主席克尔斯

---

① Sfetas, *He Diamorfosi tis Svavomakedonikis Taftotitas*, pp. 257-263.
② *Makedonskijat Vapros v balgaro-jugoslavkite otnošenija 1950-1967g. Dokumentalen sbornik* (*The Macedonian Question in Bulgarian-Yugoslav Relations*: *a Collection of Documents*) (Sofia: Dâržavna Agencija "Arhivi" -Arhivite Govorjat, 2009), pp. 248-254.
③ Centalen Dâržaven Arhiv fond IB, opis 5, arhivna edinica 568 (hereafter CDA, f. IB, op. v5, a. e. 568), Protocol of the Plenum of the BCP and speech by T. Živkov on the Macedonian question, Sofia, 11-12 March 1963.

特·克尔文科夫斯基（Krste Crvenkovski）达成了一项非正式协议，以避免在国际政治交往中提出这些问题，但允许历史学家处理这些问题。① 然而，政治与历史之间的互动越来越紧密。1967年7月，马其顿社会主义共和国单方面宣布了一个独立的"马其顿东正教会"，同年，成立了"马其顿科学与艺术学院"，而保加利亚将马其顿社会主义共和国日益增强的自治权视为挑战。② 1967年12月，保共政治局审查了通过结合无产阶级国际主义和保加利亚民族主义来加强保加利亚共青团的爱国主义教育的方式，这两种方式的结合被认为并非是不相容的。对保加利亚历史的虚无主义态度应该终止。从某种意义上说，面对所认为的马其顿社会主义共和国的文化侵略，这是一种防御性的话语：

> 我们很少谈到保加利亚国家的奠基者阿斯帕鲁克汗（Khan Asparoukh），因为"可怕的克鲁姆"（Krum the Terrible）从（拜占庭帝国的）同化政策中拯救了斯拉夫人，所有斯拉夫人都必须为他建造一座雕像，因为西米恩沙皇（Czar Symeon）和保加利亚文化的黄金时代，因为沙皇塞缪尔、沙皇卡洛扬（Czar Kaloyan）、沙皇伊万·阿森二世（Czar Ivan Asen Ⅱ）……在我们的血管里流淌着色雷斯人的鲜血，我们是色雷斯人历史和遗产的合法继承人。③

因此，保加利亚与南斯拉夫的争论产生了一个突出的史学研究维度。1903年在马其顿和色雷斯地区的伊林登起义和普列欧布拉兹赫尼起义分别被视为保加利亚历史上的光辉时刻。保加利亚将伊林登起义的爆发日和1878年《圣斯特凡诺条约》的签署日（3月3日）作为国家法定假日。

---

① CDA, f. IB, op. 34, a. e. 55, Record (Živkov, Crvenkovski), 19 May 1967; CDA, f. 1B, op. 24, a, e. 58. Record (Živkov-Tito), 6 June 1967.

② 原文如此。

③ AJ, Fond 83, KPR, Ⅰ-3-a/14-17, Foreign Ministry note, Information on the state of Yugoslav-Bulgarian relations, 13 May 1969.

第十四章　地区问题与冷战问题的叠加：希腊—保加利亚—南斯拉夫在马其顿问题上的三角关系，1963—1980 年

1968 年 1 月 13 日，日夫科夫在保加利亚共青团第十次全国代表大会上发表讲话，特别提到了保加利亚现代历史上的主要转折点：

> 在总共 13 个世纪（保加利亚人民的历史）中，只有在上个世纪，保加利亚的名字才成为人民主要英雄主义精神的代名词。神圣而悲情的 1876 年 4 月保加利亚起义，1903 年伊林登的牺牲，1918 年秋天的军事起义，难以忘怀的 1923 年"九月起义"，20 年的斗争最终以保加利亚社会主义革命的胜利而告终，这些是我国历史上的重大事件，我们有权为此感到自豪。[1]

1968 年之后，政治与历史之间的互动达到了顶峰。[2] 保加利亚为庆祝 1877—1878 年俄土战争和《圣斯特凡诺条约》签署 90 周年而举行的官方活动引发了保加利亚和南斯拉夫之间的新一轮争论。保加利亚历史学家将俄土战争归为进步和解放；《圣斯特凡诺条约》的条款确定了保加利亚国家的版图。[3] 而在马其顿社会主义共和国，这些被视为保加利亚对南斯拉夫最南端的共和国提出的领土主张。在政治层面上，铁托盛赞捷克斯洛伐克共产党中央委员会第一书记杜布切克（Alexander Dubček）和"布拉格之春"，还谴责勃列日涅夫关于社会主义国家"有限主权"的学说。但保

---

[1] *Rabotničesko Delo*, 14 January 1968.

[2] 参见：*Makedonskijat Vapros v Balgaro-Jugoslavskite Otnošenija 1968–1989 g. Čast I. Dokumentalen Sbornik* (*The Macedonian Question in Bulgarian-Yugoslav Relations, a Collection of Documents, First Part*) (Sofia: Dâržavna Agencija "Arhivi" – Arhivite Govorjat, 2012); Novica Veljanovski, *Makedonija i Balkanot: Dogovori i Odnosi po Vtorata Svetska Vojna* (*Macedonia and the Balkans: Agreements and Relations after the Second World War*) (Skopje: Makedonska Reč, 2007), pp. 212–241; Krste Crvenkovski, *Na branikot na makedonskata samobitnost. Material od političkite razgovori za Makedonskoto Prašanje* (*On the Brink of Macedonian Self-government: Material from Political Talks on the Macedonian Question*) (Skopje: Institut za Nacionalna Istorija-Institute for National History, 1998); Stefan Troebst, *Die bulgarisch-jugoslavische Kontroverse um Makedonien 1967–1982* (Munich: Oldenburg Verlag, 1983)。

[3] "Das Mazedonien Problem-neu gestellt?" *Wissenschaftlicher Dienst Südosteuropa* 12, No. 3 (1968), p. 34. 另参见：Spyridon Sfetas, "The Bulgarian-Yugoslav Dispute over the Macedonian Question as a Reflection of the Soviet-Yugoslav Controversy (1968–1980)," *Balcanica* XLIII (2012), pp. 247–269。

加利亚参与了对捷克斯洛伐克的入侵,并辩称有必要在南斯拉夫"捍卫社会主义制度":在贝尔格莱德,这也被视为保加利亚可能采取侵略性政策的标志,或者如果在南斯拉夫适用勃列日涅夫主义,这甚至可以作为保加利亚意图染指南斯拉夫马其顿共和国的迹象。此外,在同一时间,1968—1969年,贝尔格莱德对保加利亚新闻界赞扬1944年保加利亚军队参与南斯拉夫解放的倾向感到恼火;南斯拉夫人认为这是为了淡化南斯拉夫游击队的作用(铁托政权合法化的基础),并模糊了保加利亚作为轴心国的战争经历。我们现在知道,南斯拉夫的这些担忧是夸大其词:索非亚并未准备要采取侵略行动,而是试图维护华沙条约组织与罗马尼亚之间动摇的团结。① 尽管如此,保加利亚仍然利用入侵捷克斯洛伐克后的紧张局势并干扰南斯拉夫的马其顿政策的努力是明显的。

1968年11月,在勃列日涅夫主义宣布后,在南斯拉夫就防御华约组织的入侵进行讨论时,保加利亚科学院历史研究所出版了一部关于马其顿问题的历史政治专著,再次震惊了贝尔格莱德。该书指出,南斯拉夫瓦尔达尔地区(Vardar)的马其顿人口中有三分之二是保加利亚人,他们正遭到去保加利亚化政策的影响。它还反对南斯拉夫和马其顿宣称拥有保加利亚的部分历史的企图:将奥赫里德的克莱门特(Clement of Ohrid)描述为"马其顿人民"的儿子,将塞缪尔描述为"马其顿王国"的沙皇,以及将19世纪马其顿地区的保加利亚民族觉醒运动的领导人〔米拉迪诺夫兄弟(Miladinov brothers)、格里戈尔·帕尔利切夫(Grigor Parličev)、拉伊科·日恩日福夫(Rajiko Žinžifov)、达梅·格鲁埃夫(Dame Gruev)、戈采·德尔切夫(Goce Delčev)和贾内·桑丹斯基(Jane Sandanski)〕描述为"马其顿民族"。保加利亚科学院拒绝接受马其顿人民共和国的建立证明了马其顿内部革命组织理想的正确性。南斯拉夫共产党人被指责前后不一,因为他们在1940年10月接受了关于存在"马其顿民族"的观点;根据保

---

① Jordan Baev, "The Warsaw Pact and Southern Tier Conflicts, 1959-1969," in Mary Ann Heiss and S. Victor Papacosma, eds., *NATO and the Warsaw Pact: Intrabloc Conflicts* (Kent, OH: Kent State University Press, 2008), pp. 193-205.

第十四章 地区问题与冷战问题的叠加：希腊—保加利亚—南斯拉夫在马其顿问题上的三角关系，1963—1980 年

加利亚学者的说法，南斯拉夫共产党因此赞同塞尔维亚反动派，特别是约万·茨维伊奇（Jovan Cvijić）的观点。应该指出的是，保加利亚的这一断言是错误的：茨维伊奇认为马其顿地区的斯拉夫人是一个"无组织"的人群，其可以被塞尔维亚化或保加利亚化；此外，保加利亚的历史学家隐瞒了巴尔干各国共产党于 1934 年接受了共产国际承认存在"马其顿民族"这一事实。历史学家批评了 1946—1947 年保共的政策，当时索非亚命令保加利亚的马其顿人民宣称自己是"马其顿人"。尽管如此，他们还指出，在 1948 年 12 月保共第五次代表大会上，季米特洛夫本人谴责了南斯拉夫马其顿共和国的"去保加利亚化"政策。因此，根据历史学家的说法，保共最终纠正了过去的错误：1965 年，在新的人口普查中，保加利亚的马其顿人有权自由表达自己的意见，但只有一小部分人宣称自己是"马其顿人"而不是保加利亚人。[1]

因此，保加利亚人发起了一场重大的文化反攻，而这部著作是勃列日涅夫主义之后对南斯拉夫发动的一场隐蔽心理战的一部分。但与南斯拉夫人所担心的相反，保加利亚的目标是防御性的。这部著作的结论中的政治信息是：

> 由于帝国主义列强的阴谋，保共认为马其顿问题是过去的一项沉重的遗产。但在今天的背景下，保加利亚人民共和国与南斯拉夫社会主义联邦共和国关系中的根本问题不是马其顿问题，而是他们在建设社会主义方面的合作问题。我们必须努力实现我们各国人民之间的友谊，所有巴尔干社会主义国家的合作，以及与苏联建立联系，因为最重要的是，这取决于进步、和平、民主、社会主义道路上的新成就；这也取决于在巴尔干地区阻止国际帝国主义和北约的计划和政策。[2]

---

[1] *Istoriko-političeska spravka po Makedonskiat Vapros*（*Historico-political Treatise on the Macedonian Issue*）（Sofia：Institut za Isroria pri BAN，1968），pp. 1–26.

[2] Ibid.，p. 32.

铁托和日夫科夫试图缓解在马其顿问题上的相互误解或困境,因此,1970年11月维尔科·弗拉霍维奇(Veljko Vlahović)率领南斯拉夫代表团访问了索非亚。在保加利亚时,南斯拉夫方面提出了"马其顿少数民族"的问题,并指出保加利亚正在进行《圣斯特凡诺条约》中的领土收复主义。鲍里斯·贝尔切夫(Boris Belčev)率领的保加利亚代表团重申了保加利亚的立场:中世纪没有"马其顿民族",南斯拉夫不应该插手保加利亚的历史;马其顿社会主义共和国的人民最初具有保加利亚意识,不过由于特定原因,他们后来采用了"马其顿"意识;不过由于保加利亚马其顿地区的保加利亚人没有经历过与南斯拉夫南部那样相同的历史进程,所以他们是保加利亚人,而不是"马其顿少数民族"。[1] 这些立场是互不相容的。尽管1973年苏联与南斯拉夫的关系有所改善,但保加利亚并没有改变对马其顿问题的态度。因此,日夫科夫旨在提出一项不受苏联与南斯拉夫关系影响的稳定政策的目标已经实现。

《赫尔辛基最后议定书》通过后,1975年11月,保加利亚外交部长姆拉德诺夫访问了贝尔格莱德,并提议签署双边友好宣言,其中包括承认两国领土完整、边界不可侵犯、互不干涉内政。[2] 1976年1月,贝尔格莱德答复说它将接受该提议,并附加了一项关于尊重"保加利亚马其顿少数民族"和塞尔维亚保加利亚少数民族权利的条款。[3] 索非亚拒绝了这一提法。1976—1977年保加利亚—南斯拉夫联合工作组举行了会议,但未能达成协议。保加利亚方面要求南斯拉夫接受马其顿社会主义共和国是一个新出现的国家,因此保加利亚也没有马其顿少数民族。[4]

然而在1978年,由于庆祝保加利亚建国100周年,保南双边关系出现了一个新问题。在庆祝活动期间,《圣斯特凡诺条约》和马其顿问题占有

---

[1] CDA, f. 1B, op. 60, a. e. 55, Protocol of the talks, Sofia, 9–10 November 1970.

[2] CDA, f. 1B, op. 35, a. e. 5535, note on the visit of Mladenov to the SRM, 17 November 1975.

[3] 参见:Tanjung's brochure, *Jugoslovenski stavovi i dokumenti za odnosi so Bugarija* (*Yugoslav Positions and Documents on Relations with Bulgaria*)(Skopje:July 1978), pp. 17–21。

[4] Stojan Germanov, "Balgaro-jugoslavskite razgovori po makedonskijat vapros. Stenografki protokoli, September 1976g. ,"("Bulgarian-Yugoslav Talks on the Macedonian Question:Minutes") *Makedonski Pregled* 2 (2007), pp. 107–128.

第十四章 地区问题与冷战问题的叠加：希腊—保加利亚—南斯拉夫在马其顿问题上的三角关系，1963—1980年

突出的地位。斯科普里指责索非亚正在恢复1878年的领土收复主义，并向南斯拉夫南部提出领土要求。1978年6月，南斯拉夫共产主义者联盟第十一次代表大会呼吁根据《赫尔辛基最后议定书》的精神，保护"保加利亚和希腊的马其顿少数民族"的权利。[①] 1978年7月24日，保加利亚外交部专门发布了关于保加利亚与南斯拉夫关系发展的小册子：

> 没有证据可以证明中世纪时期存在马其顿民族及其国家组织，以及证明保加利亚民族觉醒运动时期存在马其顿国家。历史证据以无可争辩的方式表明，马其顿地区的保加利亚人在塑造保加利亚国家的过程中是最积极的部分。[②]

当然，在保加利亚语文本中，"马其顿"一词指的是更广泛的地理区域，而不只是南斯拉夫的马其顿地区。

1978年9月，保加利亚科学艺术学院以英文出版了一份期待已久的资料，内容涉及中世纪到第二次世界大战期间马其顿（更广泛的地区，不只是南斯拉夫部分），该资料指出其斯拉夫人口的保加利亚特征。[③] 对此，铁托显然对争议的日益扩大感到不安，1978年10月6日，他在斯科普里发言时提到必须克服仇恨：

> 有些国家不承认少数民族的权利。我们的立场是，必须承认所有民族的权利，而少数民族问题需要建设性的解决办案。如你们所知，我会见了希腊政府总理卡拉曼利斯（C. Karamanlis）。我告诉他，我们被迫在更广泛的基础上建立双边关系，而不是仅

[①] Hans-Joachim-Hoppe, "Der bulgarisch-jugoslawische Streit um Makedonien," *Osteuropa-Archiv* 5 (1979), p. 302.

[②] *Za vsestranno razvitie na bâlgaro-jugoslavskite otnošenija. Deklaracija na Ministerstvoto na Vânšnite Raboti na Narodna Republika Bâlgarja*，(*On the Wide Development of Bulgarian-Yugoslav Relations*：*Declaration of the Foreign Ministry of the People's Republic of Bulgaria*) Sofia, 1978.

[③] V. Bozhinov, L. Panayotov, eds., *Macedonia*：*Documents and Material* (Sofia：Bulgarian Institute of Sciences, Institute of History-Bulgarian Language Institute, 1978).

281

仅在少数民族问题这个公认的重要问题的棱镜下看待它们。对保加利亚来说，这一问题的严重性更大，不是因为我们的错误，而是因为我们也必须通过共同努力，坚持改善关系。①

对此，保加利亚试图给贝尔格莱德一个惊喜。1978年10月6日，恰在铁托在斯科普里讲话的那一天，保共中央委员会致函南斯拉夫共产主义者联盟中央委员会，建议在保加利亚的布拉戈耶夫格勒州（Blagoevgrad）设立一个国际研究项目，以评估全体居民的种族特征并审查1946年、1956年、1965年和1975年的人口普查。然而，保加利亚方面继续表示，在南斯拉夫也应进行类似的国际研究，包括分析南斯拉夫马其顿共和国境内的瓦尔达尔地区（过去）许多保加利亚人的命运。② 南共联盟回复称，保共的目标是不可理喻的，并声称后者的提议与以前保加利亚提出的两国相互承认领土完整的提议不相符。③

之后保加利亚人又有了新动作。在勃列日涅夫于1979年1月在索非亚的"休闲之旅"期间，佐拉·德拉戈伊切娃（Cola Dragoičeva）回忆录的第三卷出版。德拉戈伊切娃是保共中央委员会的成员，并担任苏保友好协会的会长。在她的回忆录中，这位曾经的游击队战士讨论了1941年（在保加利亚占领南斯拉夫马其顿地区时）南斯拉夫共产党（马其顿）地区委员会自愿加入保共的决定，而南斯拉夫方面称之为"沙托罗夫叛党事件"（Treason of Šatorov）④。德拉戈伊切娃还广泛提到了铁托的代表斯韦托扎尔·武科马诺维奇-滕波（Svetozar Vukmanović-Tempo），其在创立马其顿

---

① *Kathimerini*（Athens），7 October 1978.
② Novica Veljanovski and Jan. Rihlik, eds., *Čehoslovački diplomatski dokumenti za Makedonija, kniga 4, 1976–1989* (*Czechoslovak Documents on Macedonia, Book 7*) (Državen Arhiv na Republika Makedonija: Skopje 2010), pp. 101–106.
③ CDA, f. 1B, op. 60, a. e. 254, Record (Kubadinski, Minić), 18–21 June 1979.
④ 梅托迪·塔塞夫·沙托罗夫（Metodi Tasev Shatorov，保加利亚语：Методи Шаторов-Шарло），20世纪上半叶保加利亚共产党领导人，自1940年开始同时担任马其顿瓦尔达尔地区共产党书记。1941年4月保加利亚追随纳粹德国入侵南斯拉夫，后瓜分占领了南斯拉夫的瓦尔达尔马其顿。沙托罗夫对此表示赞成。受沙托罗夫影响，当地共产党与南共断绝联系，成为保共的下辖支部。——译者注

第十四章 地区问题与冷战问题的叠加：希腊—保加利亚—南斯拉夫在马其顿问题上的三角关系，1963—1980年

人民共和国时发挥了重要作用；她批判性地讨论了南斯拉夫的新马其顿政策，并提到了南斯拉夫在1944—1948年试图吞并保加利亚马其顿地区。她强调了南斯拉夫马其顿地区的去保加利亚化运动，并将其归因于铁托—科利舍夫斯基（Koliševski）"集团"。① 1979年3月4日，南斯拉夫杂志《每周信息报》② 发表了对马其顿科学与艺术学院院长阿波斯托尔斯基的采访。阿波斯托尔斯基这位前将军曾经担任马其顿民族解放军总参谋长，他对德拉戈伊切娃观点的准确性提出质疑，并谴责保加利亚领导层的霸权主义，正如他所说，他们想象出拥有古代色雷斯人的血统，但缺乏战斗精神，并将他们的自由归功于外国保护者。③

1979年4月27日，即铁托再次访问莫斯科的前几天，日夫科夫指责南斯拉夫，并邀请铁托访问索非亚以化解新的危机。④ 铁托拒绝了日夫科夫的邀请。然而，保加利亚与南斯拉夫关系在马其顿问题上新的紧张局势恰逢印度支那出现的重要变化：越南入侵柬埔寨以及中国对越南自卫反击战爆发。两个巴尔干国家再次采取了对立的立场。1979年4月23日和24日南斯拉夫外交部长米洛什·米尼奇在莫斯科与苏联外交部长葛罗米柯会晤时，抱怨称苏联支持保加利亚在马其顿问题上的看法，以及在勃列日涅夫访问期间保加利亚出版德拉戈伊切娃的回忆录。根据米尼奇的说法，德拉戈伊切娃对南斯拉夫的根基提出异议，拒绝承认马其顿民族的存在，实际上是保加利亚对南斯拉夫南部提出领土主张。⑤ 1979年5月最后一次访问莫斯科期间，铁托向勃列日涅夫表达了类似的抱怨。苏联方面回答说，他们在这场争端中保持中立，并呼吁双方在没有第三方帮助的情况下解决

---

① Cola Dragoičeva, "Na klasovi i internacionalističeski pozicii,"（"On Class and Internationalist Positions"）*Septemvri* 32, No. 1（1979）, pp. 5-80.

② 《每周信息报》（*Nedeljne informativne novine*）是1935年开始在贝尔格莱德发行的一份新闻类杂志。——译者注

③ "Neman dokaze, ali tvridim,"（"I Have no Proof, but I Argue"）*NIN*, 4 March 1979.

④ Todor Živkov, *Izbrani Sačinenija*, vol. 29（april 1979-oktomvri 1979）（Selected Works）（Sofia: Partizdat, 1983）, pp. 30-32.

⑤ AJ, Fond 837, KPR-Ⅰ-2/75, Record（Minić, Kosygin）, 23 April 1979.

问题。①

南斯拉夫和保加利亚之间的争议仍在继续。1980 年 5 月 16 日至 6 月 9 日,贝尔格莱德日报《政治报》刊登了即将出版的南斯拉夫前主要领导人武科马诺维奇的回忆录的摘录,其中他指出,保共并未与第二次世界大战期间保加利亚博格丹·菲洛夫(Bogdan Filov)政府的法西斯政策保持距离。这是对保加利亚人的沉重打击,他们还以颜色,贬低了 1941—1944 年南斯拉夫马其顿抵抗运动的影响,并赞扬了保加利亚军队在 1944 年南斯拉夫解放中的贡献。南斯拉夫历史学家尖刻地回答说,保加利亚在 1946—1948 年承认了一个"马其顿少数民族",但后来又出尔反尔了。②

1980 年铁托的去世标志着这场争议的逐渐淡化。南斯拉夫现在面临着严重的内部问题,不再把承认"马其顿少数民族"作为发展双边关系的先决条件。反过来,索非亚将注意力转向保加利亚境内穆斯林少数民族的地位问题。尽管如此,索非亚继续认真关注南斯拉夫的内部事态发展,显然认为南斯拉夫的危机或阿尔巴尼亚问题的爆发可能使南斯拉夫南部居民的立场更接近保加利亚。

希腊与南斯拉夫:冲突和联盟之间

在苏南分裂和 1950—1951 年希腊与南斯拉夫重建外交关系之后,③ 贝尔格莱德不再对希腊马其顿地区提出领土主张。依靠美国的援助,南斯拉夫得以在与斯大林的争端中坚持下来;希腊和南斯拉夫认为它们是应对苏联集团挑战的战略盟友,这体现在它们与土耳其共同参与签署 1953—1954

---

① AJ, Fond 837, KPR-Ⅰ-2/75, Record (Tito-Brezhnev), 17–18 May 1979.

② 关于这些对话,参见:Spyridon Sfetas, eds., *O Akiryktos Polemos gia to Makedoniko: Voulgaria-Yougoslavia 1968-1989* (The Undeclared War on the Macedonian Question: Bulgaria-Yugoslavia) (Thessaloniki: Kyriakides, 2009), pp. 76–77.

③ Ioannis Stefanidis, "United States, Great Britain, and the Greek-Yugoslav Rapprochement, 1949–1950," *Balkan Studies* 27, No. 2 (1986), pp. 315–343.

第十四章 地区问题与冷战问题的叠加：希腊—保加利亚—南斯拉夫在马其顿问题上的三角关系，1963—1980 年

年的《巴尔干条约》方面。①

虽然内部政治导致斯科普里的政治家们提出了"马其顿少数民族"的问题，但这并未作为双边合作的先决条件。就希腊而言，它曾抗议马其顿人民共和国安置在希腊内战中与共产党军队共同作战的斯拉夫—马其顿难民。然而，只要南斯拉夫联邦政府仍然明显强大，雅典就相信贝尔格莱德能够为了共同防御的利益而约束斯科普里。1959 年 6 月 18 日，希腊和南斯拉夫签署了一系列双边经济和技术合作协定，以及一项边境交通管理协定。后一项协定在边界两侧各设立了一片 10 公里的区域，其中包括弗洛里纳（Florina）和比托尔（Bitol）等城市。在这些区域内，将允许居民自由流动，授权进口和销售特定产品，医生可以执业，1939 年以前拥有这些土地的两国国民都可以耕种这些土地。1961 年，当南斯拉夫开始权力下放的进程时，联邦外交部提出了希腊"马其顿少数民族"的权利问题。希腊首相康斯坦丁诺斯·卡拉曼利斯（他本人就是希腊—马其顿人）曾参与谈判并签署了 1959 年的边境交通管理协定，作为回应，他领导下的希腊政府单方面暂停执行该协定；1964 年又重新开始执行。这是一场低级别的危机，希腊试图实现双重目标：向贝尔格莱德展示自己在马其顿问题上的"红线"，同时也避免双边合作的破裂，这在面对苏联挑战时是至关重要的。②

20 世纪 60 年代中期之后，特别是 1967 年希腊实行军事独裁统治后，南希双边关系停滞不前。希腊军政府对南斯拉夫极为怀疑，军政府领导人经常指责南斯拉夫在希腊内战中的作用及南斯拉夫在马其顿问题上的政策。两国政治接触很少，希腊当局不愿为南斯拉夫公民签发旅游签证。1967 年 5 月，在当政不到一个月后，希腊军政府就谴责了 1959 年的边境

---

① John O. Iatrides, *Balkan Triangle: Birth and Decline of an Alliance across Ideological Boundaries* (The Hague: Mouton, 1968).

② 关于 1961—1962 年的南希关系危机，参见：Spyridon Sfetas, *Sti Skia tou Makedonikou: he Krisi Athinas-Veligradiou sti Dekaetia tou 1960* (*In the Shadow of the Macedonian Question: the Athens-Belgrade Crisis during the 1960s*) (Thessaloniki: Epikentro, 2007); Sotiris Wallden, *Hellada kai Yougoslavia: Gennisi kai Exelixi mias Krisis* (*Greece and Yugoslavia: Birth and Evolution of a Crisis*) (Athens: Themelio, 1991); Evanthis Hatzivassiliou, *Greece and the Cold War: Frontline State, 1952-1967* (London: Routledge, 2006), pp. 114-116。

交通协定。① 7月，希腊内阁颁布了一项法令，剥夺了那些"有反国家行为的"政治难民的希腊国籍；他们的财产也可能被没收。② 显然，除了该政权的反对者，这项措施也适用于那些在内战期间为分离希腊马其顿地区而战，并逃往共产党国家或被归化为南斯拉夫"马其顿人"的斯拉夫—马其顿难民。1967年7月18日马其顿社会主义共和国宣布成立"马其顿东正教会"，这是斯拉夫—马其顿国家建设的一个步骤，引发了希腊宗教机构的强烈反应。1967年9月，希腊东正教教务委员会谴责新设立的教会违反教规并缺乏合法性。③ 其他东正教会也不承认它，因为它单方面脱离塞尔维亚宗主教区，违反了教会规定。

1968年以后，希腊试图在保加利亚与南斯拉夫对马其顿的文化竞争中保持中立。雅典谴责苏联集团入侵捷克斯洛伐克，并宣布支持南斯拉夫独立。然而，它不能接受南斯拉夫关于历史上存在"马其顿国家"的立场，也不能完全支持保加利亚的观点，尽管雅典和索非亚都团结一致拒绝接受南斯拉夫关于承认马其顿少数民族的要求。希腊驻贝尔格莱德大使斯皮罗斯·泰特内斯（Spyros Tetenes）建议，雅典应该把重点放在从古代到20世纪初的更广泛的马其顿地区的希腊特征上，并明确表示这不应被视为领土主张，而是旨在迫使斯科普里停止要求承认（马其顿是一个）少数民族的防御性措施。④

与此同时，南斯拉夫共和国日益增强的自治也影响了双边关系。随着马其顿（和南斯拉夫其他共和国）获得很高程度的自治权，马其顿开始指出双边关系的发展取决于希腊对该国"马其顿少数民族"的承认。斯科普里广播电台以希腊语广播的形式在提出这一议程方面发挥了突出的作用。这使雅典相信它正面临着一场宣传攻势。1971年3月17日，希腊总理办公室副秘书长兼军政府的主要理论家耶奥尔伊奥斯·耶奥尔加拉斯

---

① Sfetas, *Sti Skia tou Makedonikou*, pp. 131-132.
② *To Vima* (Athens), 26 July 1967.
③ *To Vima*, 15 September 1967.
④ Athens, Diplomatic and Historical Archive of the Foreign Ministry, Central Service (hereafter DIAYE), 1968/67/5, Tetenes to Foreign Ministry, 3 and 16 September 1968.

第十四章　地区问题与冷战问题的叠加：希腊—保加利亚—南斯拉夫在马其顿问题上的三角关系，1963—1980年

(Georgios Georgalas) 表示：

> 正如我们遗憾地指出的那样，这些广播节目是南斯拉夫与希腊之间关系的一根刺……它们引用过去不知名作者的文本，这些作者声称存在马其顿问题、马其顿语，等等。但奇怪的是，广播节目说这些东西时使用的不是所谓的马其顿语，而是希腊语。我们不能接受，南斯拉夫的权力下放……允许斯科普里可以这样做。因为我们不能相信南斯拉夫的大众传媒、广播、电视和新闻界的自主权可以使一个广播电台有权执行其自己的外交政策。①

1970—1972年，在走向缓和的道路上，耶奥尔伊奥斯·帕帕佐普洛斯（Georgios Papadopoulos）领导的希腊政府试图在巴尔干地区打开局面。② 1971年9月，希腊外交部副部长克里斯托斯·克桑索普洛斯-帕拉马斯访问贝尔格莱德是一个充满希望的信号。南斯拉夫外交部长米尔科·特帕瓦茨提出了希腊的马其顿少数民族问题，但帕拉马斯回答说，习语或语言变体的存在并不能说明南斯拉夫的这种说法合法化。特帕瓦茨指出了1971年南斯拉夫对宪法的修订，并表示希腊与南斯拉夫关系的改善是以同南斯拉夫各共和国保持良好关系为前提的。帕拉马斯认真地指出，由于南斯拉夫仍然是一个统一的国家，雅典将与作为其首都的贝尔格莱德讨论问题："如果南斯拉夫的任何一部分具有国际法地位，那么我们当然将研究如何直接同它建立关系（我们不希望是这样）。我希望您同意我的看法，即这一立场是以国际法为牢固基础的。"③

帕拉马斯访问之后，希腊—南斯拉夫部长级委员会于1972年1月在贝

---

① Nea Politeia (Athens), 18 March 1971.
② 更多内容，可参见：Sotiris Wallden, *Paratairoi Etairoi: Helleniki Diktatoria, Kommounistika Kathestota kai Valkania, 1967-1974* (*Unseemly Partners: Greek Dictatorship, Communist Regimes and the Balkans*) (Athens: Polis, 2009)。
③ DIAYE, 1971/1/6, Summary of record (Xanthopoulos-Palamas, Tepavac), 8 September 1971.

尔格莱德并于1973年3月在雅典举行了会议。这是1965年以来召开的第一次会议。虽然双方在经贸关系方面取得了进展，但在雅典会议期间，希腊拒绝了南斯拉夫关于缔结文化协定的提议。问题在于南斯拉夫坚持认为新的文化项目也应该"以马其顿语"签署，并明确提到南联邦组成部分的马其顿社会主义共和国。这是使希腊承认南斯拉夫南部的一种独立语言的间接努力。[1] 希腊对南斯拉夫的这一要求感到尴尬。在一份公开声明中，希腊代理外交部长费宗·安尼诺斯-卡瓦利埃拉托斯（Faidon Anninos-Kavalieratos）抱怨贝尔格莱德有时被南联邦政府绑架。[2]

在1973—1974年希腊军政府统治的最后阶段，希腊与南斯拉夫关系状况令人失望。涉及马其顿问题的经济项目停滞不前，例如开发阿克西奥斯河/瓦尔达尔河（Axios/Vardar）流域，修建一条连接该河与摩拉瓦河（Morava）和多瑙河的运河，在塞萨洛尼基（Thessaloniki）和斯科普里之间建造输油管道，以及1974年6月14日到期的关于塞萨洛尼基港南斯拉夫自由区的协定续签的问题。由于苏联与南斯拉夫新的和解以及1974年2月南斯拉夫新宪法的生效，希南双边关系也受到了波及：希腊担心新宪法将南斯拉夫变成联邦和邦联之间的混合体。[3]

1974年7月希腊恢复民主制后，希南双边关系得到了显著改善。[4] 希腊卡拉曼利斯政府再次寻求在其与土耳其在塞浦路斯和爱琴海的争端中获得南斯拉夫的支持。1975年6月初，卡拉曼利斯访问卢布尔雅那，开启了双边关系的新纪元。会谈的重点是重大政治问题，包括呼吁土耳其军队撤

---

[1] 之前的文化协定到期后，1968年后南斯拉夫经常要求用该国所有民族的语言签署一份新协定，包括马其顿语，并要求其中提到参与活动的所有组织，特别是那些设在斯科普里的组织。参见：DIAYE, 1971/1/2, First Directory, Minute for the exclusive use of the Prime Minister, 28 July 1971.

[2] *Naftemporiki*（Athens）, 23 March 1973.

[3] 例如1974年2月2日希腊外交部政治事务主任约阿尼斯·楚尼斯（Ioannis Tzounis）与罗马尼亚大使伊翁·布拉德（Ion Brad）的讨论，参见：Ioan Brad, μυστικές συναντήσεις στην Ελλάδα (*Secret Meetings in Greece*)（Thessaloniki: Epikentro, 2012）, pp. 83-84。

[4] 另参见：Constantinos Svolopoulos, *He Helleniki Politiki sta Valkania, 1974-1981* (*Greek Policy in the Balkans, 1974-1981*)（Athens: Helliniki Evroekdotiki, 1987）; Evangelos Kofos, "Greece and the Balkans in the '70s and '80s," *The Southeast European Yearbook*（Athens, 1990）, pp. 193-222。

第十四章　地区问题与冷战问题的叠加：希腊—保加利亚—南斯拉夫在马其顿问题上的三角关系，1963—1980年

出塞浦路斯。南斯拉夫总理杰马尔·比耶迪奇提出了"马其顿少数民族"问题，但卡拉曼利斯拒绝讨论无法达成共识的事项。卡拉曼利斯知道马其顿社会主义共和国已经加强了自治权，可以向贝尔格莱德施压来提出这个问题；因此，他决定从一开始就亮出他的底线。[①] 同时，较低层次的合作得到恢复：1975年年初，两国达成的一项新协议规定了南斯拉夫在塞萨洛尼基港的贸易往来问题。[②]

1976年5月10—13日铁托访问希腊期间，两国的关系气氛非常好。双边经贸往来蓬勃发展。铁托继续表达对塞浦路斯和希腊的声援，甚至提议在它们和土耳其之间进行调解。卡拉曼利斯认为，因为塞浦路斯是不结盟运动成员国（而不是西方国家），所以才使土耳其入侵塞浦路斯成为可能，铁托对此表示不满。但是，这位南斯拉夫领导人没有就此向希腊施压。此外，南斯拉夫代表团中现在包括马其顿社会主义共和国主席团主席鲍里斯·波波夫（Boris Popov）。可能是因为他在场，铁托小心翼翼地提出了少数民族的问题；卡拉曼利斯回答说，对于希腊来说，马其顿是一个地理术语，而不是一个民族术语。[③] 1976年10月，双方达成了一项军事合作协定，在南斯拉夫遭到进攻或希腊—土耳其战争时相互提供支持。[④]

1977年两国取消了商业关系中的结算手续，前往希腊的南斯拉夫游客人数稳步增加。就希腊而言，其要求增加汽车经过南斯拉夫到达中欧的通行许可证。1979年3月16—20日卡拉曼利斯访问斯普利特（Split）期间，在同南斯拉夫总理韦塞林·久拉诺维奇（Veselin Đuranović）对话时他提出了这一问题。当后者再次小心翼翼地谈及少数民族问题时，卡拉曼利斯回答说：

[①] Constantinos Svolopoulos gen. ed., *Constantinos Karamanlis*：*Archeio*, *Gegonota kai Keimena* (*Archive*, *Events and Texts—hereafter Karamanlis*), (Athens：Ekdotike Athenon, 1996), 8：426-430, Record (Karamanlis, Bijedić), 4 June 1975.

[②] *Karamanlis*, 8：306.

[③] AJ, Fond 837, KPR, Ⅰ-2/66-67, Note on the Talks between Tito and Karamanlis, 11 May 1976；*Karamanlis*, 9：218-220, record (Karamanlis, Tito), 11 May 1976.

[④] Sfetas, "The Bulgarian-Yugoslav Dispute," pp. 268-269.

289

我们不接受少数民族的存在。希腊马其顿地区的双语者具有希腊民族意识。我们发生了内战。这些人（斯拉夫—马其顿自治主义者）中很大一部分去了斯科普里，有时会造成麻烦。我认为提出这个问题不是明智之举。我总是非常谨慎地保护我们的关系，即使我被斯科普里的言论所激怒，我也没有公开做出反应，这正是因为我想避免对我们的关系产生不利影响。但这件事会伤害我们，因为它确实在希腊引起了反应。[①]

与保加利亚相比，贝尔格莱德对待希腊的方式有明显的不同。承认"少数民族"并没有作为发展南希双边关系的先决条件。反过来，希腊也试图将马其顿问题搁置在一边。两国都认为，即使它们的国际立场完全不同，但它们在冷战背景下相互需要。希腊担心，铁托去世后，一旦苏联的影响在南斯拉夫占据优势，马其顿问题将通过旧有的关于巴尔干联邦的共产主义思想的复兴而变得突出；正是基于这样的计划，在两次世界大战之间和战后初期的共产主义运动中，才讨论了希腊马其顿地区的分离问题。因此，希腊不希望南斯拉夫解体，因为这将破坏巴尔干的平衡。

结 论

地区问题和冷战问题的叠加存在多个问题。前者"隐藏"在冷战的紧张局势中。马其顿问题本身因共产主义阵营内部的政治发生了重大转变，成为索非亚和贝尔格莱德曾经互相攻击的工具，或成为它们在地区和意识形态竞争中的杠杆，特别是在这一缓和的时期。然而，各国在马其顿问题上的立场不仅仅是冷战对抗的工具（或借口）。它们还涉及重大的国家目标，而且保南两国显然对对方的意图怀有恐惧。南斯拉夫在20世纪40年代曾利用新的马其顿主义来推进其地区霸权，但在与莫斯科分裂之后，南斯拉夫担心其最南端共和国人民旧有的对保加利亚的同情可能被用来破坏

---

① *Karamanlis*, 11：64-70, Record (Karamanlis, Đuranović).

第十四章　地区问题与冷战问题的叠加：希腊—保加利亚—南斯拉夫在马其顿问题上的三角关系，1963—1980 年

铁托政权的稳定。反过来，保加利亚可以接受南斯拉夫南部人口的"流失"，以及在南斯拉夫南部建立一个新国家的概念，但不能容忍马其顿人民共和国的民族意识形态在其本国范围内的传播。

　　希腊的情况也很有趣。就南斯拉夫与保加利亚关于马其顿历史争端的实质而言，雅典与索非亚的距离明显更近；然而，它也对保加利亚在马其顿问题上（不仅仅是在冷战上）的政策深表怀疑，总之，它认为需要贝尔格莱德来平衡索非亚。因此，希腊试图置身事外，但始终优先考虑保持与贝尔格莱德的畅通关系的战略需要。

　　这种将民族争端用于冷战目的的做法引发了历史问题与政治问题的叠加。当然，术语、概念和观念在历史上总是在发展，但 20 世纪 40 年代后马其顿问题的转变是特殊的。马其顿问题过去纯粹是一个安全问题，但在冷战期间，它获得了一个明显的新维度，并成为关于认同的争论。这意味着历史代表权问题走向了前台，其政治化加剧，并且其成为政治交流的组成部分。当然，这不是未来的一个好兆头。

　　20 世纪 60 年代末和 70 年代在马其顿问题上的紧张关系表明了地区现实与冷战之间复杂的互动关系。冷战前就存在的地区或民族问题因冷战而改变，然后在冷战的环境中出现一种新的变化。这些地区国家不仅关注冷战的"主要"争端，而且关注巴尔干地区平衡的演变，因为这可能决定其国家利益的走向。从冷战的主要参与者的角度来看，这些地区问题是次要的，但对巴尔干各国来说是至关重要的。从"侧翼"来看，视角可能更为复杂。

第十五章

超越冷战：
欧洲经济共同体与土耳其西方化大辩论

穆罕默德·德谢梅吉

在土耳其现代历史上，1960—1980 年经常被描述为最动荡和危机四伏的时期——土耳其共和国的"魏玛时期"。在国内，这 20 年以两次军事政变为界：1960 年的第一次政变为土耳其第一次真正开放社会的实验创造了社会政治框架；1980 年的第二次政变骤然终结了这一实验。与魏玛德国一样，土耳其这一激变的时期伴随着意识形态上多党政治的诞生和消弭，并以一种内在的自我改变意识为特征。

大多数学者透过冷战的镜头来解读土耳其第二共和国（1961—1980 年）的意识形态斗争和武力斗争。[①] 采用这一镜头有充分的理由。从外部来看，土耳其的地缘战略地位——位于欧洲大陆和中东地区之间的大片陆地之上，与苏联有着共同的边界——以及在政治上对黑海入海口的控制，无疑引起了两个超级大国的极大兴趣。从内部来看，土耳其对现代化以及

---

① 参见：Dankwart A. Rustow, *Türkiye, America's Forgotten Ally* (New York: Council on Foreign Relations, 1987); George S. Harris, *Troubled Alliance: Turkish-American Problems in Historical Perspective, 1945-71* (Washington, DC: AEI Press, 1972); Andrew Mango, *Türkiye, A Delicately Poised Ally* (Beverly Hills, CA: Sage Publications, 1975); Feroz Ahmad, *The Turkish Experiment in Democracy* (Boulder, CO: Westview Press, 1977); Erik Jan Zürcher, *Türkiye: A Modern History* (London: I. B. Tauris, 2004); Özgür Mutlu Ulus, *The Army and the Radical Left in Türkiye: Military Coups, Socialist Revolution and Kemalism* (London: I. B. Tauris, 2011); Jacob M. Landau, *Radical Politics in Modern Türkiye* (Leiden: Brill, 1974)。

第十五章 超越冷战：欧洲经济共同体与土耳其西方化大辩论

如何实现这一目标的主要关注也给土耳其人带来了关于可行的经济和社会发展模式的辩论——这不可避免地与不同的冷战阵营联系在一起。正如最近的研究有力地证明的那样，冷战也在文化领域发挥作用，并进入了土耳其的文学、体育、国际展览和博览会等领域。①

此外，1980年9月12日的军事政变残酷地根除了土耳其社会中现有的左翼势力，有效地结束了土耳其国内的冷战政治。几年后，当重新引入完全意义上的平民政治表述时，土耳其陷入了一种截然不同的全球政治气氛。随着1991年苏联解体，前东方集团的新生民主国家争先恐后地加入了一个新组建并迅速扩大的欧盟。从20世纪80年代末到21世纪初，土耳其历史上这一时期的评论家随之改变了范式，放弃了冷战框架，总体上转而支持欧洲化，而土耳其加入欧盟的努力尤其成为评估土耳其的内部和外部局势的关键指标。

本章对1960年以来土耳其历史的一般分期以及历史学家和社会科学家解释土耳其现代历史的方法提出了异议。土耳其人关于加入欧洲的争论并不是在冷战结束后才开始的，而是在冷战期间就初露端倪。事实上，几乎所有支配了20世纪80年代末以后的土耳其政治文化的欧洲化的意识形态立场和态度，在土耳其第二共和国时期就被酝酿，并经过了激烈的讨论和争论。本章认为，现存的关于土耳其加入欧洲经济共同体或"西方化大辩论"的激烈讨论超越了现有的冷战框架，对土耳其的社会想象产生了比冷战本身更大的影响。

这一分析首先概述了土耳其在冷战中的地位以及冷战在土耳其政治文化中的地位，然后详细介绍了冷战范式与土耳其自我理解之间持续脱节的历史和政治原因，最后以西方化大辩论的梗概作为理解土耳其第二共和国的政治文化的另一种视角。本章不涉及土耳其参与冷战或参与欧洲计划的地缘战略、地缘政治或经济影响，至少不涉及国际关系的层面。相反，它讨论了这些活动如何构成了国内辩论和对土耳其历史、土耳其在世界上的

---

① 参见：Cangül Örnek and Çagdas Üngör, eds., *Türkiye in the Cold War: Ideology and Culture* (Palgrave Macmillan: New York, 2013)。

地位及其未来方向的看法。

冷战中的土耳其与土耳其的冷战

尽管受到内外部压力，土耳其还是成功地没有卷入第二次世界大战。然而，在战争结束之前，在即将到来的新兴超级大国之间的全球斗争中，土耳其保持中立地位的前景明显暗淡而且正在迅速消失。斯大林咄咄逼人地企图控制经过达达尼尔海峡（Dardanelles）的海上交通，这在土苏关系中奠定了威胁性的基调，并促使土耳其和美国（其最近取代了英国在该地区的利益）建立了互利的战略伙伴关系。[1] 这种伙伴关系的第一个成果是以杜鲁门主义的形式出现的，土耳其获得了1亿美元的经济和军事援助，并且美国"西奥多·罗斯福"号航空母舰令人心安地部署在当地。[2] 当西方针对苏联的安全框架越来越明显地将采取以美国为首的互助条约的形式时，土耳其立即积极地联络盟友，并有效地通过向朝鲜战场派兵而获得了北约的成员国资格。[3]

尽管有这些戏剧性的开端，但土耳其像其他巴尔干国家一样，很快就在新的冷战战场中退居二线，这一新形势给美土联盟带来了沉重的压力。事实上，回顾整个战后时期，土耳其对全球冷战的重要意义沿着一条正弦曲线变化，在第二次世界大战后的十年内达到顶点，从20世纪60年代中期开始逐渐下降，至1974年塞浦路斯危机时达到谷底，因1979年伊朗革命和苏联入侵阿富汗而再次攀升。地缘战略因素是这些变化的主要原因。在战争结束后的几年里，欧洲阵线的边界仍然不确定，土耳其参加朝鲜战

---

[1] Jamil Hasanli, *Stalin and the Turkish Crisis of the Cold War, 1945 – 1953* (Lanham, MD: Lexington Books, 2011).

[2] Barın Kayaoğlu, "Strategic Imperatives, Democratic Rhetoric: The United States and Türkiye, 1945-52," *Cold War History* 9, No. 3 (2009), pp. 321–345.

[3] George McGhee, *The U. S.-Turkish-NATO Middle East Connection: How the Truman Doctrine and Türkiye's NATO Entry Contained the Soviets in the Middle East* (Basingstoke: Macmillan, 1990); Dionysios Chourchoulis, *The Southern Flank of NATO, 1951 – 1959: Military Strategy or Political Stabilization* (Lanham, MD: Lexington Books, 2014).

第十五章　超越冷战：欧洲经济共同体与土耳其西方化大辩论

争，以及在土耳其领土上部署朱庇特（Jupiter）中程导弹都增加了土耳其在冷战平衡中的价值。相比之下，到 20 世纪 60 年代中期，冷战战场从欧洲转移到东亚、拉丁美洲和中东地区，对洲际弹道导弹（ICBMs）的日益关注，以及肯尼迪和赫鲁晓夫之间达成的从土耳其移除核武器的秘密协议，使人们减少了对安纳托利亚的关注。直到 1979 年，随着冷战的重心再次转向土耳其，美国的关注也朝着同一方向转移。因此，在土耳其第二共和国的大部分时间里，土耳其一直处于全球冷战的地缘战略边缘。土耳其人自己当时也很清楚地意识到了这些变化。土耳其领导人和外交官一直在努力利用本国的战略意义来确保美国的援助、武器和安全保证，尽管美国的言论相反，但土耳其人发现自己越来越孤立，并且是可以被牺牲掉的：在 1974 年土耳其入侵塞浦路斯之后，美国对土耳其的禁运成为这一趋势令人痛苦的顶点。

在国内，土耳其较早地加入了西方阵营，为美国的影响力打开了大门，美国在土耳其的战后计划中占据了特殊的地位。在战后的最初几年里，杜鲁门主义、美国对抗觉察到的苏联威胁的军事力量以及对一种新奇而繁荣的文化的简单迷恋，都促使美国成为西方新的象征。与欧洲人相比，在战后的头二十年里，美国在土耳其的实际影响也更多。美式市场、美国电影、美军基地、美国核导弹、美国技术人员以及由美国信贷资助建设的美式高速公路，正在将土耳其变成当时土耳其总理阿德南·门德雷斯兴高采烈地称之为"小美国"的国家。①

土耳其西方化的早期表现也受到了其国内政治文化的制约。在整个冷战期间，土耳其与美国的关系在议会政治中没有受到强烈的反对。② 土耳其民主党（1960 年被取缔，部分党员 1961 年成立正义党）和共和人民党两个主要的核心政党完全支持美土联盟，伊斯兰势力和激进右派对西方文化帝国主义的愤怒让位于对共产主义的恐惧。

---

① Barış Doster, "Türkiye'de NATO Karşıtlığının Tarihsel ve Siyasal Köenleri" ("The Historical and Political Roots of Turkish Opposition to NATO"), *Ortadoğu Analiz* 4, No. 40 (2012), pp. 31-41.
② 唯一的例外是土耳其工人党在 1965 年赢得了 3% 的选票，并向大国民议会派出了 15 名议员。

20世纪60年代中期，像西欧和不结盟世界一样，在议会之外，土耳其也产生了强烈的反美派别。激进的学生组织和工会从东亚和拉丁美洲的反帝国主义运动中得到启发，开始走上街头发出自己的声音。"美国佬滚回去！"的心态在抗议美国第六舰队、焚烧美国大使的汽车以及要求关闭美军基地或使因美国的压力而被禁止的鸦片重新合法化等方面表现出来。即使只有少数人参加，这些抗议活动仍在整个20世纪60年代末和70年代成为头条新闻。议会外反美政治的诞生开辟了冷战的国内战线，使冷战与土耳其旧有的对国家发展和主权的关注交织在一起。

到20世纪70年代中期，大学和工会中的激进左翼运动受到了激进右翼组织"突击队"或"灰狼"的建立的冲击，后者作为极端民族主义的民族行动党的激进青年派而为人所知。这一形势将冷战的国内战线带到了土耳其的街头。在主要城市爆发的激战和对知识分子、工会领袖和大学教授的暗杀，标志着政治暴力成为土耳其生活中经常发生和不断升级的一部分。这些政治谋杀事件的数字从1975年的34起上升到1977年的262起，最后增加到令人震惊和经常被引用的"1980年夏天每天20起"。20世纪70年代后期日益增加的政治暴力和社会动荡一直是透过冷战镜头解读土耳其第二共和国的最重要因素。然而，正如费罗兹·艾哈迈德（Feroz Ahmad）和其他人已经非常正确地指出的那样，尽管沉浸在冷战言论中，但激进右翼的政治暴力的目的是引发混乱和败坏士气，以创造一种氛围，即符合其利益和目标的法律和规章制度将受到人民的欢迎，并被视为民族的救星——因此，这一目的是基于国内因素而不是基于冷战的算计和动态变化。① 事实上，除了少数人在议会外所进行的这些对抗，土耳其的政治文化已经稳步超越了冷战。

土耳其国内政治文化脱离冷战框架的转变要早于20世纪70年代第二共和国的前几年。它源于一种随着美国的安全利益从土耳其转移到其他冷战战场而产生的被抛弃感，这一变化在1964年约翰逊总统的信中有明确的

---

① Feroz Ahmad, *Demokrasi Sürecinde Türkiye: 1945–1980* (*The Turkish Road to Democracy*) (Istanbul: Hil Yayın, 1994).

第十五章　超越冷战：欧洲经济共同体与土耳其西方化大辩论

表示，其称如果土耳其入侵塞浦路斯会引起苏联的进攻，美国将拒绝提供军事援助。这一事件尤其促使土耳其政府和媒体对土耳其无条件地效忠于美国进行了现实核查，同时也引发了越来越多的声音支持土耳其在外交政策上采取更多维的方法。到 20 世纪 60 年代中期，特别是在缓和出现之后，土耳其开始超越美国和僵化的冷战框架，重新回归现已全面复兴的欧洲。

土耳其的欧洲转向

1964 年以后，当土耳其终于开始公开质疑和辩论自己在更广阔的世界中的地位时，他们很快发现，二十年来对美国的单方面依赖使他们付出了沉重的代价。土耳其已经失去了以前与希腊、巴尔干和中东地区邻国的许多联系和纽带，没有参与其周边地区的非殖民化和不结盟运动，并且在阿以冲突中找不到发声的平台。早在 1963 年，土耳其外交使团中一位精明的成员在评价土耳其的独特情况时就说："简而言之，土耳其是一头孤狼，没有天生的盟友或朋友。"①

从 20 世纪 60 年代中期开始，土耳其就感到被美国抛弃并在全世界被孤立，这使其开始将注意力重新转向了欧洲，从而开启了一场关于土耳其申请加入欧洲经济共同体的漫长持久的内部辩论。关于土耳其自我形象的意识形态和文化争论正是通过这个议题而不是通过冷战才出现的。

作为土耳其与西方结盟的一部分，土耳其民主党从欧洲煤钢共同体成立之初就密切关注着欧洲的一体化进程，并对欧洲经济共同体的成立表示欢迎。② 因此，在 1959 年希腊宣布申请加入欧洲经济共同体六周后，土耳其民主党紧随其后也就不足为奇了。在几个月内，双方开始就土耳其

---

① Nuri Eren, *Türkiye Today and Tomorrow: An Experiment in Westernization* (New York: Praeger, 1963), p. 246.

② 欧洲煤钢共同体于 1952 年 7 月 23 日正式成立，1967 年 7 月 1 日，它与 1958 年 1 月 1 日成立的欧洲经济共同体（也被称为欧洲共同市场）和欧洲原子能共同体合并，统称欧洲共同体。1991 年 12 月 11 日，欧洲共同体马斯特里赫特首脑会议通过《欧洲联盟条约》，通称《马斯特里赫特条约》。1993 年 11 月 1 日，《马斯特里赫特条约》正式生效，欧盟正式诞生。——译者注

297

加入欧洲经济共同体的细节进行了谈判,最终于 1963 年 9 月签署了《安卡拉协议》。

从土耳其的最初申请开始,加入欧洲经济共同体就占据了土耳其人的广泛想象,它使得技术专家和政治家成了狂热分子,还促成了许多畅销书、戏剧作品和纵火事件的出现。加入欧洲经济共同体时而被视为土耳其成就的最高象征,时而被否定为土耳其的再殖民化,很少有人将其理解为介于两者之间的中立状态。最初,这是一些外交官和经济学家关注的问题,到 20 世纪 60 年代后期,土耳其与欧洲经济共同体的关系发展成为 1975 年总理布兰特·埃杰维特(Bülent Ecevit)所称的"国家问题"。当土耳其第二共和国进入第二个十年时,越来越多的问题通过土耳其加入欧洲经济共同体的棱镜进入了讨论范围,这些问题包括土耳其经济的发展,关于土耳其文化、国际结盟,甚至凯末尔革命的意义和延续的争论。因此,欧洲经济共同体成了一个具体的平台,将土耳其民族的过去和未来通常很抽象的意识形态争论凝聚到土耳其加入欧洲经济共同体这一议题上。

欧洲经济共同体在土耳其政治想象中所享有的特权地位引发了一些问题。加入西欧国家这个相对较小的经济组织的前景如果不存在,它如何能对土耳其的想象力产生如此决定性的影响?与全球冷战相比,加入关税同盟如何对土耳其的文化和意识形态辩论变得更加重要?这些问题有很多答案,其可以通过简要对比冷战与欧洲经济共同体的组织和框架来阐明。

第一是时间问题。在战后的前十五年里,土耳其主要政党和更广泛的精英就土耳其的外交政策目标几乎达成了全面共识,以至于土耳其新闻界甚至没有讨论外交政策的替代方案。① 只是在 1964 年塞浦路斯危机之后,批评政府外交政策才成为土耳其政治文化的一个特征。当土耳其开始质疑并因此通过其外交政策的替代性选择来思考其过去、现在和未来时,它已经加入了所有的冷战地缘战略和经济联盟。在土耳其意识形态政党政治的到来将其外部联盟变成公共讨论的话题之前,马歇尔计划、中央条约组织

---

① 参见:Duygu Sezer, *Kamu Oyu ve Dış Politika*(*Public Opinion and Foreign Policy*)(Ankara: A. Ü. S. B. F, 1972)。《论坛》(*Forum*)和后来的《方向》(*Yön*)等杂志是证明这一规律的例外。

第十五章　超越冷战：欧洲经济共同体与土耳其西方化大辩论

及最重要的北约都已经是既成事实。这极大地改变了这些冷战组织在土耳其的支持者与批评者的关系结构，迫使后者证明断绝与联盟的关系这一更为激进的举动是正当的。考虑到土耳其地理上的脆弱性和战略上的重要性，法国退出北约军事指挥部的戴高乐主义的做法并不是一个可行的选择。相比之下，土耳其融入欧洲经济共同体是一个持续但不完整的过程，其框架恰恰是在国内关于土耳其外交政策的激烈辩论中商定的。

第二，土耳其加入大西洋联盟这种起重要作用的现实，有助于抑制其对土耳其自我理解的影响。由于战略原因，土耳其自 1856 年《巴黎条约》以来在历史上已经被纳入西方体系，土耳其的北约成员国资格延续了这一趋势。在这两种情况下，正是俄国（苏联）势力的威胁使土耳其坚定了加入西方国家体系的决心。[1] 具有讽刺意味的是，北约成员国资格实际上强调了被纳入西方战略轨道与被排除出欧洲"俱乐部"或"共同体"之间的差别。土耳其人认为，融入欧洲统一进程将标志着他们在历史上被排斥的情况结束了。

第三，土耳其第二共和国期间的政治文化与冷战范式之间的关系并不稳定。将冷战的政治语言变成土耳其自己的关切和态度的过程中一直存在着尴尬。强行输入的冷战术语和格局与土耳其人以前对自己及周围世界的认知几乎没有任何共鸣。冷战对东西方的划分或是根据资本主义或共产主义生产方式之间的经济差异，或是根据对"民主"的含义和实质的政治意识形态斗争。两者与土耳其对东西方的历史认识都没有太多共通之处，这在根本上源于 19 世纪欧洲在先进的欧洲文明与落后的东方文明之间的二分法。土耳其融入欧洲经济共同体与凯末尔将土耳其从传统社会转变为现代社会的改革产生了更加强烈的共鸣。

第四，土耳其的"冷战义务"的覆盖范围要比土耳其与欧洲经济共同体的联系小得多——对于反对这两种框架的土耳其民族主义者来说，这种差异尤为重要。土耳其被纳入冷战西方轨道对其主权的限制相对较少，迫

---

[1] 参见：Meltem Müftüler-Baç, *Türkiye's Relations with a Changing Europe* (Manchester: Manchester University Press: 1997), p. 3。

299

使反对派采取象征性的姿态,例如对土耳其国土上的美军基地或美国第六舰队抵达土耳其提出抗议。相比之下,欧洲经济共同体唤起了土耳其与欧洲经济、政治和社会联合的切实可能性,与在土耳其现代进程中居于核心地位的关于民族主义、现代性和西方化的辩论产生了共鸣,并重新引发了这些辩论。

第五,在关于冷战和欧洲经济共同体的辩论中,国内政治格局是一个非常重要的因素。在整个土耳其第二共和国时期,国民议会和公民社会中反共联盟在人数上的绝对优势是一股对抗声势浩大但人数上甚微的左翼运动的压倒性力量。在土耳其第二共和国的五次大选中,支持土耳其加入西方冷战阵营的政党获得了89%—100%的选票,而那些赞成退出西方阵营或不结盟政策的政党只获得了0—11%的选票。① 相比之下,土耳其对欧洲经济共同体的支持或反对超越了已建立的冷战战线。狂热反共的伊斯兰和极端民族主义右翼都坚决反对土耳其加入欧洲经济共同体。这些势力与激进左翼以及在1969年后与土耳其共和人民党左翼结合在一起时,使得在整个20世纪70年代,土耳其议会中反对加入欧洲经济共同体的派别占了绝对优势。这些势力格局创造了一个公平的竞争环境,使土耳其与欧洲经济共同体的关系成为一场激烈的辩论,这是冷战从未达到的。

第六,也许最具决定性的是讨论土耳其可能加入欧洲经济共同体的表达方式。这种表达方式与技术专家在谈判时或在其他国际经济协会公开演讲时的讲话完全不同,它唤醒了土耳其过去与欧洲关系中沉睡的幽灵,也搅乱了有关土耳其人民、他们的国家、他们的文化以及他们在世界上的地位的叙述。

土耳其对欧洲经济共同体的态度可以分为两种主导性的话语,其决定了土耳其如何谈论他们融入欧洲经济共同体。这些土耳其历史的内在话语在这里被称为"文明性话语"和"民族性话语"。②

---

① TBMM Türkiye Cumhuriyeti Milletvekili Genel Seçimleri, http://www.tbmm.gov.tr/develop/owa/secim_sorgu.genel_secimler,登录时间:2015年1月30日。

② 对这些话语更为详细的分析和理论上的探讨,参见:Mehmet Döşemeci, *Debating Turkish Modernity: Civilization, Nationalism, and the EEC* (New York: Cambridge University Press, 2013)。

第十五章 超越冷战：欧洲经济共同体与土耳其西方化大辩论

以下各部分无意对土耳其人接近欧洲经济共同体时的政治和态度的变化进行全面分析，也无法提供涵盖重大事件的编年历史——这两项任务都远远超出了本章的范围。本章的目的是介绍土耳其人讨论欧洲经济共同体的两种主要方式，追溯它们的历史渊源，并详细说明这两种表达方式之间的最终对抗，这种对抗恰恰发生在结束土耳其第二共和国的1980年军事政变之前的七天。只有通过考察土耳其人使用的表达方式及其与过去土耳其的理解方式之间的历史共鸣，才有可能解释加入欧洲经济共同体的前景如何以及为何超越了冷战，成为土耳其人在土耳其第二共和国时期自我认知的主导框架。

文明性话语与欧洲经济共同体

在1959年夏天土耳其提出申请时，欧洲经济共同体尚处于起步阶段。回顾20世纪90年代初的这些起点，著名社会科学家和欧洲经济共同体研究专家伊尔汗·泰凯利（İlhan Tekeli）评论道："因为任何新的经济共同体都必须重新协调与邻国的关系；土耳其与欧洲经济共同体的关系从一开始就是通过相互寻求定义而形成的。"[1] 那么，土耳其的精英阶层对这个新组织的看法是什么？

对于民主党外交部长法廷·佐卢来说，欧洲经济共同体的重要性是不言而喻的。1959年7月30日他在总统府内阁会议上强调，"我们申请加入欧洲经济共同体是土耳其希望被视为欧洲国家的一个合乎逻辑的结果"，并补充说，"安卡拉必须将欧洲经济共同体的形成视为另一个展示土耳其欧洲风情的历史机遇"。[2] 四年后，在欧洲经济共同体专员和成员国外交部长共同出席的宴会上，佐卢的继任者费里敦·杰马尔·埃尔京（Feridun Cemal Erkin）以类似的口吻说道，"土耳其与欧洲经济共同体之间的结盟

---

[1] İlhan Tekeli and Selim İlkin, *Türkiye ve Avrupa Topluluğu* (*Türkiye and the European Union*) (Ankara: Ümit Yayıncılık, 1993), p. 7.

[2] Şaban Çalış, *Türkiye-Avrupa Birliği İlişkileri* (*Türkiye-EU Relations*) (Ankara: Nobel Yayın Dağıtım, 2001), p. 41.

协议是土耳其共和国加入欧洲的目标及其所代表的文明水平的完美体现"。①

这些言论经常被不加鉴别地视为土耳其西方化的表述，或者简单地被斥为实用主义政治目标的意识形态点缀。学者们通常不仅关注这些言论，而且关注土耳其的地缘战略问题，例如土耳其—希腊对立与冷战，或者是少数外交官在整个谈判过程中所使用的经济话语。②

然而，从1959年土耳其最初提出申请到1963年签署《安卡拉协议》，很少有土耳其人将土耳其在经济或地缘战略上融入欧洲经济共同体的意图与背景联系起来。相反，土耳其两个对立政党的外交部长在相隔四年的时间里发表的上述言论，证明了一种截然不同的表达方式，一种从文明的角度谈论一体化的方式。这种文明性话语意味着土耳其加入欧洲经济共同体是凯末尔"将土耳其提升到当代文明水平"的夙愿的完美体现。③ 对于土耳其的精英阶层来说，加入欧洲经济共同体便无缝地融入了这一文明进程，并迅速成为该进程的基准和灯塔。

1959年9月，一位在瑞士受过教育的律师、经济学家和两个重要商业组织的创始人吉哈特·伊伦（Cihat İren），以近乎革命性的语言写了关于土耳其与欧洲经济共同体的文章："不仅仅是工业，而是我们所有的经济、社会和文化机构都必须重组。不是根据我们独特的情况，而是根据我们所属的且命运攸关的共同体的情况。"④ 次年2月，日报《共和国报》（Cumhuriyet）的专栏作家费里敦·埃尔京（Feridun Ergin）声称，"这（加入欧洲经济共

---

① Türkiye Ticaret Odası, *Discours Tenus a l'Occasion de la Signature de l'Accord Creant Une Association Entre la Communaute Economique Europeenne et la Turquie* (Ankara：TTO, 1963), p. 8.

② Tekeli and İlkin, *Türkiye ve Avrupa Topluluğu*；Çalış, *Türkiye-Avrupa Birliği İlişkileri*；Mehmet Ali Birand, *Türkiye'nin Ortak Pazar Macerası, 1959 - 1985* (*Türkiye's Common Market Adventure 1959 - 1985*) (Istanbul：Milliyet Yayınları, 1986).

③ 参见：Nilüfer Göle, "Modernleşme Bağlamında İslami Kimlik Arayışı," ("The Search for Identity during Islamic Modernization") in Reşat Kasaba and Sibel Bozdoğan, eds., *Türkiye'de Modernleşme ve Ulusal Kimlik* (*National Identity and Modernization in Türkiye*) (Istanbul：Tarih Vakfı Yurt Yayınları, 1998), p. 75.

④ Cihat İren, "Müşterek Pazar Karşısında Sanayimiz," ("Our Industry in the Face of the Common Market") *Zafer*, 26 September 1959.

第十五章　超越冷战：欧洲经济共同体与土耳其西方化大辩论

同体）是一项长达 20 至 30 年的长期项目。土耳其在这一进程中将获得的是土耳其经济和政治政策与当代文明世界的心态缓慢地凝聚或融合在一起"。① 几个月后的 1960 年 9 月，埃尔京再次将土耳其与欧洲经济共同体的融合描述为更加宏伟的计划的一部分，"对于那些希望看到土耳其达到西方的文明水平与繁荣程度的人来说，欧洲经济共同体必须被视为一种命运或历史不曾创造的机遇"。②

1960 年 8 月 10 日，土耳其政治家、经济学教授阿伊登·亚尔钦（Aydın Yalçın）在《先驱报》（Öncü）上写道：

> 土耳其是一个将欧洲化及其文化、生活方式、社会和政治组织作为自身存在的合理性的新国家。特别是凯末尔时代以来，土耳其的救赎和发展只能通过欧洲化实现的观点已得到我国人民的坚定认可。由于我们拒绝成为亚洲民族或中东国家，并且把自己理解为欧洲人，因此，欧洲经济共同体在这方面具有不同的含义。以上概述的这些从社会、政治，但最重要的是从精神层面来研究共同市场的考虑因素，在任何决策中都应该排在优先的位置。只有这样，我们才能考虑经济因素。③

这种几乎所有土耳其精英都乐于采用的修辞框架，甚至在 1959—1963 年的国内暴力动荡时期都没有减弱。尽管民主党变得越来越专制，且发生了军事政变和随后对民主党领导人的审判和处决以及土耳其第二共和国的成立，但土耳其对欧洲经济共同体的言论基调和态度未曾改变。

1963 年 9 月 12 日签署的《安卡拉协议》是土耳其精英对过去几年中发展起来的文明性话语煞费苦心、大肆宣扬的总结。签字仪式将土耳其与欧洲经济共同体的关系推向了土耳其政治文化的前沿，并将在第二共和国时期

---

① Feridun Ergin, *Cumhuriyet*, 6 February 1960.
② Feridun Ergin, *Cumhuriyet*, 24 September 1960.
③ Aydın Yalçın, "Ortak Pazara Girmeliyiz,"（"We Must Enter the Common Market"）*Öncü Gazetesi*, 10 August 1960.

占据一席之地。新闻界很快就效仿了这种既定的文明性原则来向土耳其人民介绍该协议。韦吉希·于纳尔（Vecihi Ünal）在《晚报》（Akşam Gazetesi）上的作品是在签字仪式后充斥于土耳其报纸上的专栏文章的典型：

> 成为共同市场的一员意味着与欧洲自由和独立国家分享共同的经济、政治和文化哲学，这意味着实现了凯末尔的，也就是我们的理想。通过加入共同市场，欧洲对我们来说将不再陌生，我们也不再是远距离仰慕欧洲的亲欧派，我们现在实际上将参与并成为这种生活方式的一部分。①

《安卡拉协议》的签署对土耳其对欧洲经济共同体、欧洲和土耳其在其中的地位的理解产生了许多长远的影响。对于大多数土耳其人而言，该协议将欧洲的概念与欧洲经济共同体等同起来。在1963年，这并非是一个不言而喻甚至合乎逻辑的关系。除了在1952年加入北约，土耳其还是两个确认了其欧洲国家身份的泛欧组织——欧洲经济合作组织（1948年成立）和欧洲理事会（1949年成立）——的成员，这两个组织中"欧洲"国家的数量都超过了欧洲经济共同体。然而，当1963年9月13日土耳其人翻开报纸时，他们得知他们似乎在一夜之间就变成了欧洲人。② 《民族报》（Milliyet）的头版标题占了版面的一半："土耳其的欧洲身份已经得到确认。"③ 《晚报》声称"土耳其是欧洲密不可分的一部分"！④ 《自由报》（Hürriyet）头版标题为《历史性协议已于昨天签署 我们加入了共同市场！》，并进而惊呼，"这一事件是土耳其150年的西化和被视为西方文明中的平等一员的努力中最有成效和最具体的措施"。⑤

欧洲经济共同体与土耳其社会想象中的文明性话语的结合凸显了融入

---

① Akşam, 13 September 1963.
② Hürriyet, 13 September 1963; Milliyet, 13 September 1963.
③ Milliyet, 13 September 1963.
④ Akşam, 13 September 1963.
⑤ Hürriyet, 13 September 1963.

欧洲经济共同体的重要性，在土耳其人的思想中，他们将这种联合视为国家成功的基准。如果没有这种最初的结合，欧洲经济共同体就不会对土耳其人的自我理解产生如今的影响。在这种氛围下，批评《安卡拉协议》或土耳其与欧洲经济共同体关系的成就就相当于叛国。

土耳其人最初用来谈论六国经济组织的表达方式，远比围绕土耳其加入更大的、从地缘战略上来说更为重要的冷战组织时所使用的表达方式更具深远意义和历史内涵。其原因在于，从文明的角度来看，土耳其融入欧洲经济共同体是凯末尔远见卓识的完美体现。

民族主义话语与土耳其反对派

对于欧洲经济共同体的支持者来说，融入欧洲经济共同体代表了土耳其社会向西方靠拢趋势的高潮，这一趋势缓慢地开始于18世纪，随着凯末尔成为土耳其领导人而骤然加速。这一理解描绘了土耳其单方面、线性和目的论的历史叙事，压制了近代历史中土耳其与欧洲关系的众多转折、紧张和矛盾。

反对欧洲经济共同体的民族主义话语，无论是来自左翼，还是激进派和伊斯兰教右翼，本质上都是反对这种对土耳其历史的单方面的解读。这是一个解释学的课题，它再现了土耳其与欧洲关系史中被文明性话语所掩盖的时刻，这些时刻利用了这些关系中的黑暗历史来反对欧洲经济共同体。[①] 两次世界大战期间凯末尔主义对国家采取了非常矛盾的立场。一方面，这是一个在与欧洲帝国主义对抗的过程中被创造出来和理解自身的国家计划。另一方面，特别是在凯末尔寻求与西方和解的20世纪20年代，凯末尔主义是一个仅仅将国家视为加入西方文明和现代化的手段的计划。在后一种意义上，土耳其民族被剥夺了以前的所有特性（历史、文化等），因此可以呈现出欧洲的现代属性。后一条路线是民主党和（布兰特·埃杰

---

① 对于这一变化的完整讨论，参见：Mehmet Döşemeci, *Debating Turkish Modernity*.

维特之前的）共和人民党①在战后选择的，这为激进的右翼和左翼采取凯末尔主义的民族主义反帝方面开辟了道路，但现在被中间党派所否定。

不久，土耳其工人党就率先发出反对欧洲经济共同体的民族主义声音。1963年9月14日，即签署《安卡拉协议》两天后，土耳其工人党发布了一份报告：

> 对共同市场说"不"！
> 我们竭尽全力地反对共同市场协议和签署协议时的庆祝气氛……共同市场完全不符合我们的根本国家利益及其所基于的民族斗争精神。②

一周之后，土耳其参议院的工人党议员尼亚齐·阿厄尔纳斯勒（Niyazi Ağırnaslı）在普遍怀有敌意的土耳其大国民议会发表了讲话。大国民议会议长平息了其他党派代表强烈的嘘声、呼喊声和敲桌声后，这样介绍了尼亚齐先生："尽管获得了你们的一致同意并且政府已经签字（鼓掌，'好极了'的呼喊声）。但安卡拉的阿厄尔纳斯勒要求谈谈土耳其与共同市场的关系。根据法律规定，他有权这样做。"③ 1963年秋天，阿厄尔纳斯勒和其他工人党议员是支持欧洲经济共同体的大合唱中唯一的反对声音。

土耳其工人党不仅是第一个反对加入欧洲经济共同体的政党，也是第一个在构建土耳其社会想象中挑战文明性话语霸权的政党。它引入了一种完全不同的方式来谈论欧洲经济共同体，认为其与土耳其的国家利益相对立，在这种情况下，国家利益是自由而劳苦的人民通过对欧洲列强的战争赢得独立。

---

① 土耳其共和人民党成立于1923年9月，创党领袖为土耳其国父凯末尔。布兰特·埃杰维特于1966—1980年任共和人民党主席。——译者注

② Sadun Aren, *TİP Olayları, 1961-1971* (WPT Events, 1961-1971) (İstanbul: Cem Yayınları, 1993), pp. 64-66.

③ TBMM Tutanak Dergisi (Minutes of the Turkish Grand National Assembly), D: 2, T: 14, C: 1, 23 September 1963, pp. 421-453.

第十五章 超越冷战：欧洲经济共同体与土耳其西方化大辩论

到 20 世纪 60 年代后期，新成立的极右翼政党——民族行动党和伊斯兰救国党超越了冷战的分裂局面，借助反对派的民族主义话语与左派联合起来。民族行动党认为，欧洲经济共同体在经济和文化上侵犯了土耳其的国家利益，因此强烈反对共同市场。1973 年 6 月民族行动党通过的党纲表明：

> 民族行动党不反对区域经济组织。此外，我们认为，国家有责任抵制一切超出经济领域的社会、文化和政治一体化的组织。共同市场只不过是《色佛尔条约》迟来的间接应用，将造成我们国家社会和文化的畸形。①

关于欧洲经济共同体的辩论如何重绘了土耳其的政治版图，也许最有力的体现是，民族行动党在反对共同市场的斗争中几乎赞扬土耳其主要的冷战对手。民族行动党的半官方喉舌《国家》（*Devlet*）的编辑在第一期关于欧洲经济共同体的特刊的前言中表示，"某些其他势力（指社会主义者）一直从经济角度批评共同市场"。虽然他们认为这是一项重要的工作（这是在极端民族主义的想象中，隐晦而罕见地承认社会主义者是国家的主体），但他们仍然呼吁真正的民族主义者"关注欧洲经济共同体在文化层面上的帝国主义及其对土耳其国家利益的威胁"。②

就其本身而言，伊斯兰右翼将欧洲经济共同体视为基督教—犹太复国主义帝国的另一种控制工具。在土耳其大国民议会中，伊斯兰救国党的领导人内吉梅丁·埃尔巴坎（Necmettin Erbakan）将欧洲经济共同体比作一栋三层大楼。埃尔巴坎声称，"（大楼）顶层坐着犹太人，下面是美国人，

---

① 1920 年奥斯曼帝国最后一届政府签署的《色佛尔条约》（Treaty of Sevres），实际上将安纳托利亚割让给了欧洲列强及其附庸国。在土耳其共和主义者看来，这是一个弱小而衰落的奥斯曼政权最终向欧洲投降的标志，而土耳其独立战争的胜利扭转了这一局面。Milliyetçi Hareket Partisi, *1973 Parti Programı*（*Party Program of the National Action Party, 1973*）（Ankara：MHP, 1973），p. 31.

② *Devlet*, 15 December 1969.

307

最后是底层的欧洲人。他们邀请我们去地下室做大楼管理员"。① 整个20世纪70年代，埃尔巴坎主张立即停止加入欧洲经济共同体，断绝与西欧国家的所有关系，以及向东转向阿拉伯国家这一新方向，"那里土耳其可以提升其作为伊斯兰世界合法领导者的地位"。②

到20世纪70年代初，土耳其反对共同市场的声音已达到这样一种地步——土耳其大国民议会即将不批准推进与欧洲经济共同体一体化进入第二阶段所必需的附加议定书。1971年的军事干预迫使大国民议会通过该议定书推动土耳其与欧洲经济共同体的关系重回正轨。欧洲经济共同体的支持者发现自己处于一个日益充满敌意的环境中，因此敲响了警钟。阿伊登·亚尔钦教授在1972年发表于《民族报》的一篇文章代表了那些阐述文明性话语的人的回应：

> 土耳其在二战后加入的多边机构——即北约和欧洲理事会——的重要性，特别是在它们代表我们作为欧洲一部分的象征性功能方面，现在欧洲经济共同体正在使其黯然失色。然而，土耳其今天发现自己处于欧洲发展的边缘。在接下来的几年中，我们必须防止任何可能延缓或阻碍我们在政治、社会、经济和精神方面融入欧洲的行为。否则，就像20世纪20年代和30年代一样，我们将再次走上孤立的道路。③

然而，1974年土耳其入侵塞浦路斯及欧洲各国对其的明确谴责进一步加强了民族主义反对派的力量。入侵塞浦路斯事件之后，民族主义话语从土耳其政治文化的边缘向核心汇集，在70年代末成为土耳其与欧洲经济共同体关系的主要框架。1974—1980年，在土耳其大学生和激进青年团体中出现的反对派声音遍布了主流媒体和官僚机构，甚至进入了各级外交使

---

① Mehmet Ali Birand, *Türkiye'nin Büyük Avrupa Kavgası 1959-2004* (*Türkiye's Great European Struggle 1959-2004*) (Istanbul: Doğan Kitapıçık, 2005), p.203.

② Necmettin Erbakan, *Milli Görüş* (*National View*) (Istanbul: Dergah Yayınları, 1975).

③ *Milliyet*, 24 October 1972.

团。也许最重要的是,它渗透进了世俗的民族主义阵营,其是凯末尔西化计划的长期捍卫者——共和人民党的中间偏左翼成员率先发起的。共和人民党主席、曾经三次出任总理的布兰特·埃杰维特领导的左翼也开始越来越多地谈论欧洲经济共同体违背了土耳其的国家利益。

然而,与更激进的反对派团体不同,埃杰维特对欧洲经济共同体采取了更加慎重的态度,将其置于欧洲整体传统之中。他认为,土耳其与欧洲的关系的特点是根植于欧洲现代性危机中的内部矛盾。对于埃杰维特来说,欧洲诞生的自由、社会正义和民主的普世理想已经受到其"自由资本主义"经济体系以利益驱动的要求的威胁。埃杰维特认为,西方无法解决这一矛盾,只是通过发展与发展中国家的关系转嫁这个问题。[1] 对于埃杰维特而言,像欧洲经济共同体这样的跨国实体的崛起是将西方的内部危机转嫁到非西方世界国家身上的最新工具。[2] 1975年,他写道,"从经济的角度出发,西方在促进本国的民主和社会正义的运作并为此感到自豪的同时,又被迫否认发展中国家享有这些特权"。[3] 埃杰维特表示,这在西方与世界其他地区建立的意识形态和物质关系之间造成了内在的矛盾。像欧洲经济共同体这样的新型跨国实体,在很大程度上决定了西方国家的外交关系,以及发展中国家人民与西方国家之间的"天然亲和力"。这种源于"对自由和社会正义的共同愿望"的亲和力,已经被那些要求人们顺从的经济力量所击溃。[4]

随着这些思想开始在世俗民族主义者中引起共鸣,越来越多的人更加公开地站出来反对土耳其加入欧洲经济共同体。随着共和人民党迅速倒向反对派,正义党成为大国民议会中唯一为土耳其加入欧洲经济共同体进行辩护的政党。到20世纪70年代后期,民族主义话语开始对土耳其与欧洲经济共同体谈判本身产生实质性影响,最终导致埃杰维特在1978年决定,

---

[1] Bülent Ecevit, *Batının Bunalımı* (*The Depression of the West*) (Ankara: CHP Yayınevi, 1975), p. 28.
[2] Bülent Ecevit, *Dış Politika* (Foreign Policy) (Ankara: İşBankası Yayınları, 1975), p. 175.
[3] Ecevit, *Batının Bunalımı*, p. 29.
[4] Ibid., p. 33.

在谈判达成新的方案之前,"冻结"双方关系。①

最后的较量

在这种日益恶化的气氛中,新成立的正义党政府的外交部长海瑞廷·埃尔克曼(Hyrettin Erkmen)在 1980 年 2 月宣布有意申请欧洲经济共同体的正式成员国资格。② 这一消息使土耳其人和欧洲人都完全震惊。当事情越来越清晰地表明,埃尔克曼是认真地而不是虚张声势地要求欧洲做出让步时,反对派就开始采取行动,为文明性和民族主义话语之间争夺支配权的斗争提供了最后的竞技场。

1980 年 9 月 5 日,即军方接管政权前七天,伊斯兰救国党领导人内吉梅丁·埃尔巴坎对正义党政府进行了第三次质询,特别指责埃尔克曼"作为外交部长,在信仰和行动上背离了国家利益"。③ 第一项指控就是:

> 从第一天起,这位备受尊敬的部长就试图将土耳其与共同市场联合起来;这种联合定会把我们变成欧洲的"卫星国",使我们疏远伊斯兰世界,并迫使我们在政治上与西方融合。④

埃尔克曼在回应中强调了他认为是土耳其加入欧洲经济共同体的两个最强烈的反对意见。对于欧洲议会是一个对个别国家行使主权的超国家组织的说法,埃尔克曼从容地解释了在欧洲经济共同体的体制结构下分配给土耳其的任务——在 1980 年时非常少。同时,埃尔克曼声称,欧洲议会正在就欧洲国家的未来做出重要决定,而土耳其作为准成员国却被排除在这

---

① Birand, *Türkiye'nin Büyük Avrupa Kavgası*, p. 265.
② Yıldırım Keskin, *Avrupa Yollarında Türkiye* (*Türkiye on Europe's Path*) (Ankara: Bilgi Yayınevi, 2001).
③ TBMM Tutanak Dergisi (Minutes of the Turkish Grand National Assembly), D: 5, T: 1, C: 16, 29 July 1980, pp. 717-718.
④ Ibid., p. 718.

第十五章 超越冷战：欧洲经济共同体与土耳其西方化大辩论

些决定之外。① 对于人们普遍认为的土耳其加入欧洲经济共同体，将成为欧洲强国的殖民地，埃尔克曼的回应如下：

> 丢掉那些一本正经吧，这种想法甚至没有一丝诗情画意。其中有忧虑、焦虑或故意的误导，但没有一点儿真相。如果欧洲经济共同体是庞大的殖民国家，那么英国、法国也是它的殖民地吗？每个成员国都有一个正常运转的议会，并无条件地行使其主权。如果他们都这样做，那么有什么会阻止我们做同样的事情呢？②

在回答两个反对意见时，埃尔克曼对反对派话语所采用的"我们"与"他们"的心态提出了质疑，反驳土耳其对欧洲的负面印象。他的反驳旨在通过将土耳其主体从外部位置（相对来说欧洲文化看似是完全统一和同质化的）转移到欧洲经济共同体（欧洲文明在其中被视为许多文化的多元集合体）的内部运作中，从而消除了这种包含/排除的二分法。

这种将想象中的土耳其主体从一种对立的位置转移到一种包含在内的位置，是埃尔克曼试图重振文明性话语的巧妙尝试。他没有对反对派的某些民族主义的反对意见（关于土耳其语言及其文化的独特性，以及民族主义各派对土耳其主权的重视）提出异议，但从更根本上对民族主义话语所表达的对抗性本体论表达提出了质疑。民族主义话语是土耳其民族反对欧洲经济共同体的结构化理解，特别是将土耳其民族确定为由于欧洲经济共同体的存在而无法充分发展的民族。埃尔克曼转而提出的是土耳其文化融入由西方文明组成的文化挂毯的愿景。事后看来，在这两种情景中摇摆不定的是土耳其的社会想象，其被夹在融入文化差异日益商品化（土耳其将成为羊肉串和地毯的发源地）的全球文明之中和通过与西方的持续对抗来

---

① TBMM Tutanak Dergisi (Minutes of the Turkish Grand National Assembly), D: 5, T: 1, C: 16, 29 July 1980, p.718.
② Ibid.

311

对民族进行保护之间。虽然距离埃尔克曼的愿景变成欧盟的官方格言"多元一体"还需要整整 20 年的时间，但 20 世纪 70 年代后期的土耳其人正在辩论其作为一种有关生存的可能性的含义和意义。

  这次质询是民族主义话语和文明性话语之间的最后决战。这是讨论土耳其与欧洲经济共同体关系的两种话语近 20 年来斗争的顶点，每种话语都有自己表达关于土耳其的想象的方式。自从 1963 年土耳其工人党第一次公开表达了民族主义话语以来，17 年前尼亚齐·阿厄尔纳斯勒在大国民议会演讲时遭到的嘘声和敲桌子声现在针对的是最后一个真正支持文明话语的人埃尔克曼，这足以说明了形势发生了多么大的扭转。尽管埃尔克曼对反对欧洲经济共同体的阵营做出了合理的回应，但共和人民党议员对对埃尔克曼进行质询的支持，使其获得了导致解除埃尔克曼职务的足够选票。七天后，即 1980 年 9 月 12 日，土耳其军队将发动第三次也是最暴力的一次军事干预，从而突然终结了土耳其与欧洲经济共同体初次邂逅的历史。

  本章追溯了欧洲经济共同体在土耳其关于其国家的过去、现在和未来的辩论中占据特殊地位的过程和原因，用文明性与民族性的两种话语体系讲述了土耳其人对欧洲经济共同体的看法。通过引起共鸣和放大土耳其对待西方的悠久历史和矛盾态度，这些话语超越了现存的冷战分歧，并使土耳其人得以重新发起一场关于他们是谁、他们要去往何方的重要辩论。正是这些与过去对土耳其及其世界地位的看法的联系，使得欧洲经济共同体跳出了冷战，并成为土耳其第二共和国时期土耳其人开始自我认知的基本语域。

结　语

巴尔干地区：冷战的神秘地带

文安立

作为一个国际体系，冷战充斥着各种矛盾。基于共同意识形态的联盟似乎比那些基于实际利益的联盟更容易分裂。相互敌视的国家加入了同一个联盟，因为它们对其中一个超级大国所带来的意识形态和战略上的挑战的担忧比对邻国的担忧还要强烈。而且，与所有基于意识形态的国际体系一样，特立独行者和不墨守成规者的角色在节目单上的位置很靠前，只是因为他们在舞台上非常显眼：在一个基于一致性的体系中，不需要太多额外的修饰就能脱颖而出。①

与大多数地区相比，巴尔干地区更好地展现了这些矛盾。尽管苏联与南斯拉夫两国领导人在意识形态上比大多数其他东欧共产党更接近，但两国关系还是在1948年发生了破裂。虽然罗马尼亚一直是苏联领导的华约集团的成员国，但从20世纪60年代到冷战结束，它仍然是莫斯科在政治上的软肋。希腊和土耳其一直在巴尔干地区相互对立，尽管冲突很激烈（尤其是在塞浦路斯问题上），但它们都加入了北约。这就是像过程艺术②一样的冷战，这场冲突在理想中也本应被冻结，就像被"即兴创作"巧妙化解

---

① 在早期的两极冲突中，特立独行者的角色当然也不是未知的。我是在英国诺福克（Norfolk）的沃尔辛厄姆（Walsingham）附近写这篇文章的。在宗教改革期间，这个地方有太多的特质。

② 过程艺术（Process Art）指20世纪60年代兴起的注重创作过程而非最终作品的艺术流派，其强调创作作品的过程本身就是艺术品。——译者注

的分歧一样。

本书的各个章节列出了这一过程的关键阶段，结语章节也将讨论前文各位作者提出的一些重要发现。但在此之前，我们有必要概述哪些现象应该被看作是冷战时期巴尔干地区政治、外交和社会发展的主要奥秘。核心在于：考虑到1945年至1989年之间巴尔干地区与几乎所有普遍的冷战规则都不符合，为什么欧洲的冷战没有在巴尔干地区率先消散，而是从欧洲大陆的东北角，即从波兰和波罗的海国家开始消散？什么原因造成了冷战时期巴尔干地区似乎同时出现了异端和墨守成规的现象？我们将在本章的结尾处回到这些谜团上来，但是当我们探讨本书中的一些关键问题时，记住它们是有用的。

与引发了20世纪大部分苦难的第一次世界大战一样，可以说，冷战是从巴尔干地区开始的。1947年3月，美国总统哈里·杜鲁门在国会联席会议上发表了通常被称为"杜鲁门主义"的讲话，将希腊和土耳其作为美国在世界各地努力对抗苏联和共产主义的试验场。杜鲁门宣称："在此千钧一发之际，吾人苟不能援助希土两国，则其影响之深远，将不仅限于东方，且将波及西方。"

但是，正如许多历史学家所指出的那样，杜鲁门主义并不是主要针对巴尔干地区。其目标在于表示美国愿意在世界各地与苏联和共产主义做斗争，愿意动员美国人民来支持这一行动。杜鲁门说道：

> 吾人不能实现吾人之目标，除非吾人愿协助自由之人民维持其政府及国家完整并反对任何助长独裁政权之侵犯性运动。更言之此点亦即承认，加诸自由人民之独裁政权，无论其为直接或间接侵略均足以贻害国际和平及美国之安全。①

---

① 1947年3月12日杜鲁门总统在国会参众两院联席会议上发表的国情咨文，参见：http://avalon.law.yale.edu/20th_century/trudoc.asp. 本段译文转引自国际关系学院编：《现代国际关系史参考资料（1945—1949）》上册，北京：高等教育出版社，1959年，第260—265页。——译者注

从这种意义上讲，杜鲁门主义标志着冷战的全球化，而不是其局部化。同第一次世界大战一样，巴尔干地区是1947年以后冷战在形成中一个不充分但并非多余的原因。

然而，在其局部的表现中，冷战可以说有比杜鲁门主义更深刻的根源。其中一些起源于19世纪。奥斯曼帝国的瓦解造成了一个权力真空，地方运动和国际行为体在国家形态、政治意识形态和社会发展方面努力填补这一真空。德国和意大利以不同的方式在不同的时间对抗英国在东地中海的力量。1918年之后，右翼民族主义计划与国内左翼之间的冲突变得更加激烈。而且，从20世纪30年代到第二次世界大战结束，对德国在巴尔干地区的权力扩张是采取合作还是抵制态度的问题在全世界成为头等大事。与欧洲其他地方一样，这个问题使巴尔干各国的当地精英阶层发生分裂。对一些人来说，对苏联和对与修正主义领土主张相结合的社会变革的恐惧，为与德国的合作创造了近乎完美的政治气氛。对于其他人来说，对被德国控制的恐惧和对国家独立的强调超过了合作可能带来的收益。除了一直没有参加战争的土耳其，第二次世界大战在巴尔干地区所产生的后果是致命性地削弱了19世纪在各地形成的民族精英。

到1944年，巴尔干地区的领导人争相适应新的国际舞台，那里德国的势力正在消逝，苏联的势力正在上升。然而，即使没有苏联红军惊人和意想不到的推动，卷入第二次世界大战的所有巴尔干国家很明显在战后都将面临社会和政治革命。这些国家进行政治革命的时机成熟了——精英被取消合法性、长期的经济失败以及公共秩序混乱——尽管如果没有苏联和美国的干预，这些革命的政治后果会有所不同。苏联的势力确保了当地共产党掌管了保加利亚和罗马尼亚；美国的势力确保希腊取得了反共的胜利，并保护了安卡拉政府免于苏联和分离主义的权利要求。到1947年，巴尔干地区似乎正在开始对地区进行严格的冷战划分，与中欧地区类似（同样，

315

也类似于东北亚地区)。①

但是,后来很多事情就失控了。斯大林将铁托及南斯拉夫共产党从共产党和工人党情报局中开除——这是国际政治中从未有过的、偶然的、轻率的行为——打破了冷战稳定的格局。1948年,南斯拉夫成为巴尔干地区的核心国家。它的军事影响力超过了巴尔干地区的其他国家,土耳其可能除外。铁托在将自己的国家从德国的占领中解放出来的斗争中所发挥的作用,使他在共产主义阵营以外的地区成了一个受人尊敬的人物(尽管他使用了暴力来巩固其统治)。苏南分裂实际上将苏联的势力赶出了地中海地区,宣告了希腊共产党起义的失败命运(斯大林从一开始就对此毫无信心),并在南欧建立了一个独立的共产主义力量中心。从后冷战的角度来看的话,即使西方对此有自己的情报计划,他们也无法取得更好的结果。②

因此,几乎从冷战开始起,多样性就是巴尔干地区的竞赛的代名词。随着南斯拉夫在国内与国际上脱离苏联体制,这种多样性变得越来越强烈。正如佩里希奇在本书第十三章中所指出的那样,这种脱离是强制的,几乎是武断的。1948年年初,南斯拉夫绝大部分共产党员无意放弃苏联建设社会主义的经验。恰恰相反,铁托与其他领导人都谈到需要将南斯拉夫的实践与苏联的经验更紧密地联系在一起,这样可以从东方集团的同志的社会和技术知识中获益。只有当斯大林将南斯拉夫逐出共产主义大家庭后,南斯拉夫才意识到需要开辟他们独特的共产主义道路。因此,贝尔格莱德实行较为自由的共产主义形式是事后的想法,其部分是因为需要进行全国动员和提升凝聚力,部分是因为需要向西方寻求支持。

然而,到20世纪50年代中期,南斯拉夫特殊论在该国国内及其国际呼吁中已经成为一种既定的趋势。斯大林创造了"铁托主义"一词来对其进行谴责,这可能是因为它听起来像是令人厌恶的"托洛茨基主义"。现

---

① 有关概述,参见斯维托扎尔·拉雅克在《剑桥冷战史》中的精彩内容:Melvyn P. Leffler and Odd Arne Westad, eds., *The Cambridge History of the Cold War*, Vol. 1, Cambridge: Cambridge University Press, 2010, pp. 198-220.

② 马克·克莱默在本书第二章中生动地概括了斯大林的行为是多么的鲁莽,后果是多么的灾难性。

结语 巴尔干地区：冷战的神秘地带

在这个词开始有了与南斯拉夫提倡的一些理念（如集体所有制企业中工人的自我管理，以及大公司中工人与政府之间的利润分成）有关的更积极的含义。即使1955年起与莫斯科在斯大林去世后实现了部分和解，南斯拉夫领导人仍然保持着他们的意识形态偏好，而现在这已经成为他们身份的重要组成部分。虽然南斯拉夫的社会主义道路在国内经济方面不算太成功，但至少随着时间的推移，它的独特性帮助铁托与第三世界那些也想走社会主义道路却不用全盘接受苏联式的集权化和严格的计划经济体制的革命者建立了密切的关系。

这就是有时偶然性在历史上发挥的作用。结果可能与预期相去甚远。尤其从上面我们提到的未解之谜的角度上看，也许最令人惊讶的是，南斯拉夫的改革共产主义与西欧国家激进的社会民主主义（以及后来的欧洲共产主义）在整个冷战期间并没有更加紧密地结合在一起。相对于东欧，没有出现这种趋同性不难解释。"铁托主义"是20世纪40年代末50年代初斯大林对东欧进行清洗的主要目标。斯大林去世后，东欧领导人担心南斯拉夫的例子可能产生的影响，并监督自己政党严厉地抵抗任何"铁托主义感染"。但是很明显，铁托本人也没有看到南斯拉夫有任何优势能够让其他东欧国家转到自己的政治方向上。对苏联的威胁太大反而可能会威胁南斯拉夫自身的安全。

关于西欧，南斯拉夫也非常不愿意与其左翼有更加紧密的关系。铁托担心，西欧国家在20世纪60—70年代通过旅游业和移民工人而增长的影响力会危及自己和共产党对国内权力的掌控。有时，南斯拉夫共产党领导人几乎和苏联及其盟友一样担忧西欧的鼓动。事实上，这种担忧也是南斯拉夫选择与第三世界发展关系来弱化与西欧的联系的一个主要原因。与东欧一样，铁托也担心与西欧社会主义者过于密切的联系会激怒苏联，作为回报，南斯拉夫自己只能得到非常有限的好处。在南斯拉夫社会主义联邦共和国的历史上，共产党领导人对西方财政援助和安全联系的兴趣远远超过对西方内部所有反冷战意识形态联盟的兴趣。[1]

---

[1] 参见埃万特雷斯·哈齐瓦西利乌在本书第四章中对西方观点的概述。

317

1953—1954年的《巴尔干条约》是南斯拉夫对苏联的安全需求的最佳例证，马克·克莱默在第二章中很好地解释了其中的原因。巴尔干条约组织是冷战期间唯一一个跨越意识形态界限的正式联盟，其规定如果一方遭到攻击，其他成员将向其提供军事援助。这份条约将保守君主制的希腊、民族主义中央集权制的土耳其共和国和共产党国家南斯拉夫联系在一个防御性联盟之中。但是，其他两个非共产主义的北约成员国之间的紧张关系很快就掩盖了南斯拉夫在联盟中的不协调感，这使得《巴尔干条约》在签订仅几年后就失去了价值。如果南斯拉夫与苏联的分裂是冷战时期巴尔干地区出现的第一次地震，那么希腊与土耳其关于塞浦路斯的争端无疑是第二次地震。

本书的一些章节（第五章、第九章、第十章和第十五章）讨论了北约和西方如何避免其与巴尔干地区的联盟体系的崩溃。正如这些作者所指出的那样，主要原因是雅典和安卡拉的内心深处都怀有两种深深的恐惧：它们之间的战争可能会从内部削弱自己，以及它们会发现自己无法获得北约成员国身份（和最终成为欧洲共同体成员国的希望）所带来的外部反共安全保障。鉴于希腊和土耳其在塞浦路斯问题上的激烈冲突（两国都试图将其为其所用）——在1974年土耳其入侵该岛导致其分割之前和之后都是如此——它们都试图利用其北约成员国身份的优势也许不足为奇。但是，就我们这里讨论的目的而言，值得注意的是，至少在某种程度上，更大的冷战担忧阻止了这种离心式的双边关系将一个或两个国家赶出美欧同盟。

与冷战时期南斯拉夫、希腊和土耳其所经历的动荡相比，保加利亚在渡过战后最初几年的社会动荡后，有的却是一段麻木、几乎一成不变的经历。保加利亚的共产主义经历相对平稳，部分原因是该国也许是东欧地区唯一一个制定了可行的共产主义发展战略的国家。20世纪初以来，保加利亚精英们一直在寻求实现各种形式的工业化和提升农业效益的途径，这些途径至少可以使他们与更先进的巴尔干邻国达到相同的水平。苏联式的发展模式为保加利亚带来了不错的增长，很明显，其中部分原因是保加利亚的起点太低。但是，政治稳定以及学习苏联经济经验的结果是，在冷战结

结语　巴尔干地区：冷战的神秘地带

束时，保加利亚的人均收入不仅超过其他巴尔干共产主义国家，而且与土耳其或波兰相当。①

相比之下，巴尔干地区的"民族共产主义"实验在经济方面表现不佳，至少从20世纪60年代起是这样。南斯拉夫的经济增长停滞不前。阿尔巴尼亚即使有其盟友中国的援助，按照共产主义的标准，其在经济上也十分落后。从20世纪60年代中期开始，罗马尼亚领导人就一直在经互会和华沙条约组织内挑战苏联，但收效都不大。实际上，罗马尼亚的经济形势恶化得尤为严重，因为大多数看得见的经济增长都是建立在外国贷款的基础上。至少在经济方面，冷战时期的不同政见并不是巴尔干地区可靠的发展路径。

这与希腊的情况形成了对比。通过与西欧和美国的联系，希腊进行了一场经济革命。1950年，希腊的人均国内生产总值仅略高于保加利亚，40年后，其几乎是保加利亚的三倍。这种巨变始于20世纪60年代，在70年代中期希腊实行民主化后加速，并在其1981年成为欧共体成员国后实现了腾飞。希腊似乎既得益于以贸易为基础的开放经济，也得益于其冷战联盟。值得一问的是，如果没有后者的话，前者是否可能实现。尽管现在已经非常清楚的是，希腊与资本主义欧洲经济一体化的某些部分对该国及其伙伴来说都为时过早，但很明显，希腊的全面发展得益于其加入西方联盟的能力。

总而言之，从本书的研究中得出的这些观点可以帮助我们理解，为什么冷战国际格局最终在巴尔干地区比一开始根据内部集团的高度不协调所估计的时间更持久。希腊在许多方面从冷战中受益（尽管长期以来其关于内战和独裁统治的可怕经历似乎表明情况并非如此）。保加利亚也是如此，尽管它在选择自己的伙伴方面甚至比希腊更不自由。至于罗马尼亚和希土冲突，只要能够避免联盟内部的公开叛乱，美国和苏联更愿意忍受冷战时

---

① Stephen Broadbery and Alexander Klein, "Aggregate and per Capita GDP in Europe, 1870-2000: Continental, Regional and National Data with Changing Boundaries," *Scandinavian Economic History Review*, 60, No.1 (2012), pp.79-107.

期的那些特立独行者。

　　冷战似乎对许多地区的掌权者都发挥了有益的作用。外部超级大国的威胁帮助维持了联盟和各国政权的运转，即使那时许多国家的目标可能导致了不同的方向。在巴尔干地区，局部冲突使冷战格局得以继续存在，而冷战即使无法冻结也会遏制局部冲突。对于以下两例来说确实如此：如果不是因为希土两国属于同一国际联盟的事实，很难想象希土冲突不会引发战争；至于南斯拉夫的内部冲突，其在冷战结束后所引发的战争实在是太惨烈了。

　　当然，其他的解释也有可能成立。南斯拉夫本来是唯一一个可能对集团内部稳定构成严重威胁的巴尔干国家，尤其是在1956年之后，但它故意限制了其共产主义的备选模式在华沙条约组织国家内可能产生的任何影响。就欧洲的重要性而言，尤其是从战略角度来看，无论是过去还是现在，波兰和欧洲东北部地区对大国关系的重要性都远远超过了任何巴尔干国家，而前者背离苏联阵营的可能性对冷战体系构成了更大的现实威胁。但即便如此，我们也很难不得出这样的结论：巴尔干地区的不和之所以不那么危险，主要是因为该地区的相互制衡符合冷战期间超级大国的主要目标——秩序和支配。

主要中外名词对照表

Adnan Menderes	[土耳其] 阿德南·门德雷斯
Aldo Moro	[意] 阿尔多·莫罗
Aleksandar Ranković	[南] 亚历山大·兰科维奇
Aleksei Kosygin	[苏] 阿列克谢·柯西金
Alexander Dubček	[捷] 亚历山大·杜布切克
Alexei Antonov	[苏] 阿列克谢·安东诺夫
Andreas Papandreou	[希腊] 安德烈亚斯·帕潘德里欧
Andrei Grechko	[苏] 安德烈·格列奇科
Andrei Gromyko	[苏] 安德烈·葛罗米柯
Antall Jozsef	[匈牙利] 约瑟夫·安托尔
Anwar El Sadat	[埃及] 安瓦尔·萨达特
Association of Reserve Military Officers of Yugoslavia (URVSJ)	南斯拉夫预备役军官协会
Branko Jelić	[南] 布兰科·耶利奇
British Council	英国文化协会
Bülent Ecevit	[土耳其] 布兰特·埃杰维特
Bung Sukarno	[印度尼西亚] 苏加诺
Carnation Revolution	康乃馨革命
Charles de Gaulle	[法] 夏尔·戴高乐
Christos Xanthopoulos-Palamas	[希腊] 克里斯托斯·克桑索普洛斯-帕拉马斯
Common Agricultural Policy (CAP)	欧洲经济共同体共同农业政策
Communist Information Bureau	共产党情报局

321

Communist Party of the Soviet Union (CPSU) [VKP (b)]	苏联共产党［联共（布）］
Communist Party of Yugoslavia (CPY)	南斯拉夫共产党（1952年前）
Conference on Security and Cooperation in Europe (CSCE)	欧洲安全与合作会议
Constantine Tsaldaris	［希腊］康斯坦丁·察尔扎里斯
Council for Mutual Economic Assistance	经互会（经济互助委员会）
Council of Europe (CoE)	欧洲理事会
Cuban Missile Crisis	古巴导弹危机
Democrat Party (DP)	土耳其民主党
Dragutin Haramija	［南］德拉古廷·哈拉米亚
Edvard Kardelj	［南］爱德华·卡德尔
Edward Heath	［英］爱德华·希思
Enver Hoxha	［阿尔巴尼亚］恩维尔·霍查
European Economic Community	欧洲经济共同体
European Investment Bank (EIB)	欧洲投资银行
Faidon Anninos-Kavalieratos	［希腊］费宗·安尼诺斯-卡瓦利埃拉托斯
Fatin Rüştü Zorlu	［土耳其］法廷·佐卢
Federal People's Republic of Yugoslavia (FNRJ)	南斯拉夫联邦人民共和国（1963年前）
Federal Republic of Germany (FRG)	德意志联邦共和国（西德）
Feridun Cemal Erkin	［土耳其］费里敦·杰马尔·埃尔京
Foreign Relations of the United States (FRUS)	美国对外关系文件集
Francesco Cossiga	［意］弗朗切斯科·科西加
Francisco Franco	［西班牙］弗朗西斯科·佛朗哥
Franklin Roosevelt	［美］富兰克林·罗斯福
Fuad Köprülü	［土耳其］福阿德·柯普吕律
Gamal Abdel Nasser	［埃及］贾迈勒·阿卜杜勒·纳赛尔
General Agreement On Tariffs And Trade (GATT)	关贸总协定

George F. Kennan	［美］乔治·凯南
George Papandreou	［希腊］乔治·帕潘德里欧
Georges Pompidou	［法］乔治·蓬皮杜
Georgii Yanaev	［苏］根纳季·亚纳耶夫
Georgios Georgalas	［希腊］耶奥尔伊奥斯·耶奥尔加拉斯
Georgios Papadopoulos	［希腊］耶奥尔伊奥斯·帕帕佐普洛斯
Georgy Zhukov	［苏］格奥尔吉·朱可夫
German Democratic Republic（GDR）	德意志民主共和国（东德）
Gheorghe Gheorghiu-Dej	［罗］格奥尔基·乔治乌-德治
Gogo Kozma	［阿尔巴尼亚］戈戈·科兹马
Greek Communist Party（KKE）	希腊共产党
Greek People's Liberation Army（ELAS）	希腊人民解放军
Hans-Dietrich Genscher	［西德］汉斯-迪特里希·根舍
Harold Wilson	［英］哈罗德·威尔逊
Harry Truman	［美］哈里·杜鲁门
Henry A. Kissinger	［美］亨利·基辛格
Hyrettin Erkmen	［土耳其］海瑞廷·埃尔克曼
Imre Nagy	［匈］纳吉·伊姆雷
Internal Macedonian Revolutionary Organization（IMRO）	马其顿内部革命组织
International Monetary Fund（IMF）	国际货币基金组织
Ion Gheorghe Maurer	［罗］扬·格奥尔基·毛雷尔
Ion Iliescu	［罗］扬·伊利埃斯库
Islamic National Salvation Party（NSP）	（土耳其）伊斯兰救国党
James Byrnes	［美］詹姆斯·贝尔纳斯
Jawaharlal Nehru	［印度］贾瓦哈拉尔·尼赫鲁
Jean François-Poncet	［法］让·弗朗索瓦-蓬塞
John F. Kennedy	［美］约翰·F. 肯尼迪
Josip Broz Tito	［南］约瑟普·布罗兹·铁托
Justice Party（JP）	土耳其正义党
Koča Popović	［南］科查·波波维奇

Konstantinos Karamanlis	[希腊] 康斯坦丁诺斯·卡拉曼利斯
Kwame Nkrumah	[加纳] 克瓦米·恩克鲁玛
László Rajk	[匈牙利] 拉伊克·拉斯洛
League of Communists of Croatia (LCC)	克罗地亚共产主义者联盟
League of Communists of Yugoslavia (LCY/SKJ)	南斯拉夫共产主义者同盟（1952年后）
Lyndon Johnson	[美] 林登·约翰逊
Markos Vafiades	[希腊] 马科斯·瓦菲亚德斯
Max Van der Stoel	[荷兰] 马克斯·范德斯图尔
Mehmet Shehu	[阿尔巴尼亚] 穆罕默德·谢胡
Middle East Command (MEC)	中东司令部
Middle East Defence Organization (MEDO)	中东防御组织
Mikhail Gorbachev	[苏] 米哈伊尔·戈尔巴乔夫
Miloš Minić	[南] 米洛什·米尼奇
Mirko Tepavac	[南] 米尔科·特帕瓦茨
Moscow Declaration (1957)	1957年《莫斯科宣言》
Multilateral Force (MLF)	（北约）多边核力量计划
Multilateral Group for Current Mutual Information (MGCMI)	（华约）当前相互信息多边小组
Mustafa İsmet İnönü	[土耳其] 穆斯塔法·伊斯麦特·伊诺努
National Action Party (NAP)	（土耳其）民族行动党
National Communism	民族共产主义
National Intelligence Estimate (NIE)	（美国）《国家情报评估》
Necmettin Erbakan	[土耳其] 内吉梅丁·埃尔巴坎
Nikita Khrushchev	[苏] 尼基塔·赫鲁晓夫
Nikos Zahariades	[希腊] 尼科斯·扎哈里亚德斯
Non-Alignment Movement (NAM)	不结盟运动
Non-Soviet Warsaw Pact (NSWP)	除苏联以外的华约组织成员国
North Atlantic Council (NAC)	北约理事会
Organization for European Economic Cooperation (OEEC)	欧洲经济合作组织

Organization of the Petroleum Exporting Countries (OPEC)	石油输出国组织（欧佩克）
Panagiotis Pipinelis	［希腊］帕纳约蒂斯·皮皮内利斯
Panayiotis Kanellopoulos	［希腊］帕纳约蒂斯·卡内洛普洛斯
Panhellenic Socialist Movement (PASOK)	泛希腊社会主义运动
People's Republic of Macedonia (PRM)	马其顿人民共和国
Political Consultative Committee (PCC)	（华约）政治协商委员会
Prague Spring	布拉格之春
Republican People's Party (RPP)	土耳其共和人民党
Richard M. Nixon	［美］理查德·尼克松
Romanian Workers' Party (RWP)	罗马尼亚工人党（1965年前）
Slav-Macedonian Liberation Front (SNOF)	（希腊）斯拉夫—马其顿人解放阵线
Socialist Federal Republic of Yugoslavia (SFRY)	南斯拉夫社会主义联邦共和国（南联邦）
Socialist Republic of Macedonia (SRM)	马其顿社会主义共和国
Strategic Arms Limitation Talks (SALT)	限制战略武器谈判
Stylianos Pattakos	［希腊］斯特里亚诺斯·帕塔科斯
Suleyman Demirel	［土耳其］苏莱曼·德米雷尔
The Balkan Pact	《巴尔干条约》
Themistocles Sofoulis	［希腊］塞米斯托克利斯·索富利斯
Titoism	铁托主义
Todor Zhivkov	［保］托多尔·日夫科夫
Traicho Kostov	［保］特莱伊乔·科斯托夫
Trieste	的里雅斯特
Turkish Grand National Assembly (TGNA)	土耳其大国民议会
United Arab Republic (UAR)	阿拉伯联合共和国
United Nations Educational, Scientific and Cultural Organization (UNESCO)	联合国教科文组织
United Nations Relief and Rehabilitation Administration (UNRRA)	联合国善后救济总署
United Nations Security Council	联合国安理会

United States Army, European Command (USAREUR)	美国陆军驻欧洲部队司令部
Václav Havel	［捷克］瓦茨拉夫·哈维尔
Gheorghe Vasilich	［保］格奥尔基·瓦西利基
Veljko Mićunović	［南］韦利科·米丘诺维奇
Vulko Chervenkov	［保］维尔科·契尔文科夫
Vyacheslav Molotov	［苏］维亚切斯拉夫·莫洛托夫
Walter Ulbricht	［东德］沃尔特·乌布利希
Willy Brandt	［西德］威利·勃兰特
Władysław Gomułka	［波兰］瓦迪斯瓦夫·哥穆尔卡
Worker's Party of Türkiye (WPT)	土耳其工人党
Yurii Andropov	［苏］尤里·安德罗波夫
Zhelyu Zhelev	［保］热柳·热列夫

译后记

巴尔干半岛是欧洲南部三大半岛之一,是欧亚联系的陆桥,地理位置极为重要。2012年4月,首次中国—中东欧国家领导人会晤在波兰首都华沙市举行,由此开启的中国—中东欧国家合作成了中国与中东欧国家在各领域合作交流的重要平台。

2013年9月和10月,中国国家主席习近平在出访中亚和东南亚国家期间,先后提出共建"丝绸之路经济带"和"21世纪海上丝绸之路"(简称"一带一路")的重大倡议,得到国际社会的高度关注,而中东欧国家均属"一带一路"沿线国家。几年来,"一带一路"倡议推动了中国自身的经济转型发展和全方位对外开放新格局建设,也对世界做出了实实在在的贡献。

巴尔干半岛凭借其便利的地理位置,巨大的市场潜力,以及丰富的自然资源与中方开展经济贸易合作,取得了显著成效,双方的贸易和投资都有了显著的增长。特别是中国加大对巴尔干半岛产能、基础设施等领域的投资合作力度,直接带动了当地的经济发展。[①] 但是,提到巴尔干地区,或许首先映入人们脑海的就是战争"火药桶"、纷繁林立的各个民族,足见目前国内对巴尔干地区的政治、经济、文化以及历史发展不熟悉。

当人类历史进入20世纪时,巴尔干地区在每一次大规模的全球冲突中都扮演着不容忽视的角色:第一次巴尔干战争是一战的预演;萨拉热窝事件直接点燃了一战的烽火硝烟;希特勒入侵巴尔干地区迟滞了"巴巴罗萨计划"的实施;希腊、土耳其危机则是吹响了美国在全球遏制苏联的号

---

① 《"一带一路"建设"花开"巴尔干》,《经济日报》2017年1月5日。

角；南斯拉夫"被踢出"社会主义阵营，发起并领导了不结盟运动。冷战期间的巴尔干地区，除了人们所熟知的受大国干涉的"火药桶"特征，还可以从本书中看到地区国家间的相互制衡。在国际局势基本和平的情况下，巴尔干地区的危机与缓和此起彼伏。在巴尔干地区，我们不仅可以看到大国对地区事务的干涉与约束，同时可以见证"尾巴摇狗"的历史现象。

本书的主角是冷战时期巴尔干地区的国家，如南斯拉夫、保加利亚、希腊、土耳其、罗马尼亚等。虽然在冷战的传统历史叙述中，美国、苏联与英国是巴尔干地区国际格局变化的决定性因素，但本书重在强调巴尔干地区国家对这些全球大国的行为以及冷战格局的影响。本书各章由不同的学者执笔，文风或有不同，体例亦有不同，但诸位笔者均在各自的研究领域有所建树，书中的作者简介对此有详细的说明。此外，本书的一大亮点是呼应近年来学界关于国际冷战史研究要基于多国档案进行互证研究的主张。冷战结束以后，东欧各国（阿尔巴尼亚除外）都对历史档案进行了全面的开放和解密，并按照事件、专题、人物、时段编辑出版了不同系列的档案文献集，数量之多，令人目不暇接。[①] 除美国档案、英国档案和少量法国档案外，本书所使用的档案源包括塞尔维亚的南斯拉夫外交部档案馆、铁托档案馆、南斯拉夫档案馆，俄罗斯国家当代史档案馆，保加利亚国家中央档案馆、国家军事档案馆、外交部档案馆，匈牙利开放社会档案馆，德国外交部政治档案馆，希腊外交部外交与历史档案馆，罗马尼亚国家中央历史档案馆，捷克共和国国家档案馆，意大利中央国家档案馆，北约组织档案、欧洲联盟理事会档案、欧洲委员会历史档案等国际组织的档案，以及大量的档案集。本书以各国政府原始档案为基础，辅之以当事人的回忆录、回忆性文章，相互佐证，在尽可能澄清史实的同时，对当事国国内的政治关系和当事国与周边国家之间的互动做出有益的研究探讨。

本书在内容上的另一大亮点是考察了重要的国际行为体——欧洲经济

---

① 沈志华：《加强档案利用，推动中国与东欧关系研究——〈冷战时期中国与东欧各国关系档案选编〉导言》，《中国浦东干部学院学报》2019 年第 1 期。

共同体（欧共体）对巴尔干局势的影响，尤其是20世纪60年代以后。本书在章节编排上大致以时间为纵轴，重点突出国际行为体的政策措施及其背后的逻辑，同时兼顾周边国家的反应与应对，在强调国际冷战史传统的军事外交领域的同时，兼顾冷战时期的经济史研究以及文化、意识形态等新兴领域的研究。以南斯拉夫为例，书中第二章（作者马克·克莱默）在简要阐述苏南冲突发生的原因之后，重点探究了斯大林恢复对南斯拉夫控制的努力。作者并没有拘泥于斯大林是否真的会对南斯拉夫发动侵略战争这一伪命题，而是强调斯大林的这些措施事实上巩固了苏联对东欧的控制。在第三章（作者斯维托扎尔·拉雅克）中，作者从南斯拉夫的角度阐释了南斯拉夫在苏南分裂之后的十年时间里成为不结盟运动的领导国家，是"唯一一个有雄心要发挥全球作用的巴尔干国家"。而随着20世纪60—70年代冷战进入缓和时期，第八、第十一章（作者分别为伊沃·巴纳茨、贝奈戴托·扎卡里亚）重点探讨了南斯拉夫如何应对两极格局中出现的新问题。虽然南斯拉夫已经脱离苏联阵营，但因地缘政治关系其必然受到"捷克斯洛伐克事件"的"牵连"，而南斯拉夫与欧洲经济共同体的关系则重点围绕着地中海与巴尔干地区的稳定来展开。最后，第十三章探讨了1950年南斯拉夫在文化与意识形态政策上的变革是如何为改善其国家形象而服务的。

2016年9月与导师梁占军教授讨论博士期间的研究方向时，我最终选择了教育部国别与区域研究基地——文明区划研究中心的主攻方向"巴尔干研究"这一领域。为了扬长避短，在对美国档案有一定熟识度的基础上，我将研究主题选定在"杜鲁门时期美国对南斯拉夫的政策"。本书的翻译工作用了近一年的时间，在不断阅读原文和校对译稿的过程中，译者获益匪浅，对自己博士论文的研究和写作也帮助良多。在充分认识到大国干预巴尔干地区事务的同时，南斯拉夫同样以自己的方式影响了美国对苏联和东欧国家的政策。正是美国与南斯拉夫这种"道不同"却"相为谋"的特殊交往模式，奠定了南斯拉夫在冷战时期的全球角色。

书中的人名翻译除个别生僻名称之外，译者都严格参照了新华社译名室编纂的《世界人名翻译大词典》，尽可能避免错误和混淆。同时，译者对书中的一些讹误进行了适当修改，对一些读者可能比较陌生的事件或人物都做了简要的译者注。尽管如此，我深知自身水平有限，仍有欠妥和讹误之处，诚请各位同人和读者发现后，不吝赐教。

非常感谢梁占军教授和姚百慧教授的信任，将本书的翻译重任相托，感谢世界知识出版社狄安略老师的督促和协助，同时感谢爱人邢娜的照顾与扶持，没有师友家人的鼓励和帮助，本书的出版将是不可能的。

李云霄

2019年10月22日于首师大东一区